書物のなかの近世国家
東アジア「一統志」の時代

小二田　章・高井康典行・吉野正史〈編〉

勉誠出版

書物のなかの近世国家
東アジア「一統志」の時代

5——東アジアの一統志

6——一統志のかなた

序論――「一統志」の「時代」を語るために

小二田 章

本書は、「一統志《いっとうし》」を総合的に検討した、初めての特集書籍である。「一統志」という書物の名前を見たことがある、という方はたぶん、ほとんどいないだろう。ところが、手近な都道府県立図書館の古典籍の目録をめくってみると、おそらく一冊は「一統志」の名称を冠した本を見つけることができるのである。この「一統志」と称する本には、中国、ヴェトナム、そして日本で刊行されたものがある。朝鮮には名前こそ違え、同様の理念で編まれた書籍がある。即ち、東アジア漢字文化圏全域に「一統志」の広がりがあるのだ。この「一統志」とは、いったいどのような書物なのか。

「一統志」という本の始まりは、元朝にて編まれた『大元一統志』である。その後の中国の王朝のほか、東アジア漢字文化圏の諸王朝でもやはり編纂された。「一統」とは、基本的には王朝の領域全体を指している。すなわち、「一統志」とは、王朝全体を「志《しる》す」(1)書物であり、地理・政治・経済・文化そして歴史など、王朝全体の様々な事柄を記した書物である。

この「一統志」は、概して「近世」(前近代のなかでも近代に近づきその萌芽が生まれた時期)に編まれている。それは、「一統」(国家の領域全体)を把握する何らかの必要および国家あるいは地域を明確に記す何らかの必要が生じたことと、密接に結びついている。言い換えれば、「一統志」の編まれた理由を考えることは、それを編んだ政権・社会・人々の状況、そして「一統志」を生み出した「時代」を考えることになるのだ。

そもそも、本書刊行に至る経緯は、二〇一四年に有志によって結成された「大元一統志・大明一統志比較研究会」（略称：大元大明研究会）の活動[2]に始まり、その主催で二〇一九年に行われた国際シンポジウム「東アジアの一統志」を直接の基礎とするものである。二十三人の執筆者が描き出した、さまざまな場における「一統志」とその影響は、即ち「一統志の時代」を浮かび上がらせる。本書を読み、「一統志」とそれを生み出した「時代」を感じ取ってもらえれば、企画者としてこの上ない喜びである。

一、一統志の説明

まず、「一統志」とは何か、ということから説明を行っていきたい。「一統志」は、もともと中国の王朝が全国のデータを集積し作り上げた総合的書物の呼称である。特にこの「一統志」の名を冠して元・明・清の三つの王朝において編まれた三つの書物、『大元一統志』『大明一統志』『大清一統志』を基本的に指す。これら「一統志」は、王朝が全国の「地方」にデータブックの提出を命じそれを集積することで作成される。その提出されるデータブック（地方志）は、地方の地理・財政・経済といった素のデータのみならず、行政沿革・政績・歴代地方官や地方出身の人材（官僚や有名人・地域有力者など）・名勝旧跡そして文芸・文化などのさまざまな内容を掲載した「総合的書物」[3]であり、ゆえに「一統志」もまた総合的書物として全国を描き出した「全国誌」（総志）となるのである。

その三つの「一統志」について、簡単に概要を紹介する。

まず、『大元一統志』一三〇〇巻は元朝の大徳七年（一三〇三）に完成した。編纂過程を紹介する王禎『秘書監志』の記載によると、世祖フビライの最末期に、色目人官僚により「大元ウルスの地誌地図」として構想されたが、その後虞應龍《ぐおうりゅう》ら漢人官僚が協議に加わり、地方志を集積した全国誌として改めて編纂が実行された。扎馬剌丁（ジャマール・ウッディーン）ら秘書監のもと、先述の虞應龍らが実質の編纂を担い、まず至元二十八年（一二九一）に第一次の制作が行われた。次の成宗テムルの時期に、孛蘭肹（ブラルキ）、岳鉉らが第二次の編纂を行い、完成をみた。しかし、もともと王朝の領域を示す目的で編纂され、人々の読む書籍として作られていない「象徴的書物」であり、その後印刷・刊行された後もごく少数の部数しか作成されなかったこともあって、元明交替のなかで既に散逸しはじめ、現在は残巻（一三〇〇巻中合計六六巻程度）と零葉、他の書物の引用部分から集めた輯本[4]が存在するのみである。

次に、『大明一統志』九十巻は天順五年（一四六一）に完成した。そもそも、洪武・永楽期の総志編纂計画を受け継ぎ、景泰七年（一四五六）に『寰《かん》宇《う》通《つう》志《し》』一一九巻が制作された。ところが、その二年後の天順二年（一四五八）、復辟した天順帝が全国志の纂修を指示し、『寰宇通志』の人員を殆ど流用して、『大明一統志』を完成させたのである。「復辟」が実質上の政権クーデタであったことを考えあわせると、この『大明一統志』は、天順帝による景泰帝の業績否定と上書きを狙ったものと言える。内容の大半は『寰宇通志』から流用されたが、政治的理由による改訂のほか、題名を「一統志」としたのは、モンゴル（北元・オイラト連合）に捕虜とされ一度は皇位を失った天順帝の「正統」性回復の意図が込められている。また、巻数や項目を削減・圧縮したのは、『大元一統志』とは異なり、多部数を印刷して「読ませる」ことでその意図を浸透させようとする目論見があっただろう。結果、『大明一統志』はその後民間で再刊行され、さらには国外流出と覆刻刊行により、中国のみならずアジア全域に影響を与える書物となった。

第三の『大清一統志』五六五巻の編纂は、康熙十一年（一六七二）とかなり早期に始まった。これは清朝の統治のために全国のデータを必要としたためである。そのため全国に地方志編纂の命令が下され、多くの地方志が編まれた。しかしながら、その提出された地方志を材料に「一統志」を制作する「一統志館」とその人員が、政争や皇帝の意思によりたびたび移転・交替したため、なかなか完成しなかった。その後、雍正・乾隆と引き継がれ、乾隆九年（一七四四）に三四二巻にて最初の刊行がなされた。その後、領域拡大や内容の追加により乾隆一代の間に数度の改訂がなされ、さらに嘉慶において重修計画が決定され、それが道光二十二年（一八四二）にやっと完成したのである。巻数は『大明一統志』に比べて大幅に増加しているが、これは清朝の支配において

『大元一統志』と同様の「象徴的書物」としての側面に再び回帰したためであり、それが人々の間に浸透したのは、清朝の権威が衰え出版規制が緩んだ清末以降であった。

　これらが「一統志」の概要である。次に、この「一統志」が波及し影響を与えた先について述べる。「一統志」には、そのものが中国を早手回しに理解できる「データブック」としての側面と、その「全国を描き出す」形式自体が参考となる側面のふたつがある。前者は、漢字文化圏である東アジア諸国において、隣国を理解し研究する都合から極めて重宝がられ、覆刻刊行されることになった。後者は、東アジア諸国にて「全国誌」または「地方誌」が企図された際に、「一統志」がその参考となり、結果同様の書籍を各地で輩出させるとともに、解釈の結果として「一統志」の名前をもつ異なる内容の書籍をも生み出した。さらには、「全国を描く」書籍のありかたとして、ヨーロッパにまで流伝し、限定的とはいえ影響を与えている。

　「一統志」とその影響の及ぶ範囲について述べたが、改めて考えねばならないのは、「一統」された「全国」を描く、「全国誌」としての意義である。「全国誌」を編むことは、それを編む人々・政府・社会にとってどのような意味を持ちうるのか。それは、どのような「時代」において成立するのか。

二、中国の歴史と「一統志」

　中国における「一統志」の歴史について述べる。

　まず、「一統志」の原点となる書物を生み出したのは、南北に分かれた領域を再統一した隋そして唐王朝であった。北朝に由来する両王朝は、全国の統一的支配のため、各地域の地方官に、行政データと地図（この二つの内容を持つ書物は「図経」と言われる[5]）の定期的提出を初めて義務づけた。行政データと地図を集積し、将来的に「全国誌」編纂を行おうと企図していた唐朝だが、それが実現したのは、安史の乱を経て衰退し、節度使・藩鎮らとの角逐のもとで王朝としての体裁を失いつつあった中唐期の末であった。現存する最古の全国誌『元和郡県《げんなぐんけん》図志《ずし》』である。この全国誌には、唐朝の現実に支配している領域とすでに藩鎮の支配下にある領域が入り混じっていた（**竹内論文**を参照）。現実の支配領域に関する全国誌『太平寰宇記』を初めて編纂したのは、五代十国の分裂を再統一した宋王朝であった。その後、唐朝から引き継いだ行政システムの限界と財政問題のもと、地方のより精密な把握が急務となった。それによって「図経」ではなく、歴史的内容を中心とした総合的書物「地方志」を提出させるようになり、全国誌の内容も変化した（**須江論文**を参照）。地方志編纂は南宋へと受け継がれ、南宋における地方志の形式確立に結び付いたが、南宋は華北を領有していないということもあり、王朝による全国誌の編纂は中断した。[6]

元朝は全国誌編纂を計画し、南宋の行っていた「地方志」の提出を全国に要請した。それまで地方志を編んだことのない地域や対象（**吉野論文・酒井コラム**を参照）にまで、書くべき項目を規定し要請したことで、全国で地方志が編まれた。このような全国の地方志の集成により編まれた全国誌には、題名として「一統」の語が用いられた（**櫻井論文**を参照）。『大元一統志』の「一統」の言葉には、漢族の方法である地方志を用い、非漢族も含めた元朝全体の人々を描き出す意図が込められている（**高井論文**を参照）。

元朝を打倒し、漢族王朝の復興を掲げた明朝は、元朝により拡大した領域と複雑化した国際関係（**荷見論文**を参照）を継承したこともあって、当初から全国誌編纂を積極的に推し進めた。前述のように、天順帝の政治的意図を背景とした『大明一統志』が完成した（**高橋亨論文**を参照）。この広く頒布して「読ませる」一統志の成立は、同時に元朝からの影響を強く示した明前期と読書・大衆文化の繁栄した明後期との文化の分岐点でもあった。『大明一統志』は全国の姿を映し出すハンドブックとして、民間での再版を通じて人々に浸透し、更には国外にも輸出されてアジア全域に影響をもたらしたのである（**巴兆祥論文**を参照）。『大明一統志』の「外国」の項目からは、明朝の作り上げた国際秩序と関係がうかがえる（**向コラム**を参照）。

明朝が崩壊し、満洲族による清朝が中国統治を開始したが、清朝はかつての元朝の統治失敗を鑑み、かつ人口比にて圧倒的多数の漢族を支配するために、文化の管理統制を通じた支配の浸透を試みた。この文化統治は、明朝以来の反抗的文化を弾圧して自主規制させるものであったが、そのターゲットのひとつとなったのは「大明」

の領域を示す『大明一統志』であった。結果、乾隆帝のころまでには『大明一統志』の影響は衰え（**小二田論文**を参照）、新たな全国誌として『大清一統志』が据えられたのである。この『大清一統志』は、「多元国家」清朝の「一統志」として、漢族王朝の基準[7]にてその領域を描写する試みであった。結果、非漢族領域を漢族の「地方志」のやり方でどのように描写するか（**柳澤論文**を参照）、あるいは『皇輿全覧図』などの地図や地誌と「一統志」の記載を整合的に描けるか（**澤コラム**を参照）といった問題を内包していた。

三、東アジアと「一統志」

次に、漢字文化圏として「一統志」の影響を受けた東アジア諸地域について考える。

日本の場合、その始まりは奈良時代の律令国家建設に伴う唐の地方統治システム導入であった。この時、「図経」を念頭においた地方の行政データの集積を試みたが、「図経」ではない限定的な形式（後に「風土記」とされる）に留まったこともあり、全国誌の編纂には到らなかった。その後、十七世紀の幕藩体制の成立に伴い、中国の地方統治手法の習得と（各藩の）行政システムの整備が幕府主導で推奨された。この際に行政データの把握のために「藩史」などの編纂が勧められたが、この時に幕府が参考文献として推奨したのが『大明一統志』であった。以後、『大明一統志』は和刻本による刊行もあって全国的に浸透していく。藩史などの集積による全国誌の編纂は早期の段階から構想されていたが、十八世紀に入り統治システムの限界が見え、改革が志向される中で、幕府の歴史編纂が見直された（**清水論文**を参照）。全国誌の編纂計画も、林述斎を中心に改めて検討されたが、幕府が藩の行政に介入することの限界に加え、外国の出現と近代化の要請が緊迫するなかで計画止まりに終わった。一方、各地の藩史など「地方史誌」（歴史を中心に「地方」を描いた書物）は、「一統志」の影響を受けて各地で編まれ定着していったが、その中には「一統志」の名前を（異なる意味を附して）冠するものが現れた（**長谷川論文**を参照）。そして、「一統志」の示した形式から離れ、より地域に密着した内容を描くようになっていった（**高橋章則論文**を参照）。

朝鮮の場合、中国とより密接な影響関係にある上に、地域の独立性の高さ等の条件のもとで地方を描く統一的書物の編纂には困難を抱えていた。朝鮮王朝は、明朝との関係樹立により、中国の行政システムの導入を進めたが、その際に全国誌編纂が企図され、幾度かの挫折を経て最終的に『新増東国輿地勝覧』に結実した。全国誌編纂は、その材料である邑誌編纂とあわせ、地方行政システムと現実の地域のあいだのズレを埋める機能を果たした（**吉田論文**を参照）。その後、明清交替と中朝関係の変化などを経ながら、『一統志』の輸入をめぐって、中国と朝鮮の関係をめぐる模索は続いていた（**辻論文**を参照）。

ヴェトナムの場合、王朝の中央集権確立が困難だったこともあり、全国誌の編纂は極めて困難であった。十九世紀に成立した阮朝は、フランスの植民地化圧力に抗しながら、清朝との関係樹立と中国的中央集権王朝を目指した改革を実行した。その中で地方統治の確立を目指した地方志の編纂と、その集積による全国誌の編纂を計画し、『大南一統志』という、歴史上最後に編まれた「一統志」に結実した（**岡田論文**を参照）。「大南」という名称はヴェトナムの「南越」アイデンティティを示し、清朝との関係に注意しながらヴェトナムの「南の中華」認識を示すものであった。しかし、『大南一統志』の完成は、コーチシナ戦争や清仏戦争を経てヴェトナムがフランスの植民地にまさに取り込まれつつある嗣徳三十五年（一八八二）のことであり、その混乱の下で完成した原稿を佚失するなどして、遅れて維新三年（一九一〇）に刊行された時には、「大南」はフランスの植民地「安南」の意味に、その目的は植民地統治のためのハンドブックへと変わっていた。

四、他地域との比較、そして近代へ

「一統志」を編纂した地域と、その他の地域を比較することで、地域を越えた歴史編纂を考える議論への手がかりとする。

まず、**森山論文**は、古典期イスラーム地域の「地方史誌」について検討する。イスラームの教えという「中心」に対応する形で、「地方史誌」は地方の歴史や人々の伝記を描き出している。次に、ヨーロッパ(8)については、

村井論文が近代デンマークにおける領域「決定」の背景を述べる。王国の「礫岩国家」としての「一統」から「民族国家」としての「一統」に変質するなかで、国境線の設定が意味すること、そしてそれが「投票」という決定方法を通じてその「境界」上の人々にどのような意義をもたらしたのか。このアジアとは全く内実の異なる「一統」の検討を通し「国家」概念の比較も行いたい。

本書の締めくくりに、近代についての議論がある。**山田コラム**は、「一統志」の前提であった「地方志」の、近代中国における編纂とその変化を検討する。そして、**白井論文**は、近代日本の「全国誌」編纂の挫折までを射程にした、近世地誌編纂の過程と目的とを概観する。

五、一統志の「時代」とは

以上、本書の概要を述べたが、最後に本書の表題である「一統志の時代」に戻りたい。

本書全体を通じた問題となる一統志の「時代」とは、大まかには、前近代にて「全国」の領域が認識された時期であると言えよう。それは、「全国」に対して描写を通じた統一的基準が適用される時期であると言える。素直に近代的領域認識の芽吹き（＝「近世」として認識される時期）として「一統志の時代」をとらえることも出来る。一方で、逆に「一統志」の理解と受容を通じて、自分たちの領域にその認識を適用していく事例もある。語弊を承知で言えば、近世故に「一統志」ができたのではなく「**一統志**」**故に近世ができた可能性**が存在する。これは、一統志と表裏一体の「地方史誌」を考えることでより鮮明となる。そもそも、一定の形式による地方史誌の制作、中央への提出という過程を経て一統志（全国誌）は出来上がる。この過程は、「一統志」の編纂というシステムをもとにして、地方の「歴史」認識を把握することにもなる。歴史認識を通じて「中央」と「地方」が結び付けられ、「国家」というものが確認されたのである。

本書は、「一統志」という前近代の書籍を通じて、その背景にある社会と時代性を検討し考えるものである。読者の方々には、この「一統志」の「時代」をめぐる思考にしばしお付き合いいただければ幸いである。

注

（1）「志」は、史書の項目名「地理志」「芸文志」などに見られるように、「事物の内容を記述する」という意味である。

（2）当研究会の活動詳細については、二〇一五年度以降、東方学会の「若手研究者の研究会等支援」助成を獲得して、その報告書を「東方学会報」に掲載しているので、そちらを参照いただきたい。改めて、支援をいただいた東方学会に御礼申し上げる。

（3）この「総合的書物」のカテゴライズが、長らく地方志及び「一統志」の歴史学的研究を阻害してきた。即ち、データブックとしての側面に偏る形で、地理学上の「地誌」に分類され、歴史学者の目から長く遠ざけられてきたのである。歴史的な分析対象として考えるために、筆者は「地方史誌」という再定義を提唱する。

（4）『大元一統志』の現存状況については吉野論文を参照。なお、現在の『大元一統志』研究に大きな影響を与える趙萬里輯本『元一統志』（中華書局、一九六六年）には、日本と深い縁が存在する。刊行直後に発生した「文化大革命」により、該書は一掃されてしまう。たまたまその間に日中友好交流にて中国を訪問していた山根幸夫氏が瑠璃廠にて該書を購入して帰国し、後に汲古書院に託して覆刊させたことで、該書は佚失を免れたのである。

（5）純然としたデータのみではなく、各地域の歴史的事柄が含まれていた。これは、統一前の南北朝期において、社会混乱と伝統破壊に直面した人々が、「（郡）記」に代表される歴史記録を作成する慣習を持っていたことに由来する。

（6）王朝の編纂する全国誌ではなく、個人が特定のテーマに沿って全国のデータを列挙し編纂する「個人撰全国誌」の先駆けがこの時期に生まれ、以後の全国誌編纂に影響を与えていく（小二田論文を参照）。

（7）この基準は、明末に生まれ、清朝の文化統治のもとで育まれた「考証学」の手法と成果を反映していた。大澤顯浩「『肇域志』の成立」（『東洋史研究』五〇巻四号、一九九二年）を参照。

（8）ヨーロッパには、イエズス会宣教師を経て『大清一統志』が紹介され、「全国誌」とそのありようは理解されていた。新居洋子「清朝の統治空間をめぐる最新情報」（同『イエズス会士と普遍の帝国』、名古屋大学出版会、二〇一七年）を参照。

李吉甫の描く「一統」――『元和郡県図志』とその疆域

竹内洋介

たけうち・ようすけ――東洋大学・都留文科大学・高崎経済大学非常勤講師。専門は唐代政治史。論文に「牛李党争終焉後の「李派」――宣宗大中年間の動向を中心として」（『白山史学』第四十七号、二〇一一年）、「李徳裕の挑戦――人事の動向から見た唐後半期の「党争」」（『高橋継男教授古稀記念東洋大学東洋史論集』東洋大学文学部史学科東洋史研究室、二〇一六年）、「「党争」の残照――李徳裕の洛陽帰葬とその周辺」（氣賀澤保規編『隋唐洛陽と東アジア――洛陽学の新地平』法藏館、二〇二〇年）などがある。

九世紀初頭に李吉甫によって編纂された『元和郡県図志』は、地理総志の筆頭に位置づけられ、のちの一統志編纂にも影響を与えたといわれる。しかし、描かれた疆域を見ると、周縁の四夷は描かれず、太宗貞観年間に設定された十道の範囲に限られる。本稿では、唐代後半期の対外情勢や賈耽『貞元十道録』との関係から、その疆域観の一端について検討する。

はじめに

唐代後半期、憲宗の元和八年（八一三）に宰相李吉甫《りきつほ》（七五八～八一四）によって編纂・上呈された『元和郡県図志《げんなぐんけんずし》』は大部分が現存する最古の「総志」（全国的な地理書）として知られる。『四庫全書総目提要』は本書について、

> 輿記図経《よきずけい》の隋唐志に著録する所の者は、率ね散佚して存する無し。其れ今に傳わる者は、惟だ此の書を最古と為す。其の体例も亦た最善と為す。後来、遞《たが》いに相い損益すと雖も、能く其の範囲に出ずる無し。今録して以て地理総志の首に冠し、諸家の祖述の自る所を著す。

と地理総志の筆頭に挙げ高い評価を与えており、宋代の『太平寰宇記』、元朝の『大元一統志』などの編纂に際して体例の規範となったといわれる。本論文では、後の『一統志』編纂の元となった『元和郡県図志』について紹介した上で、とくにその疆域をめぐる問題について若干の検討を加えてみたい。

一、編纂の背景と『元和郡県図志』の構成

(一) 編纂の背景

玄宗の天宝十四載(七五五)に勃発した安禄山・史思明の反乱(いわゆる安史の乱)の結果、対応に迫られた唐王朝はそれまでの統治体制を一変させることになる。強勢化する異民族の侵入を防ぐために辺境に設置された節度使が内地にも置かれ、徐々に管轄域内の行政権・監察権を獲得することで藩鎮化していく。中には唐王朝の威令に従わず独自の行動を示す節度使も現れた。こうした藩鎮の代表として知られるのが、安史軍の流れを汲み河北に割拠した魏博・成徳・盧龍《ろりゅう》の三節度使(=河朔《かそ》三鎮)であり、彼らは「河朔の旧事」と呼ばれる反王朝的な独自行動(恣意的な節度使の継承、刺史の任命、税の中央への送付拒否などの実施)を続けることになった。

一方、安史の乱によってそれまでの租調庸制に基づく税制が崩壊したことに伴い、安定した財源を得られなくなった唐王朝は、徳宗の建中元年(七八〇)、宰相楊炎の提議により両税法に転換、財政の一時的な安定を得ることに成功した。このののち、徳宗は河朔三鎮を屈服させるべく、諸道の節度使に討伐を命じたが失敗に終わり、逆に涇原《けいげん》節度使朱泚《しゅせい》の叛乱軍に都・長安を逐われると、逃亡先の奉天(現陝西省咸陽市乾県)で「己を罪する書」を天下に発布するまでに追い込まれ、藩鎮統御の夢は画餅に帰した。この時期の唐王朝にとって、藩鎮をいかに統御するかという問題は焦眉の急であり、徳宗の死後、順宗を経て即位した憲宗は、藩鎮問題の解決を図るべく対藩鎮主戦論者を宰相に登用して対策を委ねることになる。こうした中で宰相に任命されたのが、杜黄裳《とこうしょう》と『元和郡県図志』(以下、本書)の撰者李吉甫であった。

李吉甫は魏晋南北朝時代以来の門閥貴族「山東五姓」の一つ趙郡李氏の出身であり、父の李栖筠《りせいいん》は代宗期に御史大夫を務め、子の李徳裕も後に宰相に就任し政治を主導するなど、三代に亘り政治の中枢に深く関与していく。宰相就任以前の李吉甫は中央政界の政治抗争に巻き込まれ、貞元《ていげん》八年(七九二)に明州長史へと左遷されると、以後十三年間に亘って地方を巡る中で、各地の藩鎮が皇帝の威令に従わず恣意的に活動する現状を憂い、唐王朝による支配権の回復を強く希求するようになる。宰相就任直後には州刺史を用いて藩鎮を掣肘することを提言するとともに、王朝の現状把握のために天下の財政状況を示した『元和国計簿』と本書を編纂し、憲宗の政治に資するべく上呈するに至った(1)(**表1**)。

表1 『元和郡県図志』編目

巻	道	欠	使府
巻 1	関内道		京兆府上
巻 2	関内道		京兆府下・鳳翔節度使
巻 3	関内道		涇原節度使・邠寧節度使・鄜坊節度使
巻 4	関内道		霊武節度使・夏綏銀節度使・振武節度使
巻 5	河南道		河南府
巻 6	河南道		陝虢観察使
巻 7	河南道		汴宋節度使
巻 8	河南道		鄭滑節度使・陳許節度使
巻 9	河南道		徐泗節度使・蔡州節度使
巻10	河南道		淄青節度使
巻11	河南道		淄青節度使
巻12	河東道		河中節度使
巻13	河東道		河東節度使
巻14	河東道		河東節度使
巻15	河東道		澤潞節度使
巻16	河北道		河陽三城懐州節度使・魏博節度使
巻17	河北道		恒冀節度使
巻18	河北道	欠有	易定節度使・滄景節度使
巻19	河北道	全欠	(幽州節度使)
巻20	山南道	全欠	(荊南節度使)
巻21	山南道		襄陽節度使
巻22	山南道		山南西道節度使
巻23	山南道	全欠	(山南西道節度使)
巻24	淮南道	全欠	(淮南節度使)
巻25	江南道		浙西観察使
巻26	江南道		浙東観察使
巻27	江南道		鄂岳観察使
巻28	江南道		江西観察使・宣歙観察使
巻29	江南道		湖南観察使・福建観察使
巻30	江南道		黔州観察使
巻31	剣南道		西川節度使
巻32	剣南道		西川節度使
巻33	剣南道		東川節度使
巻34	嶺南道		嶺南節度使
巻35	嶺南道	全欠	(嶺南節度使)
巻36	嶺南道	全欠	(容管経略使)
巻37	嶺南道		桂管観察使
巻38	嶺南道		邕管経略使・安南都護府
巻39	隴右道		秦州以下 13 州
巻40	隴右道		涼州以下 8 州

（二）『元和郡県図志』の構成

李吉甫の序文によると、本書は目録二巻を含めた全四十二巻からなるが、現在ではそのうちの一部の巻が欠落しており完本ではない。巻十八（河北道）の一部と巻十九（河北道）・巻二十（山南道）・巻二十三（山南道）・巻二十四（淮南道）・巻三十五（嶺南《れいなん》道）・巻三十六（嶺南道）の全てが欠落しているため現存するのは三十四巻である。この散佚部分の一部は、のちに繆荃孫《ぼくせんそん》によって収輯され『元和郡県図志闕巻逸文』三巻としてまとめられた。ほかに厳観の補志九巻などもある。また巻頭には、それぞれの疆域を示す図が掲載されていたが、こちらは北宋時代には全てが散佚したことで現存していない。成書後比較的早い時期の散佚に伴う図の欠落のため、唐以後

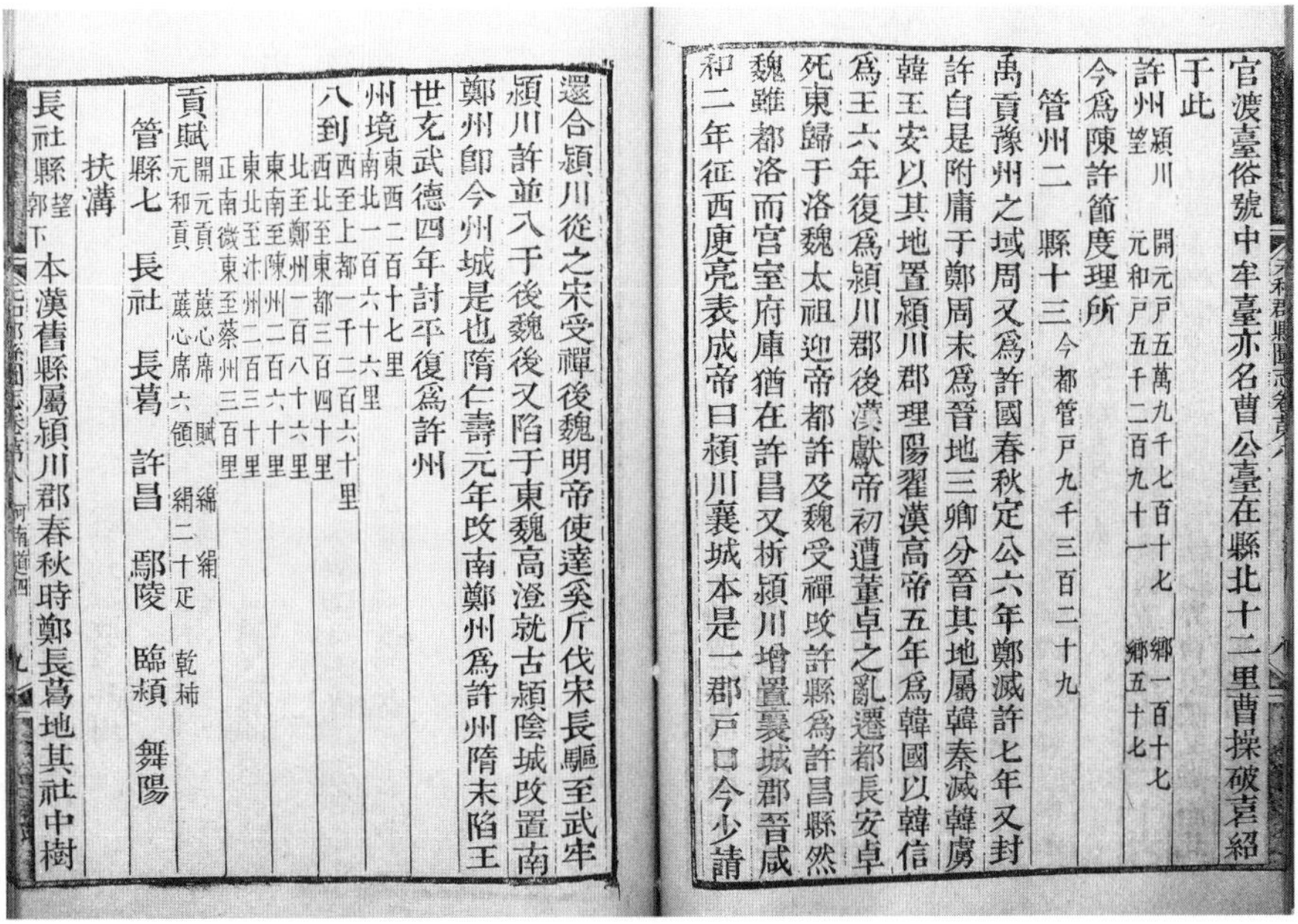
官渡臺俗號中牟臺亦名曹公臺在縣北十二里曹操破袁紹
于此
許州望 潁川 開元戸五萬九千七百十七 鄕一百十七
元和戸五千二百九十一 鄕五十七
今爲陳許節度理所
管州二 縣十三 今都管戸九千三百二十九
禹貢豫州之域周又爲許國春秋定公六年鄭滅許七年又封
許自是附庸于鄭周末爲晉地三卿分晉其地屬韓秦滅韓虜
韓王安以其地置潁川郡理陽翟漢高帝五年爲韓國以韓信
爲王六年復爲潁川郡後漢獻帝初遭董卓之亂遷都長安卓
死東歸于洛魏太祖迎帝都許及魏受禪改許縣爲許昌縣然
魏雖都洛而宮室府庫猶在許昌又析潁川增置襄城郡晉咸
和二年征西庾亮表成帝曰潁川襄城本是一郡戸口今少請
還合潁川從之宋受禪後魏明帝使達奚斤伐宋長驅至武牢
潁川許並入于後魏後又陷于東魏高澄就古潁陰城改置南
鄭州卽今州城是也隋仁壽元年改南鄭州爲許州隋末陷王
世充武德四年討平復爲許州
州境 東西二百十七里 南北一百六十六里
八到 西至上都一千二百六十里 西北至東都三百四十里 北至鄭州一百八十六里 東南至陳州二百六十里 東北至汴州二百三十里 正南微東至蔡州三百里
貢賦 開元貢 葴心席 賦 絹 緜
元和貢 葴心席六領 絹二十疋 乾柹
管縣七 長社 長葛 許昌 鄢陵 臨頴 舞陽
扶溝
長社縣 望 郭下 本漢舊縣屬潁川郡春秋時鄭長葛地其社中樹

図1　〔清〕孫星衍輯 岱南閣叢書本（嘉慶2年〈1797〉）

の書目では書名と巻数に異同がある。いま新旧両『唐書』を一見しても、「宰相李吉甫進所撰元和郡国図三十巻」（『旧唐書』巻十五・憲宗本紀）、「為五十四巻、号為元和郡国図」（『旧唐書』巻一四八・李吉甫伝）、「李吉甫元和郡県図志五十四巻」（『新唐書』巻五十八・芸文志）と、書名・巻数は一定していない。『唐会要』に至っては、

（元和）八年二月、宰臣李吉甫撰元和州県郡国図三十巻・百司挙要一巻成り、之を上る。吉甫又嘗て東漢・魏・晋・元魏・周・隋の故事を綴録し、其の成敗損益を記し、因りて六代略を為ること、凡そ三十巻。天下諸鎮の絶域山川の険易故事を分かちて、各々其の図を篇首に写し、五十四巻を為り、号して元和郡国図と為す。

と、あたかも別種の書が存在しているかのように書かれており、北宋時代にあって既に混乱していた様子を窺わせる。(2)

つづいて、各巻の具体的な記述を見てみよう。上に例示したのは巻八・河南道・許州の条である。

各州の記載は基本的に以下の①～⑩から構成される。

①州名。その下に開元年間の郡名（潁川郡）と州のランク（望州）を注記。

②開元年間の戸数・郷数、元和年間の戸数・郷数の注記。

③元和年間現在の管轄節度使。ここでは陳許節度使の治所

が置かれていることを示す。

④節度使の管轄州の数と名前、管轄県の数、管轄域内の戸数。

⑤現在（元和年間）に至る歴代の沿革。

⑥州の領域（東西南北の広さ）。

⑦四至八到（京兆府・河南府への方向と距離、隣接州への方向と距離）。

⑧貢賦の特産物。開元年間と元和年間をそれぞれ注記。

⑨州（許州）の管轄県数と名前。

⑩管轄する各県それぞれの沿革と名勝・物産の記載。

本書最大の特徴は、他の地理書がいずれも州を基準としているのに対して、各節度使を基準に編纂している点である。これは唐代後半期の使職の発達と節度使の藩鎮化という現実を如実に表している。また、①・②・⑧のように、玄宗開元年間と現在（元和年間）の戸数・郷数・貢賦の種類を明示して比較していることや、⑥・⑦で州の領域と広さ、長安・洛陽そして隣接州への距離などを明示していることは、現実の状況を際立たせ、見る者の実態把握に資する大変有益なものになっていた。まさに本書序文で李吉甫が述べるように、現実に利用しようという強い意志を感じ取ることができる。

なお、巻四・新宥州の条には、

（元和）九年五月に至り、詔して経略軍城を復して宥州を置く。仍りて上州と為し、州の郭下に延恩県を置きて上県と為し、改めて夏綏銀《かすいぎん》観察使に隷《れい》し、鄜城《ふじょう》神策行営兵馬使鄭杲《ていこう》の下の兵士并びに家九千人を取りて、以て経略軍を実《み》たす。

とあるように、本書上呈後の元和九年（八一四）五月に行われた宥州《ゆうしゅう》設置の記事を載せている。本記事の前文によると宥州の設置は李吉甫の上奏に基づいていることから、特に追加されたものと推測される。この記事の存在は、憲宗への上呈後も情報の更新が行われていたことを強く示唆している。

以上のような本書は、唐末の黄巣の乱や五代十国時代の混乱の結果散佚し、残存する史料の比較的少ない唐後半期の現状に関する貴重な記録である。そのため、『旧唐書』・『新唐書』の地理志における記載と異同がある場合は、同時代史料である本書の記載が優先される傾向にある。

二、描かれた疆域

（一）『元和郡県図志』の疆域観

本書については、書名や巻数の異同を始め、編纂過程・戸口・地名・土貢など多岐に亘る研究が既に存在し、多くの成果が生み出されている良く「知られた」史料である。(3)しかし、今回「一統」という観点から本書に描かれた疆域をみると、いまだ検討すべき課題の存在が浮かび上がってくる。

まず、本書が上呈された元和八年（八一三）の唐王朝の領域と本書の描く領域が必ずしも一致していない点である。本書は『括地志《かっちし》』と同様に「貞観十三年大簿」（六三九）の十道の区画を基礎として、元和年間の四十七藩鎮を配置しているが、編纂時にはこの十道の区画は既に過去のものであった。『旧唐書』巻三十八・地理志には、

開元二十一年、天下を分かちて十五道と爲し、道毎に採訪使を置き、非法を検察すること、漢の刺史の職の如し。京畿採訪使、都畿、関内、河南、河東、河北、隴右、山南東道、山南西道、剣南、淮南、江南東道、江南西道、黔中《けんちゅう》、嶺南たり。

とあり、既に睿宗の景雲年間に太宗貞観年間以来の十道の区画が一部分割され十三道に再編されていたが、玄宗の開元二十一年（七三三）にこれを更に十五道とし、各道に採訪使が常置されることになったことが記される。元和年間もこの十五道の区画を踏襲しており、本書の記載と当時の実際の区画は乖離していた。また、十道のうち隴右道は、代宗の広徳元年（七六三）の時点で吐蕃（チベット）により奪取されており、元和年間には既に唐王朝の疆域外であった。つまり、本書に描かれた疆域は編纂時における実態を反映してはいないのである。

また、領域の周縁（四夷：東夷・西戎・北狄・南蛮）が描かれていない点も重要である。散佚した『括地志』の記事を復元する『括地志輯校』（賀次君輯校、中華書局、一九八〇年）を紐解いてみると、その多くが張守節『史記正義』からの復元であるが、明らかに周縁の四夷が描かれている。本書以降に編纂された新旧両『唐書』や『太平寰宇記《たいへいかんうき》』にも当然のように四夷は描かれており、十道のみを描く本書は、これらの地理書とは異なる性質を有している。

それでは李吉甫は、どのような意図から本書に描かれた疆域を設定したのであろうか。『新唐書』巻五十八・芸文志は、本書の他に彼の編纂した地理に関わる書として『十道図』十巻、『古今地名』三巻、『刪水経』十巻を挙げるがいずれも現存していない。このうち『十道図』は、陳振孫『直齋書録解題』巻八に、「首《はじ》めに州県の総数、文武官員数・俸料を載せる。」とあるのみだが、その名称からして疆域内の具体的な状況を描く本書の原型となったと考えられる。つまり、本書に描かれた疆域は、編纂以前から有していた李吉甫の疆域観をそのまま反映していると見て良い。そうであるならば、四夷を描かず貞観年間の十道に拠るこの疆域観が李吉甫独自の

ものかどうかを明らかにする必要があるだろう。

この問題を考える上で興味深いのが、前掲の『新唐書』芸文志に続いて登場する梁載言『十道志』十六巻や『貞元十道録』四巻などの「十道」の名を冠する書である。

表2　唐代の「十道録」

書名	撰者
『長安四年十道図』13巻	
『十道志』16巻（13巻）	梁載言
『十道四蕃志』3巻	梁載言
『開元三年十道図』10巻	
『開元十道要略』	
『天宝十道録』	
『貞元十道録』4巻	賈耽
『（元和）十道図』10巻	李吉甫

（二）十道志／十道録

十道の名を冠する書は唐一代を通じてたびたび編纂された**（表2）**。しかし、いずれも既に散佚しており、清の王謨が蒐集し『漢唐地理書鈔』に収載される梁載言『十道志』と『貞元十道録』の一部、敦煌文書中の『天宝十道録』と『貞元十道録』（P.2522）が部分的に残存しているに過ぎない。(4) ここから全体像を明らかにするのはいささか困難だが、権徳輿《けんとくよ》「魏国公貞元十道録序」（『権載之文集』巻三十五）には、徳宗期の宰相賈耽《かたん》（七三〇～八〇五）が編纂した『貞元十道録』の内容を伺わせる記述がある。

其の首篇は貞観初め自り、天下諸州を以て、分かちて十道に隷し、山河江嶺に随い、紆直を控帯し、経界を割裂し、而して都会と為す。景雲に在りては按察と為し、開元に在りては采訪と為す。天宝に在りては州を以て郡と為し、乾元に在りては郡を復して州と為す。六典地域の差次、四方貢職の名物、廃置升降、提封険易、因時の制度は、皆な編に備わる。而して又た其の疆理を考跡し、以て謬誤を正す。其の要害を采獲し、而して開置を陳《の》ぶ。…（中略）…凡そ今三十一節度、十一観察、防禦経略とともに守臣を以て使府を称するは、共に五十、首篇の末に列ね、其の三篇は則ち十道を以て準と為し、縣は州に距《いた》る、州は西都に距る、其の道里の数と四鄙の抵《いた》る所を書す。

これによると、『貞元十道録』は四編に分かれ、その首編には太宗貞観年間以降の州郡の沿革とともに、『唐六典』に見える地域区分の変化や各州郡の貢賦の特産物、州郡の廃止・設置・等級の上下などが詳細に書かれていた。首編の終わりには貞元年間に存在した藩鎮を列挙し、他の三編では十道を基準にして県から州への距離、州から都（長安）への距離と四方の隣接州を記述していたという。

一方、梁載言『十道志』の佚文には、先に挙げた許州の条を見ることができるものの、僅かに「許州。許昌郡。禹貢豫州之域、周為許国。」と簡潔に記すに過ぎない。本書の許州の歴代沿革を記す⑤の最初の一文とほぼ同文ではあるが、佚文の他の部分と本書の記載を比較するとほとんど一致しないため、[5]これが本書の体例の元になったとは言い難い。やはり本書は、その内容から見ても直接的には賈耽の『貞元十道録』を参考にした可能性が高いのである。

(三) 賈耽の地理書とその影響

ところで賈耽は、前述の『貞元十道録』のほかにも地理書を編纂していることで知られる。『新唐書』芸文志によると、『地図』十巻、『皇華四達記』十巻、『古今郡国県道四夷述』四十巻、『関中隴右《ろうゆう》山南九州別録』六巻、『吐蕃《とばん》黄河録』四巻などが挙げられており、その数は五十五種にものぼったという。榎一雄氏はこうした賈耽の地理書について検討を行い、『新唐書』地理志に見える賈耽の「道里記」は『皇華四達記』の一部であり、この『皇華四達記』自体も『古今郡国県道四夷述』から「四夷部」のみを抜粋したものであると明らかにされた。[6]一方、権徳輿の序によれば『貞元十道録』も『古今郡国県道四夷述』を実用のために要約したものであるという。[7]つまり、賈耽は詳細な「総志」である『古今郡国県道四夷述』(十道+四夷)を初めに作成し、その後目的に応じて十道のみの『貞元十道録』と四夷のみの『皇華四達記』に編纂し直している。

こうした賈耽の地理書を描かれた疆域の違いから分類し、唐代の他の地理書との対応関係を示したものが**表3**である。このうち本書は、一般的には「総志」に分類されるが、四夷が描かれていないため、『括地志』や『古今郡国県道四夷述』とは明らかに異なり、表中の区分に拠れば十道のみを描く『貞元十道録』の系譜を引いた書として位置づけられ、賈耽の『古今郡国県道四夷述』(十道+四夷)を淵源とし、『貞元十道録』(十道)を経て李吉甫『十道図』(十道)・『元和郡県図志』(十道)へと継承されていったと考えられる(**表3**)。

表3　疆域による地理書の区分

区分	賈耽の地理書	その他の唐代の地理書
十道+四夷	『古今郡国県道四夷述』	『括地志』など
十道のみ	『貞元十道録』	『元和郡県図志』 『諸道山河地名要略』など
四夷のみ	『皇華四達記』	
特定の地域限定	『関中隴右山南九州別録』 『吐蕃黄河録』	『沙州都督府図経』 『西州図経』など

本書の編纂以後、このような十道のみを疆域として描くスタイルは「総志」の体裁の一つとして確立していくことになる。大中九年(八五五)に編纂された韋澳《いおう》撰『諸道山河地名要略』九巻もその一つである。この書は、宣宗が節度使・観察使・刺史など地方官任命の際の面談に利用すべく、赴任先の風俗・物

産についての詳細な情報を得るために韋澳に編纂させた。(8)韋澳は梁載言の『十道四蕃志』（＝おそらくは梁載言『十道志』の誤り）を利用して一書を編纂したという。なお、羅振玉「敦煌本諸道山河地名要略跋」（『雪堂校刊羣書叙録』・乙下）によると、建置沿革・事跡・郡望地名・水名・山名・人俗・物産・処分語の各項目の記述の大部分は本書に基づくことを明らかにしている。また、こののち、北宋時代に王存らによって編纂された『元豊九域志』や南宋の祝穆『方輿勝覧』なども唐代の「十道志」・「十道図」を元に編纂した「総志」であるが、(9)いずれも「九域」のみの記述であり、周縁の四夷は描かれていない。こうした「総志」の体裁に先鞭を付けたのが本書であった。

三、「総志」の内容変化とその影響

(一) 対外関係の変化

このような「総志」の体裁の変化をもたらした要因の一つには、対外関係の変化がある。賈耽が宰相を務めた徳宗の時期は、国内問題として対藩鎮積極策が進められる一方、対外的な攻勢期でもあった。勢力を拡大した吐蕃（チベット）が七世紀以降対外進出を始め、唐との間でも緊張関係に入ると、当初、安史の乱の後始末や対藩鎮政策を優先させた徳宗は吐蕃との間にたびたび会盟を結び、領土割譲の代わりに援軍を要請しようと画策するなど宥和的であった。しかし、唐が独力で李懐光・李希烈・朱泚《しゅせい》の諸叛乱を討伐することに成功すると、領土割譲の約束を反故にしたため徐々に関係が悪化していく。最終的に「平涼の偽盟」により唐・吐蕃両者の対立が決定的になると、宰相李泌《りひつ》の提言を容れた徳宗は吐蕃包囲のためウイグル・南詔と結び、圧力を強めることになった。(10)

対する吐蕃は北庭争奪をめぐりウイグルに敗北すると、四川においても剣南西川節度使韋皐に大敗を喫し、一転唐との和平を模索することになる。貞元十九年（八〇三）以降、二十年・二十一年と連年に亘り吐蕃は長安に使者を派遣し、憲宗即位後の元和元年（八〇六）に福建道に送られていた生口十七人が解放されると、「平涼の偽盟」で吐蕃の捕虜となり蕃地で既に死去していた鄭叔矩《ていしゅくく》・路泌《ろひつ》の柩と鄭叔矩の子文延等十三人が長安に送還された。結果、元和六年（八一一）から十年（八一五）に至るまで、「使者を派遣して朝貢することと絶えず」というまで関係が改善されることになる。その後、一時的な緊張状態も出現したが、最終的に穆宗の長慶元年（八二一）に吐蕃が使者を派遣し盟約を請い、翌年にかけて長安とラサで会盟（長慶会盟）が結ばれ、両者の関係が決着に至った。(11)

憲宗の元和年間には会盟にまでは至っていないものの、徳宗期までとは異なり唐と吐蕃の関係は一定程度改善された。近年こうした唐と吐蕃の関係改善は、同時期に唐・ウイグル・南詔と個別に会盟を行い唐による吐蕃包囲網を打開しようとした吐蕃主導の外交作戦であり、これが成功を納めたことで東部ユーラシア地域に一時的な平和がもたらされたという指摘もあるが、[12] いずれにせよ、対外情勢の変化に伴い、憲宗期は徳宗期のような対藩鎮＋対異民族という二正面作戦を強いられることはなくなり、対藩鎮政策に集中することが可能となった。結果、藩鎮統御に成功したことで一時的な「元和中興」の出現をみることになる。

（二）『元和郡県図志』以後

憲宗期に唐王朝が「外向的」な姿勢を一変させ、「内向的」ともいえる姿勢に転換したことと軸を一にして、地理書の体裁も変化する。前述のように、本書以降の総志には周縁の四夷が描かれなくなり十道のみが描かれるようになった。これは唐王朝にとって周縁に関する情報の重要度が相対的に低下したことを示している。しかし現実には、八二〇年代末以降、とくに西方・西南方の異民族の活動が活発化し、唐王朝に緊張を強いることになる。こうした状況下にあたって、唐王朝はどのように周縁の情報を収集し、利用していたのであろうか。

『唐会要』巻一〇〇・結骨国の条は、武宗会昌《かいしょう》三年（八四三）に久しく修貢していなかった結骨国が入朝をしたことを記すが、この時、黠戛斯（キルギス）への改称を賈耽の『古今郡国県道四夷述』によって把握したという。本書の編纂以後も必要に応じて賈耽の書を利用していた事実が確認できる。またその一方で、最新の情報を得ることにも努めている。文宗の大和三年（八二九）に南詔が四川に入寇、剣南西川節度使の会府成都府城の一部を占領し、子女・百工数万人と珍貨を掠奪するという事件が勃発すると、南詔の侵入に対応するため、最前線の同地に李徳裕（李吉甫の子）が派遣された。『資治通鑑』巻二四四・文宗大和四年十月の条には、

> （李）徳裕鎮に至り、籌辺楼《ちゅうへんろう》を作り、蜀の地形を図《えが》くこと、南は南詔に入り、西は吐蕃に達す。日々老を軍旅に召し、辺事を習うは、走卒・蛮夷といえども問する所無く、訪《と》うに山川・城邑・道路の険易広狭遠近を以てし、未だ月を踰えずして、皆な身《みずか》ら嘗って渉歴するがごとし。

とあり、李徳裕は成都に到着すると情報収集に努め、入手した情報を籌辺楼に描いた地図に書き入れていったという。また、大和五年（八三一）には、吐蕃の維州《いしゅう》副使悉怛謀《しったつぼう》が唐に亡命する「維州事件」が勃発し、兵を派遣して直ちに維州城を接収するなど、吐蕃との関係も緊迫したものになる。この

表4　元和年間以降の西南地方に関わる記録

著者	書名·巻数	編纂年
范伝正	『西陲要略』3巻	元和7(812)
李渤	『御戎新録』20巻	元和9(814)
袁滋	『雲南記』5巻	元和13(818)
孟琯	『嶺南異物志』1巻	元和年間以降
韋斉休	『雲南行記』2巻	長慶3(823)以降
李徳裕	『西南備辺録』13巻	大和5(832)～6(832)
田牟	『宣索入蕃行記図』1軸 図経8巻	大和8(834)
李徳裕	『異域帰忠録』2巻	会昌2(842)
李徳裕	『西蕃会盟記』3巻	不明
李徳裕	『西戎記』2巻	不明
高少逸	『四夷朝貢録』10巻	会昌年間(841～846)
房千里	『投荒雑録』1巻	大中年間以降
盧求	『成都記』5巻	大中9(855)
樊綽	『蛮書』10巻	咸通4(863)
竇滂	『雲南別録』1巻	咸通年間以降
竇滂	『雲南行記』1巻	咸通年間以降
徐雲虔	『南詔録』3巻	乾符6(879)

間当事者として直接の指揮・対応に当たった李徳裕は、在任中の事件の顛末とその時に得た最新の情報について『西南備辺録』十三巻を編纂し、朝廷へと提出している。[13]

　このような李徳裕の事例は例外ではない。『唐会要』巻六十三・史館の条には、諸司から史館に情報を送る事例を具体的に挙げているが、蕃国の朝貢とともに、蕃夷の入寇・来降もその対象となっている。その際、破壊され陥落した城堡や傷殺された官吏、掠奪された畜産などの詳細を逐一報告することが義務づけられていた。しかし、徳宗期以降、守られないことが多々あったようで、再度通達が出されるとともに、外州県・諸軍・諸使は、毎年一度必ずあらゆる事跡を報告することが定められた。[14] 元和年間以降、現地に赴任した官僚が、当事者となった事件の顛末や周縁の勢力と交渉にあたったおりに得た情報・認識などを一書に編纂することがそれまで以上に多くなるが、[15] これはこうした事情を反映しているものと考えられる。本書以降に編纂された西南方面の南詔・吐蕃に関わるものに限ってみても、**表4**に挙げた記録を見いだすことができる。本書の編纂以降十道のみを疆域とする「総志」の編纂が進み、周縁に関する情報が更新されないなか、唐王朝はこうした朝廷に納められた著作を利用し対異民族政策に反映させていったのである。[16]

　以上、「一統志」編纂の元となった李吉甫撰『元和郡県図志』について、描かれた疆域に焦点を当て若干の検討を行ってきた。筆者の関心に従えば、憲宗以降の唐王朝にあって本書がどのように利用されたのか、特に李吉甫の子李徳裕の宰相時代の施策や宣宗の大中年間に行われた対藩鎮・対外政策に本書に描かれた疆域がどのような影響を与えたのかなど、なお検討すべき点は多いが、今後の課題としたい。

注

（1）唐代の総志についての先駆的な研究である青山定雄「隋唐より宋代に至る総誌及び地方誌について」（『東洋学報』第二八巻一号・二号、一九四一年。のち、『唐宋時代の交通と地誌地図の研究』吉川弘文館、一九六三年に収載）を始め、藤田純子「唐末の行政地理書『元和郡県図志』の編纂事情」（『鷹陵史学』第二号、一九七六年）、賀次君「前言」（『元和郡県図志』上、中華書局、一九八三年）など、いずれもこの点を強調する。同時期に李吉甫が編纂した『元和国計簿』は、高瀬奈津子「元和年間における中央の財政運営体制の確立」（『明大アジア史論集』第一〇号、二〇〇四年）七〇―七二頁を参照。高瀬氏は『元和国計簿』の編纂について、「元和年間の財政上の問題点、すなわち財政収支のアンバランスな状態と中央の統制力の問題を明らかにし、これらの解決を求めたのではないか。」と指摘する。

（2）巻数の変遷と書名の異同に関しては、高橋稔「「元和郡国志」研究」（『東方学』第七十三輯、一九八七年）を参照。本書の李吉甫の序では『元和郡県図志』と呼称し、目録含め全四十二巻と明示していることから、当初はこの書名と巻数であったことがわかる。

（3）とくに中国における研究史と問題の所在については、孔明麗「《元和郡県図志》研究述略」（『理論界』二〇〇九年第六期）を参照。

（4）『貞元十道録』は、日比野丈夫「地理書」（『講座敦煌五　敦煌漢文文献』大東出版社、一九九二年）三三五―三三七頁、「敦煌本《貞元十道録》及其価値」（『中華文史論叢』第六十三期、二〇〇一年）を参照。『天宝十道録』は、栄恩奇編『敦煌県博物館蔵敦煌遺書目録』のNo.〇七六一にあたり、郡県の公解本銭が記載された地志の残巻である。栄新江「敦煌本《天宝十道録》及其価値」（唐暁峰等編『九州』第二輯、一九九九年）により、十道録の流れを汲むものとして命名された。呉震「敦煌石室所出唐天宝初年《郡県公解本銭簿》」（『中国文物』第一期、一九七九年）および前述の日比野氏論文三三九―三四二頁も参照。なお、栄新江氏論文の入手にあたっては、西村陽子氏（東洋大学）の協力を得た。

（5）梁載言『十道志』は夏婧氏によって佚文が収集されている。夏婧「唐梁載言《十道志》輯校」（袁行霈主編『国学研究』第三十巻、北京大学出版社、二〇一二年）を参照。梁載言の事跡については、趙庶洋『《新唐書・地理志》研究』（鳳凰出版社、二〇一五年）の第五章第五節に詳しい。

（6）榎一雄「賈耽の地理書と道里記の称とに就いて」（『歴史学研究』第六巻七号、一九三六年、のち『榎一雄著作集第七巻　中国史』汲古書院、一九九四年に所収）。

（7）「魏国公貞元十道録序」に、「又撮其要会切於今者、為《貞元十道録》四巻」という。

（8）前掲注4日比野氏論文三三七―三三八頁、松本保宣『唐王朝の宮城と御前会議――唐代聴政制度の展開』（晃洋書房、二〇〇六年）一八六―一八七頁を参照。

（9）〔宋〕王存撰『元豊九域志』（中華書局、一九八四年）の「表」および〔宋〕祝穆撰『方輿勝覧』（中華書局、二〇〇三年）の「序」を参照。

（10）この時期の唐と吐蕃の関係については、佐藤長『古代チベット史研究』上・下（同朋舎、一九七七年。初版は一九五八～五九年）、菅沼愛語『7世紀後半から8世紀の東部ユーラシアの国際情勢とその推移――唐・吐蕃・突厥の外交関係を中心に』（溪水社、二〇一三年）、岩尾一史「古代チベット帝国の外交と「三国会盟」の成立」（『東洋史研究』第七十二巻四号、二〇一四年）などを参照。

(11)『旧唐書』巻一九六上・吐蕃伝、前掲注10岩尾氏論文。

(12) 前掲注10岩尾氏論文。

(13)『西南備辺録』は、李徳裕が剣南西川節度使在任中の大和五年（八三一）から六年（八三二）にかけて編纂された。ただし、傅璇琮・周建国『李徳裕文集校箋』（中華書局、二〇一八年）は、「進西南備辺録状」の検討に基づき、武宗皇帝が即位し、李徳裕が宰相位を拝命した開成五年（八四〇）九月以降に朝廷に提出されたと繋年する（同書四二四頁）。傅璇琮『李徳裕年譜』（中華書局、二〇一三年）も参照。

(14)（宋）王溥撰『唐会要』巻六十三・史館上・「諸司応送史館事例」（上海古籍出版社、二〇〇六年）一二八五―一二八六頁。なお『新唐書』巻四十六・百官志・礼部・主客郎中の条に、「使絶域者還、上聞見及風俗之宜・供饋贈貺之数。」とあるように、周縁に派遣された使者たちは、帰還後に報告することが既に義務づけられていた。

(15) これらの書については、崔明徳・馬暁麗『隋唐民族関係思想史』（人民出版社、二〇一〇年）の第十六章「隋唐時期民族関係思想相関著作及作者簡述」四〇六―四三八頁も参照。

(16) 李大龍『唐朝和辺疆民族使者往来研究』（黒龍江教育出版社、二〇〇一年）第六章「使者来往在唐朝辺疆管理中的作用」は具体的事例を挙げ説明するが、そのほとんどが安史の乱以前の事例である。

宋朝総志編纂考――総志から方志へ

須江　隆

総志とは、中国全体の地理書の総称である。中国では古来、全国の地図や地理書が作られてきたが、筆者は、宋代が総志編纂史上において一つの画期であったことに加え、総志の編纂と方志（一地方の地理書）の編纂とには連動性や関連性があったのではないかという仮説を立てるに至った。本稿では、清の知識人が著した序文に着目した上で、宋代の総志についてと宋朝の総志編纂事業の推移を概観し、かかる仮説の真相に迫る。

すえ・たかし――日本大学生物資源科学部教授。中国近世史。著書に『碑と地方志のアーカイブズを探る』（編著、汲古書院、二〇一二年）、『中国宋代の地域像――比較史からみた専制国家と地域』（共編著、岩田書院、二〇一三年）、論文に“The Significance of Disseminating Abroad the Fruits of Japanese Sinology: With Reference to My Own Experiences of Academic Exchange with Euro-Americans”*ACTA ASIATICA*, vol.117, 2019. などがある。

はじめに

総志とは、中国全体の地理書の総称である。周知の如く、中国では古来、全国の地図や地理書が作成されてきた。古くは後世に及ぶまで尊重された『禹貢』がつくられ、天下統一を果たして郡県制を導入した秦でも地図と戸籍が備えられていた。その後も定期的、乃至は行政区画の統廃合や国土の改変が行われるたびに、地図や地理書がつくられた。例えば、前漢の成帝の時には、国土改変という事態をうけて、劉向は全国の地域を略言し、朱贛《しゅこう》は風俗を箇条書きにし、後に班固はそれらをもとにして『漢書』地理志を作成したという。また陳の時に顧野王は、梁から陳にかけての地方行政区画の大幅な改変や統廃合を背景として、それまでに作られた地誌の記述を抜粋編集して『輿地志《よちし》』を編纂している。更に隋では『諸州図経集』が撰せられ、唐の賈耽《かたん》は、貞観、景雲、開元年間に行われた、地方行政区画の廃置や州県ランクの升降に関する備えとするために『貞元十道録』を著した。唐代には他に、『括地志《かっちし》』や『元和郡県図志《げんなぐんけんずし》』も編纂されている。他方『唐六典《とうりくてん》』には「職方郎中・員外郎が天下の地図をつかさどる。すべて地図は、地方の州府に命じて三年に一度つくらせ、戸籍とともに尚書省にたてまつらせる。」という記載があり、宋初にはその制度を踏襲しつつも、新たに閏年を期限として地図と戸口冊を地方より献上させるようにした。真宗・徽宗期には、大がかりな全国規模での図経等編纂事業も行われている。因みに「図経《ずけい》」とは、地図を伴った地方の地理的叙述が簡略になされた編纂物のことである。その他に宋代では、『太平寰宇記《たいへいかんうき》』『元豊九域志』『輿地広記』『輿地紀勝』『方輿勝覧』がつくられ、更にその後、元・明・清の時代に、官製の全国地誌である所謂「一統志」が編纂されたことは言うまでもない。

ところで筆者は、これまで宋代地誌序跋文の考察を積んできたが、[1] その研究過程で、上記で述べた中国総志編纂史に鑑みて、二つの仮説を立てるに至っている。それは、宋代が総志編纂史上において一つの画期となっていたのではないかという点と、総志の編纂と方志（一地方の地理書）の編纂とには連動性や関連性があったのではないかという点である。しかし管見の限り、宋代の総志編纂に関しては、個々の総志の校点本刊行に際しての前言などに見られる書誌的な研究が複数あるのみで、上記の課題に答えてくれるような総合的視点から、詳細かつ具体的に研究されたものは殆ど存しない。唯一の専論ともいえる青山定雄「唐宋時代の總志及び地方誌」は、その第四節「宋代の總志」で、関連史料をほぼ博捜して北宋と南宋の総志編纂状況に言及するが、主として編纂事実の時系列的変遷を述べるに止まる。[2] また近年、稲葉一郎は『太平寰宇記』と大中祥符『諸州図経』の編纂に関して言及し、諸州図経の抄本が後世、各地の図経や地志編纂の拠り所になり、地方志発展の基礎になったとして総志と方志編纂との連関性を示唆したが、具体的事例への言及もなく、北宋末期の総志編纂事業についても視野に入れられていない。[3]

そこで本稿では、上記二つの仮説を立てる契機を筆者にもたらした、清のある知識人が著した序文に着目した上で、宋代の総志についてと宋朝の総志編纂事業の推移を概観し、かかる仮説の真相に迫るとともに、これまでの筆者の事例研究の現時点での総合化をはかりたい。

一、清のある知識人の序文

清のある知識人は、中国と自らの出身地である四明（寧波の別称）における地理書編纂の歴史について、次のように述べる。

地理書は『禹貢』にはじまり、土訓と誦訓が掌るというのが、そもそも前代からの法であった。秦は封建制をかえたが、やはり地図と戸籍は備えていた。酇《さん》侯（蕭《しょう》何《か》）は関中に入り、これらの図書を手に入れることができたため、郡県の専志は、前・後漢四百年の間に作られたというのを聞いたことがない。六朝より以来の、例えば顧啓期の『婁《る》地《ち》記《き》』や、山謙之の『呉興記』、雷次宗の『豫章記』、鄭緝之の『東陽記』、朱育・賀循の『会稽記』のようなものは、おそらくは郡県の専志の芽生えであろうか。ただそれらの書はすべて伝来せず、伝わっているものは北宋からはじまる。真宗の景徳年間中に、各路の州・府・軍・監に詔をして旧来の図経を校勘させ、古跡に関わる情報を編入し、これを朝廷に奉らせた。天下の地方長官は、みな編纂に専念した。吾が四明でもやはりその時初めて専志が備わった。（注記省略）その後、李従事（李茂誠）が再び大観年間の初めに編修したが、それがまさしく張州将（張津）の乾道『四明図経』の祖本であり、羅参軍（羅濬《らしゅん》）の宝慶『四明志』はさらにその後である。現在伝わる当地の専志は、乾道『四明図経』を最古とみなすので、北宋の二志が朱長文の『呉郡図経続記』とともにこの世に残らなかったのは、やはり惜しむべきである。呉履齋（呉潛）が外任で判慶元府であったとき、その属僚が彼の政績を記し、開慶『四明続志』を作った。一人の事を伝えるのに、一郡の名を冒したので、論者はこの書を地方志の体例ではないとみなした。元代では、清容居士（袁桷）の延祐『四明志』が最も高い評判である。至正年間中に、王甯軒（王元恭）がこの続編を作ったが、門類はみな旧例に依った。その書は王遂初（王厚孫）の手によって世に出たが、彼は勿論、延祐年間中に共に『四明志』を編修したものである。これが宋元時代の四明志の大要である。当時属県の鄞県や奉化県にも専志が備わっていたが、今は散佚してしまった。ただ大徳『昌国州図志』のみは、幸運にも伝本がある。

この文章は、徐時棟により咸豊四年（一八五四）に校勘・補遺が施された『宋元四明六志』が、光緒五年（一八七九）に印行されるに当たり、同年閏三月に寧波府鄞《ぎん》県の人である董沛によって記された「校刻宋元四明志序」の一節である。

この序文は、三段落構成となっているが、上記の文章はその第一段落に当たる。董沛は「校刻宋元四明志序」の第一段落で、古来より宋元時代に至るまでの当該地方の地誌編纂について述べ、次の第二段落で、後の宋元四明志の版本の行方と清代における徐時棟らの校勘・版刻作業について、第三段落で、宋元地方志と宋元四明六志の価値や徐時棟の仕事の評価、序文執筆の経緯について言及している。特に注目すべきは、上記の傍線部からも明らかなように、その第一段落で、本格的な寧波の専志が登場した時期を北宋以降としている点である。ここで董沛は、寧波の脈々と続く方志の系譜として、現存する明州（寧波の別称）最古の地方志である乾道『四明図経』に先行する北宋二志に言及し、真宗皇帝が編纂の命を下して編纂させた大中祥符『明州図経』（『新修諸道図経』一五六六巻の一部）を当地地方志の淵源と位置づけている。また乾道『四明図経』は、李従事が編纂した大観『明州図経』を祖本とし、宝慶『四明志』へと継承されるという系統も明示している。北宋末期の徽宗の時代には、総志編纂を意図して、大観元年（一一〇七）に中央に詳定九域図志所が設置され、各地方に地方図経編纂の命令が下された。この時明州では、同年中に李従事郎、すなわち李茂誠等が方志（大観『明州図経』）を作成した。この大観『明州図経』が、乾道『四明図経』の編者張津の手に渡り、編纂作業に資することになったというのである。

以上のように、この清のある知識人の序文は、宋代が総志編纂史上において一つの画期であった点、総志の編纂と方志の編纂とに連動性や関連性があった点を明らかに我々に示唆している。そこで次に、先ずは宋代の総志についての理解を深めるためにその概観をしておきたい。

二、宋代の総志について

(一) 現存する総志

北宋時代に編纂された現存する総志で代表的なものとしては、二代目太宗の治世下で、太平興国年間（九七六〜九八四）につくられた楽史『太平寰宇記』二〇〇巻をあげることができる。本書が編纂された経緯は、巻頭に収められている「太平寰宇記序」に詳しい。その序によると、唐代に編纂された賈躭《かたん》『貞元十道録』や李吉甫『元和郡県図志』が甚だ簡略で欠落する事項があったこと、[4] 五代の時代に群雄が割拠し大幅に地名の変更が行われたこと、北宋の太宗の時代に天下が統一され領土が改変されたことなどに触れ、宋朝支配下の領土を形に表すべく総志の編纂に取り組んだという。本書は全国を十三道に分けた上で、各道に属する府・州・軍・監の地理および戸数・風俗・人物・土産、統轄下の各県の沿革などを記す。また記述には前代の地誌の引用も含まれるなど、前代には存し得ない大部な総志であることに間違いはない。しかし後述する北宋時代における後の大規模な編纂事業によって生み出された、あるいは生み出されようとしていた総志に比べると、各地方に関する情報量はそれでも比較的乏しかったと考えられる。

　他に現存する北宋のものとしては、王存等『元豊九域志』十巻（一〇八〇年完成、一〇八五年刊）や欧陽忞《おうようびん》『輿地広記』三八巻（一一一九～一一二五年頃編）がある。前者は『禹貢』の伝統を継承し、治政、特に財政の立て直しを目的とした編纂であった傾向が強い。各県の記述には、門目として、地里、戸、土貢、県、監、場、院の項目が立てられているが、情報量はかなり少ない。なお日比野丈夫は、元豊三年（一一八〇）に成った「九域志」は、現行のものとは異なる点を指摘している。[5] また後者の書は、専ら古今に亙る疆域の変遷、郡県の沿革を主として述べた特殊なものと位置づけられる。

　一方、南宋時代に編纂された現存する総志には、王象之『輿地紀勝』二〇〇巻（一二二一年自序、一二二七年完成）や祝穆『方輿勝覧』七〇巻（一二三九年刊）がある。これら二書の共通した特色は、四至八到、疆域、戸口、郷里数、県の等級等についての記述を欠くという点である。この点について青山定雄は、『輿地紀勝』『方輿勝覧』の両書は、「治政の参考に供することは極めて略で、地方文化に詳しく、宦遊之士が名勝舊蹟を探るのに誠に好適のもの」と指摘し[6]、北宋時代につくられた総志との違いを示唆する。特に『方輿勝覧』は、その序文「方輿勝覧序」に、

　経史子集・稗官野史・金石刻列・郡志、有可採摭、必書夜抄録無倦色、蓋爲紀載張本也。

とあって、各地方の記述にあたっては多様な史料を博捜した跡が見て取れる。実際に各地方の記述に見える門目は、建置沿革、郡名、風俗、形勝、土産、山川、井泉、堂閣、堂舎、楼閣、堂亭、楼観、台榭、亭榭、橋梁、陵寝、祠廟、仏寺、寺観、祠墓、祠廟、古跡、名宦、人物、名賢、題詠、外邑、四六に及ぶ。この門目の充実ぶりは、方志と遜色がないほどであり、地方文化のより具体的な記述に重点が置かれていたことが窺える。

（二）散逸・未完の総志

　宋代、特に北宋時代には宋王朝による大規模な総志編纂事業が行われた。しかしその所産として現存するものは既述の『太平寰宇記』や『元豊九域志』があるが、散逸したものや未完の総志もあった。

　真宗朝下で編纂された李宗諤《りそうがく》等『新修諸道図経』一五六六巻は、大中祥符三年（一〇一〇）に完成し、翌年各地方に頒下されたが、北宋の滅亡までには全て散逸していたとも言われる。[7] 巻数からして極めて大部であるものの、各府・州に割

かれた記述は、青山定雄によると、四巻程度であったのではないかというから(8)、矢張り全国を視野に入れた編纂であったが故に、一地方の情報量は簡略にならざるを得なかったようである。

一方、北宋末期の徽宗朝下では、かなり詳しい地方の情報を盛り込んだ大規模な総志編纂事業が展開された。『詳定九域図志』と呼ばれるこの総志は、残念ながら未完のままその事業を終えるに至った。その事業と書物の全容は知るよしもないが、断片的に残された一部史料からは、その具体的な編纂過程などが窺える。この編纂事業は、後の各地方での方志編纂事業にも大きな影響を与えたと考えられるので、その点については次節の中で詳しく言及することにしたい。

本節では、宋代に編纂された幾つかの総志に関する概観を試みたが、これらだけからも、北宋から南宋にかけて、各地方の情報をより詳細に掲載した総志がつくられていくようになるという変化を見て取れた。そこで次節では、そうした変化をより具体的に把握するために、宋王朝の総志編纂事業の推移を検討することにしたい。

三、宋朝総志編纂事業の推移

(一) 北宋時代の総志編纂

宋の創建当初は、唐代につくられた「十道図」を利用し、それに基づいて地方の州県のランクを比較して地方官の俸給を決定していたという。しかし時間の経過に伴い、戸数の増減による不具合が生じたため、太祖は開宝四年(九七一)に盧多遜等に天下の図経編纂の詔を下した。ただこの事業は、時期的に宋王朝の草創期であったためかその後の進展を見なかった。そこで太祖は、更に開宝八年(九七五)に宋準に諸道図経修定の詔を下した。しかしこの事業も途中で中止となったようである。なお、稲葉前掲論文では、『玉海』巻十四に十九州の形勢を網羅した「開宝図経」のことが見えるとして、開宝八年には『開宝図経』にまとめられていたとするが、当該箇所からは、開宝年間に盧多遜等や宋準が諸道の図経を重修・修定しようとした事実しか読み取れない。かくして太祖朝下では総志編纂事業に着手されはしたものの完成には至らず、次の太宗朝下で、前節でも言及した樂史の『太平寰宇記』が太平興国年間(九七六〜九八四)に編纂されたのである。

そして次の真宗朝下では、大々的に天下の図経編纂事業が行われた。真宗は咸平四年（一〇〇一）に、閏年ごとに天下の地図と戸籍を作り直すという「閏年の制」を改め、十年ごとに諸路の転運使に本路の図を作成させ、職方（地図などをつかさどる官署）に上進させることを提案した。やがて景徳四年（一〇〇七）に、古跡に関わる記述も編入した地方図経の作成・献上を命ずると、[9]天下の府・州・軍・監はこぞって作成・献上した。それらを中央で編修し直した『新修諸道図経』一五六六巻が大中祥符三年（一〇一〇）に完成し、[10]翌年、全国に頒下された。また大中祥符六年（一〇一三）には『九域図』の編纂が開始され、天禧三年（一〇一九）に『九域図』三巻が完成した。

その後しばらく総志編纂に関わる事業は中断したが、神宗朝下で王安石による新法が実施されると、財政改革の一環として天下の州県の大規模な統廃合が行われた。そのため旧来の『九域図』への全面的改訂が必要となり、熙寧八年（一〇七五）に『九域図』刪定の詔がくだされ、加えて元豊三年（一〇八〇）には『元豊九域志』が完成し、その五年後に刊行された。しかしこの『元豊九域志』には不備があることが、紹聖四年（一〇九七）に兵部侍郎・黄裳《こうしょう》によって指摘される。黄裳はその上言の中で、

今の『九域志』（『元豊九域志』）は、記載がはなはだ簡略であります。どうか兵部所管の職方に詔を下し、地方の山川・風俗・民事・地物・古跡の類の情報を取り集めてその詳細を研究し、一書に集成して現行の『九域志』の不備をととのえて下さいますように。

と述べ、本書の地方の情報量の少なさを批判している。[11]

こうした動きに連動してか、次の徽宗朝下では、崇寧年間（一一〇二～一一〇六）の末年頃に、首都開封府・秘書省に詳定九域図志所が設置され、地方図経編纂命令が出された。その結果、各地方では図経が編纂され、大観二年（一一〇八）の地方図経献上の命令を受けて、続々と完成した図志が献上された。中央の詳定九域図志所では、「戸口門」「祠廟門」などの門目をたて、献上された地方図経の叙述を整理・校訂する作業を進めたようである。しかしこの作業は、地方からの情報量が多くて煩雑を極めたためか、例えば政和元年（一一一一）には、『詳定九域図志』祠廟門と祀典との不一致が指摘されている。秘書監・何志同の上言によると、

『詳定九域図志』中の「祠廟」の一部門については、州ごとの報告を受けたところ、その多くは世俗からおこって一時的に建てられたもので、もともと人民に勲功・業績があった神々を祀った祠廟ではなかった。例えば、開封府扶溝県の秋胡廟や封丘県の百里使君廟・程隠君廟の

類は、それぞれの県では、皆祀典に載っていると称しているが、私が太常寺に問い合わせたところ、すべて考察すべき典籍がなかった。畿内ですら、かえってこのように廟祀が正しく行われていないのだから、遠方の村里がどんな状況であるのかは、概ね推察できる。どうか礼部の官僚に勅命を下し、祀典を編纂し、天下に広くゆきわたらせ、図志の実相と表裏一体になるようにしていただきたい。

とある。(12)また翌年、提挙詳定九域図志・何志同は更に、

京西南北路十七州・軍の図志を編集するにあたり、記述を詳しく調べたところ、しばしば州・県のランクが逆さまの順番で配列されていたり、州の名称が欠如したりしておりました。また、坊郭や郷里などの名称は、殿閣や祖宗の陵名を犯しているものさえあり、民間で流行している習俗に至っては、とても地志には書けないような有様で、示せばきりがありません。(13)

と地方図志の不備をも指摘している。その他「戸口門」の不備から、詳定九域図志所が戸部に天下の戸口数を照合したとの記事も見出せる。このように不備多きまま、宣和年間(一一一九〜一一二五)には詳定九域図志所は廃止されてしまい、(14)新しい『九域志』は結局完成を見なかった。

(二) 南宋時代の総志編纂

南宋は領域的に江南に遍在していたためか理由は定かではないが、管見の限り、この時代に全国的かつ組織的な総志編纂を行った形跡を見出すことはできない。従って、官撰による総志編纂事業は展開されなかったということになる。

以上、本節では宋王朝による総志編纂事業の推移を辿ったが、ここでも北宋時代においては、時代の推移とともに、地方のより多様で詳しい情報を盛り込んだ総志を生み出そうとしていった傾向を明らかに見て取れた。実はこの動向の現れは、神宗朝以降の地方情勢を把握しようとする視点や地方統制を強化しようとする側面の顕在化とも時期的に一致しており、(15)知識人たちの視点の重点が徐々に地方へとシフトしていったことを窺わせてくれる。こうした流れの中で、総志編纂事業によって生み出された各地の図経を拠り所として、各地方ではより詳細な情報を盛り込んだ方志が作り出されていくことになる。次節ではその具体的経緯を、拙稿に依拠しつつ蘇州と明州(寧波)を事例として示していくことにしたい。(16)

四、総志から方志へ

(一) 蘇州の場合

蘇州には宋初に作られた羅処約(九六〇〜九九二)の『呉郡

図経』が存在していたが[17]、景徳四年（一〇〇七）二月に各地方で図経を校勘せよという詔が下されたため[18]、羅処約『図経』に依拠して校訂・補修作業が行われ、中央での編修を経ることになった。この点について、のちの元豊七年（一〇八四）に当地の方志『呉郡図経続記』を編纂した朱長文は、「呉郡図経続記序」の中で、

大中祥符年間に詔が下されて図経を編修させることになり、州ごとに官僚が編輯して中央に奉ったが、内容的に詳細か簡略かについては、多分その図志の編集者に委ねられていたのであろう。しかも中央で修正する人士たちが、類別と体例を立てて、記録してあることを削り取ってしまうのである。そもそも天下の図経をすべて修定しようとしたならば、その文章は簡略にならざるを得ないので、古跡や異聞は、具体的に掲載しがたい。大中祥符年間より今に至るまで、七十年にもなるが、その間の近頃の事柄についても、いまだに記述されていない。元豊年間の初年に、朝請大夫の臨淄（臨川？）出身の晏公（晏知止）が、この地の長官として赴任した。晏公は、もとの宰相の元献公（晏殊）の子であり、古代の事物を好み博学で、父祖の立派な業績を受け継いだ人物である。彼は嘗て我が家を訪ね、私長文に「蘇州の遺事と古今の文章は、埋没して収拾されていません。今私が綴り集めようとしましたが、私がよしみを通じている練定は、それをすることができるのは、ただあなただけだと認識しています」と言った。私長文は自ら、狭い街路に姿を隠し、門戸を出たことがないような生活を送っているので、遺事や文章を訪ね求めることは難しいと思ったが、練君は晏公の意を語り、幾度もまのあたりに促し励ました。そこで私は、書籍を参考にし、昔からの言い伝えを探し求めて拾い上げ、『呉郡図経続記』三巻を作成した。およそ『呉郡図経』にもはや備わっているものは記録せず、もともと分からないことは欠如のままとした。たまたま晏公がこの地の長官をやめることになったので、この書は我が家に私蔵された。今の長官で、朝議大夫の武寧（浦城？）出身の章公（章岵）は、この地を三年治めて、政蹟上等により再任を命じられた。この頃彼は私の住まいにやってきて、「あなたは以前、『呉郡図経続記』を作ったと聞きました。私はその書を見たいのです」と言った。そこで私長文は、些か文章を美麗にし、補輯筆写して献上した。章公はこの書を蘇州の役所に置き、評議や閲覧の備えとした。

と述べ、加えて自らの方志作成の動機にも言及している。し

かし筆者はその序文等の分析を通じて、『呉郡図経続記』は、新法政権下でつくられた不備の多い『元豊九域志』への批判を含意させつつも、将来、勅命により作成されるだろう詳細な総志の一部となることを意図してつくられたものであること、『呉郡図経続記』の門目の立て方・体裁の在り方等が後の当地の方志である『呉郡志』や洪武『蘇州府志』へと継承されていったことを実証した。以上のように、蘇州においては、宋王朝による総志編纂事業から方志編纂へと展開していった流れを明らかに確認できる。

（二）明州（寧波）の場合

明州（寧波）の方志作成の系譜については、第一節でも、ある知識人の序文に即して言及しているので、ここでは更に少しく詳細にその系譜を跡づけていきたい。明州においても蘇州と同様に、景徳四年（一〇〇七）の地方図経校勘・献上の詔を契機として大中祥符『明州図経』（四巻程度）がつくられた。この書物の一節は、北宋後期を生きた当地出身の舒《じょ》亶《たん》が著した「西湖引水記」にも引用されているので、少なくとも十二世紀最初期頃までは存在していたようである。[19] その後、徽宗時代に詳定九域図志所が設置され、各地方に地方図経編纂の命令が下されると、ここ明州でも大観元年（一一〇七）に李茂誠等が図経を作成した（大観『明州図経』）。以前より存していた当地の図経等を参照して編纂したことは推測に難くない。この書には、地理・戸口・物産（物産の子目として羽毛・鱗介・花木・果蓏・薬茗・器用）・貢賦・人物・古跡・釈氏・道流・山林・江湖・橋梁・坊陌の門目が設けられており、[20] 後の方志の体裁とも殆ど遜色なかったことが窺える。しかし本書は、残念ながら北宋末期に兵火に遭い、すでに南宋時代には完本は現存しなかった。[21] たまたま部分的に所蔵していた黄鼎という人物が張津に献上したため、張津はそれを祖本として乾道『四明図経』（一一六九年編）を編纂したのである。[22] 乾道『四明図経』は当地で現存する最古の方志と位置づけられるが、宋王朝の命を受けて編纂した大中祥符『明州図経』と大観『明州図経』の北宋二志の流れをくんで編纂されたことは明らかであり、更にそこから羅濬が編纂した宝慶『四明志』（一二二七年編）以降へと受け継がれていくことになったのである。

本節では、蘇州と明州（寧波）という二つの事例からだけではあるが、総志編纂事業の一部であった図経の作成から、方志編纂事業へと展開していった具体的な経緯を跡付けた。筆者はこの研究作業を現在も継続しており、秀州（嘉興府）・台州に焦点を当てた序跋文・門目等を中心とした調査・分析を行っている。それらの成果はいずれ公にし、総志の編纂と方志の編纂とには連動性や関連性があった事実を確固たるものとしていきたい。

おわりに

宋代、特に北宋後期は、より詳しい地方の情報を盛り込んだ各地の図経に依拠した総志編纂事業を積極的に展開していったという点で、中国総志編纂史上の画期であったことは明らかである。また加えて、こうした宋王朝の総志編纂事業の展開が各地方に影響を与えて方志編纂事業を刺激し、北宋末期から南宋以降に多くの方志を生み出すことになったことも確認できた。この流れを整理すると、「簡略な天下の図経作成→詳細な総志編纂→詳細な総志の一部を意図した図経編纂→方志編纂」ということになろう。こうした流れは、地域間偏差はあったとしても、北宋末期から南宋にかけての全国的趨勢であった可能性が高く、知識人たちの視点の重点が、地域社会へとシフトしていく動きともとれる。

参考までに南宋時代には、行政区画の末端の県レベルの方志も多数編纂されるようになる。紹熙『雲間志』三巻は、華亭県（現在の上海市松江区）の県志で、紹熙四年（一一九三）に知県の楊潜によって編纂されたものである。楊潜はその序文の中で、歴代の総志では県レベルの先賢・勝概・戸口・租税・里巷・物産の類いの情報を欠いてしまう点に言及し、『雲間志』に先行して編纂された県志二志も疎略で欠遺が多かったとして、より詳しい県志編纂の必要性を示唆している。[23] こうした姿勢にも、より身近な地域社会へと注がれていく知識人たちの視点の変化を窺い知ることができるのである。

注

（1）拙稿「宋代地誌序跋文考（一）――北宋 朱長文『呉郡圖經續記』三巻 元豊七年（一〇八四）修」（『人間科学研究』第四号、二〇〇七年）、同「宋代地誌序跋文考（二）――乾道『四明圖經』の史料性に関する二、三の考察」（『人間科学研究』第六号、二〇〇九年）、同「宋代地誌序跋文考（三）――寶慶『四明志』・開慶『四明續志』小考」（『東北大学東洋史論集』第十二輯、二〇一六年）などを参照。

（2）青山定雄『唐宋時代の交通と地誌地圖の研究』（吉川弘文館、一九六三年）に所収。

（3）稲葉一郎「朱長文『呉郡図経続記』考」（『史林』九九巻第五号、二〇一六年）の第二節を参照。なお朱長文『呉郡図経続記』については、筆者が既にその序文や後世への影響について分析をした「『呉郡圖經續記』の編纂と史料性――宋代の地方志に関する一考察」（『東方学』第一一六輯、二〇〇八年）があるが、稲葉の上記文献では、残念ながら先行研究として拙論が消化されていない。

（4）賈耽『貞元十道録』や李吉甫『元和郡県図志』に欠落していた事項について、稲葉一郎は、戸口・風俗・人物・芸文・土産等の人文記事であったとする。注3で引用の稲葉論文を参照。

（5）日比野丈夫「元豊九域志纂修考」（『中国歴史地理研究』同朋舎、一九七七年）を参照。

（6）注2で引用の青山論文を参照。

（7）銭大昕『潜研堂文集』巻一九、雑著三「鄞県志辯證」に、「予謂李宗諤図経、南渡之際、都已散失」とあるのを参照。

（8）青山説では、当時の府・州・軍・監の数を四二一として計算している。

（9）『続資治通鑑長編』巻六五の二月己卯の条に、「上因覧西京図経、頗多疏漏。庚辰、令諸道州・府・軍・監選文学官校正図経、補其闕略来上、命知制誥孫僅等総校之。僅等言諸道所上、體制不一、遂請創例重修、奏可。」とあるのを参照。

（10）『続資治通鑑長編』巻七四の十二月丁巳の条に、「翰林学士李宗諤等上新修諸道図経千五百六十六巻、詔奨之。宗諤而下、賜器帛有差。」とある。

（11）『玉海』巻十五「元豊郡県志」を参照。

（12）『宋会要輯稿』礼二〇―九・十を参照。

（13）『宋会要輯稿』方域五―二四を参照。

（14）宣和年間に詳定九域図志所が廃止された経緯や理由は定かではないが、時期的に方臘の乱の勃発や北方からの金軍の来襲による社会混乱と関係があるかもしれない。

（15）筆者は地誌編纂に関わる研究に着手する以前に、唐宋時代の祠廟制に関する研究をしてきたが、宋王朝が祠廟を核とする地域社会を統制しようとする動きが顕在化してくるのが、神宗朝における賜額・賜号制度の創設以来であり、更にその制度が積極的に整備され、神々への廟額・封号の下賜件数が激増するのが徽宗朝であることを突き止めている。宋王朝による祠廟制の整備と地誌編纂事業の展開は、時期的に完全に一致するとともに、その目的にも各地方の把握という共通点を見出せる。拙稿「唐宋期における社会構造の変質過程――祠廟制の推移を中心として」（『東北大学東洋史論集』第九輯、二〇〇三年）などを参照。

（16）拙稿「『呉郡圖經續記』の編纂と史料性――宋代の地方志に関する一考察」（『東方学』第一一六輯、二〇〇八年）、及び同「宋代地誌序跋文考（二）――乾道『四明圖經』の史料性に関する二、三の考察」（『人間科学研究』第六号、二〇〇九年）を参照。

（17）洪武『蘇州府志』序を参照。なお羅処約『呉郡図経』がつくられた経緯については、宋初の開宝年間における図経編纂事業との関連を含めて未詳。

（18）『続資治通鑑長編』巻六五を参照。

（19）舒亶は寧波の慈渓県の出身で、一〇四二年に生まれ一一〇四年に歿した人物である。彼が著した「西湖引水記」（乾道『四明図経』巻十二所収）には、「按州図経、鄞県南二里有小湖。唐貞観中、令王君照修也。」という一節が見える。この一節の中の「州図経」が大中祥符『明州図経』を指している。

（20）乾道『四明図経』序を参照。

（21）乾道『四明図経』序を参照。

（22）宝慶『四明志』序を参照。

（23）紹熙『雲間志』序に、「華亭為今壮県、生歯繁夥、財賦浩穰、南距海、北瀕江、四境延袤、視偏壘遐障所不逮。質之寰宇記・輿地広志・元和郡国図志、僅得疆理大略。至如先賢勝概・戸口租税・里巷物産之属、則闕焉。前此邑人蓋嘗編類、失之疏略、続雖附見於嘉禾志、然闕遺尚多、□□観覧。（後略）」とあるのを参照。

元代における遼金代東北地域に対する地理認識の地域差

――『大元一統志』『遼史』『金史』『大元混一方輿勝覧』の地理記述の比較から

高井康典行

元代に編纂された遼金代東北地域の地理的記述として『大元一統志』遼陽等処行中書省、『遼史』『金史』地理志、『大元混一方輿勝覧』遼陽等処行中書省などが挙げられる。本稿ではこれらの記載の資料源の考察及び比較をおこない、元代における東北地域の地理認識の地域差について明らかにする。

たかい・やすゆき――早稲田大学文学学術院・日本大学文理学部非常勤講師。専門は契丹［遼］史。著書に『渤海と藩鎮――遼代地方統治の研究』（汲古書院、二〇一六年）、論文に「契丹［遼］の東北経略と『移動宮廷（行朝）』――勃興期の女真をめぐる東部ユーラシア状勢の一断面」（古松崇志・臼杵勲・藤原崇人・武田和哉編『金・女真の歴史とユーラシア東方』勉誠出版、二〇一九年）などがある。

はじめに

中国東方地域を根拠地として国家が展開した遼金代には、東北地域に多くの州県が設置され、その結果、当該地域の状況は唐以前のそれから大きな変化がもたらされた。『大元一統志』（以下、『一統志』と略称す）の遼陽行省の記事は、遼金代東北地域の地理の総合的な記述として現存する典籍の中でも最初期のものである。その成立については『秘書監志』巻四、纂集にまとめられており（その詳細については本書所収の櫻井智美論文を参照されたい）、それによると『一統志』の遼陽行省の記事は、『遼陽行省地理図冊』及びそれに建置沿革記事などを加えた『遼陽等処図志』を基礎として成立したもので、これらはともに遼陽行省において編纂されたものであった。元代に編纂された遼金代の地理についての官撰の史料は『一統志』のほかに『遼史』『金史』地理志があげられる。両書はともに『一統志』より遅れて編纂されたものであり、『一統志』の記述を参照可能であったはずであるが、それぞれの記事を比較すると内容の異動が少なからず見られる。この異同の原因としてまず想定されるのは、遼陽行省（つまり地方）で作成された報告にもとづく『一統志』と中央で編纂された『遼史』『金史』の資料源の相違である。そこで、本稿では、『一統志』の遼陽行省の記述の資料源の問題を中心に『遼史』『金史』との比較を行う。また、『一統志』と同時期に江南で編纂された私撰の地理書である『大元混一方輿勝覧』の東北地域の記載もあわせて検討し、元代における遼金代東北地域についての地理的知識・認識の地域（遼陽行省現地、中央、江南）による差異とその資料源との関係を明らかにしたい。

一、『一統志』輯本の性格

『一統志』は完全な形では現存しておらず、現行の版本は、若干の残本と各書に引用された断片をまとめた輯本である。(1)本稿での考察の中心となる遼陽行省の記述は、清代に編纂された『満洲源流考』『盛京通志』に引用された逸文がその大半を占めている。ここで問題のなるのは、これらの逸文が必ずしも本来の姿のままではないことである。たとえば、『輯本』遼陽路、古蹟、廃海州の条と廃澄州の条（比較のために、本節ではあえて原文を提示する）は、

廢海州　遼太平九年渤海大延琳叛、盡徙南海府人於上京之北、移澤州民以實其城、仍號南海府。金改海州、又改澄州、又廢嬪州爲新昌鎭入焉。

廢澄州　本海州南海府沃沮地。高麗時卑沙城、唐李勣攻卑沙城即此。渤海爲南海府、遼仍之。金改曰海州。天德三年以山東有海州、改爲澄州、治臨溟縣。

となっている。あたかも別文のようになっているが、同地が渤海時代に南海府と称したこと、金代に澄州に改称したことなど、両文に共通する内容も含まれていることに注意する必要がある。両条はそれぞれ『満洲源流考』巻一一、一〇に引用されたものであるが、『満洲源流考』は巻一〇「渤海国境」、巻一一「遼東北地界」という時代ごとの地理を記述するという編纂方針をとっているので、本来は一文であった可能性が高い。これは『一統志』の引用に限ったことではなく、『遼史』の記事も（紙幅の関係で具体的な史料は省略する）同様に本来一つの記述であったものを巻一一、一〇に分割している事例がみられる。

かかる状況を考えると、最初にあげた『一統志』廃澄州（海州）の条の原文は、以下の如くであったと考えられる。

廢澄州　本海州南海府沃沮地。高麗時卑沙城、唐李勣攻卑沙城即此。渤海爲南海府、遼仍之。遼太平九年渤海大延琳叛、盡徙南海府人於上京之北、移澤州民以實其城、

仍號南海府。金改曰海州。天徳三年以山東有海州、改爲澄州、治臨溟縣。又廢嬪州爲新昌鎭入焉。

以下、このような輯本の問題に留意しつつ論を進めていくことにする。

二、『一統志』の資料源

本稿冒頭で述べたように、『一統志』の東北地域の記述は『遼陽等処図志』を基礎としている。また、『一統志』の文中に引用書として『図冊』『遼志』『地志集略』といった書名が見える。これらの史料がいかなる内容であったのかについて検討しておこう。

(一) 図志・図冊

『秘書監志』巻四、纂修、大徳二年(一二九八)二月初五日の条には『図志』『図冊』の内容をうかがわせる記録が残されている。

送られてきた著作郎の呈文。「秘書監の指揮を承り、雲南・甘粛の『地理図冊』を分類編集し、それに基づいて分類編集した雲南等処の『図志』合計五十八冊について、その装丁の費用を列挙いたしましたので、呈文をお送りいたしますのでご確認お願いいたします。また、遼陽行省の『地理図冊』については、調べてみたところ、所轄の路・府・州・県の建置沿革などの事績が記されておらず、彩色を施した各地の地図も無く、分類編集することができません。また、調べてみたところ、(遼陽部分の編集用に)配属されている書写人の孔思逮ら五名は、目下のところ書写すべき文章がありません。彼らに毎日支給される飲食については、大徳二年二月二十一日以降暫時支給を停止し、遼陽行省から完備された『図志』が届くのを待って、分類編集を再開していただきたく存じます。規定に従い呈文をお送りいたしますので、よろしくお願い申し上げます。

この記述により、『地理図冊』が先行して編纂され、『図志』がそれに続いたことがうかがえる。また、少なくとも遼陽行省についていえば、『地理図冊』には管内の各行政区画の建置沿革の記述に乏しく、その内容は『図志』によって補完されたと推察される。『一統志』の輯本中に引用される遼陽の『図冊』は「斜江」「遼河」「渾河」といった山川の記述と「東丹王故宮」といった旧所名跡の記述であり、建置沿革に関するものは見られないことも、これを裏づけよう。

また、「遼陽行省から完備された『図志』が届くのを待って」という一文からもうかがえるように、『一統志』は『図冊』『図志』などの現地の地方官が編纂したものを、中央で

再整理したものであったと考えられる。雲南の事例であるが、『秘書監志』巻四、纂修、元貞二年三月十二日の条には、

　雲南行省に委任して分類編集させた『図志』について、任中順が編纂した『地理図冊』は見るべきものがある。（任中順は）志があり研鑽を積み、文学に通暁し、長く雲南に在任し、風土を熟知しているのであろう。金歯地区のまだ情報を提供してきていない地域については、彼に編纂をおこなわせれば、早期の完成が見込めます。

とあり、『図志』の編纂を雲南行省が行い、また任中順という雲南に在任中の官が『地理図冊』の編纂を担当していたことが記されていることからも、上記の推測を裏づけられよう。このことは、『図冊』『図志』ひいては『一統志』が現地で入手可能な資料を基礎としていることを示す。とりわけ、先行する地理書の乏しい遼陽行省についてはこの傾向が強かったと考えられる。

（二）『遼志』『地志集略』

遼陽路、山川、渾河の条は、

　遼陽路にある。本路の『図冊』に引用されている『遼志』は、源流は越喜国の熊水で、西北で諸河と合流して淄水に流れ込み、屈曲すること数千里で海に注ぐ、とする。『地志集略』をみると「源流は女真国で、西流して貴徳州を通り、州から西流して梁水に注ぎ、西南七十里で遼河に合流して海に注ぐ」としている

と、『図冊』のほかに『遼志』『地志集略』の二書をあげている。『遼志』は『図冊』に引用されているので、『図冊』が参照した資料の一つであることがうかがえる。通常、『遼志』と称されるのは『遼史』か『契丹国志』なのであるが、引用されている文章はどちらにも見られないので、別の書物であると見るべきである（『遼史』は『一統志』編纂時点で成立していないので当然のことではあるが）。ただし、『遼志』についてこれ以上のことは不明である。少なくとも『一統志』編纂時点で東北地域の地理情報を含むまとまった書物が存在しており、『図冊』編纂にあたりそれを参照したことは確認できる。

『地志集略（山林地志集略）』については、劉緯毅・王朝華・鄭梅玲・趙樹婷輯『遼宋金元方志輯佚』は現在知られる逸文にみえる地名が全て遼の領域のものであるのを根拠として、遼代に編纂されたものと推測している。(2) ただし、明・楊士奇『文淵閣書目』巻四は、この書を『一統志』や『元郡邑指掌図』の後に列しており元代の編纂に係わる可能性も考えられる。

ここで注意しておくべきは、渾河についての『一統志』の記述が、『図冊』に引用されている『遼志』の内容を『地志集略』と対照させるという形式をとっていることである。こ

こから、遼陽行省における『図冊』の編纂時には『遼志』が参照され、秘書監における『一統志』の編纂時には『地志集略』が参照されたと推測することが可能である。つまり、『地志集略』は中央政府が使用可能な当該地域についての資料源であったということである。これは『地志集略』が明の宮廷図書館（その蔵書は元以前の宮廷の蔵書も継承している）である文淵閣の蔵書目録である『文淵閣書目』に収録されていることからも裏づけられよう。

（三）『契丹地志』

遼陽路、山川、明王山の条には「遼陽県の東三十里にある。『契丹地志』は扶余王の東明王がここに葬られており、それにちなんで名付けられた、とする」と、また同、蕲芋泊の条には「『契丹地志』にいう、涓水はいにしえの泥河である、東から流れを遡って数百里で遼陽に至って遊水池を形成し、蕲芋草が泊の中に繁茂していることから名付けられた、とする」と、ともに『契丹地志』なる書を引用する。苗潤博氏はこの書を現行の『遼史』の資料源のひとつである金・陳大任『遼史』の地理志であるとみなし、さらに『一統志』の遼に関する記述の大半が同書にもとづいているとする。ただし、『一統志』の基礎となる記述が遼陽行省で作成されていることと考えると、現地において参照可能なほど陳大任『遼史』が流布していたのかという点においては苗潤博氏の説には疑問が残る。これについては後述する。(3)

以上の考察から、『一統志』の遼陽行省の記述は基本的には『図冊』『図志』といった行省が現地で収集した史料に基づいて編纂されたものであり、部分的に『地志集略』といった朝廷が所蔵する史料を用いてそれを補ったものと考えることができる。

三、『遼史』『金史』地理志との比較

つぎに、『一統志』と『遼史』『金史』地理志の記述の異同を検討し、各書の関係を見ていこう。**表1**は各書の記述の関係を示したものである。以下、この表によって検討を加えていく（**表は本稿末尾に掲載**）。

まず①の遼陽路の古蹟についてみると、両者に「宮城（東丹王故宮）」「譲国皇帝御容殿」「大東丹国新建南京碑銘」が挙げられており、共通点が見られる。

②の廃澄州の記述であるが、渤海時代の記載が省略されていることを除けば、『一統志』と『遼史』の内容は概ね一致しているのに対し、『金史』の内容と比較すると、新昌鎮についての記載が『金史』には見られない。これについて『満

洲源流考』巻一一は『一統志』の同条の引用部分の注に「金史は沿革（の記載）が詳細ではないので『元一統志』の記述に従う」と述べる。かかる状況は、他の記述でもうかがえる。

③の川州も同様に、『一統志』と『遼史』は内容に大きな相違が見られないのに対し、『金史』は『一統志』より簡略で、特に金初についての記述が欠けていることがうかがえる。『金史』における金初の記述の簡略さは、金代に編纂された『実録』及びそれに基づいた『国史』の史料状況と共通している。[4] これらを資料源としている『金史』もこの傾向を継承し、かつ地理志については、他の史料による補足もあまりなかったと考えることができる。

ただし、④来遠城のように、『一統志』の方が『遼史』よりも多くの情報を伝えているものや、⑤の肇州のように『金史』の方が金初の状況を詳細に記しているものもある。

⑥の金上京会寧府の記述も『一統志』と『金史』の異同は顕著で、両者が示す周辺の路府州の記載内容が大きく異なっている。⑤⑥ともに『一統志』では開原路の記載に含まれるが、開原路の古蹟の記述は『図冊』を踏襲したもので、その内容は簡略なものであった。これは、元代の開原路は金代以前の州県がほとんど廃絶し、現地に残された情報も僅かであったことに起因すると考えられる。それに対し、金上京城址があることから伺えるように、開原路は金の勃興した地であり、金の歴史を記述した『金史』の資料源においては、当地についてある程度詳細な情報が残されており、それが⑤⑥における『一統志』と『金史』の記述の差異につながったと考えられる。このことからも、『一統志』と『金史』が異なる資料源にもとづいていたという前述の推測を裏づけられよう。

⑦の瀋陽路の建置沿革の記事は『一統志』と『遼史』の関係を考える際に注目に値する。両書ともに瀋陽（遼代の瀋州）は挹婁の故地で渤海の瀋州の地であるとする。瀋州に限らず、遼陽周辺の諸州を渤海時代の地名に比定するのは『遼史』地理志の東京道の記述に普遍的に見られるが、前引の澄州（渤海の南海府に比定する）も含めて『一統志』はこれを踏襲しており、両書が共通の資料源を利用したことをうかがわせる。

遼陽周辺の諸州を渤海時代の地名と関連づける考えは、金代には定着していたようである。金の王寂が明昌元年に遼東提刑使として管内を巡回したときの記録である『遼東行部志』に、

> 広寧はもとの東陽羅郡で、渤海時代の顕徳府である。遼の世宗兀律《こつりつ》は父の突欲が中原で殺害されて（亡骸が）帰還した際、それを迎えて山の南に埋葬し、顕徳府を顕州奉先軍と名づけ、節度使格の官僚にこれを統治させた。

「奉先」と名づけたのは（突欲を埋葬した）山陵がその側にあるからである。

と見える。『遼史』巻三八地理志三、東京道、顕州の条は同地について、

顕州、奉先軍、州の格は上、長官は節度使。もとの渤海顕徳府の地である。世宗（兀律）が設置し、顕陵を奉じた。顕陵とは、東丹人皇王（突欲）の墓である。（下略）

と『遼東行部志』とほぼ同様の記述が見られる。ただし、注意しなければならないのは、『一統志』広寧路の条の逸文には渤海の顕徳府と顕州・広寧府を関連づける記載がないことである。本来は記載されていたのが、それが散逸してしまったとすることもできるが、その可能性は低い。先述の通り『一統志』の逸文が含まれている『満洲源流考』は巻十「渤海国境域」において渤海時代の地理の再構成を試みており、もし『一統志』広寧路の条の記述に渤海顕徳府の記載が含まれていたとすれば、それを引用したはずであるが（実際に、前引の『遼史』『遼東行部志（『鴨緑江行部志』からの引用としているが）』は参照されている）、『満洲源流考』はそのことに全く言及していないのである。したがって『一統志』の沿革記事には渤海顕徳府と関連づける記述はなかったと見るのが無難であろう。

かかる記述のばらつきから、どのような状況が考えられるであろうか。まず言えるのは、『一統志』及びその基礎となった『図志』『図冊』の編纂にあたって、『遼史』地理志の資料源となった遼代に関する総合的な地理的記述（例えば、苗潤博氏のいう陳大任『遼史』地理志）を参照していなかったということである。もし、かかる地理的記述を利用していたとすれば、地域ごとの記述のばらつきはなかったと考えられる。ここで想起すべきは、『一統志』が各地域に現地の地理情報についての提供を求めて、それにもとづいて編纂されたものであることであろう。地域ごとの記載のばらつきは、遼陽行省における『図冊』『図志』段階で地域から提供された情報に差があったからと考えられる。これは『一統志』の金代の記事が『金史』地理志の内容と著しく異なることにもつながっていると考えられる。『遼史』との類似性に関していえば、『遼東行部志』の広寧府の記述のように、遼代の地理的記述が金代を通じて定着し、地域・中央共に類似の地理情報を共有するに至ったからと考えられる。

四、『大元混一方輿勝覧』遼陽等処行中書省の記載について

『一統志』とほぼ同時期に編纂された私撰の全国志に『大《だい》

元《げん》混《こん》一《いつ》方《ほう》輿《よ》勝覧《しょうらん》』（以下『混一』と略称す）がある。本節では遼陽行省管内の「沿革」記事を中心に『混一』と『一統志』の比較を行い、資料源の差異について検討する。

結論からいえば、『一統志』が地域に残された記録（そして遼代のものに関しては、『遼史』地理志のものと共通するものでもある）にもとづいたものであるのに対し、『混一』は『契丹国志』『大金国志』（以下、後者の二書を奏使用する場合、両『国志』と略称す）と同系統の史料にもとづいていると考えられる。**表2**は『混一』の沿革記事のうち比較的詳細な情報を含む遼陽路、大寧路の記述を両『国志』と対照したものであるが、一見すると明らかなように、両者の間（とくに『契丹国志』の記述）に強い相関関係がうかがえる。その他の地域に関しても、多くの場合、同様の関係が指摘できる。**表3**は**表2**に挙げた記事以外について『混一』『契丹国志』『大金国志』の記述を比較したものである。**表3**から基本的に『混一』が両『国志』にもとづいていることがうかがえよう。端的にそれが分かるのが、瑞州の記述である。瑞州は遼代の来州を金代に改称したものであるが、『混一』は遼代の来州について言及していない。また、川州・恵州は『契丹国志』に記載されるものの、『大金国志』には見えず、（『金史』地理志によれば両州ともに金代には廃置を繰り返している）そのために金代については「後に金に帰属した」という具体性を欠く記述となっている。これらの事例から、『混一』の他地域の沿革記述において基本的に時代ごとの州府の改廃を記録しているので、遼陽行省の路府州の沿革については両『国志』の内容を越えた情報を『混一』編者が持っていなかったと考えられる。

『混一』と『契丹国志』の関係について注目すべきは、錦州の記事である。『混一』は遼代の錦州の等級を刺史州としているが、(5)『遼史』地理志では節度州となっており、また石刻資料などを見ても遼代を通じて錦州が節度州であったことが確認される。それに対し『契丹国志』は錦州を刺史州としている。これは、『混一』と『契丹国志』の関係を考えれば予想されることであるが、問題は『契丹国志』の記述の資料源とされる『亡遼録』（本書はすでに散逸しているが、逸文が『三朝北盟会編』などに見られる）が錦州を節度州とし、刺史州の項目に錦州を挙げないことである。実は、『契丹国志』は節度州として「綿州」を挙げているが、遼の領域に綿州が存在した事実は確認されない。これは『契丹国志』が魚魯の誤りを犯し、本来の錦州を「綿州」と誤認し、「錦州」とは別の存在とみなしてしまったからと考えられる。すでに賈敬顔・林栄貴氏が指摘しているように、(6)錦州の記事に限らず

「州県載記」と『亡遼録』の内容には多くの差異が見られる（表4）。(7)『混一』と『亡遼録』の内容を比較してみると、『契丹国志』にあって『亡遼録』に記載の無い恵州・霍（霻）州が見られるなど、『契丹国志』との共通点が多い。ここから言えるのは、『混一』の沿革記事は『亡遼録』からの直接の引用ではなく、『契丹国志』を直接参照したか、あるいは両書が共通の素材を用いた可能性が高いことである。

『混一』と両『国志』の共通性は沿革記事以外からもうかがえる。**表5**は両者に共通する記事とその出典を示したものであるが、『王沂公使遼録（王沂公行程録）』『許奉使行程録』『松漠紀聞』などからの引用が確認できる。ただし、記述内容を一歩進んで比較すると僅かながら相違があることが看取される。『許奉使行程録』『松漠紀聞』からの引用に関しては出典を明記していないので、引用にあたって適宜改変したものと考えることもできるが、大寧路、景致の条所引の『王沂公使遼録』の記述は『契丹国志』の記述との相違点が多く見られ、さらに書名自体が『王沂公行程録』となっている。書名もその内容も異なるのであれば、『混一』の記述は『契丹国志』を直接引用したものでない可能性が高い。ただし、**表5**―①の打造部落館の記事が両書とも「鍛鉄（鍈）為軍器」としているのは注目に値する。王沂公（王曽）の行程録は『続資治通鑑長編』巻七九、大中祥符五年（一〇一二）十月己酉の条や『文献通考』巻三四六、四夷三三、契丹中にも引用されているが、当該部分に関していずれも「鍛鉄為兵器」となっている。『文献通考』は天聖八年（一〇三〇）成書の『三朝国史』からの引用と明記しており（『続資治通鑑長編』には出典が記されていないが、おそらく同書からの引用であろう）、こちらが本来の記述であったと考えられる。逆に言えば、『混一』『契丹国志』はともに『国史』とは別系統のテキストを用いたという共通点を指摘することができる。この推測が妥当であるとすれば、『混一』のこの遼金代についての記述は両『国志』を直接引用してはいないものの、ほぼ同一の史料を参照して成立したと結論づけることができよう。

『混一』（および両『国志』）の典拠となる史料はいずれも宋において編纂されたものであるので、『混一』の遼陽行省の地理情報は北宋・南宋が把握していた遼金代の地理についての知識の集成と見ることも可能ではある。ここで注意しておかなければならないのは、宋代に編纂された遼の地理についての比較的詳細な記述としては『武経総要』巻二二、北蕃地理があるが、『混一』『契丹国志』ともにこれを参照していない可能性が高いことである。例えば、東京に関して『武経総要』は遼の東京遼陽府について、東京。遼東の安市城である。城の東は大遼河、城の西は小遼河である。秦代は遼東郡に属し、漢代は幽州に属した。唐の太宗が高句麗遠征に向かった際に、行幸した山を駐蹕山と名付けた。山は東北にある。後に渤海国となった。契丹は遼州とし、その地を（渤海から）獲得すると東京とした。嵒州はその東にある。これは李勣が平定した白嵒州である。皇華四達記にいう、安東府より東南に向かい平壌城に至ること八百里。西南に向かい都里海口に至ること約六百里。西北に向かい建安城に至ること約五百里。正南に向かいやや東に鴨緑江北泊に至ること約七百里、と。いま契丹地形図を参照するに、ただ建安城の位置は不明であるが、その他の地形の遠近とおおむね一致する。

と記すが、これは前掲の『混一』『契丹国志』の内容とほとんど一致する点がない。紙幅の関係で詳細は省くが、他の個所もほぼ同様である。両者が類似する記述もあるが、それは『王沂公使遼録』からの引用部分である。前述の『混一』の記事に相当する部分の原文には「過松亭嶺七十里、至打造部落。又東南行五十里至牛山館、八十里至鹿児峡館。又九十里至鐵漿館。自北塹山七十里、至富谷館。又八十里至通天館」と見えるが、一見すればあきらかなように、『武経総要』の記述は『王沂公使遼録』のそれを省略したものであり、この記述から『混一』が成立することはありえない。同様のことは『契丹国志』の記述についてもいえる。

以上のことからうかがえるのは、『混一』と両『国志』が参照しうる史料とできない史料が共通するという、ほぼ同一の史料環境の中で成立した可能性が高いということである。ここで想起すべきは、従来の研究において両『国志』は民間の書肆による編纂の可能性が高いこと、及び両書の間に影響関係が認められることが指摘されている点である（関係の度合いについては、同一人物による編纂とする説から、『契丹国志』の体裁を模倣して『大金国志』が編纂されたとすると説まで、論者により幅がある）[8]。他方、『混一』は『新編事文類聚翰墨全書（大全）』（以下、『翰墨全書』と略称す）・『群書通要』などの類書に収録される形で伝わっているが、これらの類書はいずれも民間出版（家刻本・坊刻本）が盛んであった福建の建安において編纂・出版されたものである[9]。前述の両『国志』および『混一』の影響関係・史料環境の類似性を考慮すると、これら三書は十三世紀から十四世紀初頭にかけての建安における民間の出版活動によって産出されたものである可能性を指摘しうる。無論、これを立証するには『混一』さらには『翰墨全書』全体の内容との比較が必要であり、本稿の紙幅では十分に論じることはできないので別稿を期したい。

おわりに

本稿では『一統志』の記述を手がかりに元代における遼金代の東北地域の地理認識について論じ、以下のことを指摘した。第一に、『一統志』の記載は遼陽行省に集積された現地の記録を中心として構成されたものであり、中央で編纂された『実録』『国史』を基礎として編纂された『遼史』『金史』地理志とは異同が見られる。第二に、『一統志』と『遼史』『金史』の異同は『金史』に対するものが顕著で、それに比して『遼史』とは類似点が多く見られる。これは、遼の滅亡後から金代を通じて、遼代の地理についての知識・記憶が整理され、ある程度定着していたのに対し、金代のそれが十分になされなかったことを物語る。第三に、『一統志』とほぼ同時期に編纂された私撰の地理書である『混一』の遼金代東北地域の記述は、ほぼ『契丹国志』『大金国志』と共通する、宋の領域において蓄積された情報にもとづいているが、その一方で『武経総要』の情報などを用いていないことから考えると『混一』の内容は当時の江南における東北地域の認識の総体を示すというよりは、限られた史料環境下で編纂されたものであったと考えられる。

注

(1) 現行の版本は『玄覧堂叢書続集』に収録された残本と『遼海叢書』所収および趙万里による中華書局の輯本である。本稿では趙万里輯本を底本として用いる。

(2) 劉緯毅・王朝華・鄭梅玲・趙樹婷輯『遼宋金元方志輯佚(上)』(上海古籍出版社、二〇一一年)を参照。『山林地志集略』の逸文は、渾河のほか永平府(河北省盧龍県。遼代の平州)、赤城(河北省張家口市赤城県、遼代の奉聖州望雲県)について記述している。

(3) 苗潤博『《遼史》探源』(中華書局、二〇二〇年)第六章「地理志」を参照。

(4) 金代における『実録』『国史』の編纂については藤枝晃「金朝の実録」(『東洋史研究』一〇—二、一九四八年)を参照。

(5) 遼代の州の等級は上から府、節度州、観察州、団練州、防御州、刺史州となっていた。

(6) 『契丹国志』(賈敬顔・林栄貴点校、上海古籍出版社、一九八五年)二一八頁を参照。

(7) 吉本道雄「契丹国志疏証」(『京都大学文学部研究紀要』五一、二〇一二年)はこれについて、『契丹国志』の記述は『亡遼録』からの直接の引用であるとする。

(8) 劉浦江「『契丹国志』与『大金国志』関係試探」(『遼金史論』遼寧大学出版社、一九九九年。初出『中国典籍与文化論叢』一、中華書局、一九九三年)は元中期における同一人物による編纂を想定する。それに対し前掲吉本道雄「契丹国志疏証」は『契丹国志』は南宋紹定二年(一二二九)から南宋末までに成立し、『大金国志』は南宋滅亡後、大徳十年までの間に成立したとする。

(9) 『翰墨全書』の編纂および『混一』との関係については郭

声波「整理者弁言」(『大元混一方輿勝覧(上冊)』四川大学出版社、二〇〇三年)を参照。『翰墨全書(大全)』は建安の劉応李が編纂し大徳十一年(一三〇七)に刊行された類書であるが、現在確認されている大徳本には完本はなく、『混一』の内容が含まれているものはない。『混一』の編名は泰定元年(一三二四)に建安の詹友涼による大徳本の改編本(泰定本)の系統になってあらわれる。ただし、泰定本とされる版本の多くは、乙集巻一二の末尾に「大明混一方輿勝覧」と記されており、宮紀子氏は泰定本の初版の段階で『混一』が含まれていたかについても疑問を呈している。また、王錦厚『『大元混一方輿勝覧』遼陽行省地理疏証』一〇—一一頁は『群書通要』所収の『混一』に「至元戊寅菖節梅軒蔡氏刊行」という刊記が付されており(梅軒蔡氏は建安を拠点として元明期にかけて家刻本を出版している)、その政区記述が中統年間から元貞年間の内容を含んでいることから至元戊寅(至元元号は一二六四—一二九四年と一三三五—一三四〇年に用いられている)は至元十五年(一二七八)とする。『群書通要』本の『混一』については莫友芝『部亭知見伝本書目』巻一七子部、類書類、群書通要の条が指摘しているように、『群書通要』の甲集から庚集までが十巻毎に一集をなしているのに対して『混一』三巻を辛、壬、癸の三集に配していることや大徳九年(一三〇五)の紀年のある初刊本の序文に『混一』への言及がないことなどから、至正年間の重刻時に増入された可能性が高く、至元戊寅は一三三八年とみるべきである。

表1　『一統志』と『遼史』『金史』の記事比較

	『一統志』	『遼史』	『金史』
①	東丹王故宮　在遼陽路。按本路圖册在府之東北隅。〈盛京通志無隅字〉。有譲国皇帝御容殿。〈満州源流考一一引元一統志。乾隆盛京通志一〇四引元一統志〉。在大東丹国新建南京碑銘。〈乾隆盛京通志一〇四引元一統志〉。	城名天福、高三丈、有樓櫓、幅員三十里。八門、東日迎陽、東南日韶陽、南日龍原、西南日顯德、西日大順、西北日大遼、北日懷遠、東北日安遠。宮城在東北隅、高三丈、具敵樓、南為三門、壯以樓觀、四隅有角樓、相去各二里。宮牆北有譲国皇帝御容殿。大内建二殿、不置宮嬪、唯以内省使副、判官守之。大東丹国新建南京碑銘、在宮門之南。	
②	廢澄州　本海州南海府沃沮地。高麗時卑沙城、唐李勣攻卑沙城即此。渤海爲南海府、遼仍之。遼太平九年渤海大延琳叛、盡徙南海府人於上京之北、移澤州民以實其城、仍號南海府。金改曰海州。天德三年以山東有海州、改爲澄州、治臨溟県。又廢嬪州爲新昌鎭入焉。……	海州、南海軍、節度。本沃沮国地。高麗為沙卑城、唐李世勣嘗攻焉。渤海号南京南海府。疊石為城、幅員九里、都督沃、晴、椒三州。故県六、沃沮、鷲巖、龍山、濱海、昇平、霊懿泉、皆廃。太平中、大延琳叛、南海城堅守、経歳不下、別部酋長皆被擒、乃降。因盡徙其人於上京、置遷遼県、移澤州民來實之。戶一千五百。統州二、県一、臨溟県。	澄州、南海軍刺史、下。本遼海州、天德三年改州名。戶一万一千九百三十五。県二、鎮一、臨溟　鎮一、新昌。析木、遼銅州広利軍附郭析木県也、皇統三年廢州來属。有沙河。

③	川州、遼川州領咸康、宜民、弘理三県。〈熱河志六〇引元一統志〉 遼後省弘理入宜民。〈同上〉 金天眷二年、川州属懿州。三年、廃咸康為鎮、入宜民。大定初、州廃。隷咸平府。承安二年、復置川州、治宜民県、仍升徽川寨為徽川県以隷之。後割属懿州、惟存宜民県〈熱河志六一引元一統志〉	川州、長寧軍、中、節度。本唐青山州地。太祖弟明王安端置。会同三年、詔為白川州。安端子察割以大逆誅、沒入、省曰川州。初隷崇德宮、統和中屬文忠王府。統県三、 弘理県。統和八年以諸宮提轄司戶置。 咸康県。 宜民県。統和中置。	(興中府) 宜民〈遼川州長寧軍、会同中嘗名白川州、天禄五年去白字、国初因之、與同昌県皆隷焉。大定六年降為宜民県、隷懿州。承安二年復置川州、改徽川寨為徽川県、為懿州支郡。泰和四年罷州及徽川県来属〉。
④	來遠城　本熟女眞地。遼伐高麗、於此建城。先是侵高麗軍敗、値冬雪彌旬不止、人馬多斃。軍會鴨淥江、餘軍漂溺。遼主隆緒次來遠界、有防邊猛軍數十人遇而劫之、逮問所從來、開襟示其金製環甲、衆軍驚散。遼主至遼城、収不在營中者誅之。金陞來遠軍。	來遠城。本熟女直地。統和中伐高麗、以燕軍驍猛、置両指揮、建城防戍。兵事属東京統軍司。	來遠州、下。舊來遠城、本遼熟女直地、大定二十二年升為軍、後升為州。
⑤	廃肇州　上京之北曰肇州。治始興県。金皇統三年置。		肇州、下、防禦使。旧出河店也。天会八年、以太祖兵勝遼、肇基王績於此、遂建為州。天眷元年十月、置防禦使、隷会寧府。海陵時、嘗為濟州支郡。承安三年、復以為太祖神武隆興之地、陞為節鎮、軍名武興。五年、置漕運司、以提挙兼州事。後廃軍。貞祐二年復陞為武興軍節鎮、置招討司、以使兼州事。戸五千三百七十五。県一、始興〈倚、與州同時置。有鴨子河、黒龍江〉。
⑥	金上京故城、古肅愼氏地。按圖册所載、京之南曰建州。京之西曰賓州。又西曰黄龍府。北曰肇州府。之東曰永州、曰昌州、延州。東北曰奴兒干城。皆渤海遼金所置、州県並廢、城址猶存。〈滿洲源流考七引元一統志。〉上京故城〈盛京通志城作県。〉古肅愼氏地。渤海大氏改爲上京。金既滅遼、即上京建邦設都、後改會寧府。京之南曰建州。京之西曰賓州。又西曰黄龍府、〈滿洲源流考一二引元一統志。乾隆盛京通志一〇二引元一統志。〉即渤海之忽汗郡、後爲龍泉府。〈滿洲源流考一二引元一統志。〉		会寧府、下。初為会寧州、太宗以建都、升為府。天眷元年、置上京留守司、以留守帯本府尹、兼本路兵馬都総管。後置上京曷懶等路提刑司。戸三万一千二百七十。舊歳貢秦王魚、大定十二年罷之。又貢豬二万、二十五年罷之。東至胡里改六百三十里、西至肇州五百五十里、北至蒲與路七百里、東南至恤品路一千六百里、至曷懶路一千八百里。県三
⑦	瀋陽路　本挹婁故地。渤海建定理府、都督瀋、定二州、領定理、平邱、巖城、慕美、安夷、瀋水、安定、保山、能利九県。此爲瀋州地。後罹兵火、其定州與県並廢。即瀋州爲興遼軍節度、金末瀋州復燬於兵火。〈滿洲源流考一〇引元一統志。〉渤海建定理府、都督瀋、定二州。此爲瀋州地。後罹契丹兵火、其定州與県並廢。即瀋州爲興遼軍、又更昭德。〈滿洲源流考一一引元一統志。〉	瀋州、昭德軍、中、節度。本挹婁国地。渤海建瀋州、故県九、皆廢。太宗置興遼軍、後更名。初隷永興宮、後属敦睦宮、兵事隷東京都部署司。統州一、県二	

表2 『混一』と『契丹国志』の記事比較

	『混一』	『契丹国志』
大寧路（大定府）	遼爲中京、元名大定、中京之地。奚國王牙帳所居。竄居松漠之間、善射獵。有五部、一日辱紇、二日莫賀弗、三日契個、四日木昆、五日室得。奚地居上、東、燕三京之中、土肥人曠、西臨馬盂山六十里、其山南北一千里、東西八百里、連亘燕京西山、遂以其地建城、爲中京。奚本與契丹等、後爲契丹所并、契丹國亡、歸金。金爲北京。今改大寧。	中京之地、**奚國王牙帳所居**。奚本日庫莫奚、其先東部胡宇文之別種也。**竄居松漠之間**、俗甚不潔**、而善射獵、**好為寇抄。其後種類漸多、分為**五部、一日辱紇、二日莫賀弗、三日契個、四日木昆、五日室得**。毎部一千餘人、為其帥、隨逐水草。中京東過小河、唱呌山道北奚王避暑莊、有亭台。由古北口至中京北、皆奚境。奚本與契丹等、後為契丹所並。所在分奚、契丹、漢人、渤海雜處之。奚有六節度、都省統領。言語、風俗與契丹不同。善耕種、歩射、入山採獵、其行如飛。契丹圖志云、**奚地居上、東、燕三京之中、土肥人曠、西臨馬盂山六十里、其山南北一千里、東西八百里、連亙燕京西山、遂以其地建城、號曰中京**。
遼陽路（遼陽府）	本渤海王所都之地、在唐時爲粟末、靺鞨二種、依附高麗。粟末部與高麗接境、兵數千、多驍武、古粛慎氏地也、與靺鞨相鄰、東夷中爲強國。所居多依山林、卑隰、築土如隄、鑿穴以居。遼置遼陽路、控扼高麗、於本路置東京兵馬都部署司。	**本渤海王所都之地、在唐時爲粟末、靺鞨二種、依附高麗。黒水部與高麗接境、勝兵數千、多驍武、古粛慎氏地也、與靺鞨相鄰、東夷中爲強國。所居多依山林、卑隰、築土如隄、鑿穴以居。**其國西北與契丹接。太祖之興、始撃之、立其太子東丹王鎭其地、後日東京。（巻22、四京本末の条） 遼東路、**控扼高麗。置東京兵馬都部署司**、契丹、奚、漢、渤海四軍都指揮使、保州統軍司、湯河詳穏司、金吾營、杓窊司。（巻22、州県載記の条）

『契丹国志』	『大金国志』	備考
大藩府	散府・下等、彰武軍	
記載なし	記載なし	『契丹国志』節鎮に霻州あり
刺史州	記載なし	遼代の景州は元代には大都路に属す
節鎮	記載なし	
刺史州	記載なし	遼代の澤州。遼代の恵州は別所
節鎮	刺史・下等	
記載なし	節鎮・下等、崇義軍	遼代は宜州
刺史州	節鎮・下等、臨海軍	『契丹国志』節鎮に綿州と記載あり
観察防禦団練使	刺史・下等	
記載なし	記載なし	遼代は来州
観察防禦団練使	記載なし	
節鎮	節鎮・下等、寧昌軍	
記載なし	節鎮下等、遼海軍	遼代は辰州
記載なし	記載なし	遼代は海州
節鎮	総管府・下等、安東軍	
記載なし	散府・下等、鎮寧軍	遼代は顕州
節鎮	刺史・中等	

表4 『亡遼録』と『契丹国志』の記事比較

	『亡遼録』	『契丹国志』
節鎮33処	平州 奉聖州 蔚州 応州 朔州 豐州 雲中州 雲内州 宜州 錦州 乾州 顕州 双州 遼州 咸州 瀋州 蘇州 復州 辰州 興州 同州 信州 長春州 慶州 饒州 驤州 祖州 川州 成州 業州 懿州 龍化州 儀坤州 建州 泰州	奉聖州 雲内州 長春州 龍化州 海北州 貴徳府 蔚州 応州 朔州 錦(綿)州 乾州 顕州 覆州 遼州 咸州 瀋州 蘇(薊)州 復州 慶州 祖州 川州 成州 菜(業)州 懿州 宜州 坤州 平州 辰州 興州 同州 信州 饒州 建州
観察・防禦・団練使8処	高州 利州 帰州 永州 高州 安州 武州 寧江州	武安州 永州 泰州 高州 利州 寧江州 帰州 広州
刺史72処	涿州 易州 檀州 順州 景州 薊州 営州 灤州 汗州 帰化州 武徳州 寧州 東勝州 寧辺州 遷州 潤州 隰州 厳州 降聖州 北安州 松山州 恩州 通州 韓州 烏州 靖州 瀛州 祥州 雍州 新州 衛州 招州 燕州 海州 渌州 遼西州 海北州 安徳州 黔州 澤州 楡州 銀州 鉄州 保州 賓州 巌州 清州 集州 連州 衍州 広州 粛州 富州 吉州 文蘭 拱 安遠 楡河 金粛 河清 馬董 五花 振武	徳州 黔州 潭州 恵州 楡州 営州 灤州 勝州 溫州 巌州 帰化州 楡州 松州 恩州 山州 武徳州 通州 韓州 烏州 靖州 寧辺州 賓州 祥州 新州 衛州 降聖州 燕州 海州 渌州 銀州 遼西州 鉄州 開州 保州 蘋州 北安州 嵒州 嘉州 集州 連州 弘東州 演州 肅州 威州 古州 仙澗州 文州 蘭州 慎州 拱州 安州 渝州 河州 双州 宋州 涿州 易州 檀州 順州 薊州 雍州 東州 海州 東勝州 景州 許州 招州 康州 錦州 来州 儒州 雲州 平州

表3 『混一』と『契丹国志』『大金国志』の記事比較

	『混一』
興中州	旧有興中、長興、汝寧三県、金為下路。
霍州	
景州	
川州	遼国為節鎮、後帰大金。
恵州	遼国置刺史、後帰大金。
建州	遼亡帰金。元管建平、永霸二県。
義州	遼亡帰金、金為崇義軍節鎮。元管弘政、開義、饒慶三県。
錦州	遼置刺史。金為臨海軍節鎮。旧管永楽、安昌、神水、興城四県。
利州	遼置観察使。金置刺史。元管阜俗、恵利、龍山三県。
瑞州	遼亡帰金。金為帰徳軍節度。元管宗安、海陽、海浜三県。
高州	遼国建観察、防禦、団練使。遼亡帰金。
懿州	遼亡帰金。金為寧昌軍節鎮。元管順安、霊山、徽川、同昌四県。
蓋州	唐太宗伐遼、李勣抜蓋牟城、以為蓋州。後属契丹、遼亡帰金。金為遼海軍節度。
澄州	元管臨溟、析木二県。
婆娑府	
東寧路	
咸平府	大金為咸平府安東軍節度。元管咸平、新興、慶雲、銅山、清安、栄安、帰仁七県。
広寧路	大金為広寧府。秦四十郡、分遼東郡、遼西郡。漢十三部、乃幽州刺史領之。遼東之地、周封箕子於朝鮮 漢置楽浪，築四郡地。遼西之地、即孤竹国、孤竹君二子伯夷、叔斉不食周粟、餓死於首陽山。
瀋州高麗総管府	元管楽郊、章義、遼浜、双城四県、属遼陽道。遼為節鎮、遼亡帰金。金置刺史。

表5　『混一』と両『国志』に共通する記事と出典

	『混一』	両『国志』
①	漉沙得鉄。出王沂公使遼録。草庵板屋。同上、居人草庵板屋。	就河沙石、煉得成鉄。……居人草庵板屋（『契丹国志』巻 24、所引「王沂公行程録」）
②	松亭嶺。王沂公使遼録、過松亭嶺、甚険峻、七十里至打造部落館、居戸編荊為籬、鍛銕為軍器、東南行五十里至通天館、八十里至兔児峡。蝦蟆嶺。石子嶺。	過松亭嶺、甚険峻、七十里至打造部落館、惟有蕃戸百余、編荊為籬、鍛鉄為軍器、東南行五十里至牛山館、八十里至鹿児峡館。過蝦蟆嶺、九十里至鉄漿館、過石子嶺（『契丹国志』巻 24、所引「王沂公行程録」）
③	出楡関以東行、南瀕海、北限大山、尽皆粗悪不毛、主山忽峭抜摩空、蒼翠全類江左、乃医巫閭山也。	自楡関以東行、南瀕海而北限大山、尽皆粗悪不毛、至此山忽峭抜摩空、蒼翠万仭、全類江左、乃医巫閭山也。（『大金国志』巻 40 所引『許奉使行程録』）
④	遼河 瀕河南北千余里、東西二百里、遼河居中。兔児渦。梁水務。	二十四程自兔児渦至梁魚務。離兔児渦東行、即地勢卑下、尽皆萑苻、沮洳積水。是日凡三十八次渡水、多被溺、名日遼河。瀕河南北千余里、東西二百里、北遼河居其中、其地如此。（『大金国志』巻 40 所引『許奉使行程録』）
⑤	長白山。在涔山東南千余里、黒水発源於此、旧名粟末河、今名混同江。	長白山、在冷山東南千余里、蓋白衣観音所居。其山禽獣皆白、人不敢入、恐穢其間、以致蛇虺之害。黒水発源於此、旧云粟末河、太宗破晋、改為混同江。其俗刳木為舟、長可八尺、形如梭日、梭船、上施一槳、止以捕魚、至渡車、則方或三舟。（『契丹国志』巻 27、歳時雑紀）長白山在冷山東南千餘里，蓋白衣觀音所居。其山禽獸皆白，人不敢入，恐穢其間，以致蛇虺之害。黑水發源於此，舊云粟末河。契丹德光破晉，改為混同江。其俗刳木為舟，長可八尺，形如梭，曰「梭船」，上施一槳，止以捕魚。至渡車，則方舟或三舟。（『松漠紀聞』続） 長白山、在冷山東南千余里、蓋白衣観音所居。其山禽獣皆白。黒水発源於此、旧名粟末河、契丹太宗破晋、改名混同江（『大金国志巻18、世宗、大定25年正月の条）

中国史上の「大一統」と『大元大一統志』

櫻井智美

さくらい・さとみ――明治大学文学部准教授。専門は宋元史・モンゴル帝国史。論文に「元代江南士人にとっての「中国」――「混一南北」の意味から考える」（『東洋史研究』七八―一、二〇一九年）、「元代の南海廟祭祀」（『駿台史学』一六二、二〇一八年）、「元代集賢院の設立」（『史林』八三―三、二〇〇〇年）などがある。

元（大元）によって成し遂げられたユーラシア東方の統一は、中国史上「大一統」とされる秦漢、隋唐《ずいとう》と比較してもそのスケールを超えたものであった。『大元大一統志』の作成と出版の背景には、「混一」を称揚する思想があった。「混一」は立場の異なる人々が多様に解釈することが可能なワードとして、政権を支える人々の合言葉となった。

はじめに――「元至元十三年」という年

史衛民『大一統――元至元十三年紀事』、この本を見つけて購入したのは、留学時代の北京の書店においてだったと記憶している。本書は、「中華文庫」シリーズの一冊として、生活・読書・新知三聯書店《さんれんしょてん》から、一九九四年に発売され、二〇二〇年に再版されたものである。シリーズには、『龍与上帝――基督教《キリスト》与中国伝統文化』（一九九二年）や『大変法――宋神宗与十一世紀的改革運動』（一九九六年）などもある。シリーズのどの一冊も、中国の歴史から、特定の時間・重要な事象を切り取って記述し、象徴的なタイトルがつけられているのである。

「大一統」を冠した本書が扱った時間は、副題にある「元至元十三年」、つまり西暦一二七六年である。この年、モンゴル軍（元朝政府軍）は、南宋の都臨安《りんあん》（杭州《こうしゅう》）を陥落させた。時の南宋皇帝であった幼少の恭帝《きょうてい》は、後見役の謝太后と城外に出て降伏し、皇族・臣下らとともに夏都の上都（現在の内蒙古自治区シリンゴル盟）へと連行された。世祖クビライへの拝謁後には、南へ帰されることはなかった。本書には、この一年の出来事が順を追って述べられている。当時、長江以南の各地には、恭帝の兄を皇帝と奉じる一団を筆頭に、モンゴルに対抗する勢力が残存しており、モンゴル政府は鎮圧部隊を派遣して掃討にあたっていた。同時に、モンゴル高原などにおける中央への反乱にも、政府の対処が必要となっていた。いまだ混乱が続くその状況の中でも、臨安にあった南宋朝廷が降伏したことを以て、元朝側は、南宋は滅んだ、「大一統」が成ったと認識したのであった。本書のタイトル「大一統」は、ここからきている。

一、中国史上の大一統

(一)「大一統」とは何か?

では、至元十三年が「大一統」とされるのはなぜなのか、少し遠回りにはなるが、「大一統」の意味に立ち返って考えていこう。時代が下った近代に限定すると、「大一統」は「中華帝国」とイコールである、というような考え方もある。「帝国」とは多民族かつ広域を支配していることとされるから、「中華帝国」とは、「中華民族」と「非中華=夷狄《いてき》」の両方をおさめた国家のことだというのである。[1] しかし、歴史をさかのぼって「大一統」の起源を調べていくと、「大一統=中華帝国」のように単純に言い換えられる訳ではないことがわかる。孔子が作ったとされる年代記『春秋』の冒頭、魯《ろ》の隠公《いんこう》元年(紀元前七二二)の条は、「春王正月」という記述から始まり、その部分の注釈に「大一統」の表現が見えるのである。

『春秋』は、紀元前七二二〜四八一年を扱う年代記で、「伝」という注釈がつけられたかたちで伝わっていった。主要注釈の一つ『春秋公羊伝《しゅんじゅうくようでん》』は、問答形式で『春秋』の本文を解説する。「春王正月」という本文について、まず、「何言乎王正月(何ぞ「王の正月」と言うや)」という問いを立て、それに対して「大一統也(一統を大とするなり)」、つまり、一統を大事にする、尊重するからだと解説している。[2] 儒教の重要経典とされた『春秋』の、それも冒頭における解説は、ものを理解する際の前提となっていった。そして、春秋を研究する「春秋学」が成立した漢代には、「大一統」という表現で、王の政治、そして王朝の成立の条件を指すことが、すでに基礎的な理解となっていた。[3] 現在、中国の歴史発展について、そのような、有能有徳の支配者によって統一王朝が成立することこそが歴史の軸であり、中華は統一に向かって発展してきたという考え方も、一定程度支持されているようである。[4]

(二)秦による「大一統」

しかし、歴代の中国王朝がすべて「大一統」を成し遂げられた訳ではなかった。わかりやすいところで、三国時代から魏晋南北朝時代、五代十国時代は、明らかに「大一統」とは無縁であった。後の時代から見て、この王朝こそ「大一統」にふさわしいと認められたのは、『春秋』の舞台となった周代を除けば、①秦代から漢代、②隋代から唐代、そして、③元代の三つの時代であった。本稿で主題とする③の元代と比較する前提として、①と②の時代における「大一統」の意味とその経緯を確認しておこう。

　秦代から漢代の「大一統」を成し遂げたのは、言わずと知れた秦の始皇帝であった。秦王となった嬴政《えいせい》は、戦争や策略を駆使し、紀元前二二一年に戦国の七雄の中で秦以外の六国を併合して、皇帝（始皇帝）を名のった。漢字による史書作成が開始された戦国時代から漢代にかけて、史書の書き手たちが自分たちの土地として漠然と認識したのは、基本的には秦が統一した範囲であった。秦は中華全域を一つの国とした王朝、すなわち、全国統一をなし遂げた存在となった。さらに、秦の領土を引き継いだ漢は、その領域を維持し拡大させた。そして、先に挙げた「大一統」の概念が確立したのも、この秦漢時代の四世紀間においてであった。「大一統」を最初に成し遂げたのは秦の始皇帝であるという論理も、ここから出てきた。

（三）隋による大一統

　ところが、その後の約四世紀間は、中国が分裂の時代を迎えた。後漢末には各地に群雄が割拠し、三国時代から魏晋南北朝時代へと続く複数王朝並立の時代が訪れた。その中華の分裂を統一したのが、隋であった。隋を開いた楊堅（文皇帝）は、北周の軍官の出身で、五八一年に北周皇帝に皇位を譲らせ隋の皇帝として即位した。北周武帝の時代（五六〇～五七八）すでに北斉は滅ぼされ、華北は統一されており、楊堅は、南朝の後梁（西梁）や陳を滅ぼし、五八九年に中華全域の「大一統」を成し遂げた。隋はその後約三十年で唐に取って代わられた。唐は領土の拡大縮小を経つつ、九〇七年までの約三〇〇年、中華全域を一つの王朝下に置いたのである。

　秦と隋、「大一統」を実現した王朝の始祖秦の始皇帝と隋の文皇帝は、どちらも、地域ごとに違いがあった貨幣や度量衡（計量単位）を統一し、地方制度を整備するなど新たな施策を打ち出し、支配の安定に努めた。秦も隋も王朝としては短命ではあったが、それぞれ次の漢と唐が、前代の制度をおおむね踏襲するかたちで、世紀を超えて統一王朝を維持したのである。

（四）元の「大一統」とその特徴

　三世紀続いた唐王朝も、末期になると、華北を中心に藩《はん》鎮《ちん》が割拠し、チベットやウイグル勢力も侵入（進出）を繰り返した。九〇七年には朱全忠が禅譲《ぜんじょう》を受けて後梁《こうりょう》を立て、唐は滅亡した。続いて、後唐・後晋・後漢・後周が、契丹《きったん》（遼《りょう》）と協力・対立しつつ華北で交替し、十国も同時に攻防を繰り広げた後、九六〇年に宋が立ち、他国を滅ぼして中華地域全土をほぼ統一した。ここで「ほぼ」と書くのは、当時すでに「ここは中華だ」と思われていた現在の北京・大同地区（燕雲十六州）が契丹治下にあったからである。そのため、宋の太祖の事績は、「九州」や「中原」、あるいは漠然とした領域を示す「区宇」などを「混一」「一統」したと記録されることはあったが、宋が「大一統」を果たしたとされることはまれであった。その後、女真がユーラシア東北から興り金を建国して宋から華北を奪って北宋時代は幕を閉じ、金（とそれを滅ぼしたモンゴル）と南宋の南北朝状態が一五〇年ほど続いた。唐末から元による「大一統」までの約三七〇年間は、第二次南北朝時代と呼ばれることも多い。(5)

このようにして成し遂げられた元の世祖の「大一統」の内実を、秦の始皇帝・隋の文皇帝と比べると、異なる点がいくつか見受けられる。大元という国号を立てたのは世祖であり、建国者が「大一統」を果たしたことは前二者と共通するが、いわゆる「モンゴル帝国」という政体の建立者はチンギス・カンをおいて他にはいない。また、王朝が中華地域外のモンゴル高原から興り、段階的に中華地域を領土に入れていった点は、明確に異なっている。そして、元の「大一統」がそれまでと決定的に違う点があった。それは、同時代においてすでに、その業績が「大一統」であると認識・称揚されていったことである。

二、モンゴル帝国と「大一統」

（一）太祖から世祖へ

モンゴルは、太祖チンギス・カンから世祖クビライの時代にかけて、東は朝鮮半島から西はペルシアやロシアまで、ユーラシアの広域を征服・支配したことから、その領域の広大さを誇り、中国の南北統一を賀する漢文史書の記述がよく見られる。その記述の変化を細かく見ていくと、クビライから次の成宗テムルの時代にかけて、記述が変化する様が見られる。わかりやすいのは、「混一」の用例である。胡祗遹《こしいつ》「翰林院庁壁記《かんりんいんちょうへきき》」（『紫山大全集』巻九）には、

我**太祖神武混一区宇**、未遑文治。

とあり、「わが太祖チンギス・カンが領域を統一したが、制度を定める時間が足りなかった」と書かれている。内容と胡祗遹の履歴から、この記事が書かれたのは至元年間初期、す

なわち南宋滅亡以前であると考えられる。クビライ在位期前半においては、漢籍の世界においても、国家・領域を統一した功績は、確実にチンギス・カンに帰せられていたことがわかる。

しかし、至元十三年（一二七六）の「大一統」を経て、次のテムルの時代になると、混一はクビライの事績として認識され、称えられるようになる。例えば、テムルの即位にあたって王惲《おううん》が献上した「元貞守成事鑑・愛民」（『秋澗《しゅうかん》先生大全文集』巻七九）には、

自**太祖肇造区夏**、至於**先皇帝混一六合**、功成治定、可謂至矣。

とあり、「チンギス・カンが初めて版図を作ってから、先皇帝（クビライ）が国土を混一するまでに、その功績が成り制度も定まり、ゆきとどいたと謂えよう」という表現が見える。チンギス・カンによるモンゴル（大蒙古国）の建立と、クビライの全国統一を対比させて称えるもので、その後の詔でもしばしば見られる。また、時期を下るにつれ、認識の定着と表現の定型化が進み、例えば、

洪惟**太祖皇帝**受天明命、肇興景祚。（中略）迨**我世祖皇帝混一区宇**、職方所載、振古未有。

（おもうにチンギス・カンが天命を受けて、初めて国のいしずえを築いた。（中略）わがクビライにおよんで領域を統一し、国土はこれまでなかった広さだった。／虞集《ぐしゅう》撰『道園学古録』巻二一「廷試策問」）

というような、官僚登用試験の問題に見える公式見解においてのみならず、

在昔**太祖皇帝肇興朔方**、**世祖皇帝混一海内**。

（昔チンギス・カンが朔方で国を興し、クビライが領域を統一した。／劉鶚《りゅうがく》撰『惟実集』巻三「重修帝師殿記」）

など国家に関する記述では、「太祖」と「世祖」を対とする表現が増えていく。テムルの即位以降、漢文に現れる世界観の中では、クビライになって中華を混一（統一）したことが強調されるのである。クビライが南宋を滅ぼしたことと、それによって成し遂げられた華北・江南という南北領土の混一こそが、「大一統」なのであった。

(二)「大一統」と「混一」

クビライが南宋を滅亡させたことは、従来の「征服王朝」理論に基づいた解釈の下では、夷狄モンゴルによる漢地全体の征服という、否定的なとらえ方をされがちであった。しかし、統一の主体を変えてみると、その事象を「中華の統一」ととらえることもできた。当時の人々、とりわけ旧南宋治下に暮らした人々は、モンゴルを支配者とする天下の統一を、

好むと好まざるとに関わらず、肯定せざるを得なかった。その中で、「大一統」を強調することこそが、被統治者にとって、現実に即応する考え方であったし、無条件に統治者との意識を共有する土台となり得た。だからこそ、至元十三年を指す「混一南北」（南北を混一する）という表現についても、「大一統」と同じような文脈で用いられ、同じようにテムルの時期以降に多く見られるようになっていった。(6)

時をおかずして漢文資料の中に領土の大きさを誇る文章も増えていく。それは、従来の中華の南北統一を表すだけではありえない。モンゴル高原や甘粛・チベットから中央アジア・ペルシアに至るまで、広大な領域を支配下に入れたことが前提となっていた。例えば、『大徳南海志』には、

大元混一区宇、亘古所無、長城外不知幾万里、皆入版籍。

（大元が国土を統一しているところは、これまで無いくらいで、長城の外はどのくらい広いかがわからないくらい、皆な領域に入った。／『大徳南海志』陳大震自序）

とあり、また、「**聖朝は四海を奄有《えんゆう》し、日月出入の地を尽くす**」（「舶貨」の項）という表現も見える。本書が作られたテムル統治期の大徳年間（一二九七～一三〇七年）は、モンゴル帝国の歴史の中でも、ユーラシア東西がもっとも平和的に結びつき、往来も活発になった、東西和合、もしくは「モンゴルの平和」と呼ばれる時期であった。一義的には、「中華」のものであった「大一統」が、さらに大きな意味合いを帯びるようになっていったのである。モンゴル朝廷は、このようなクビライからテムルにかけての「大一統」の時代に、全国地理書である『大一統志』の編纂を企画・実現していった。

三、『大元大一統志』の編纂とその背景

（一）『大一統志』のかたち

中国において全国の地理書（総志）を作ることは旧来行われており、北宋では『太平寰宇記《たいへいかんうき》』『元豊九域志』が勅命を受けて編纂された。元代に地理書の作成が企図されたこと自体は、それらの伝統に基づくといってよい。また、「建置沿革」「名山大川」「古蹟《こせき》」等、項目の立て方もほぼ踏襲されている。ただ、それまでの地理書と違って面白いのは、名づけ方である。初版の完成時に「大一統志」の名称を賜り、最終的に『大元大一統志』と名付けられた。ここに見える「大一統」は、許有壬《きょゆうじん》「大一統志序」に述べられるように、『春秋』の「大一統」を踏まえたものだった。つまり、王朝による国土の統一を強調する「大一統」の表現が、完成した地理書にふさわしいとして採用されたのであった。

では、実際の『大一統志』（『大元一統志』『元一統志』とも呼

ばれる。以下、基本的に『元一統志』とする）とは、どのような体裁の書物なのか、現存するのはほんの一部分でしかないため、輯本の序文等に拠りつつ概観していく。(7)『元一統志』は、二段階の編纂を経て一三〇〇巻、六〇〇冊の大著として完成した。大字本と小字本があり、共に毎半葉十行、行二十字である。元末に版刻出版されたものの、その後しばらくして散佚し、残巻や零葉は、一九三六年に「遼海叢書《りょうかいそうしょ》」に復刻して収められたほか（**図1**）、整理された輯本が一九六六年に中華書局から出版された（一九七〇年に汲古書院からその影印本が出ている）。

　この輯本を利用して『元一統志』の内容を、より古い地理書等と比較していくと、『元一統志』が拠《よ》った資料源が明らかとなる。旧金領の華北については、北宋の『太平寰宇記』『元豊九域志』など、質の高い官撰の総志を下敷きにし、各地から新たに提出された図冊（図志）など、当時参照可能な各種資料でその後の情報を補った。それに対して、旧南宋の疆域については、南宋後期に完成した『輿地紀勝《よちきしょう》』からとられたことが推測される。『輿地紀勝』は、王象之個人が編纂した景勝・名勝に関する記述を特徴とする地理書（名物志）であった。もちろん、『輿地紀勝』以後について、若干の情報が追加されてはいる。ただ、華北については、モンゴル統治下で集めた新たな情報が多く加えられたのに対し、江南については、すでに比較的新しい名物志から引用したということで、増補は少なく、南北について、『元一統志』編纂の仕方はだいぶ違っていた。

　また、中国の地理書には、絵図が掲載されることも多い。『元一統志』の現存部分に地図は含まれないが、当時は、路

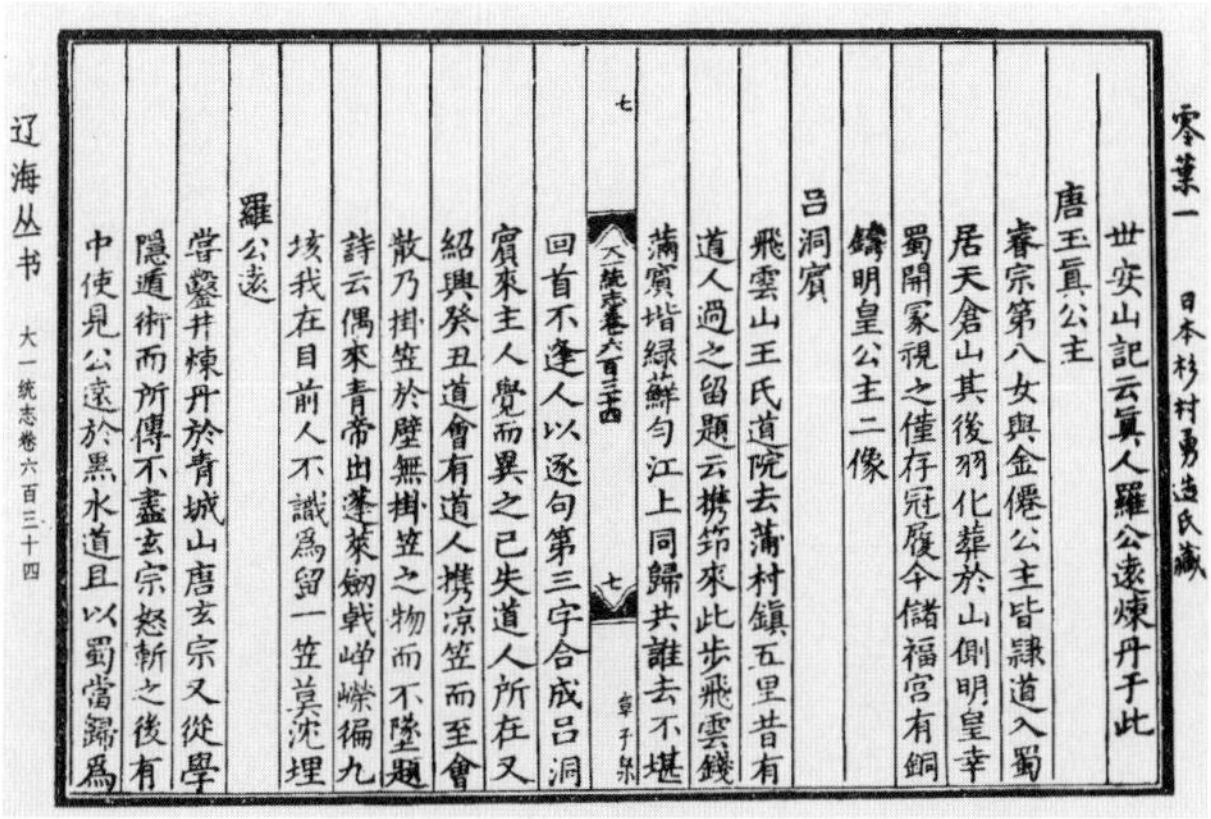
零葉一　日本杉村勇造氏藏
世安山記云眞人羅公遠煉丹于此
唐玉眞公主
睿宗第八女與金僊公主皆隸道入蜀
居天倉山其後羽化葬於山側明皇幸
蜀開冢視之僅存冠履今儲福宮有銅
鑄明皇公主二像
呂洞賓
飛雲山王氏道院去蒲村鎭五里昔有
道人過之留題云携節來此歩飛雲錢
蒲賓皆綠蘚句江上同歸共誰去不堪
七　大一統志卷六百三十四　七
回首不逢人以逐句第三字合成呂洞
賓來主人覺而異之已失道人所在又
紹興癸丑道會有道人携涼笠而至會
散乃掛笠於壁無掛笠之物而不墜題
詩云偶來青帝出蓬萊劒戟峥嶸徧九
垓我在目前人不識爲留一笠莫沈埋
羅公遠
甞鑿井煉丹於青城山唐玄宗又從學
隱遁術而所傳不盡玄宗怒斬之後有
中使見公遠於黑水道且以蜀當歸爲
辽海丛书　大一统志卷六百三十四

図1　『大元大一統志』零葉（『遼海叢書』所収）

ごとに彩色の小地図が準備され、付録としてやはり彩色の「天下地理総図」も掲載されていたことがわかっている。(8)

(二) 編纂過程とその意義

次に、『元一統志』の編纂過程について見ていきたい。最も有用な史料は、元末に出版された『秘書監志』である。秘書監は、歴代図書の管理や出版、天文観測等を管轄する中央官庁で、『秘書監志』十一巻には、元代の秘書監に関わる公文書や記録が集録されている。『元一統志』に関する記述は、巻四「纂修《さんしゅう》」の大部分を占めており、秘書監にとって『元一統志』の出版が一大事業であったこともわかる。ここでは、『秘書監志』と宮紀子・小二田章らの研究(9)を参考に、『元一統志』が作られた具体的な経過を追う。

至元二十二年（一二八五）、南宋平定から約十年、政情も落ち着いた中で、秘書監において地誌を編纂することとなった。二十八年には、『大一統志』七五五巻がほぼ完成し、三十一年、テムルの即位後まもなく清書・献上された。ここで『至元大一統志』という「大一統」を冠した名称が採用されたのである。南宋滅亡から約十年の区切り、新皇帝の即位など、記念地誌を作成・献呈する要素はそろっていた。その後、一旦完成した『大一統志』には雲南・甘粛・遼陽行省についての記事が欠けていたため、再度の編纂・校訂が命じられた（第二次編纂）。これら三つの行省を加えたバージョンは、大徳三年（一二九九）に、七八七巻、四八三冊にまとめられた。ただ、この時点で、『至元大一統志』以降、行政地名や区割りなどに大きな変化が出ていたため、それらについて校勘を施し、大徳七年に『大元大一統志』一三〇〇巻、六〇〇冊という切りの良い数字に仕立て直して献上されたのだった。この大徳七年は、江南での官僚の汚職を受けた官制の刷新が進む時期にあたっており、また、チャガタイ・ウルスなど西方のモンゴル諸勢力との関係についても、「モンゴルの平和」と言われる時代の始まりの時期にあった。編纂が始まってから足掛け十五年、モンゴル帝国内で最も平和な時期に本書は完成したのだった。

しかし、『元一統志』は方角や里程、地方の実情を細かく書いているということで、防衛上の観点から稿本のまま秘書監に秘匿して出版されなかった。元末の至正九年（一三四九）に至り、杭州において印刷公刊されたことで、ようやく、地方の官僚や文人も容易に閲覧が可能になった。この時期には、『宋史』『遼史』『金史』や『至正条格』など、官撰の重要図書も次々と刊行されていた。軍事上の機密と考えられてきた『元一統志』内の情報も、モンゴルによる七十年の統治や、人・モノの移動の中で人々が知りえた遠地の新たな情報に比して、とりたてて隠すべきようなものではなくなっていたのだろう。それよりも、モンゴル帝国が最も繁栄した時代の地誌を、大型刊行物の一つとして出版して後世に伝えることが相応しいと考えられた結果の出版であった。

(三) 編纂に関わった人々

では、『元一統志』の編纂に関わった人々にとって、その任務はどうとらえられたのだろうか。二人を例に比較してみよう。時代に即した新たな地図・地誌の作成を提案したジャマール・アッディーン(札馬剌丁)は、元来、イランの天文学の知識をかわれてクビライ以前からモンゴルに仕え、クビライの至元八年(一二七一)には、イスラーム天文学に基づいて天文観測や暦の作成を行う回回司天台の長官となった。至元十年に秘書監が設立されると、回回司天台は、金以来の司天台とともに秘書監の所属官庁となり、彼は秘書監の長官となった。ジャマール・アッディーンは、南宋滅亡後に始められた郭守敬による授時暦の作成においても、観測機器を提供するなどして関わった。科学技術分野で活躍した彼が、当時存在していた伝統中国の様式に沿って作られた地図や地理書に対して不満を持ち、新地誌・地図の作成を上奏したことは、その経歴からして納得できるだろう。

実際に地誌・地図の作成にあたって、ジャマール・アッディーンは、曲阜の儒学教授の陳儼《ちんげん》、湖南道儒学提挙の虞《ぐ》応龍《おうりゅう》、京兆府《けいちょうふ》の蕭𣂏《しょうしょうく》を呼び寄せようとした。それぞれ華北・江南・陝西地区の地理に詳しい代表的人物であった。それに応えて唯一参加したのが虞応龍であった。彼はすでに『統同志』という地誌を編纂した経験を持ち、『元一統志』編纂の中心的役割を果たしたと考えられる。虞応龍は『統同志』の編纂について、

取『漢書』王吉所云春秋所以大一統者、六合同風、名其書曰「統同志」、上以発揚聖朝混一海宇之盛

(『春秋』にある「大一統」とは、全体が風俗を同じくすることだと『漢書』の「王吉伝」にあるところから取って、その本を『統同志』と名付け、献上して我が王朝が天下を混一した盛世を発揚するのだ。/『秘書監志』巻四「纂修」)。

と表現している。四川出身の虞応龍にとって、元代は全国統一が成った盛んな時代だったのである。

(四) それぞれの「大一統」

『大元大一統志』には、「天下地理総図」という、アフロ・ユーラシアを描いた地図が付されていた。やはり、ジャマール・アッディーンによって『元一統志』とほぼ同時期に作成が提案されたものであった。彼が思い描く「天下=世界」は、江南から呼び寄せられた虞応龍が思い描く「天下」とは、異

なっていたと考えられる。『大一統志』編纂では、特に二次編纂において、虞応龍にとどまらない多くの儒者が動員された。宮紀子が指摘するとおり、『大元大一統志』の編纂それ自体が、儒者たちを凝り固まった華夷思想から脱却させ、新しい世界像を植え付ける機会となったことは間違いないだろう。

ただ、それぞれの人が考える「大一統」が、結果、一様になったのかと問われると、答えは単純ではない。北宋の『太平寰宇記』は、太宗が南唐・呉越・北漢を平定して「五帝の封じられた区域、三皇時代の制度」が戻った記念に作られたと、撰者の楽史が序文で述べている。一方、『大元大一統志』の序文を書いた許有壬は、「江南が平いで四海が一になった」ことが地誌編纂の始まりだと説明を始めながら、

我元四極之遠、載籍之所未聞、振古之所未属者、莫不渙其群而混於一、則是古之一統皆名浮於実、而我則実協於名矣。
（『至正集』巻三五）

と述べ、「我が元の四方の果ては遠く、それまでの書物の記録にもなく、太古より中国王朝が領域に入れることのなかったところまで、広がって混一して支配しており、以前の「一統」は名ばかりで、我王朝こそ名実ともに「大一統」なのだ」と誇っている。つまり、混一したのは中国の南北だけではないことが賛美されているのである。

『元一統志』は「大元ウルスの地誌」なのか「中国王朝の全国志」なのかというとらえ方の違いが依然として存在するというが[10]、『大元大一統志』の編纂の開始時においては、その立場によって関わった人々がどう感じ取るかに大きなズレがあったと思われる。そのズレは、次第に解消されながらも、元末に至るまで「クビライが海内を統一した」という感覚のみが一方で残り続けた。特に元代江南の人々が書名などで好んで使った「混一」の表現は、個人の中での複雑な思いと、立場が違う人々の間での考え方の違いを包括できるからこそ、重宝されたのだと思われるのである。

注

（1）王柯「「帝国」と「民族」――中国における支配正当性の視線」（山本有造編『帝国の研究――原理・類型・関係』名古屋大学出版会、二〇〇三年）。

（2）野間文史『春秋学――公羊伝と穀梁伝』（研文出版、二〇〇一年）。

（3）『漢書』巻五六「董仲舒伝」に「春秋大一統者、天地之常経、古今之通誼也」、巻七二「王吉伝」に「春秋所以大一統者、六合同風、九州共貫也」とある。稲畑耕一郎『皇帝たちの中国史――連鎖する「大一統」』（中央公論新社、二〇〇九年）を参照。

（4）王徳忠『中国歴史統一趨勢研究――従唐末五代分裂到元朝大一統』（商務印書館、二〇一〇年）他。その他、中華文史

網編輯部「〃大一統〃研究論著索引」http://www.qinghistory.cn/qslzsy/qslzsy_zdsj/402127.shtml（二〇二〇年十一月十九日最終閲覧）を参照。

（5）愛宕松男『アジアの征服王朝』（河出書房、一九六九年）に「国際関係の変化と第二次南北朝の展開」の章がある。近時出版された「シリーズ中国史」（岩波新書、二〇二〇年）では、魏晋南北朝時期から金・南宋の並立までを南北で別に記述している。

（6）拙稿「元代江南士人にとっての「中国」――「混一南北」の意味から考える」（『東洋史研究』七八―一、二〇一九年）。

（7）愛宕松男「金毓黻撰輯『大元大一統志』」（『東洋史研究』二―四、一九三七年）、斯波義信「孛蘭肹等撰 趙万里校輯『元一統志』上・下」（『東洋学報』五〇―四、一九六八年）。

（8）宮紀子「「混一疆理歴代国都之図」への道――十四世紀四明地方の「知」の行方」（同『モンゴル時代の出版文化』名古屋大学出版会、二〇〇六年、初出：二〇〇四年）参照。

（9）前掲注8宮論文及び同『モンゴル帝国が生んだ世界地図』（日本経済新聞出版社、二〇〇七年）、小二田章「『大元一統志』「沿革」にみる編纂の過程――平江路を中心に」（編集委員会編『宋代史から考える』汲古書院、二〇一六年）参照。

（10）前掲注9小二田論文。

附記　本稿は、JSPS科研費（JO19K01040）及び二〇一八年度国家社科基金重大項目〃日本静嘉堂所蔵宋元珍本文集整理与研究〃（18ZDA180）の助成を受けたものである。

『大元一統志』における路に関する記載について

——『大元一統志』輯本の理解のために

吉野正史

ほぼ全ての内容が散逸した『大元一統志』を利用するためには趙万里氏の輯本が不可欠である。しかし、輯本と元来の『大元一統志』との間には大きな落差が存在する。それは主に輯本の最も大きなソースとなった『永楽大典』を巡る状況に起因する。故に輯本を史料として使用する場合にはそれが必ずしも本来の『大元一統志』の姿を表していないことに常に留意せねばならない。また『大元一統志』を可能な限り復元するためには、残本と各種逸文の網羅的比較のみならず、それが引用された『永楽大典』等の史料の性格を把握することが必要となる。

はじめに

成宗テムルの大徳七年（一三〇三）に完成した『大元一統志』は史家の耳目を集め、二十世紀以降に限っても金毓黻《きんいくふつ》[1]、愛宕松男[2]、日比野丈夫[3]、斯波義信[4]等による成果がある。とはいえその間『大元一統志』に対する理解が深まり史料として活用されるようになった、とは言えなかった。元来一三〇〇巻という大部の書物でありながら近代までに大部分が失われ、現存するのは六十六巻ほどの残本と若干の零葉のみであったため、書物／史料としての位置づけが難しく史料として利用するには困難があったためである。現在残本として見ることの出来る六十六巻は元来あったと想定される全体の僅か五％でしかない（各残本グループ間で重複しているものもあるので実際は五％を下回る）。

この状況を大きく前進させたのが、一九六六年に出版さ

よしの・まさふみ——明治大学兼任講師。専門は十二〜十五世紀の中国北方政治史。著書に『中国の歴史・現在がわかる本　第三期〈1〉13〜14世紀の中国』（かもがわ出版、二〇一八年）、論文に「「耶律・蕭」と「移剌・石抹」の間——『金史』本紀における契丹・奚人の姓の記述に関する考察」（『東方学』一二七、二〇一四年一月）、「巡幸と界壕——金世宗、章宗時代の北辺防衛体制」（『歴史学研究』二〇一八年七月）などがある。

れた趙万里校輯『元一統志』である。(5) 斯波義信はこれを一九三六年の第一次金氏輯本（遼海叢書本）、一九四七年の第二次鄭氏輯本（玄覧堂叢書続集本）に次ぐ、第三次趙氏輯本と呼び、『大元一統志』の輯本としては最も本格的で浩繁かつ最新の内容を備えたものであると評価した。各種残本だけでなく、『永楽大典』、『日下旧聞考《じっかきゅうぶんこう》』、『満洲源流考』などの史料から幅広く逸文を収集した趙氏輯本の登場により、『大元一統志』を利用する際の利便性は劇的に向上した。しかしその後も『大元一統志』が本来備えているであろう史料的価値に見合った利用の仕方がなされてはいないように思われる。

筆者はその一因を趙氏輯本があまりにも完成された輯本であるが故、ではないかと考える。二律背反的ではあるが、趙氏輯本の完成度の高さが本来の『大元一統志』の姿をより見えにくいものにしてしまったのではないか。例えば趙氏は収集した資料を『元史』地理志の体裁に拠って排列しているが、元来『大元一統志』の内容がそのように排列されていたとは限らない（勿論趙氏の排列方法は合理的且つ利用しやすいものである）。別の言い方をすれば趙氏輯本そのものが研究対象足りえる史料となってしまった、ともいえるだろう。

そこで本稿では、残本並びに趙氏輯本を史料として利用するためには『大元一統志』本来の姿を想定する必要があり、そのために残本・輯本の系統的な理解を進めることが不可欠であると考え、残本の内容のうち元朝の重要な行政単位である「路」を対象として検討を行う。各残本のうち、路に関する部分の大半を収録する袁氏貞節堂鈔本（以下袁氏鈔本）を主な史料とし、特に欠落のない巻九五八「撫州路」をサンプルとして記載内容を示した上で、撫州路の所属する江西行省、並びに中書省・江浙行省の諸路に関する『永楽大典』所収の記載と比較を行いたい。

一、袁氏貞節堂鈔本及び海虞《かいぐ》鉄琴銅剣楼《てっきんどうけんろう》烏《う》絲欄《しらん》鈔本《しょうほん》の路に関する記載内容について

まず袁氏鈔本に拠って路に関する記載の概要を確認してみたい。袁氏鈔本に収録された関連記載は以下の通りである。

・巻三五六「襄陽路」
　↓記載内容：「古蹟」。計十七葉（欠落無）
・巻三五七「襄陽路」
　↓記載内容：「宦蹟」。計七葉（欠落有）
・巻四七二「江陵路」
　↓記載内容：「人物」。計十葉（欠落無）
・巻四七三「峡州路」
　↓記載内容：「建置沿革」「坊郭郷鎮」「里至」。計九葉

（欠落無）

・巻四七四「峡州路」

↓記載内容：「山川」。計七葉（欠落有）

・巻五四二「延安路」

↓記載内容：「土産」「風俗形勢」「古蹟」計十九葉（欠落無）

・巻五四三「延安路」

↓記載内容：「宦蹟」。計二十二葉（欠落無）

・巻七六三「平江路」

↓記載内容：「建置沿革」「坊郭郷鎮」「里至」「山川」。計十葉（欠落有）

・巻九五八「撫州路」

↓記載内容：「建置沿革」「坊郭郷鎮」「里至」。計十二葉（欠落無）

欠落の無いものの葉数を見ると、巻三五六「襄陽路」が十七葉、巻四七二「江陵路」が十葉、巻四七三「峡州路」が九葉、巻五四二「延安路」が十九葉、巻五四三「延安路」が二十二葉、巻九五八「撫州路」が十二葉となっており、最小の九葉から最大の二十二葉まで幅があることがわかる。仮にこれらの中間値である十五・五を平均葉数として計算してみると、『大元一統志』全体としては十五・五×一三〇〇で二万一五〇葉ほどの分量であったと推測出来ることになる。袁氏鈔本では一葉に最大一五〇字が記されているため、全体としては最大で約三百万字となる。勿論全葉に最大限記されているわけではないので実際にはそれよりもかなり少なくはなるが、『元史』が一六〇万字であることと比較すると、『大元一統志』の規模が想像出来るのではないだろうか。大部な書物であることは間違いないが、一三〇〇巻という巻数から受ける印象と比べると想定される総字数は比較的少ないようには思われる。

また、同一カテゴリーの内容を持つ巻四七三「峡州路」、巻七六三「平江路」、巻九五八「撫州路」の内容を見ると、「平江路」が「建置沿革」「坊郭郷鎮」「里至」のほかに「山川」を含む一方、「峡州路」と「撫州路」は「山川」を含んでいない。共に欠落のない巻三五六「襄陽路」と巻五四二「延安路」を見ると、「襄陽路」は当該巻すべてが「古蹟」となっている一方、「延安路」では、一つの巻に「土産」「風俗形勢」「古蹟」が含まれていることがわかる。このことから、一巻の葉数が同程度となるようにはされていないことと、一つの巻の中の記載内容は必ずしも機械的に定められていない、ということがわかる。これは本来の『大元一統志』の姿をイメージする上で把握しておくべき情報だろう。逆に言えば『大元一統志』は編纂の最終段階において各地域で収集・作成された資料にあまり手を加えず、各行省から進呈された図志などが本来持っていた情報を比較的忠実に残していた可能性を想定することも出来るのではないだろうか。

次に残本・輯本・『永楽大典』所収の各路の項目数について簡単な比較を行いたい。以下は袁氏鈔本に収録されている路に関する項目数である（（　）内は残本の内容と重複しないもの）。

・巻三五六「襄陽路」
　：残本88項目：輯本89項目：永楽大典1項目（1）
・巻三五七「襄陽路」
　：残本23項目：輯本23項目：永楽大典0項目（0）
・巻四七二「江陵路」
　：残本41項目：輯本41項目：永楽大典1項目（0）
・巻四七三「峡州路」
　：残本14項目：輯本14項目：永楽大典0項目（0）
・巻四七四「峡州路」
　：残本29項目：輯本28項目：永楽大典0項目（0）
・巻五四二「延安路」
　：残本84項目：輯本84項目：永楽大典8項目（0）
・巻五四三「延安路」
　：残本43項目：輯本43項目：永楽大典1項目（0）
・巻七六三「平江路」
　：残本20項目：輯本23項目：永楽大典3項目（3）
・巻九五八「撫州路」
　：残本20項目：輯本20項目：永楽大典2項目（0）

残本に収録されずに永楽大典には収録されているものは、巻三五六の一件及び巻七六三の三件であるが、巻七六三には欠落部分があるため、永楽大典所収の三件は元来この欠落部分にあったものだと思われる。一方、巻三五六には欠落部分がないため、永楽大典所収のものが元々巻三五六にあったものであると確定できるならば、残本の版本確定の手掛かりになる可能性はあるだろう。現存の残本の多くは順帝トゴン・テムルの至正《しせい》六年（一三四六）に杭州において出版された杭州刻本であると考えられているが、仮に『永楽大典』に杭州本には存在しない部分が引用されているとすれば、『永楽大典』の利用した『大元一統志』は杭州刻本以外のものであるという可能性も浮上することになる（勿論『永楽大典』が杭州刻本を含む複数の版本を引用している可能性も否定できない）。上記の路だけではなく残本全体に対して同様の作業を行うことで、『永楽大典』が引用した『大元一統志』の版本を確定可能であると共に、残本の中にそれ以外の版本が存在する可能性の有無を再検証出来るのではないだろうか。この作業は現在以上に『大元一統志』の版本に対する理解を深める上で必要となるはずである。

更に考察を進める前に、袁氏鈔本と同じく玄覧堂叢書続集本『大元大一統志』に収録される海虞鉄琴銅剣楼烏絲欄鈔本の中のある記載について触れておきたい。それは烏絲欄鈔本の麗江路「建置沿革」内の一節である。そこには以下のようにある。

癸丑の年（一二五三）、世祖聖徳神功文武皇帝（クビライ）が大理に親征を行った。軍がこの地域に到達すると、ウリヤンカダイ元帥を派遣しそこを平定させた。和牒と和失は殺害したが、和字という者は降伏してきた。甲寅の年（一二五四）、和牒の息子である阿乾に銀牌を授け茶《チャ》罕章《ガンジャン》軍民事を管領させた。至元八年（一二七一）、茶罕章宣慰司を置いた。十一年、茶罕章宣慰司を皇太子位下（皇太子チンキムの分地）に所属させた。十五年（一二七八）、茶罕章宣慰司を麗江路軍民總管府と改め、治府は巨津州の南に置かれ、羅波は半ば空城のようになった。二十二年（一二八五）、麗江路軍民總管府に替えて軍民宣撫司を置いた。

この一節は『大元一統志』残本の記載において極めて異彩を放っている。異形の一節とも言えるだろう。それは、『大元一統志』に収録された他の「沿革」部分のモンゴル時代に関わる内容が極めて事務的で簡略であるのに対し、ここではモンゴルの大理征服に関する情報が具体的に記され、ウリヤンカダイや和牒、和失などの具体的な人名や、皇太子位下という具体的な位下領の名称が挙げられているからである。『元史』地理志にはこの烏絲欄鈔本の記載に対応する箇所があるが、[6] そこでは皇太子位下領には触れられず、また麗江路軍民總管府の置かれた年次も異なっている。既に、至元二十年から二十一年にかけて麗江を含む雲南行省北部から四川行省との境界にかけての一帯が皇太子チンキムの分地として設定されたことが明らかにされているが、[7] この烏絲欄鈔本の内容が事実であると裏付けられるのであれば、[8] 既に十一年の時点から茶罕章はチンキムの分地とされていたこととなる。これは『大元一統志』の史料としての可能性を示す一例であると言えるだろう。と同時に、残本が極めて少ない状況下において、『大元一統志』を史料として活用しようとした場合、輯本に頼らざるを得ないことによってもたらされる限界を示す一例であるとも言わざるを得ない。

二、袁氏貞節堂鈔本『大元一統志』残本並びに『永楽大典』所収の江西行省所属の路州に関する記載内容の比較

続いて袁氏鈔本に収録されている巻九五八「撫州路」と巻九五七「新昌州」（共に江西行省所属）の内容を確認した上で、『永楽大典』に収録された江西行省所属の路に関する『大元一統志』からの引用状況と比較してみたい。巻九五八と巻九五七は共に欠落がない巻のため、「撫州路」と「新昌州」に関する記載内容は路州に関する記載形式のモデルケースの一つとみなすことが可能ではないかと考える。ただし既に述べたように一巻当たりの葉数と内容は必ずしも統一されているわけではないと思われるので、「撫州路」と「新昌州」の内容の形式が他の地域の記載に関してもそのまま当てはまるわけではないという点には注意しておきたい。

まず巻九五八「撫州路」の記載内容は、「建置沿革」「坊郭郷鎮」「里至」で計十二葉である。それぞれの内訳は、建置沿革が七項目（「撫州路」「録事司」「臨川県」「崇仁県」「金溪県」「宜黄県」「楽安県」）、坊郭郷鎮が六項目（「録事司」「臨川県」「崇仁県」「金溪県」「宜黄県」「楽安県」）、里至が七項目（「撫州路」「録事司」「臨川県」「崇仁県」「金溪県」「宜黄県」「楽安県」）で、計二十項目となっている。内容は『元史』と齟齬がないものが多いが、『元史』地理志では「金溪県」を中県としている一方、袁氏鈔本では上県としている。

次に巻九五七「新昌州」の記載内容は、「建置沿革」「坊郭郷鎮」「里至」「山川」「土産」「風俗形勢」「古蹟」「宦蹟」「人物」「仙釈」で計九葉である。それぞれの内訳は、建置沿革が一項目（「新昌州」）、坊郭郷鎮が九項目（「天徳郷」「太和郷」「義鈞郷」「天宝郷」「太平郷」「宣風郷」「広賢郷」「新安郷」）、里至が一項目（「新昌州」）、山川が七項目（「塩嶺」「析桂峰」「黄蘗山」「五峰山」「黄岡山」「八疊山」「騰江」）、土産が四項目（「鉄」「香附子」「半夏」「香薷」）、風俗形勢が二項目（「士秀而文漸、無珥筆之風、故号曰江西小道院、表其俗之美也」等）、古蹟が十一項目（「濯湖」「五色泉」「陶淵明書堂」「瑞芝亭」「度門院」「浄覚院」「黄蘗山」「洞山寺」「文廟」「隆道観」「真武堂」）、宦蹟が一項目（「邵協」）、人物が二項目（「陶潜」「雷孝友」）、仙釈が二項目（「僧恵洪」「問長老」）で、計四十項目となっている。当然ではあるが「撫州路」に比べ少ない葉数の中に多くの項目が詰め込まれており、各項目の情報量は薄い。また路が複数巻に亘って収録されているのに対し、州は一巻に纏まっているということもわかる。

次に『永楽大典』に残された江西行省各路に関する『大

元一統志』からの引用個所をみてみたい。龍興路が計二項目（古蹟2）、吉安路が計三項目（土産1、古蹟2）、瑞州路が計一項目（古蹟1）、袁州路が計一項目（古蹟1）、臨江路が計二項目（古蹟2）、撫州路が計十三項目（里至1、山川1、土産1、風俗形勢1、古蹟9）、江州路が計十項目（古蹟10）、南康路が計一項目（古蹟1）、贛州《かんしゅう》路が計三項目（山川1、人物2）、建昌路が計一項目（山川1）、南豊州が計一項目（人物1）、広州路が計一三一項目（建置沿革4、坊郭郷鎮4、里至9、山川2、土産81、風俗形勢24、古蹟7）、韶州《しょうしゅう》路が計四項目（山川3、古蹟1）、恵州路が計一項目（古蹟1）、南雄路が計十二項目（山川2、古蹟7、宦蹟2、人物1）、潮州路が計二十三項目（建置沿革2、里至2、土産8、風俗形勢8、古蹟2、人物1）、肇慶《ちょうけい》路が計四項目（山川2、古蹟2）、英徳路が計四項目（山川3、古蹟1）、南恩州が計一項目（古蹟1）、封州が計一項目（山川1）、新州が計一項目（山川1）、桂陽州が計一項目（里至1）、連州が計七項目（坊郭郷鎮1、里至2、土産4）、循州が計三項目（山川1、宦蹟2）となっている。

路に関する状況を見ると、広州路が計一三一項目と群を抜いて充実していることがわかる。潮州路が計二十三項目でそれに続き、他に十項目以上収められているものとしては撫州路、江州路、南雄路が挙げられる。州については、連州が計七項目と比較的多く、循州が計三項目と続いている。その他の路州に関しては古蹟（龍興路、吉安路、瑞州路、袁州路、臨江路、撫州路、江州路、南康路、韶州路、恵州路、南雄路、肇慶路、英徳路、南恩州）、並びに山川（撫州路、贛州路、建昌路、韶州路、南雄路、肇慶路、英徳路、封州、新州、循州）が多く収録されており、人物、宦蹟については、贛州路、南豊州、南雄路、潮州路、循州のものが収録されているが、全て宋代の人物である。

袁氏鈔本の撫州路は計二十項目となっているが、『永楽大典』には恐らく袁氏鈔本では巻九五九に当たる部分の内容も収められており（山川、土産、風俗形勢、古蹟）、これらも足すと撫州路に関する記載は本来三十二項目以上であったことがわかる。その上で、『永楽大典』内で最も記載が多い広州路と撫州路を比較すると、前者が一三一項目、後者が三十二項目と路の規模或いは現地における資料の多寡などに応じて『大元一統志』上で割り当てられた巻数と葉数が大きくことなることが見て取れる。広州路の全ての内容が『永楽大典』に残されているわけではないことを勘案すると、本来『大元一統志』に収録された広州路に関する項目数は一五〇〜二〇〇程度になるのではないかと思われ、そうであれば広州路と撫州路の内容量の差は五倍から六倍程度であったのではないだろうか。

また州に関してみると袁氏鈔本の「新昌州」が計四十項目であるのに比べ、『永楽大典』に残されたものは、連州の七項目や循州の三項目など非常に僅かであり、現存する『永楽大典』には江西行省所属の州に関する記載は極めて少ないことがわかる。

三、『永楽大典』所収の中書省所属の路及び江浙行省所属の路に関する記載内容の比較

続いて『永楽大典』所収の中書省所属の路に関する『大元一統志』からの引用をみてみたい。大都路が計二八七項目（建置沿革5、坊郭郷鎮8、里至9、山川44、土産29、風俗形勢4、古蹟149、宦蹟23、人物15、仙釈1）、上都路が計五項目（山川3、古蹟2）、隆興路が計四項目（山川4）、永平路が計一項目（山川1）、保定路が計二項目（山川1、古蹟1）、真定路が計二項目（古蹟1、人物1）、広平路が計三項目（古蹟3）、彰徳路が計二項目（古蹟2）、大名路が計六項目（山川2、古蹟4）、懐孟路が計四項目（山川1、古蹟3）、衛輝路が計五項目（山川1、古蹟4）、河間路が計一項目（古蹟1）、東昌路が計一項目（古蹟1）、済寧路が計二項目（山川1、古蹟1）、済南路が計三項目（山川2、古蹟1）、大同路が計三項目（山川2、古蹟1）、太原路が計六一一項目（建置沿革15、山川92、土産13、風俗形勢27、古蹟312、宦蹟57、人物95）、平陽路が計二十八項目（坊郭郷鎮2、里至4、山川4、土産4、風俗形勢2、古蹟9、宦蹟1、人物2）となっている。

まず目を引くのが太原路の計六一一項目という数であり、これは現存する『大元一統志』内の各路に関する記述量の中で最大のものである。大都路の計二八七項目と平陽路の計二十八項目がそれに続くが、他の諸路は概ね山川或いは古蹟が一～四項目あるのみとなっている。（真定路のみ人物が一項目あり）。また順徳路、東平路、益都路については一項目も確認出来ない。

江西行省下の路のうちもっとも項目数が多い広州路と大都路、太原路の項目を比較してみると、まず広州路においては土産が八十一項目と全体の半数以上を占めるのに対して、大都路では二十九項目、太原路では十三項目と大きな差があることが見て取れる。一方山川と古蹟に関しては、広州路が二項目と全く無しであるのに対し、大都路は四十四項目と一四九項目、太原路では九十二項目と三一二項目と、こちらに関しては中書省の二路が大きく上回っていることがわかる。また宦蹟と人物については、大都路が二十三項目と十五項目、太原路が五十七項目と九十五項目となっているが、広州路に

関しては現存する『永楽大典』には全く引用されていない。中書省と江西行省における『大元一統志』の編纂に対する態度や資料収集の状況がこのような差異を生み出していると推測することは可能だが、まずその前に必要なことは『永楽大典』における『大元一統志』の引用状況に対する分析であると言えるだろう。いずれにしても現存する『永楽大典』に引用されている『大元一統志』の記載内容は、質的にも量的にも非常にいびつなものになっていることがわかる。

最後に『永楽大典』所収の江浙行省所属の路に関する引用状況について確認してみたい。杭州路が計七項目（山川2、土産2、仙釈3）、湖州路が計二十六項目（坊郭郷鎮1、山川12、土産5、風俗形勢1、古蹟7）、嘉興路が計一項目（古蹟1）、平江路が計四項目（山川3、人物1）、常州路が計三項目（山川2、宦蹟1）、建徳路が計二項目（古蹟2）、慶元路が計五項目（山川1、土産2、古蹟2）、衢州路が計五項目（土産1、古蹟3、宦蹟1）、婺州《ぶしゅう》路が計三項目（人物1、仙釈2）、紹興路が計十九項目（建置沿革7、里至9、山川1、古蹟2）、温州路が計六項目（山川1、土産2、古蹟3）、台州路が計二項目（古蹟2）、処州路が計四項目（山川2、土産1、古蹟1）、徽州路が計四項目（山川2、土産1、古蹟1）、饒州路が計三項目（土産1、古蹟2）、建康路が計一項目（山川1）、信州路が計一項目（古蹟1）、広徳路が計二項目（土産1、古蹟1）、福州路が計五項目（山川2、古蹟1、人物1、仙釈1）、建寧路が計三項目（山川1、宦蹟1、人物1）、泉州路が計一項目（古蹟1）、興化路が計一項目（宦蹟1）、邵武路が計四項目（山川1、古蹟3）、延平路が計四項目（山川1、土産1、古蹟2）、汀州路が計五十四項目（建置沿革6、坊郭郷鎮1、里至8、山川7、土産4、風俗形勢13、古蹟10、宦蹟5）、漳州路が計三項目（古蹟2、宦蹟1）となっている。

江浙行省下の路に関しては、江西行省の広州路や中書省の大都路・太原路のように突出して記載内容の充実している路は存在しないが、汀州路が計五十四項目、湖州路が計二十六項目、紹興路が計十九項目と比較的項目数が多くなっている。汀州路等三路以外の諸路が山川・古蹟を中心としているのは中書省と同じであるが、土産（杭州路、慶元路、衢州路、温州路、処州路、徽州路、饒州路、広徳路、延平路）や仙釈（杭州路、婺州路、福州路）・人物（平江路、婺州路、福州路、建寧路）を収録する路があり、中書省の路に比べ内容が平板となってはいない、とは言えるだろう。この傾向は江西行省所属の諸路に関する状況と類似している。江西行省の傾向も合わせて考えると、中書省（北方）に関する収録内容が大都路と太原路に大きく集中しその他の路が極めて少なくなっていることに比べ、南方については広州路のように突出しているもの以外でも、比較的収録数の多い路（項目数十〜五十程度）が存在している。また鎮江路、寧国路、太平路、池州路に関しては現存の『永楽大典』内には一項目も収録されていない。

表1　江西行省・中書省・江浙行省の収録項目数

	沿革	坊郭	里至	山川	土産	風俗	古蹟	宦蹟	人物	仙釈	計
江西行省	6	5	15	18	95	33	50	4	5		231
中書省	20	10	13	158	46	33	495	66	113	1	955
江浙行省	13	2	17	38	22	14	47	10	4	6	173

以上の論点を総合するとこのような**表**になる。一目して各カテゴリーの数値にも各省の合計数にもばらつきがあることがわかる。このようなばらつきは『大元一統志』が本来持っていた性格の反映でもあろうが、それ以上に趙氏輯本の最も大きな『大元一統志』引用文の供給元となった『永楽大典』を巡る状況の反映である。周知のように現存する『永楽大典』は本来のものの数％でしかない。『永楽大典』編纂時に『大元一統志』の全ての内容が収録されたわけではない可能性もあり、更にその大部分が失われたのであれば、我々が想像することの出来る『大元一統志』のイメージは幾枚ものレンズを通して見た姿のようなものになってしまう。このことは残本であっても輯本であっても『大元一統志』を利用する際、常に考えておかねばならないだろう。

おわりに

本稿で述べたように、残本などから想定される本来の『大元一統志』と輯本の間には非常に大きな落差が存在する。そのような状況を生み出している最大の要因は、輯本の最も重要な『永楽大典』自体が孕む問題である。また本書高井論文が指摘するように、『永楽大典』などに引用される逸文が本来の姿でない点にも注意しなくてはならない。今後『大元一統志』本来の姿をより確実な形で復元していくためには、本稿で行った作業をより網羅的に残本・輯本に対して行っていかねばならないが、同時にまた輯本が引用する『永楽大典』『寰宇通志』『大明一統志』などの書物自体の性質を把握することも必要となるだろう。

注

（1）金毓黻「大元大一統志考証」（『遼海叢書』遼海書社、一九三四年）。

（2）愛宕松男〈批評・紹介〉金毓黻撰輯『大元大一統志』（『東洋史研究』第二巻四号、一九三七年）。

(3) 日比野丈夫「大元一統志の零葉について」(『東洋史研究』第三巻一号、一九三七年)。

(4) 斯波 義信 「〈批評と紹介〉孛蘭肹等撰 趙万里校輯『元一統志』上・下二冊」(『東洋学報』第五〇巻四号、一九六八年)。

(5) 趙万里校輯『元一統志』(中華書局、一九六六年)。

(6) 『元史』巻六一「地理志」四:麗江路軍民宣撫司、路因江為名、謂金沙江出沙金、故云。源出吐蕃界。(中略) 元憲宗三年、征大理、従金沙濟江、麽、些負固不服。四年春、平之、立茶罕章管民官。至元八年、立宣慰司。十三年、改為麗江路、立軍民総管府。二十二年、府罷、於通安、巨津之間立宣撫司。領府一、州七。州領一県。

(7) 牛根靖裕「元代雲南王位の変遷と諸王の印制」(『立命館文学』第六〇八号、二〇〇八年)。

(8) ここで引用した麗江路の記事は遼海叢書本の残本にも含まれており、杭州刻本を含む『大元一統志』のいずれかの版本に元来記載されていたもの考えて概ね問題ないとは思われる。ただし麗江路軍民総管府の置かれた年次が『元史』と異なる点は合理的な説明が求められるだろう。

◎コラム◎

宋元時代の道教と地誌

――茅山の事例を中心に

酒井規史

さかい・のりふみ――慶應義塾大学商学部准教授。専門は道教儀礼・道観制度。論文に「地方における雷法の形成」(『東方宗教』第一一九号、二〇一二年)、「宋元時期甲乙住持之道観」(黎志添編著『道教図像、考古与儀式』、香港中文大学出版社、二〇一六年)、「南宋時代における道教の神への加封」(『中国研究』第十三号、二〇二〇年)などがある。

宋代・元代は地方志が定型化していく時代であるが、道教の聖地(聖山)や道観に関する資料を集めた山志や道観志(宮観志)のスタイルも確立されていった。本稿では、資料が比較的多く残されている茅山《ぼうざん》の事例を中心に、宋元時代における道教に関する地誌の編纂事情、さらには一般的な地方志との関連について述べる。また、筆者のこれまでの道教研究において、地誌を利用して明らかになったことも紹介したい。

一、宋代における茅山の山志

道教の聖地・茅山

本題に入る前に、茅山の沿革を簡単に説明する。茅山は南京近郊の句容市に位置する、道教の代表的な聖地のひとつである。漢代に茅盈《ぼうえい》・茅固《ぼうこ》・茅衷《ぼうちゅう》の三兄弟(三茅君《さんぼうくん》)が修道・昇仙した地とされ、茅山の名は彼らに由来する。東晋時代になると、許謐《きょまい》と許翽《きょひつ》の親子が霊媒の楊羲《ようぎ》と共に神仙の託宣を筆写し、その後お筆先をもとに『上清経《じょうせいきょう》』と総称される一群の経典が作成され、広く信仰を集めた。

続く唐代・宋代も道士を代々輩出して、皇室や貴族と強固な関係を築き、道教の聖地としての地位は確固たるものとなった。元代においても、茅山とその周囲に多くの道観があり、そこで道士たちが宗教活動を行っていた。

唐宋時代の山志

茅山の山志といえば、元代に編纂された『茅山志《ぼうざんし》』が著名であり、これまでも道教研究に多く用いられてきた。しかし、宋代にも山志が編纂されていたことは、それらが散逸してしまったこともあってあまり知られていないようである。以下、道教の山志について沿革を追いながら、宋代における茅山の山志について述べる。

道教では六朝時代から道士が山林などの聖地、もしくは道観に隠居して修行するようになり、ある聖地・聖山や道観についての各種の伝承も蓄積されていったと思われる。その伝承には聖地で修行をしたとされる神仙、著名な道士、修行の場であった道観や庵に関するものが含まれていた。また、聖山は自然豊かで風光明媚であるのが一般的であり、景勝に関する記述や、そこで詠まれた詩なども集められていった。そして、それらの聖地・聖山にまつわる記事をまとめたものが編纂されるようになったのである。

宋代の書目、例えば南宋時代の『直斎《ちょくさい》書録解題《しょろくかいだい》』巻八の「地理類」を見ると、唐代の山志として徐霊府《じょれいふ》『天台山記』(1)や令狐見尭《れいこけんぎょう》『玉笥山記《ぎょくしざんき》』などが挙げられている。また、北宋時代のものとしては、陳舜兪の『廬山記』(2)、李上文の『豫章西《よしょうせい》山記《ざんき》』、郭之美の『羅浮山記《らふざんき》』などが著録されている。撰者（編纂者）は道士の場合と、文人（官僚）の場合が両方見受けられる。なお、仏教の聖地でもある天台山や廬山の山志では、仏教の記事も収録されている。数はそれほど多くないが、唐代から宋代にかけて、山志の編纂が行われるようになったことがうかがえる。

茅山の山志が最初に作られたのがいつかは不明であるが、北宋初期の『太平寰宇記』や『太平御覧』に『茅山記』という書物が引用されているのが注目される。仮にこれが独立した書物であるならば、唐代末期にはすでに茅山の山志が存在していたことになる。しかし、詳細は不明である。

宋代の『茅山記』二種

茅山の山志として、明確に記録が残るのは、上述の『直斎書録解題』に著録されている北宋時代の『茅山記』である。この『茅山記』は句容県令であった陳倩《ちんせい》が、仁宗時代の嘉祐六年（一〇六一）に編纂したものである。残念ながらこの書物は失われてしまったが、南宋時代の周必大が言及・引用しているのが注目される。

周必大は乾道三年（一一六七）九月に茅山を訪れて、多くの道観と洞窟、名勝を見て回った。その後、『泛舟遊山録《はんしゅうゆうざんろく》』と題した紀行文にその時のことを記している。その際にしばしば参照しているのが、この北宋時代の陳倩による『茅山記』である。周必大は書名を『句曲山《こうきょくざん》記《き》』とするが、陳倩の作としていることから、同じ書物であることは間違いない（「句曲山」は茅山の別名）。周必大は、同書を多く引用しながら茅山の紀行文を書いている。周必大自らの記述と区別が曖昧な時や、省略して引用していると思われる場合もあるが、その内容をうかがい知ることができる。

周必大の引用文からすると、『茅山記（句曲山記）』には道観や廟などの宗教施設はもちろん、山水や洞窟といった名勝の記事が含まれていたようであり、総合的に茅山に関する資料や記事をまとめた書物だったようである（ちなみに、やはり北宋時代の『盧山記』も仏寺・道観・山水などの名勝について網羅的に記している）。ただし、残念ながら、全体がどのような構成になっていたかは分からない。

さらに、周必大は士人の曽恂《そうじゅん》が編纂した山記があったと述べる。これは元代の『茅山志』叙録（序文）に「南宋の紹興二十年（一一五〇）、南豊の曽恂と道士の傅霄《ふしょう》が『山記』四巻を編纂した」とあるものかと思われる。ただし、周必大は陳倩のものよりも内容が詳細であるとするが、『茅山志』では記事や考証が簡略だと記されており、評価が食い違っている。これは元代の『茅山志』がその内容を誇示するため、前代の著作を低く評価している可能性もあるが、詳細は不明である。

周必大が紀行文の中で『記』や『山記』として引用しているのは、主に陳倩の著作のようである。その一方で、陳倩の山志を『旧記』としている場合もあるので、二種類の山志を両方参照していたらしい。なお、南宋時代の周煇《しゅうき》も『清波雑志』において、『茅山記』を引用しており、周必大の引用する『記』と内容が重複しているが、北宋と南宋のどちらのものかは不明である。いずれにせよ、南宋時代には茅山の山志が二種類存在し、並行して流通していたのは間違いない。[3]

地方志に引用される『茅山記』

宋代の代表的な地方志であり、現在の南京を主題とする『景定建康志』を見ると、茅山に関する記事に『茅山記』や『旧記』が引用されている。『景定建康志』は南宋末期の著作なので、これらは宋代までに編纂された茅山の地誌かと思われる。周必大の紀行文にみえる茅山の地誌の引用文とも内容が一致する場合が多い。地方志の資料の由来が分かるケースである。なお、元代の『至正金陵志』も同じく南京を主題にした地方志であるが、茅山に関する記事は基本的に『景定建康志』を踏襲しているようである。

二、元代の『茅山志』と編纂の背景

道教の地誌の編纂と玄教の関係

南宋が滅亡した後、茅山もモンゴルの支配下に入った。龍虎山（現在の江西省）に拠点を置き、後漢時代末期の五斗米道の創始者・張陵の後裔と称する「張天師」の一族が「正一教《しょういつきょう》」の頭目とされ、旧南宋の領域で活動する道教・道士を管轄することになった。また、第三十六代張天師の張宗演《ちょうそうえん》にしたがい首都の大都に出向いた龍虎山の道士・張留孫《ちょうりゅうそん》は、モンゴルのカーンや王族たちの信頼を得て、そのまま留まることになった。張留孫は正一教の支派である「玄教《げんきょう》」の頭目（「宗師《そうし》」と称される）となり、歴代の張天師と共に江南地域の道教を管轄することになった。

元代に入ってから、道教の主要な聖地で道観志や山志が編纂されるようになる。廬山では『廬山太平興国宮採訪真君事実』、武当山では『武当福地総真集』、杭州にある洞霄宮《どうしょうきゅう》では『洞霄図志』、本稿の主題である茅山では『茅山志』が編纂されている。筆者の推測によれば、これらの地誌の編纂には玄教が関係しているようである。(4) 張留孫や呉全節《ごぜんせつ》（玄教の二代目宗師）は、カーンの代理として各地の聖地で祭祀を行う「代祀」を担当していた。その際、江南各地の道士たちとも交流を持ったらしい。上述した元代の道教の地誌は、みな玄教の宗師が江南で代祀を行った後で編纂（もしくは再編集）されている。とりわけ、『洞霄図志』と『茅山志』は呉全節の勧めによって編纂が行われており、呉全節が自ら序文を寄せているのが注目される。

　正一教や玄教は、江南地域の道教を管轄下においていたが、道教の聖地や有力な道観については、モンゴルの王族とのコネクションを活かして、権益を保護するよう努めていた。おそらく、各地で山志や道観志が編纂されたのは、由緒正しい伝統のある聖地や道観であることをアピールする意図があったのであろう。また、正一教や玄教とのつながりを明示、もしくは示唆する記事が見られることから、正一教・玄教の保護下にあることを主張する必要もあったと思われる。

　元代の『茅山志』は歴代皇帝の茅山に関する詔勅や、茅山に関する神仙、茅山で活躍した道士の伝記、茅山の道観や名勝に関する記事を網羅しており、模範的な山志である。道教の山志の中でも完成度が高いといえよう。『茅山志』は数名の共作と推測されているが、編者は茅山の道士である劉大彬《りゅうだいひん》となっている。彼は、六朝時代における茅山の啓示に由来する一群の『上清経』と、それに付随する符（お札）などの伝授を管轄する「宗師」の第四十五代目であった。当時の茅山を代表する道士であり、呉全節が茅山にやってきた際は一緒に国家の安寧を祈る儀礼を行うなど、玄教とも協力関係にあった。

『茅山志』から排除された道士

　上述のように『茅山志』は完成度の高いものであるが、あってしかるべき記事が見当たらない場合もある。例えば、南宋時代の茅山で活躍した司徒師坦《しとしたん》という大物道士の伝記である。その伝記は元代の地方志『至順鎮江志』にしか残っていないのである。なぜこのような事態が起きたのであろうか。

　司徒師坦は理宗や宦官と強く結びつき、茅山の主神である三茅君の地位を高めることに成功した。宋朝が公認する神の称号の字数を増やし（「加封《かほう》」という）、三茅君のランキングを上げたのである。(5) そのことはすなわち、茅山とそこで活動する道士たちの格も上がり、宋朝からの保護を得られることを意味する。しかし、権力を得た司徒師坦は、第四十代の宗師・劉宗昶《りゅうそうちょう》が死去したのち、代々の宗師が継承していた法印と法剣を奪い、金華出身の朱知常という道士に持ち去らせた。いわば、宗師の地位を簒奪する事件を起こしたのである。その後、茅山の道士・王志心が宋朝に訴えて、法印と法剣は茅山に戻され、王が第四十一代の宗師となったという(6)。

上述の通り、元代の『茅山志』は第四十五代宗師の劉大彬の名義で編纂されており、宗師を正統とする立場をとっている。そのため、宗師の地位を脅かした司徒師坦は『茅山志』からは排除されるべき存在であった。『茅山志』には、南宋時代の三茅君の加封が実現した際に宋朝から発給された公文書が引用されているが、そこに名前が出てくるだけである。南宋時代の加封の功労者として特に表彰されることはなく、その伝記も収録されなかったのである。

その一方で、『至順鎮江志』はそのような道教界の思惑と関係なく、広く関連する資料を収集したらしい。その中に司徒師坦の伝記が含まれていたため、今も我々が目にすることができるわけである。この伝記が失われていたら、我々は司徒師坦についての貴重な手がかりを失っていたことになる。一般の世俗的な地方志ではなく、道教の山志の背後に生臭い人間模様が存在していたのは皮肉といえよう。

注

(1) 薄井俊二『天台山記の研究』(中国書店、二〇一一年)。

(2) 植木久行「北宋の陳舜兪撰『廬山記』の誕生とその構成をめぐって」(『中国詩文論叢』第三六号、二〇一七年)。

(3) 『宋史』芸文志には「茅山新記一巻」、北宋の『崇文総目』・南宋の『通志』芸文略・元代の『茅山志』には「茅山新小記一巻」が著録されており、宋代には茅山の山志がほかにも存在していた可能性があるが、詳細は不明である。

(4) 拙稿「正一教・玄教と江南の在来道観」(『東洋の思想と宗教』第三〇号、二〇一三年)。

(5) 拙稿「南宋時代における道教の神への加封」(『中国研究』第一三号、二〇二〇年)。

(6) 拙稿「被簒奪的茅山宗師之地位」(『華人宗教研究』第一〇号、二〇一七年)。

明代景泰―天順期の政局と一統志

高橋 亨

たかはし・とおる――東北大学学術研究員、宮城教育大学・東北学院大学非常勤講師。専門は明代政治制度史。論文に「明代内閣職掌形成過程の研究――經筵制度の成立を分析の焦点として」（『史林』九五―三、二〇一二年）、「明代中国成化年間の「早朝」」（『歴史』一二三）、「明代天順年間における皇太子教導制度の確立」（『東洋学報』一〇〇―一、二〇一八年）などがある。

江西吉安府は、明代に官界へ多くの人材を輩出した地である。その結果、当地出身者には明代前期の政治的激動にまきこまれた人物が少なくない。本稿では、『寰宇通志』と『大明一統志』、そして万寿堂刊行の『大明一統志』の吉安府に関する箇所を比較する。そして、その叙述の変化に、政治的事件の影響と、やがてそれが薄れていく過程を窺う。

はじめに

周知のように『大明一統志』には前身がある。『大明一統志』編纂につながる事業として、まず永楽十六年（一四一八）六月に着手された『天下郡県志』編纂があるが、これはひとまず中絶する。時を経た正統十四年（一四四九）七月、オイラートのエセンが大同方面に入寇する。それを迎撃するため英宗朱祁鎮《しゅきちん》が親征するも、明軍は八月十五日に土木堡で大敗し英宗は捕虜となる。土木の変である。その結果、同年九月に英宗の弟郕王朱祁鈺《せいおうしゅきぎょく》が皇帝に即位する。景泰帝である。一方、英宗は景泰元年（一四五〇）八月に京師に帰還するが、皇城東南にあった南宮に幽閉される。さて景泰帝の治世、景泰五年七月、内閣に入っていた陳循等に地理書の編纂が命じられた。この地理書は、景泰七年五月に完成し『寰宇通志』《かんうつうし》と名付けられたが、『明英宗実録』景泰七年五月乙亥条に見える「御製寰宇通志序文」は、永楽の事業を継承したことを謳う。

その後、奪門の変で英宗が復辟すると、天順二年（一四五八）八月に、内閣の李賢等に勅諭が下り、再び地理書の編集が命じられた。その時の勅諭は『寰宇通志』を「繁簡は宜しきを失し、去取は未だ当らず」と批判し、あらためて永楽の事業を継承し「我が朝一統の盛を昭かにする」よう述べる。これが天順五年四月に完成し『大明一統志』と名付けられた。(1)

英宗の再度の治世において、わざわざ地理書の再編纂が命じられた背景に、虜囚の身に落ちた兄をさしおき即位した景泰帝の事業、ひいてはその治世を否定しようとする意図があったことは想像に難くない。実際に『大明一統志』では『寰宇通志』との差異を出すために、叙述に工夫が為されたことが指摘されている。(2)

ただし、景泰から天順にいたる政情を強く反映した叙述の変遷については、未だ具体的な部分に基づいた検討が為されていないように思われる。そこで、本稿では政局の影響が明瞭に現れた箇所として江西吉安府の記事に注目し、そこに留められた明代前期政治史の影響の跡を窺う。なお、紙幅の都合があるため、論拠が基本史料である『明実録』の場合は逐一注記しない。

一、明代前期における江西吉安府出身者の政界進出

吉安府は、廬陵県・泰和県・吉水県・永豊県・安福県・龍泉県・万安県・永新県・永寧県から成る。明代において江西は多数の進士を生み出し、天順年間までは科挙による人材輩出に最も成功した地域だったと言えるが、中でも吉安府下の出身者たちは明代通じて江西出身の進士の三割強を占めた。(3)その結果、明代前期は当地出身者の官界進出が目立ち、彼らの中に政治の中枢へと進出を果たす者が現れる。政治の中枢に身を置くということは、同時に政治的激動に巻き込まれやすい立場にあることを意味する。したがって、天順期までに生じた政治的事件の影響が、いかに『大明一統志』の叙述に影を落としたのかを窺う際に、吉安府の記事は格好の材料となる。さて、永楽初年に内閣が設置された当初、内閣に入った臣僚七人のうち三人が吉安府出身であった。永楽年間の内閣は、皇帝に奉仕する秘書集団という性質が強かったが、その中にはやがて皇帝の顧問のような立場を得る者も現れた。そして、吉安人が内閣に一定の割合を占める傾向は景泰帝の治世まで続き、当該時期に内閣に入った人物五人のうち二人が吉安府出身者であった。すなわち、泰和県出身の陳循《ちんじゅん》

（一三八五～一四六二）と蕭鎡《しょうし》（?～一四七二?）である。

陳循は永楽十三年の進士であり、翰林院の官員としてキャリアを積み、正統九年（一四四四）に内閣に入る。そして景泰帝が即位すると、その顧問として重用された。一方、蕭鎡は宣徳二年（一四二七）の進士であり、景泰二年十二月から内閣に入るが、彼は陳循の墓誌銘を撰述している。それに拠ると、景泰帝に編纂事業を起こす意志があり、陳循が皇帝の意に沿った提案をしたことで『寰宇通志』の編纂が始まったという。[4] なお『寰宇通志』の編纂が始まると、陳循は他の内閣の臣僚とともに総裁官に任命された。

ちなみに、葉盛《ようせい》（一四二〇～一四七四）は翰林院に出仕していた友人の言として、次のような逸話を『水東日記』巻二五に書き留める。すなわち『寰宇通志』に戸口に関する情報を載せるよう主張する者がいたが、陳循が「これは黄冊を作る作業ではないのだから、どうして戸口を載せる必要があろうか」と述べ、却下したという。この逸話より、総裁官の肩書は名誉職的なものではなく、実際に陳循が編纂を統轄していたことが窺える。

ところが、景泰八年（一四五七）正月に奪門の変によって英宗が復辟したことで、陳循らの境遇は暗転する。陳循・蕭鎡は、景泰三年四月に行われた「易儲」――皇太子だった英宗の子 朱見深《しゅけんしん》（後の憲宗）を廃し、景泰帝の子 朱見済《しゅけんさい》を皇太子に立てたこと――に関与したことなどを弾劾された。結果、彼らは景泰年間に政界中枢にいた他の大臣たちとともに排斥され、天順元年正月に陳循は鉄嶺衛での充軍、蕭鎡は為民という処分を被った。

二、『寰宇通志』と『大明一統志』の比較

それでは、これまで述べたような景泰―天順期の政治的変動は、『寰宇通志』と『大明一統志』の記述にどのように影響したのか。本節では、左の影印本に基づき検討を行う。

『寰宇通志』：正中書局 一九八五年刊行『玄覧堂叢書 続集』所収 景泰年間の内府刊初印本の影印本。

『大明一統志』：三秦出版社 一九九〇年刊行 天順五年の司礼監原刻本の影印本。

はじめに『寰宇通志』巻三八「吉安府」「寺観」に目を向ける。そこでは、当地の寺観に著名人が寄せた詩文に言及する。明人に限って言えば、東山寺（永新県）前の清風橋に解縉の「題扁」があること、集虚観（吉水県）・延真観（泰和県）の紫微閣・同じく延真閣の文昌閣・佑仙観（泰和県）・崇道観（吉水県）について、それぞれ解縉《かいしん》・梁潜・王直・蕭鎡・胡広が「記」を撰したことを記す。[5] 彼らは全て吉安府の出身者だ

が、解縉・胡広は永楽年間に内閣に入り活躍した人物であり、梁潜も永楽年間に翰林院の官員だった人物である。また、王直は泰和県の出身で、永楽二年（一四〇四）の進士であり、翰林院に入って吏部尚書に陞り、景泰年間まで終始中央政界に身を置き続けた。

さて、これらのうち解縉・蕭鎡が撰した集虚観・佑仙観の「記」に言及する文言は、『大明一統志』巻五六の同項目に見えない。解縉は吉水県の出身で、洪武二十一年（一三八八）の進士である。永楽帝が靖難の役に勝利した後、彼は皇帝の秘書かつ顧問として重用されたが、後の仁宗 朱高熾と皇太子の位を争った漢王朱高煦に讒言されたあげく獄死する。しかし、仁宗の治世では辺境に送られた彼の一族の帰還が許され、その従子も任官させられるなど名誉回復が為された。[6]また、『大明一統志』でも清風橋の「題扁」に触れた箇所は残されており、後に触れる「人物」の項にも彼の略伝があるので、『大明一統志』編纂の時点で解縉に言及することが忌避されたとは考え難い。それゆえ、『大明一統志』で解縉の「記」に言及する文言が削られた理由はよくわからない。[7]

一方、『寰宇通志』佑仙観の記事には「国朝正統の間に重修し、蕭鎡に記あり」とあるが、『大明一統志』では「正統の間、旧に因りて重修す」と記すのみである。蕭鎡の文章は、彼の文集『尚約文鈔』の巻三に「佑仙観興造記」として収録されている。この文章に拠れば、佑仙観の維持に蕭氏一族が深く関わっており、佑仙観内の建物を建造する際には蕭鎡の縁者が援助したようである。このような文章が、『大明一統志』ではなかったことにされている。先に見た解縉の例を踏まえれば、この記事の改変に特段の背景はないのかも知れない。しかし、以下の事実と照らせば、やはり蕭鎡の事蹟のあつかいには何らかの政治的配慮が加わっていたように思われる。

ここで、吉安府の記事から離れて『寰宇通志』巻九「鳳陽府」「監学」に目を転じると、「鳳陽府学」に「景泰二年重建し、少保陳循記を撰す」とある。この文章は陳循の文集『芳洲文集』巻六に「鳳陽府重新孔子廟学記」として収められている。それに拠ると、鳳陽府の学校は創立から八十年を経る間に補修が為されず荒廃していたが、当地に赴任した地方官の尽力で景泰二年（一四五一）に改修が始まり、翌年に完成したという。このことについて『大明一統志』巻七「鳳陽府」「学校」は「景泰二年重建す」とのみ記す。

先に見たように陳循・蕭鎡は『寰宇通志』編纂の総裁官であり、当時の政界中枢にいた人物である。したがって、『寰宇通志』が彼らの著した文章を採り上げたことは極めて自然であろう。一方『大明一統志』は、彼らが弾劾を被り、政界を追われた後に編纂された。そこで、政治的な判断により、彼らの事蹟が抹消されたのではないか。さらに『大明一統志』の「人物」の項を見ると、その印象はより強くなる。

『寰宇通志』は当該地域出身の著名人を載せる「人物」の項に明代の人物を採録しない。それゆえ、もとより『寰宇通志』「吉安府」「人物」に陳循・蕭鎡は見えない。一方『大明一統志』は明代の人物を記す。しかし、そこには当地出身の陳循・蕭鎡の名は見えない。さらに言えば、先に紹介した王直もそこにはいない。王直について、黄瑜（一四二六～一四九七）『双槐歳鈔』巻五「易儲詔」には、「(易儲が為された時) 礼部に命じて多官を集めて会議を行わせた。内閣官陳循らが（それに賛成する）報告を為そうとしたとき、王直は難色を示した。しかし陳循が筆を執り半ば跪いて迫ったので、王直はやむを得ず署名した」という主旨の記述がある。黄瑜は天順年間に京師にいたようなので、そこで聞き知ったことを記したのかもしれない。ちなみに『明英宗実録』は、朱見済を皇太子とした時、王直は文官筆頭として東宮官の太子太師を授けられ、陳循らと同様にそれまでの肩書に加えて東宮官の俸給も支給されたことを記録する。いずれにせよ、王直は英宗復辟の九日後には早くも致仕を願い出て、それを許された。この身の処し方を見るに、やはり王直には英宗の治世では政界から身を引かざるを得ない政治的瑕疵があったのだろう。それゆえ、彼の経歴に触れざる得ない「人物」の項に略伝を載せることが避けられたのではないか。

以上より、『大明一統志』では景泰年間の大官の事蹟に触れることを、できる限り避けているように思われる。一方、その「人物」の最後には、景泰年間に危局に立たされた人物の略伝が見える。一人は、吉水県出身で正統七年（一四四二）の状元だった劉儼《りゅうげん》である。彼は太常寺少卿兼翰林院侍読だった景泰七年八月に順天府郷試の考試官を務めた。その際、内閣の陳循・王文が、自分たちの子が合格できなかったことに納得できず、考査に不正があったと弾劾し、王文は劉儼の処罰まで求めた。劉儼はかろうじて処罰を免れたが、彼の伝記史料は、考査の実施から誣告を受ける局面に至るまで公正な態度を貫いたと記す。[8]『大明一統志』は、劉儼について「人と為りは性剛直にして、事に偶うも侃侃として、勢の屈するところと為らず」と記すが、このような評価は景泰七年の事件を念頭に置いたものかもしれない。

いま一人は、永豊県の出身で景泰二年の進士だった鍾同《しょうどう》である。すでに言及したように、景泰三年に皇太子のすげ換えが行われたが、皇太子となった朱見済は景泰四年十一月に世を去る。その後、景泰帝は皇太子を敢えて立てなかったが、これは景泰帝が自らの子孫による皇統継承に執着していたことを物語る。鍾同は、景泰五年五月、貴州道監察御史だった時に「虜」の動向について報告した上奏の中で、英宗の子を皇太子に復位させ、臣僚による教導を受けさせるよう主張した。その結果、鍾同は獄に下され虐待を受けたあげくに獄死するが、英宗が復辟した後に名誉を回復され、大理寺左寺丞が追贈された[9]。『大明一統志』は、彼が直言によって獄死したことと死後の追贈を記す。

さて『大明一統志』「吉安府」「人物」を見わたすと、劉儼の直前に配された彭琉の記事までは、元末明初を生きた著名な学者と、永楽年間（一四〇三～一四二四）までに科挙などを通じて官界に入り活躍した人物の略伝が占める。つまり劉儼・鍾同のみが、その中にあって若手に属しており、彼らの略伝をわざわざ附加したような印象がある。『大明一統志』は、景泰年間の時勢に抗した人物を顕彰するため、二人の事蹟を敢えて添えたのではないだろうか。

ちなみに、『寰宇通志』と『大明一統志』の「吉安府」「学校」に目を向けると、そこにも顕著な相違を見出すことができる。『寰宇通志』では吉安府学について「景泰五年重修す」と記し、景泰年間に補修されたことを伝える。そして、吉安府下の各県の学校についても、吉水県学に「景泰五年旧に仍りて之を新しくす」、安福県学に「景泰四年重修す」、龍泉県学に「国朝景泰五年重修す」、万安県学に「国朝景泰四年重修す」、永新県学に「景泰五年重修す」とあるように、景泰年間に補修されたことを明記する。実は、これら景泰年間の補修を伝える記載は、『大明一統志』「吉安府」「学校」には全く見えない。それは、あたかも吉安府における景泰年間の事業に触れることを忌避するかのようである。

以上のように『寰宇通志』と『大明一統志』の「吉安府」の記事を比較すると、当時の政治的激動の影響を強く被ったと考えられる叙述の相違を窺える。この点より、『大明一統志』の編集には、やはり景泰という時代を極力否定したいという意図を看取できるだろう。

三、明代後期の版本における記載内容の変化

前節で述べたように『大明一統志』編纂時においては、景泰帝の治世の評価が非常に敏感な問題であったことは想像に難くない。とは言え、それはやがて過去の出来事となり、ことさら言及を忌避することはなくなる。その変化は明代後半に刊行された『大明一統志』の版本に明瞭に現れている。ここでは、万暦年間（一五七二～一六二〇）に民間の書坊である万寿堂が刊行した『大明一統志』（以下、万寿堂本と称す）を

参照し、特に「人物」の項における天順の司礼監原刻本（以下、天順本と称す）との相違を見ていく。なお、筆者が参照した万寿堂本は、国立国会図書館デジタルコレクションで公開されているものである。

　万寿堂本の書誌については、今なお不詳な点があるようだが、そこに増補された行政単位や人物の情報は万暦十六年頃までの変遷を含むという[10]。実際に「吉安府」「人物」を瞥見すると、天順本では三五人だった収録人数が、万寿堂本では一二四人に増加している。当然、天順期以降に活躍した人物の略伝が大幅に増す。天順本は前節で論及した鍾同を最後に配するが、万寿堂本では泰和県出身で正徳六年（一五一一）に進士となった王思が最後となる。

　しかし、万寿堂本では天順以前の人物の略伝も増しており、そこに靖難の役で建文政権に殉じた人物について増補されたことが指摘されている[11]。実際、万寿堂本「吉安府」「人物」では、天順本にない王省（吉水県）・周是修（泰和県）・王艮（吉水県）・鄒瑾（永豊県）・魏勉（永豊県）・鄒朴（永豊県）・曾鳳韶（廬陵県）・顔瓌（廬陵県）の略伝が見える。彼ら建文政権に殉じた人物については、その活動を顕彰する歴史書の編纂が正徳年間（一五〇六～一五二一）以降に顕著になり、堂々と書名に「建文」の年号を冠するものも現れるようになる[12]。この趨勢を踏まえれば、「吉安府」「人物」に見える天順本と万寿堂本の相違は、過去の大事件について語ることをタブー視する雰囲気が、時を経て緩和していったことの反映と見なせるだろう。

　ところで、万寿堂本では増補した建文諸臣の略伝の最後に「省志」と記し、当地の地方志を参照したことを明記する。そこで、嘉靖年間に編まれた王昂重編『吉安府志』（以下、嘉靖『吉安府志』[13]）巻十六「人物志」「忠節伝」下を参照すると、そこには鄒朴を除く上に示した建文諸臣の伝記が見える。ここで、周是修《しゅうぜしゅう》の略伝をとり上げて、万寿堂本と嘉靖『吉安府志』の記述を比べてみる。彼は建文年間に衡府紀善の肩書で、南京で行われていた編纂事業に参与していたが、永楽帝が南京に入城すると、応天府学で自経し建文政権に殉じた。実は、万寿堂本の周是修の略伝は、嘉靖『吉安府志』が収める伝記のダイジェストのような内容であり、共通する文言が確認できる。例えば、万寿堂本は「嘗て翰林の修纂に預り、数しば国家の大計を陳論し、及び用事者の国を誤るの情状を指斥す」と記すが、ほぼ同内容の文章が嘉靖『吉安府志』にも見える[14]。この傾向は、上記の建文諸臣の略伝にも看取できる。万寿堂本「吉安府」が下敷きにした具体的な地方志は不明である。とは言え、このような事実から、嘉靖『吉安府志』もしくはそれに類する地方志の記述を編集して「吉安府」の記事を増補したことが窺えるだろう。

さて、先述したように天順本「人物」は鍾同で終わるが、万寿堂本で鍾同より前の部分に略伝を増補された人物は建文諸臣にとどまらない。天順本と比べて特に目を引くのが、王直・陳循・蕭鎡の略伝である。前節で見たように、『大明一統志』では、政治的な理由から彼らの事蹟に触れることが極力忌避されたと考えられる。しかし、例えば万寿堂本は王直の略伝を載せ、そこで「性は厳重にして言笑すること寡し。翰林に在ること三十余年、恭勤して怠らざれば、詔して特に之を許す」（原文：性厳重寡言笑。在翰林三十余年、恭勤不怠、詔特許之）と評する。「詔特許之」は意味不明だが、この記述については、やはり嘉靖『吉安府志』の巻十「人物志」「列伝」二に、万寿堂本が参照した可能性のある記載を窺える。やや長いので、左に書き下しと原文を書き出す。

> 天順改元、師傅二職を辞し、懇に休致を乞えば、詔して特に之を許す。直、天性厳重にして言笑すること寡きも、人と接するに至るや、和気掬《すく》うべし。……翰林に在ること三十余年、恭勤にして怠らざること一日の如し。……冢宰に位するに及べば、益ます廉慎を加え、人を用いるに多く久任を主とし、奔競《ほんきょう》の風は之が為に一に息《いき》めば、朝廷公の徳を重んじ、毎に之を優待す。（天順改元、辞師傅二職、懇乞休致、詔特許之。直、天性厳重寡言笑、至接人和気可掬。……在翰林三十余年、恭勤不怠如一日。……及位冢宰、益加廉慎、用人多主久任、奔競之風為之一息、朝廷重公之徳、毎優待之。）以上、傍線筆者

この嘉靖『吉安府志』の記述と照らした結果、万寿堂本の王直略伝にあった「詔特許之」は、本来「在翰林」云々の前にあった句が誤って挿入されたと考えられる。あるいは、「朝廷重公之徳、毎優待之」を略した文言を「恭勤不怠」に接続させようとして、誤刻したのかもしれない。いずれにせよ、ここから先学が指摘する万寿堂本の杜撰さは、単なる誤字に止まらないことが窺えるだろう。[15] とは言え、万寿堂本「人物」で増補された内容が先行する地方志の叙述の上に成り立っていることは、この王直の略伝からも看取できるのである。

さて、万寿堂本は、陳循の略伝でも「朝に立つこと四十年、列聖寵遇すること最も厚し」と評し、彼の事蹟を称えてはばからない。さらに蕭鎡の略伝には「後に官は太子少師に至り、内閣に入る」とあるが、彼が太子少師を得たのは、景泰三年に朱見濟の立太子が行われた時である。このように、天順年間であれば政治的に問題ありと見なされた人物やその事蹟に

触れることに、特段の顧慮は為されていない。

ここで、あらためて嘉靖『吉安府志』を確認すると、やはり巻十「人物志」「列伝」一の「宰相」の項に陳循と蕭鎡の伝記がある。そのうち陳循の伝記は、まず彼の官歴を略記した後に、右に示した万寿堂本の評と同内容の文言を載せる。(16)また、蕭鎡の伝記には万寿堂本の略伝とほぼ一致するような文言は見えないものの、「戸部侍郎に陞り、太子少師を兼ね、仍お学士を兼ぬ。時に上已が子を立てて皇太子と為さんとするや……」と記し、彼が太子少師を得たことと易儲との関連を窺わせる叙述になっている。なお嘉靖『吉安府志』では、この後に蕭鎡が景泰帝を諫めたために、召見されなくなったことを述べ、彼が時の政情に抗おうとしたことも記す。

以上のように、少なくとも嘉靖年間までに編まれた地方志では、明代前期の政治的事件の渦中にあった人物について、何らのためらいもなく記述されるようになっていた。万寿堂本はそのような時代の流れをうけて、「人物」の略伝を増補したのである。その結果、もともと『大明一統志』が触れまいとした景泰年間の大官の事蹟が、後の版本では堂々と記されるという皮肉な事態を生んだのであった。

おわりに

本稿では、まず吉安府の記事について『寰宇通志』と『大明一統志』の比較を行ったが、そこから『大明一統志』の叙述では、政治的問題を抱えた景泰年間の大官に触れることが極力忌避されていた可能性を窺った。このことは、たとえ地理書であっても、それが官撰の典籍である以上、そこに何らかの政治的意図に基く叙述を見出し得ることを強く示唆する。

また、天順本と万寿堂本の相違には、明代前期の政治的事件に触れることをタブー視する雰囲気が、次第に緩んでいった時代の流れが反映されていた。『大明一統志』は幾種かの版本があるため、このような記載内容の変遷を明瞭に看取し比較できる点で、格好の史料と言えるのではないだろうか。

注

(1) 明代、天順以前の地理書編纂については、張英聘「論《大明一統志》的編修」(『史学史研究』二〇〇四—四)、巴兆祥「試述《大明一統志》的刊本及其歴史貢献」(『中国地方志』二〇一五—一 以下、巴兆祥二〇一五)、及び二〇一七年に巴蜀書社より出版された点校本『大明一統志』の方志遠「前言」(以下、方志遠二〇一七)等を参照のこと。

(2) 陳浩東「試析《大明一統志》的史料来源——以重慶府部分為例」(『史志学刊』二〇一九—一)。

（3）何炳棣著 寺田隆信・千種真一訳『科挙と近世中国社会 立身出世の階梯』（平凡社、一九九三年）第六章「社会的・学問的な成功及び移動の地域差」、銭茂偉『国家、科挙与社会 以明代為中心的考察』（北京図書館出版社、二〇〇四年）第七章「科挙競争的区域平衡与区域失衡」、呉宣徳『中国教育制度通史』第四巻「明代」（山東教育社、二〇〇〇年）第七章「明代的科挙制度」等を参照のこと。

（4）蕭鎡『尚約文鈔』巻十「前光禄大夫少保戸部尚書華蓋殿大学士兼文淵閣大学士陳公墓誌銘」に拠る。なお、陳循の文集『芳洲文集』に附された王翔撰「芳洲先生年譜」景泰甲戌条にも同様の記載がある。

（5）梁潜・王直・胡広の「記」は彼らの文集に収められており、それぞれ梁潜『泊菴集』巻四「延真観紫微閣碑記」、王直『抑菴文集』巻七「文昌閣碑」、胡広『胡文穆公文集』巻十「重修崇道観記」として確認できる。

（6）解縉の事蹟は、楊士奇『東里文集』巻十七「前朝列大夫交阯布政司右参議解公墓碣銘」等に詳しい。

（7）ところで、『寰宇通志』「吉安府」「寺観」の太平寺（万安県）の記事には「劉□衡記」とあるが、この記載も『大明一統志』では削除されている。筆者が依拠した『寰宇通志』の影印本では、欠損のため文字を判読できないが、おそらく「劉□衡」は同県出身の劉広衡だろう。劉広衡は永楽二十二年の進士で、天順年間に刑部尚書まで陞った人物だが、特段の政治的蹉跌は見当たらない。それゆえ、仮に劉広衡だった場合、右の記載が『大明一統志』で削られた理由も判然としない。なお、劉広衡の事蹟は、王直『抑菴後文集』巻二十四「刑部尚書劉公神道碑」、焦竑『国朝献徴録』巻四十四所収 李賢「資善大夫刑部尚書万安劉公墓誌銘」に詳しい。

（8）王直『抑菴文後集』巻二十四「贈礼部侍郎諡文介劉公神道碑」、李賢『古穣集』巻十四「中順大夫太常寺少卿兼翰林院侍読贈礼部左侍郎諡文介劉公墓碑銘」に拠る。

（9）鍾同の事蹟については、『国朝献徴録』巻六十五所収 程楷「貴州道監察御史贈大理寺左寺丞諡恭愍鍾公同伝」に拠った。

（10）巴兆祥二〇一五、方志遠二〇一七を参照のこと。また『大明一統志』の各種版本の特徴については、杜洪涛「《大明一統志》的版本差異及其史料価値」（『中国地方志』二〇一四―一〇）も詳しい。

（11）方志遠二〇一七を参照のこと。

（12）楊艶秋『明代史学探研』（人民出版社、二〇〇五年）第五章「以当代史勃興為特色的私家史学」、呉徳義「試論建文史学」（『西北師大学報（社会科学版）』四七―二、二〇一〇年）等を参照のこと。

（13）『北京図書館古籍珍本叢刊』が収める嘉靖刻本の影印本を参照したが、巻四以前が缺葉となっているため、現時点で詳しい編纂経緯は把握できていない。

（14）なお、この記述の淵源は楊士奇『東里文集』巻二二「周是修伝」の叙述であろう。

（15）万寿堂本の杜撰な編集については、巴兆祥二〇一五、方志遠二〇一七を参照のこと。

（16）なお、万暦十年代に撰述されたと思われる余之禎修・王時槐纂『吉安府志』（『稀見中国地方志叢刊』所収）巻十九の陳循の伝記にも、同じ文言が見える。

附記 新型コロナウィルス流行により、本稿執筆のために予定していた国内外の史料調査がかなわない事態となった。そのため、閲覧の必要を感じていた『大明一統志』及び各種地方志の版本を目睹できないまま、脱稿せざるを得なかった。結果として考察に至らぬ点が多々あるが、御海容を乞いたい。

『大明一統志』人物伝とは
──『遼東志』との関係をめぐって

荷見守義

『大明一統志』は『大元一統志』から始まる「一統志」の系譜上にあり、『大元一統志』の記載は『寰宇通志』、『大明一統志』を経て明代の地誌へと流れ込んでいるとみられる。また、『遼東志』に視座を置くと、『寰宇通志』から『大明一統志』を経ずに『大元一統志』の記載が継承されている場合が一定程度あり、注意を要する。また、『大明一統志』において始まった明人の記述には永楽新政権の系譜からの影響も見て取ることができ、今後の検討において注意を要する点である。

はじめに

明朝の第六代皇帝であり、第八代皇帝でもある英宗は、第五代宣徳帝の皇后であった孫氏が宮女の子を我が子と偽ったとも言われる出生の秘密が囁かれる皇帝である。この英宗は一四四九年の「土木の変」においてオイラト部のエセン・ハンの虜囚の身となったのち、ちょうど一年後に北京に送り返されるという、稀有な経験をした皇帝でもある。(1) その上、オイラトからの送還後すぐの復辟は叶わなかった。英宗が虜囚の身をかこっていた間、彼の異母弟である景泰帝が即位していたからである。景泰帝は千載一遇の機会で転がり込んできた玉座を容易に手放す気はなく、上皇に祭り上げた英宗をオイラトから奪還すると唱えつつ、陰に陽に英宗のモンゴルからの帰還を阻み続けていた。従って、英宗の復辟など叶うわけはなかった。北京帰還後の英宗を待っていたものは紫禁城

はすみ・もりよし──弘前大学人文社会科学部教授。専門は明代史。著書に『明代遼東と朝鮮』(汲古書院、二〇一四年)、『永楽帝 明朝第二の創業者』(山川出版社、二〇一六年)などがある。

内の南宮での軟禁生活であった。その英宗がやっと復辟を叶えたのは一四五七年の「奪門の変」によってであり、病に臥せった景泰帝の隙をついた英宗派の鮮やかなクーデターであった。このような経緯もあってか、英宗は景泰帝の下で編纂された『寰宇通志《かんうつうし》』を破棄し『大明一統志』を編纂させた。ただ、内容からすれば『寰宇通志』と『大明一統志』が相当近似していることも周知の事実である(2)。

さて『寰宇通志』『大明一統志』は『大元一統志』から続く「一統志」編纂の系譜の上にある。ただ、残念なことに『大元一統志』はすでに完本がなく、残巻や佚文を通して部分的にしかその内容を知ることができない。従って『大元一統志』の内容がどの程度、『寰宇通志』『大明一統志』に引き継がれたかということになると、なかなか正確なところは知りがたい。ここでは明朝東北端の一大辺防拠点である遼東鎮に事例をとり、遼東鎮についての地誌である『遼東志』にこれら「一統志」の記述がどのように流れ込んでいるかを人物の条を手掛かりに検討し、この中で『大明一統志』編纂の持つ意味合いについて考えたい。

一、南陽府――『大元一統志』人物の条の検討から

さて、『遼東志』の検討に入る前に、『大元一統志』の人物に関わる記述がどの程度『寰宇通志』や『大明一統志』に引き継がれているか、この三書のデータ比較ができる河南・南陽府を一例に見てみたい。その上で南陽府の比較データを遼東鎮と比べてみることとする。玄覧堂叢書続集所収『大元一統志』の巻第三六七と三六八は河南・南陽府についての内容であるが、その人物の条が人物に関する記録である。この記録がどの程度『寰宇通志』巻八十八、南陽府、人物の条（以下、『寰宇通志』人物の条）及び『大明一統志』巻三十、南陽府、人物の条（以下、『大明一統志』人物の条）に共通しているかみてみよう。まず、『大元一統志』の南陽府、人物の条（以下、『大元一統志』人物の条）には、「直不疑、杜延年、杜欽、李通、呉漢、陳俊、任光、任隗、朱祐、卓茂、韓歆、趙熹、張堪、宋均、宋意、朱暉、朱穆、馮良、任延、張衡、董班、宗資、李善、魏満、孔喬、何進、劉廙、陳震、呂乂、李厳、宗預、何晏、楽広、張輔、劉喬、魯褒、劉麟之、劉渢、張耀、楽運、趙文深、馮亮、韓思彦、韓琬、張建封、張巡、韓翃、韓愈」（一重傍線は『大元一統志』『寰宇通志』『大明一統志』に共通する人物、二重傍線は『大元一統志』『寰宇通志』のみ共通する人物、波線傍線は『大元一統志』『大明一統志』のみ共通する人物）の、漢代から宋代までの四十八名が収載されている。つまり人物の条の比較では、

『寰宇通志』『大明一統志』共通　三十五名（約七三%）
『寰宇通志』のみと共通　八名（約一七%、『寰宇通志』と共通は約九〇%）
『大明一統志』のみと共通　二名（約四%、『大明一統志』と共通は約七七%）
『大元一統志』のみ　三名（約六%）

であり、

『寰宇通志』『大明一統志』のどちらか又は双方と共通　四十五名（約九四%）
『大元一統志』『寰宇通志』共通　四十三名（約八九%）
『大元一統志』『大明一統志』共通　三十七名（約七七%）

となる。

二、南陽府――『寰宇通志』名宦・留寓の条の検討

次に『寰宇通志』巻八十八、南陽府には名宦・留寓・人物・科甲の各条（以下、『寰宇通志』名宦・留寓・人物・科甲の各条）に人物小伝が収載されているが、そのうち、名宦の条には周から元までの一一四名の人物が収載されているが、『大元一統志』人物の条との重なりはなく、『大明一統志』巻三十、南陽府、名宦の条（以下、『大明一統志』名宦の条）の、「申伯、沈諸梁、法雄、召信臣、鄭弘、原渉、鮑徳、杜詩、王喬、鮑昱、魯丕、欒崧、郭晊、种拂、虞延、劉陶、王暢、劉寛、成瑨、趙戒、羊続、杜襲、杜預、丁穆、李崇、酈道元、韋孝寛、劉思忌、薛慎、楽遜、呂子臧、陳君賓、李適之、魯炅、趙矜、狄兼謨、盧祥、張永徳、趙普、蘇易簡、趙延進、寇準、李至、陳堯咨、劉筠、范仲淹、孫甫、謝絳、趙尚寛、高賦、王琪、呂誨、劉蒙、燕若冲、黄庭堅、范百禄、李常、李兖、董敦逸、張叔夜、元好問、郭岩、和元恕、周尚文、程仲賢、劉益謙、荘文昭、席巨川、楊彦珍、崔括、郭雲、程本初、王昇、凌雲、車敬、唐吉祥、胡恵、徐譲、胡清、周編、王煥、曹居敬、王騏、武斌、寇義、周志義、陳正倫、楊儀、孫宗富、郝景芳、王文、李正芳、龔鼎、鄭時、叚堅、孔彦禄、宋璽、汪雲」（二重傍線は『大明一統志』『寰宇通志』に共通する人物）の九十八名と比較すると、

『寰宇通志』『大明一統志』共通　五十六名（約四九%）
『寰宇通志』のみ　五十八名（約五〇%）

となる。つまり、『寰宇通志』名宦の条収載の人物の半数が『大明一統志』名宦の条に採用されたことが分かる。ただ、『大明一統志』の郭雲以下の二十八名は明人であり、更に龔鼎以下の六名は天順年間以降の人物である。従って、『大明一統志』名宦の条の人物を元代までに限って比較すると、『寰宇通志』と共通の人物は八〇%を占め、両書の共通性の

高さが分かる。

また、『寰宇通志』留寓の条収載の「諸葛亮、崔鸘」も『大元一統志』人物の条との重なりはなく、『大明一統志』流寓の条の「諸葛亮、富珠哩徳」と比較すると、諸葛亮のみが共通する。

三、南陽府――『寰宇通志』人物・科甲の条の検討

『寰宇通志』人物の条には一四五名が収載されており、

『大元一統志』『寰宇通志』共通（含『大明一統志』共通）
　四十三名（約二九％）（ただ、『大元一統志』が唐代までの人物に止まり、五代十国以後の人物を収載していないことを考えて五代の張仁謙以下の十三名を除けば、約三二％になる。）

『大元一統志』『寰宇通志』『大明一統志』共通　三十五名（約二四％）

『大元一統志』『寰宇通志』のみ共通　八名（約六％）

『寰宇通志』『大明一統志』のみ共通　七十一名（約四八％）

『寰宇通志』『大明一統志』共通（含『大元一統志』共通）
　一一三名（約七八％）

『寰宇通志』のみ　二十三名（約一五％）

となる。つまり、『寰宇通志』人物の条では約三割が『大元一統志』人物の条から引き継いだ人物、新たに取り上げた人物が約七割、そして『寰宇通志』から『大明一統志』には全体で約七八％が引き継がれているのである。その『大明一統志』人物の条には、「百里奚、雎甥、聃甥、養甥、長沮、桀溺、丈人、范蠡、直不疑、張釈之、杜延年、杜欽、李通、鄧禹、鄧訓、陳俊、朱祐、賈復、馬武、来歙、来歴、岑彭、馬成、杜茂、馮異、鄧晨、卓茂、韓歆、趙熹、張堪、朱暉、任延、郭汲、馮魴、樊宏、王常、劉隆、樊□、郭丹、張宗、洼丹、李善、尹敏、宋均、鄧彪、鄧騭、韓稜、高鳳、馮良、張衡、左雄、樊英、朱穆、宗慈、宗資、鄭衆、岑煕、董班、韓韶、岑晊、延篤、何進、劉廙、文聘、韓曁、陳震、呂乂、来敏、宗預、許慈、李厳、黄忠、王連、鄧芝、趙咨、何晏、鄧艾、張輔、鄒湛、楽広、劉喬、郭舒、范晷、魯褒、朱序、韓延之、宗少文、趙隠、張敬児、楽頤、劉湛、范泰、師覚、宗愨、劉渢、張耀、趙文深、張孝秀、劉虬、庾蓽、庾杲之、庾易、庾季才、楽藹、范雲、曹景宗、蔡道恭、宗越、胡僧祐、岑之敬、宗懍、岑善方、庾詵、岑文本、岑義、岑参、韓思彦、張巡、張建封、趙宗儒、范伝正、韓翃、庾敬休、朱葆光、張友端、戈穀、王明嗣、張寛、西漢傑、王儀、蕭景鳳、王琦、李澹、王仁瞻、周湛、賈黯、王襄、暢師文、劉整、孫嗣、李富珠哩翀、劉子平、成遵、陳介、白景亮、智受益、李威、李奉先、唐俊、鄭剛、周炳、宋玒、趙安、李新、王礼、焦宏、

李賢、王鴻儒」（一重傍線は『大元一統志』『寰宇通志』『大明一統志』のみ共通する人物、点線傍線は『寰宇通志』『大明一統志』のみ共通する人物）と一五八名が収載されており、人物の条の比較では、

『大元一統志』『寰宇通志』共通　三十五名（約二二％　なお、暢師文以下は元人、唐俊以下は明人なのでこれらを除けば約二七％）

『大元一統志』とのみ共通　二名（約一％）

『大元一統志』からの継承　三十七名（約二三％　なお、元・明人を除けば約二九％）

『寰宇通志』とのみ共通　七十一名（約四五％）

『大明一統志』のみ　五十名（約三二％）

となる。

最後に『寰宇通志』科甲の条には、「孟誥、趙驊、岑参、趙宗儒、庾敬休、賈黯、呉幾復、王襄、成遵、羅謙、秦惟質、楊軌、李睿、王明嗣、張寛、鄧順、戈穀、李巽、黄敬、楊振、李行遠、張安、黄裳、張紹、蘇洪、曹銘、潘恕、焦宏、朱昇、白琮、李賢、張用瀚、趙徴、孟釗、段復礼、焦寛、王沢、焦鈍、李堅、袁愷」（一重傍線は『寰宇通志』と『大明一統志』巻三十、南陽府・巻三十一、または同汝寧府の各人物の条と共通する人物）と、唐代から明代までの四十一名の科挙合格者が収録されているが『大元一統志』人物の条との重なりはない。また、『大明一統志』との重なりの少なさの要因は、同書において科挙合格者の欄を特設せず、各人物の条における人物小伝の中で科挙合格者について記載しているものの、明代における科挙合格者を収載しないためである。ただ、『大明一統志』は『寰宇通志』収載の明代以前の科挙合格者十七名中十一名を取り込んでいるので、明代の科挙合格者を除外すれば約六四％を受け継いだことにはなる。

以上から、南陽府の場合、『大元一統志』人物の条の約九四％は『寰宇通志』及び『大明一統志』の人物の条のいずれか又は双方に引き継がれ、『寰宇通志』人物の条の約三〇％、『大明一統志』人物の条の約二三％は『大元一統志』由来の人物であることが分かる。また、『大明一統志』と『寰宇通志』の人物の条で共通する人物の四割程度は『大元一統志』から受け継がれてきている可能性があろう。なお、『寰宇通志』の名宦・留寓・科甲の各条所収の人物と『大元一統志』の関係は確認できないが、これらの人物の半ば以上は『大明一統志』の対応する各条、もしくは別条に引き継がれていったことも分かった。この百分率については残存する『大元一統志』の全てで統計処理をすればより正確なことは分かると

思われるが、それは今後の課題として、現状ではとりあえずこの南陽府のデータのみに依拠し、明代遼東鎮の記録を観察してみたい。

四、遼東鎮の場合

明代の遼東鎮は所謂九辺鎮の中核であるが、残念ながら『大元一統志』の当該部分は残巻に含まれておらず、その内容は不明である。これについて遼海叢書の第五冊には『大元大一統志輯本』が収録されていて、その巻二は遼陽等処行中書省であり、各書掲載の佚文を集めて復元を試みたものであるが、人物に関わる記述は皆無である。以上の事情から、遼東鎮に関わる人物について『大元一統志』からその後の変遷を追うことは現状においては難しい。そこで『寰宇通志』を起点に『大明一統志』及び『遼東志』との記述を比較することで、遼東鎮に関わる人物に関わる記録がどのように引き継がれていったかを検討し、『大明一統志』編纂の意味合いの一端を明らかにしたい。

ここにおいては、『寰宇通志』巻七十七、遼東都指揮使司の名宦・留寓・人物・科甲の各条（以下、『寰宇通志』遼東の名宦・留寓・人物・科甲の各条）に人物の記録があるので、その各条を『大明一統志』巻二十五、遼東都指揮使司の人物記録（以下、『大明一統志』遼東の名宦・留寓・人物の各条）及び『遼東志』巻五、六の人物記録と付き合わせていく。

五、遼東名宦の条の検討

名宦についてはまず『寰宇通志』遼東名宦の条には三十五名が収載されているが、

『寰宇通志』『大明一統志』『遼東志』共通　二十四名（約六八％）

（『大明一統志』は遼東名宦・人物の条、『遼東志』は巻五、官師志の名宦・爵命・職官の各条、巻六、家世の条）

『寰宇通志』『大明一統志』（各遼東名宦の条）のみ共通　一名（約二％）

『寰宇通志』『遼東志』のみ共通　五名（約一四％）

（『遼東志』は巻五、官師志の名宦・職官の条）

『寰宇通志』のみ　五名（約一四％）

である。

次に『大明一統志』遼東名宦の条には、「箕子、楊僕、荀彘、祭肜、馬続、李膺、陳亀、种暠、段熲、張奐、司馬懿、麥鐵杖、張儉、李世勣、長孫無忌、李道宗、薛仁貴、張亮、蘇方定、程名振、契苾何力、劉伸、蕭孝穆、韓応凝、趙文昌、李完、王維翰、木華黎、廉希憲、王居礼、王伯勝、胡秉

彝、賀惟一、王結、葉旺、馬雲」（二重傍線は『寰宇通志』『大明一統志』『遼東志』共通の人物、波線傍線は『寰宇通志』『大明一統志』のみ共通の人物、点線傍線は『大明一統志』『遼東志』のみ共通の人物）と三十七名が収載されており、

『寰宇通志』からの継承　二十四名（約六八％）

『遼東志』とのみ共通　十名（約二七％）

『大明一統志』のみ　二名（約五％）

である。

以上に対応する『遼東志』巻五、官師志、名宦の条に収載される一二四名の内には、『寰宇通志』『大明一統志』『遼東志』共通の人物として、「楊僕、荀彘、祭彤、陳亀、李膺、种暠、段熲、馬統、司馬懿、麥鐵杖、張儉、李道宗、李勣、程名振、長孫無忌、薛仁貴、蘇定方、契苾何力、王居礼、胡秉彝」の二十名（約一六％）

『寰宇通志』『遼東志』のみ共通の人物として「皇甫規、涼茂、劉仁軌」の三名（約二％）

『大明一統志』『遼東志』のみ共通の人物として「劉伸、韓徳（応カ）凝、王伯勝、賀惟一、王結、葉旺、馬雲」の七名（約六％）

が含まれる。『遼東志』の編纂では大量の明人についての記録が収載される関係から、『寰宇通志』と『大明一統志』から継承された人名記録の占める比率は決して高くない。留意しなければならない点は、『遼東志』は『大明一統志』の記録を全て受け入れたわけではない上に、『寰宇通志』収載の人物で『大明一統志』に収載されていない人物の引用もある点である。なお、『遼東志』巻五、官師志、爵命の条に収載される五十三名の内にも、『大明一統志』を継承する遼東人物条と共通の人物である「張奐、公孫恭、張儉、張浩、大臭、木華黎《ムカリ》、廉希憲（以上、遼東人物条）、箕子（遼東名宦の条）」の八名が含まれる。

六、遼東留寓の条の検討

次に留寓については、『寰宇通志』遼東留寓の条に、「管寧、王烈」とあり、『大明一統志』遼東流寓の条に、「管寧、王烈、月合乃」とあり、『遼東志』巻六、人物志、流寓の条には、「王仲、王烈、逢萌、管寧、国淵、邴原、太史慈、裴嶷、高瞻、胡嶠、耶律良、月乃合、朱善、劉観、王潤、繆譲、張衡、辛浩、王儼、任良弼、胡世寧、王時中、姚祥、張偉、崔璿、張玘、劉済、徐文華、劉琦、程啓充、盧瓊、葉慶驄、夏良勝、張逵」（二重傍線は『寰宇通志』『大明一統志』『遼東志』共通の人物、二重傍線は『大明一統志』『遼東志』のみ共通の人物）とあり、『寰宇通志』遼東留寓の条は一〇〇％、『大明一統

志』『遼東志』に継承され、『大明一統志』遼東流寓の条も一〇〇%、『遼東志』に継承されている。

七、遼東人物の条の検討

人物については、『寰宇通志』遼東人物の条には、「公孫度、李胤、耶律突欲、劉仲尹、張浩、李献可、大㚖、梁肅、王庭筠、馬知剛、高禎、張景仁、龐鑄、高憲、高仲振、高徳裔、耶律履、耶律辨材、劉光謙、耶律楚材、王明之、王珣、劉世英、劉潤、忙古帯」（一重傍線は『寰宇通志』『大明一統志』『遼東志』に共通する人物、波線傍線は『寰宇通志』『大明一統志』のみ共通する人物、二重傍線は『寰宇通志』『遼東志』のみ共通する人物、傍線説明は本節以下同じ）と二十五名の人物が収載されるが、全てが『大明一統志』か『遼東志』の双方またはいずれかに共通する。なお、『大元一統志』との比較の問題を念頭におけば、耶律楚材からは元、それ以前の十九名、最後の劉光謙は金代の人物であることに留意したい。『大明一統志』遼東人物の条には、「公孫度、公孫恭、李胤、李元護、晁清、高謙之、高恭之、李衍、耶律突欲（耶律托雲）、姚景行、夏行美、大康乂（大康又）、馬人望、大公鼎、張浩、劉仲尹、大㚖、張九思、鄧儼、高衎、李経、斡勒忠、梁肅、張景仁、李献可、高竑、冀禹錫、王庭筠、龐鑄、高徳裔、劉光謙、馬知剛、高憲、高禎、高仲振、完顔閭山、耶律履、耶律弁材、耶律思忠、高守約、高宣、李守賢、劉世英、石天応、趙炳、劉潤、耶律楚材、王克敬、耶律希亮、孫秀實、耶律有尚、王明之、王珣、劉廷讓、崔敬、郭全、童信、王麒、賀欽、陳寿」（点線傍線は『大明一統志』『遼東志』のみ共通する人物、なお、鄧儼、高衎、高守約は『寰宇通志』遼東科甲条と共通した人物）と六十名の人物が収載されるが、『寰宇通志』と共通する人物二十六名（約四三%、人物志からは二十三名（約三八%））のうち、高守約までが元代以前の人物であり、その範囲で十八名（三〇%）が『寰宇通志』人物志からの系譜となる。この十八名については南陽府の検討結果を元にすれば、『大元一統志』収載の人物が三割弱、五名程度含まれている可能性があり、それが『遼東志』にも引き継がれていると推定され、この十八名のうち十七名が『遼東志』と共通する。なお、『寰宇通志』から『遼東志』に継承された人物は、

公孫度（『遼東志』巻六、人物志、家世の条）

李胤・大㚖（『遼東志』巻五、官師志、爵命の条）

耶律突欲・斡勒忠・梁肅・王庭筠・高禎・耶律履・耶律弁材・完顔閭山・耶律楚材・王明之・王珣・劉世英・劉潤
（『遼東志』巻六、人物志、宦蹟の条）

姚景行・馬人望・大公鼎・劉仲尹・李献可・鄧儼・高衎・

麗鑄・高憲・高徳裔・高守約・劉光謙・賀欽・陳寿（『遼東志』巻六、人物志、科貢・進士の条）
張浩・馬知剛・張景仁（『遼東志』巻六、人物志、学術の条）
冀禹錫（『遼東志』巻六、人物志、忠節の条）
忙古帯（『遼東志』巻五、官師志、職官の条）
童信・王麒（『遼東志』巻六、人物志、将選の条）

の通りである。ここでも『大明一統志』には収載されていない忙古帯《マングタイ》のような『寰宇通志』『遼東志』共通の人物の存在には留意が必要である。ちなみに忙古帯は『寰宇通志』では、「蓋州、湯池の人であり、元に仕えて集賢院大学士となった。」とあり、『遼東志』では、「蓋州、湯池の人であり、官は湖広等処行事書省平章・集賢院大学士に至った。」とあって、『遼東志』に若干の加筆があるものの、基本的には『寰宇通志』の記述が引き継がれているのである。

八、遼東科甲の条の検討

最後に科甲については、『寰宇通志』遼東科甲の条には、「李石、高衎、高徳裔、麗鋳、曹永義、張汝霖、張汝為、張汝翼、鄧儼、高徳基、劉仲尹、張汝弼、王遵古、李献可、王庭筠、高守義、孟奎、張甫、高守約、梁粛、高憲、劉光謙」（一重傍線は『寰宇通志』『遼東志』のみ共通する人物、二重傍線は『寰宇通志』『大明一統志』『遼東志』に共通する人物）と二十二名が収載されているが、十一名（高徳裔・麗鋳・梁粛は『寰宇通志』遼東人物の条とも共通した人物）は『大明一統志』遼東人物の条と共通し、十七名は『遼東志』の以下の条と共通する。

李石・高徳裔・麗鋳・張汝翼・鄧儼・高徳基・劉仲尹・王遵古・李献可・王庭筠・高守義・孟奎・高守約・高憲・劉光謙（『遼東志』巻六、人物志、科貢、進士の条）
高衎・高徳基・梁粛（『遼東志』巻六、人物志、宦蹟の条）

このことから、

『寰宇通志』『大明一統志』『遼東志』共通　十一名（五〇％）
『寰宇通志』『遼東志』のみ共通　六名（約二七％）
『寰宇通志』のみ　五名（約二三％）

となり、『寰宇通志』の人物が『大明一統志』のみに継承されていて『遼東志』には継承されていない事例はない。つまり、『大明一統志』に収載されていれば『遼東志』は必ず収録しているのである。それのみならず、『遼東志』は『寰宇通志』も参照して取捨選択して人物を取り込んだ可能性がある。

おわりに

『遼東志』は嘉靖十六年（一五三七）重修本が現行本（遼海

叢書所収本）であるが、遼東志凡例を見ると、正統八年（一四四三）、弘治元年（一四八八）、嘉靖八年（一五二九）と修志が重ねられたとあり、引用諸書として『大明一統志』がある。しかし、『遼東志』の初修である正統八年には『大明一統志』どころか『寰宇通志』も存在しておらず、早くとも弘治元年以降の重修の折に加えられたものと考えられる。その『大明一統志』は天順五年（一四六一）の原刊の後、嘉靖三八年（一五五九）、万暦十六年（一五八八）と増補が加えられていく。

前述のように、『大元一統志』人物の条に含まれる記述は『寰宇通志』『大明一統志』を経て『遼東志』へと流れ込む一方、『寰宇通志』から直接（か間接かは分からないが）『遼東志』へも流れ込んでおり、ここに元代から続く一統志の系譜を見ることができる。ただ、『寰宇通志』では明人については扱われず、『大明一統志』から明人が扱われはじめるのである。童信、王麒、賀欽定、陳寿もそうして収載された人々であり、『遼東志』では人物データは巻五、六に収載するが、巻六では人物志は薦辟、科貢の進士、挙人、歳貢、例貢、続いて通事、将選、武挙、封贈、任子、家世、忠節、孝行、宦蹟、学術、隠逸、貞烈、流寓、方伎、仙釈に分かれる。例えば童信は『大明一統志』では「三萬衛の人、洪武末年、内難を靖んずるに従い、勇敢負気、戦いに出ずるごとに輒く奇功あり、官を累ねて都督に至る。」とあり、同文が『遼東志』巻六、将選の条に見ることができる。三萬衛は遼東にあってジュシェンなど東北方異民族から明朝に帰属した将兵の居住単位であり、[3] そのような出自であった童信も、建文帝と燕王（のちの永楽帝）との内戦であった靖難の役では燕王麾下で戦ったことは、『明実録』に「我が胡騎指揮である童信」と記録されている。終戦後、童信は一躍、北平行都司都指揮使に昇進し、前軍都督府都督同知、同右都督と昇進を重ね、永楽十九年（一四二一）に没した。[4]『明実録』永楽十九年春正月己丑（二六日）の条を見ると、「遼東三萬衛の人であり、初め、小校として内難を靖んずるに従い、勇敢負気、戦いに出ずるごとに輒《たやす》く奇功あり、百戸から累陞して都督に至った。」とあり、『大明一統志』の出典は『明実録』の卒伝であったことが分かる。明代の遼東について名宦の条で葉旺、馬雲を取り上げるのは彼らが明代初期の遼東平定において中心的な活躍をしたことを考えれば妥当な人選であるが、人物の条で燕王、つまり永楽帝麾下の童信が出て来るのは些か唐突な人選の感がする。或いは『大明一統志』編纂における伝記の人選には靖難戦役後の永楽新政権の流れに重きを置いた人選が一つの柱だったのではなかろうか。すでに紙幅も尽きてしまったのでここではその可能性を示唆して終わりにしたい。[5]

注

（1）川越泰博『モンゴルに拉致された中国皇帝――明　英宗の数奇なる運命』（研文出版、二〇〇四年）、参照。

（2）『大明一統志』の版本問題については山根幸夫「大明一統志について」（『和刻本　大明一統志』上巻、汲古書院、一九七八年）、参照。

（3）江嶋寿雄『明代清初の女直史研究』（中国書店、一九九九年）など参照。

（4）童信については『明実録』（太宗）四年三月壬辰、洪武三五年九月戊子、永楽元年三月丁亥、同八年八月是月の各条、及び同十九年春正月己丑条に卒伝がある。

（5）荷見守義『永楽帝　明朝第二の創業者』（山川出版社、二〇一六年）、川越泰博『永楽政権成立史の研究』（汲古書院、二〇一六年）、参照。

『大明一統志』に関するいくつかの問題について

巴 兆祥（訳：小二田 章）

本報告では、筆者が目睹した『大明一統志』刊本の流伝と史料の来源を検討し、『大明一統志』が明代の地方志に与えた影響について述べる。帰仁斎刊本と万寿堂刊本は、共に江戸時代の「唐船」書籍貿易にて日本にもたらされ、天順刻本は中国在住の法律家・大木幹一から東京帝国大学附属東洋文化研究所に寄贈された。天順刻本の記載内容を見ると、その参照史料は豊富であり、正史・政書・類書・文集・総志・地方志など多種多様である。万寿堂刊本を見ると、天順刻本の引き写し以外にも、主に地方志を使用して増補を行っている。『大明一統志』は、過去の失われた地方志に繋がる手がかりを提示するものである。

は・ちょうしょう――上海・復旦大学歴史学系教授。専門は中国方志学、歴史文献学。著書に『方志学新論』（上海：学林出版社、二〇〇四年）、『中国地方志流播日本研究』（上海人民出版社、二〇〇七年）、論文に「清末郷土志考」（佐藤仁史訳、『史学』七十三巻一号、二〇〇四年）などがある。

はじめに

中国の「一統志」編纂は元代に始まるが、現在完全な形で残存する最古のものは『大明一統志』である。『大明一統志』は、朝廷が編纂した「総志」として、朱氏の明王朝の統治、思想と活動の統一に重大な影響を与えたものである。『大明一統志』は、天順五年（一四六一）に宮廷の内府にて刊刻されたのを皮切りに、その後多くの版本が作り出された。例えば、弘治十八年（一五〇五）の福建建陽慎独斎《しんどくさい》刊本、嘉靖三十八年（一五五九）帰仁斎《きじんさい》刊本、万暦十六年（一五八八）帰仁斎重刊本、万暦中の万寿堂刊本、清初の積秀堂刊本、清の（文淵閣）四庫全書本、また康熙三十八年（日本の元禄十二年、一六九九）日本の弘章堂刊本、康熙五十二年（日本の正徳三年、一七一三）弘章堂重刊本、そして、一九九〇年の三秦出版社による天順五年刊本の影印本、二〇一七年巴蜀書社の方志遠点校本、などがある。『大明一統志』に関する研究は少なからず存在するが、その一部の問題については、いまここで検討するに足るものである。(1)

一、東大東洋文化研究所所蔵の天順本の来歴

東京大学東洋文化研究所の所蔵する天順五年内府刊本は、六十四冊、縦三三cm、横二一・七cm、界線縦二六・七cm、横一八cmであり、半葉十行二十二字で、注小字双行で一行の字数は同じ、版心は粗黒口、双黒対魚尾、四周双辺である。この版心の上象には書名〝大明一統志〟、中には巻次、下には頁数が書かれている。巻ごとの始めの行の頂点には「大明一統志巻之〇」と記され、次の行の天辺には「京師」「南京」「中都」とし、更にその次の行には三文字空けた上で、「布政司の名前」または「各府」「直隷州」などが書かれるのである。全巻なべて版式が大きく、行格はゆったりと見やすく、まさしく「字は銭の如く大きく、趙体の字にて刻され、…典型的な明の内府、皇帝の刊本の風格がある」(2)ものである。

蔵書印から見るに、まず明末清初の羅憲汶《らけんぶん》の所蔵(3)に始まり、その後怡王府に流入した。(4)咸豊十一年（一八六一）の〝辛酉政変〟により怡王府の主・載垣《さいえん》が罪を得てその「明善堂」の蔵書が売却された際、北京の官職にあった楊紹和（山東聊城「海源閣」）が善本を多く購入した。(5)その後一九二〇〜三〇年代になって、（二度の略奪などにより）「海源閣」の蔵書は各地に散出してしまったが、その多くが天津・北平に流入した。(6)大木幹一は当時北平・天津にて弁護士業を営んでいたが、おそらく天津にて、該本を購入した可能性が高い。(7)昭和十六年（一九四一）、大木幹一は蔵書を東京帝国大学附属東洋文化研究所に寄贈し、結果該本は日本に東伝したのである。(8)

二、内閣文庫蔵の嘉靖帰仁斎刊本・万寿堂刊本の来歴

日本国立公文書館内閣文庫は、中国の地理総誌・地方志を日本で最も多く収蔵する機関の一つであり、その前身は江戸幕府の紅葉山文庫である。幕府紅葉山文庫は、天順五年内府刊本・嘉靖三十八年帰仁斎刊本・万暦中の万寿堂刊本・朝鮮刊本・日本正徳三年刊本など、多くの版本による『大明一統志』を所蔵していた。そのうちの天順五年内府刊本は、明治二十四年（一八九一）に宮内省図書寮に移されたが、残りが今も内閣文庫に保管されており、約八部を有する。朝鮮刊本

と和刻本を除き、嘉靖帰仁斎刊本二部（［請求番号］史二九一—〇〇二六、二九一—〇〇二八）、万暦万寿堂刊本三部（［請求番号］史一二〇—〇〇〇一、二九一—〇〇二七、二九一—〇〇二九）である。

先行研究によれば、『大明一統志』は明清時代（日本は江戸時代）に唐船によって日本に少なくとも三八部（朝鮮刻本は含まず）が持ち込まれ、それぞれ幕府紅葉山文庫・藩主・大名・寺院・学者らが所蔵した。(9)

嘉靖帰仁斎刊本（書号：史二九一—〇〇二六、史二九一—〇〇二八）は、それぞれ康熙五十三年（日本正徳四年、一七一四）と乾隆十九年（日本宝暦四年、一七五四）に日本に輸入されたものであり、(10)民間人が購入した後、史二九一—〇〇二六は内務省図書局を経て明治十八年（一八八五）ごろに内閣文庫に入り、史二九一—〇〇二八は太政官左院、元老院を経て明治十九～二十三年（一八八六—九〇）の間に内閣文庫に入った。

万暦中刊の万寿堂本（書号：史一二〇—〇〇〇一、史二九一—〇〇二七、史二九一—〇〇二九）について、史一二〇—〇〇〇一は越智雲夢ら江戸期の蔵書家の手を経て紅葉山文庫に入り、そして内閣文庫に収められた。史二九一—〇〇二七は高野山釈迦文院の旧蔵であり、明治十九年（一八八六）に内閣文庫が購入した。史一—〇〇二九は江戸期の土屋守楷、(11)虎五郎、(12)河本立軒らの所蔵(13)を経て、明治初めに外務省の蔵書となり、明治十七年（一八八四）に太政官文庫（内閣文庫）に移管された。(14)

三、天順本、万寿堂本の史料来源

『大明一統志』が依拠した史料については、すでに歴代総志・方志、図冊・題記・詩詞・文集等であることを述べたが、ここでは『大明一統志』常州府の条を例に史料の来源について述べたい。

『大明一統志、常州府』で依拠した資料が明確に示されているのは、「景勝」と「風俗」の二つだけである。「景勝」では、（晋）周処『風土記』の「三江之雄潤、五湖之腴表」、『旧毗《きゅうひ》陵《りょう》志《し》』の「岡阜相属、林麓欝然」、『隋書』地理志の「川澤沃衍、有海陸之饒」、（宋）『政和河溝記』の「大江横其北、太湖処其東」、『江陰図経』、「北抵江淮、東連海道」、（元）『宜《ぎ》興《こう》州《しゅう》図冊』の「山長水遠、気秀地霊」、（元）『（常州）路学興造記』の「土厚水深、山澤清曠」を引いている。「風俗」では、（晋）左思の『呉都賦』、『隋書』地理志、（宋）葛邲の『江陰貢院記』、『図冊』、（元）『（常州）路学興造記』に依拠している。

その他、「建置沿革」・「郡名」・「山川」・「土産」・「公署」・

「学校」・「書院」・「宮室」・「関梁」・「陵墓」・「古跡」等の項目では、何らかの資料に依拠し、内容を加工して記述しているが、その来源を示していない。「建置沿革」・「郡名」・「山川」等の項目が依拠した史料の来源を明らかにするため、「寺観」・「名臣」（宋朝）の項目を例に、関連文献との対比を通じて、記述が依拠したと考えられるものの推測、あるいは来源の考察を試みたい。

表1　『大明一統志』「常州府　寺観」と関連文献の重複率対照表

大明一統志	寰宇通志	輿地紀勝	方輿勝覧	咸淳毗陵志	(永楽)常州府志
天寧寺	95%	未見	未見	70%	90%
正覚寺	95%	未見	未見	70%	70%
太平寺	未見	未見	10%	90%	90%
宝雲寺	未見	未見	未見	未見	未見
南禅寺	80%同	未見	未見	未見	未見
慧山寺	90%同	10%	未見	90%	未見
華藏寺	未見	未見	未見	90%	90%
胶山寺	未見	未見	未見	100%	100%
広福寺	90%同	未見	未見	未見	100%
法藏寺	50%同	未見	未見	90%	100%
善巻寺	95%同	未見	未見	100%	90%
玄妙観	(武進)60%	未見	10%	90%	90%
	(江陰)40%	未見	未見	未見	100%
通真観	80%	未見	未見	100%	100%
冲寂観	未見	未見	未見	100%	100%
洞虚宮	60%	未見	未見	100%	100%
天申宮	未見	未見	未見	100%	100%
華陽道院	未見	未見	未見	未見	未見

表1「『大明一統志』「常州府　寺観」と関連文献との重複率対照表」を見ると、『大明一統志』常州府の「寺観」十七条と『寰宇通志《かんうつうし》』との場合、同名が十条あり、七条が追加されている。同名の十条の内容にはそれぞれ五〇％から九五％の重複が見られ、宋代の『輿地紀勝《よちきしょう》』との対照では、一条のみの重複となっている。宋代の『方輿勝覧』には普利寺・太平寺・天慶観の記載があり、そのうちの二条が『大明一統志』と同名であるが、内容は異なっている。『咸淳毗陵志《かんじゅんひりょうし》』「観寺」には天慶観・澄清観など十四の道観、報恩光孝禅寺・太平興国禅寺など八十一の寺院が記載されており、『大明一統志』には天寧寺・胶山寺・通真観の十三の寺院、道観が記載されている。両者の記述の重複率は高く、おおむね七〇％以上であり、多いものは一〇〇％である。永楽年間の『常州府志』は稿本の地方志であるが、『輿地紀勝』・『大元一統志』・『咸淳毗陵志』などの資料を集めており、特に洪武年間の『毗陵續志』、（元）『大徳毗陵志』・『泰定毗陵志』などの散佚した志書の資料として貴重なものとなっている。『大明一統志』中の十三の寺院・道観の記載と、永楽年間の『常

表2　『大明一統志』「常州府　名宧（宋朝）」と関連文献の重複率対照表

大明一統志	寰宇通志	宋史	方輿勝覧	輿地紀勝	咸淳毗陵志	其他
柳開	90%	10%	未見	100%	20%	（永楽）常州府志100%
馬亮	未見	100%	未見	未見	100%	（永楽）常州府志100%
崔立	100%	100%	未見	100%	未見	（宋）韓琦《安陽集》100%
呉遵路	未見	100%	未見	未見	未見	
李若谷	10%	100%	未見	未見	20%	
謝絳	未見	100%	未見	未見	20%	（元）王称《東都事略》100%
許恢	95%	未見	未見	未見	未見	
焦千之	100%	未見	100%	未見	20%	《至正無錫県志》100%
王安石	100%	未見	30%	90%	20%	
王罕	未見	100%	未見	未見	20%	
陳襄	50%	40%	10%	未見	20%	（宋）朱熹《三朝名臣言行録》100%
司馬旦	未見	100%	未見	未見	20%	
岳飛	未見	90%	未見	未見	未見	
李宝	未見	未見	未見	100%	未見	
陳顒	未見	100%	未見	未見	未見	
叶衡	未見	100%	未見	未見	20%	
王聞礼	未見	90%	未見	未見	20%	
趙坏	未見	未見	未見	未見	未見	
林祖洽	未見	未見	未見	未見	30%	《宝慶四明志》20%、《延佑四明志》30%
高商老	95%	10%	90%	未見	未見	
范炎	100%	未見	未見	未見	20%	（宋）《漫塘文集》95%
袁燮	未見	100%	未見	未見	未見	
唐璘	未見	95%	未見	未見	20%	
家鉉翁	未見	100%	未見	未見	50%	
孫子秀	未見	100%	未見	未見	20%	
顔耆仲	90%	未見	未見	未見	未見	
史能之	未見	未見	未見	未見	20%	
姚訔	未見	80%	未見	未見	未見	（元）劉一清《銭塘遺事》、（元）佚名《宋季三朝政要》95%

州府志』の記載を対比することで資料上の利用関係を提起することができる。宝雲寺（府東）、華陽道院（宜興、明洪武年間建立）については表中の五つの文献に記載がなく、別に依拠した資料があるはずである。

また**表2**「『大明一統志』「常州府　名臣（宋朝）」と関連文献の重複率対照表」によれば、『寰宇通志』常州府には「名臣」十三人が収録されており、『大明一統志』常州府には「名臣」二十八人が収録されている。『寰宇通志』の馮元・黄士特・方允武・葛閎《かつこう》は『大明一統志』常州府に採録されており、『大明一統志』の柳開・崔立等十人の記述内容は、李若谷・高商老を除いて、『寰宇通志』と相似度が高く、像崔立・焦千之・王安石・范炎では一〇〇％となる。『宋史』・『輿地紀勝』中には、『大明一統志』常州府の「名宧」が、それぞれに十九人と四人記載されており、大部分の名臣の事績の重複率が高くなっている。『方輿勝覧』と重なる四人については、焦千之・高商老の記述が同一である。『咸淳毗陵志』には「名臣」の項目はなく「秩官」の項目があり、歴代の郡や県の官吏が列挙されており、記述は簡潔なものである。『大明一統志』常州府とは十七人が重なるが、事績の重複率は基本的には低くなっている。そのほか、『大明一統志』常州府の柳開の記載は、『大元一統志』と九〇%の、永楽年間の『常州府志』とは一〇〇%の重複が見られる。崔立・陳襄・謝絳《しゃこう》・焦千之の記載は、それぞれ、（宋）韓琦の『故尚書工部侍郎致仕贈工部尚書崔公行状』、（宋）朱熹の『三朝名臣言行録』、（元）王称の『東都事略』・『至正無錫県志』と一〇〇%重複する。[15] 范炎の記載は、（宋）劉宰の『重建晋陵県獄記』と九五%の重複がある。[16] 姚訔《ようぎん》の記載には、（元）劉一清の『銭塘遺事』・（元）佚名の『宋季三朝政要』と九五%の相似が見られる。[17]

『大明一統志』は『寰宇通志』の直後に編纂されたので、編纂者の大部分が共通している。『大明一統志』では『寰宇通志』を参照して記録すべき内容に変更を加え、ある記事では削減して更に簡潔にした。例えば法蔵寺の条では、『寰宇通志』が「在宜興県西南。唐上元間建。国朝洪武初重建。[18]」とある。一方、『大明一統志』では「在宜興県西南。唐建。[19]」とあって、明の洪武年間に再建したという内容を削っている。また、書き改められた記事もある。慧山寺の条では、『寰宇通志』が「在無錫県治西七里。唐元徽間建寺，有泉石之秀，游者為勝。[20]」とあるのに対して、『大明一統志』では「在慧山。唐元徽間建寺。有泉石之勝，張佑，許渾及宋蘇軾諸名公多有題咏。[21]」とある。増補された部分もあり、陳襄の条では、新たに「震沢積水，以運渠横過不得入江，為民田之害累世矣。襄立法浚之，其患遂除。[22]」という一条が付け加えられた。

その他の原史料に対して、『大明一統志』の処理方法は、概ね以下のような数種があった。第一に、基本的に原史料の記述をそのまま抄録する。この場合、『大明一統志』と原史料の内容と記述表現は基本的に一致する。第二に、関係資料の文章を節略して引用する。この場合、もとの記事を取捨選択したり、節略して『大明一統志』では記している。第三に、原資料を総合して書き改める。この場合、最初に書かれたものから、内容が次第に増補されたり書き改められたりしたものを、総合的に検討し『大明一統志』に記載している。

以上に述べた所をまとめると、天順版の『大明一統志』常州府が取材した資料については、『隋書』地理志・『宋史』などの正史、『輿地紀勝』・『寰宇通志』などの総志、『咸淳毗陵志』・『永楽常州府志』などの地方志、『宜興州図冊』などの档案、『政和河溝紀』・『(常州)路学興造記』などの碑刻題記、『漫塘文集』・『安陽集』などの文集、『宋季三朝政要』・『銭塘遺事』などの史書に、淵源が存在した。また、萬寿堂本の『大明一統志』常州府で増補された記事の資料源は、『(嘉靖)南畿志』に由来している。

四、明代地方志への影響

『大明一統志』は朝廷が編纂した志書として、明代における各地の方志編纂に重大な影響を及ぼしたものである。

第一に、『大明一統志』の編纂は地方における志書編纂に強く影響を与えていた。地方の志書編纂の事情からいえば、編纂原因は概ね三つである。これは上級からの檄文に応じて編纂する、自発的に編纂する、地方郷紳の要望に応じて編纂する、の三つである。このうち、上級の指令で編纂を始めるのは最も効率的である。明代において『一統志』の編纂は、『天下郡県志』の編纂が始まった永楽期に遡ることができ[23]、嘉靖期の補訂にまで至る[24]。『一統志』を編纂するために、朝廷は各地の地方志を調達する命令を何度となく出したことがある。例えば、『大明一統志』「御製序」のなかに下記の文章がある。

> 我が太宗文皇帝は慨然にして志有り、是に於いて遂に使を遣わして天下郡邑の図籍を遍《あまね》く採らしむ。…礼部の職員を分遣し、遍く諸司に行して、寰宇の文献を捜訪して繕写進呈し、爰《ここ》に述作に備えさしむ[25]。

ゆえに地方では朝廷からの切迫した任務を達成するために、急いで機関を立ち上げ、専門家を集めて志書編纂に努めた。例えば、成化十年(一四七四)に、李侃《りかん》・胡謐《こひつ》等が編纂した『山西通志』に下記の文章がある。

> (朝廷)既に儒臣をして『大明一統志』を纂修して以て無窮を垂示せしむるは、…則ち夫れ方嶽に隷する所、古今を兼採し、裒《あつ》めて書と為し、以て一方の紀載に備う。庸とに聖朝の羽翼を一統するの盛典の所以に非ざるや。此れ『山西通志』の作さざるべからざるなり[26]。

浙江省安吉州の志書にも同様な表現がある。

> 弘治年間、館閣儒臣は既に『一統志』を輯定し、書は海内に行えり。是れに繇《よ》りて省・郡・県の図志具集し、啻だ成周列国の史のみとせず。吾が郡属州の安吉も比年にして志有り[27]。

概算統計によると、永楽から嘉靖までに成立した、年代が確認できる志書は一四一六種に及ぶ[28]。成立年代が不詳な文献を加えるとさらなる数量があることが想像できる。この時期

に成立した地方志の数量の膨大さは、『大明一統志』の成立に伴い促進されたのであろう。張徳夫の「(隆慶)長洲県志序」に、

> 永楽十六年、復び官を遣わして天下に分行し、事実を採摭し、志は聿に興る。我が英宗儒臣を簡びて、旧に因りて加増せしむるに逮《およ》び、名づけて『大明一統志』と曰い、於休の盛ならんか。継いで両畿十三省は各おの通志を輯し、郡は郡志有り、州は州志有り。荒陬僻邑《こうすうへきゆう》と雖も、紀載せざる者靡し[29]。

との記述がある。

第二に、『大明一統志』の編纂は地方の志書編纂に手本を提供したのである。明代において、歴史上過去の志書が残っていた地方も数多くあったが、志書がない地方も少なくなかった。たとえ志書がある地方としても、天順期以前に地方官僚もしくは郷紳は、必ずしも志書を編纂した経験を持っているものではなかった。『大明一統志』は朝廷が指定する志書であり、李賢をはじめとした有名学者らが主宰し、多くの進士が編纂に関与したものである。ゆえに各地が地方志を編纂する際に参考・模倣する手本になったのは当然である。

例えば朱昱が『(成化)重修毗陵志』を編纂したときには、「悉く『大明一統志』の例に遵う」と記した[30]。劉煕・何紀も『(弘治)衡山県志』のなかで、「凡そ綱目次第、則ち一に『一統志』に遵いて加えるのみ」[31]と記した。張廷綱・呉祺が編纂した『(弘治)永平府志』のなかで、「修志の凡例は一に『一統志』に遵う」[32]とした記述もある。陳道が編纂した『(弘治)八閩通志』には「纂修事目は倶に『大明一統志』の立例に倣う」[33]とする。陳策が編纂した『(正徳)饒州府志』には「例は本朝の『一統志』に遵い、間ま類附して以て其の例を詳しくす」[34]とする。林庭棉が編纂した『(嘉靖)江西通志』には「通志の綱領は悉く『大明一統志』の例に遵い、但だ紀載は稍や加えて詳しくす」[35]ともある。徐麟が編纂した『(嘉靖)武陵県志』の「修志凡例」にも、「修輯するに凡そ綱目を備えるは、『大明一統志』の例に倣いて、敢えて自専せず」[36]とある。唐交が編纂した『(嘉靖)覇州志』にも、「州志は謹んで『大明一統志』の規式に依り、制を尊ぶなり。余は群書を併考し、略ぼ損益を加う」[37]との記述がある。劉芳が編纂した『(崇禎)碭山県志』の「凡例」にも「郡邑各自に紀を為し、要は皆な『大明一統志』の例を遵倣するのみ」[38]との記載がある。このような事例は枚挙にいとまがない。

第三に、『大明一統志』の編纂は地方の志書編纂に資料を提供したのである。前述の通り、引用した史料の豊富さと範囲の広さが『大明一統志』の特徴であるが、これに対して地

方では蔵書と文献の不足により資料が限られており、志書を編纂する際に資料を集める場合、本地区が所有する文献資料以外の資料として『大明一統志』を引用するのはごく自然であった。例えば、弘治十三年（一五〇〇）に盧希哲が編纂した『黄州府志』に、「事跡を纂編するは、悉く之を『大明一統志』を本にして旧志を以て参す」との記述があり、またすでに存在する記載が完全ではない場合も「亦た各おの斟酌して類に随いて増入す(39)」としている。正徳十四年（一五一九）に、王誥・劉雨が指示に従って編纂した『江寧県志』では、「『大明一統志』・『京城図志』及び歴代の史書・図経・志譜・文集の邑に渉すること有る者を採輯して考入す(40)」と記している。嘉靖十四年（一五三五）に戴璟が編纂した『広東通志』には「志内の事跡は皆て之を各志に採るが、而して『一統志』を以て主と為す(41)」との記述がある。または『（嘉靖）遼東志』の「来賓廃県」の条目は、「『一統志』に按ずらく、遼は瑞州を改めて来州と為し、附郭に来賓県を置く。元は県を省きて州に入る。今は県の故址は考するところ無し(42)」とあり、『大明一統志』を引用して記述していることは間違いない。同様に『（萬暦）常州府志』の南宋・史能之の項目に、「咸淳初めて常州を知するに、浮費を撙節して以て後河を浚《さら》わんとし、民は其の利に頼る。数か月せずして州治清理たり(43)」との記述、『（崇禎）呉興備志』にある五代・鮑君福について「余姚の人、性は淳厚にして胆気有り、能く馬の上に双剣を舞う。銭鏐に従って征伐して功有り、保順軍節度使・検校太尉に累遷し、謚は忠壮」との記述、または唐・徐元之について「建昌の人、年は十七にて進士に第し、監察御史・諫議大夫に累遷す。開元七年に出て湖州刺史為り。『集』十巻有り(44)」との記述は『大明一統志』から取材したのである(45)。

その他、明代に成立した地方志が多く散逸した状況を考えると、『大明一統志』は散逸した明代地方志の輯佚に役に立つであろう。

* * *

まとめにかえて、地方志編纂の実践的側面から述べる。『大明一統志』と明代地方志の編纂は相互作用関係であり、関連して促進するのみならず、文献価値から言えば互いに補い合う側面もある。言うまでもなく、『一統志』と地方志には、惜しくも互いに資料を共有するほど共通利用できていない事例がある。例えば、常州府の玄妙観・通真観について、『（永楽）常州府志』にある「本朝洪武の丙辰に、道士の葉本仁等は旧址に即して屋を作りて二十余楹にす」との記述があり、また『（洪武）毗陵続志』にある「元至正丙申に兵に毀され余無し。本朝洪武の初山門等の屋十一余楹を復建す」との記述があるが、『大明一統志』ではこれをすべて見落とし、結局洪武年間の記録は欠落している。また正覚寺について、『(永楽)常州府志』では洪武年間に立て直した内容を収録していないが、却って『大明一統志』に記述があり、『常州府志』以外の資料に基づくことを示唆している。『大明一統志』に収録された各地の状況は各地の方志にのみ由来するわけではなく、他の資料も採用していた証拠とされる。資料の豊富さは、もともと『大明一統志』の長所でもあるのだ。

注

(1) 傅貴九「読〈大明一統志〉札記」(『史学史研究』一九九三年第一期)は『大明一統志』の成書・増補の経過を述べて、その再評価を行っている。王剣英「明代総志評述」(『中国歴史地理論叢』一九九七年第二期)は、『寰宇通志』から『大明一統志』が行った改訂の状況を主に検討し、過去の『大明一統志』に行われた正当ではない評価を検討している。陳蔚松「元明清一統志館及其修志成就」(『華中師範大学学報』二〇〇二年第五期)では、明の「一統志館」が地方志編纂に与えた影響を論じている。張英聘「論〈大明一統志〉的編修」(『史学史研究』二〇〇四年第四期)は、該書の編纂状況を通じて、その体例、史料価値と影響を研究している。牛明鋒「〈大明一統志〉的纂修及其史料和旅游価値研究」(河南師範大学二〇〇五年修士論文)は、『大明一統志』編纂を全面的に検討した上で、その史料価値と旅行手引きとしての価値を主に検討している。巴兆祥「〈大明一統志〉的出版及其東伝対日本地志編纂的影響」(復旦大学歴史系、出版博物館編『歴史上的中国出版与東亜文化交流』上海百家出版社、二〇〇九年)では、『大明一統志』編纂の三段階と東伝の過程について、その影響を論じている。杜錫建「元明清〈一統志〉比較研究」(『中国地方志』二〇〇九年第七期)では、三つの王朝における「一統志」の特徴を比較し論じている。杜洪涛「〈大明一統志〉的版本差異及其史料価値」(『中国地方志』二〇一四年第十期)では、該書の版本体系とその史料価値を論じている。巴兆祥「試述《大明一統志》的刊本及其歴史貢献」(『中国地方志』二〇一五年第一期)は、初刻の内府本と万暦万寿堂本について考察し、その特徴と歴史的位置づけを検討する。周天爽「〈大明一統志〉的書坊刊刻及其利用情況」(『綏化学院学報』二〇一六年第二期)は、福建建陽の書坊がなぜ該書を刊刻したかの原因を分析し、明人が該書を利用していた状況について述べる。周天爽「〈大明一統志〉編纂人員及〝大明一統志表〟分析」(『湖南人文科技学院学報』第三四巻四期、二〇一七)は、『大明一統志』の記載作者たちを検討し、「大明一統志表」の底本が邱濬の作であることを明らかにした。劉小龍「二十世紀以来的《大明一統志》研究」(『史志学刊』二〇一七年第二期)は、二〇一六年以前の『大明一統志』研究について、総括を行っている。陳浩東「試析〈大明一統志〉的史料来源——以重慶府部分為例」(『史志学刊』二〇一九年第一期)は、該書は正史の伝記、名人の文集、地方志などの文献を総合したものであり、細かい部分で『寰宇通志』と多くの差異があることを述べている。

(2) 陸三強、陳根遠『古籍碑帖的鑑蔵与市場』(山東美術出版社、二〇〇八年)四七頁。

(3) (清)彭元瑞『天禄琳琅書目後編』「六府文蔵　史部目録類」(光緒十年長沙王氏刊本)。

（4）瞿冕良「豊富多采的蔵書専印」（『図書館学研究』一九八八年第三期）。
（5）任継愈主編『中国蔵書楼』（遼寧人民出版社、二〇〇一年）一五八七頁。
（6）丁延峰『海源閣蔵書研究』（商務印書館、二〇一二年）四三九頁、傅増湘『蔵園群書題記』（上海古籍出版社、一九八九年）一〇九四頁。
（7）田涛編訳『日本国大木幹一所蔵中国法学古籍書目』（法律出版社、一九九一年）の池田温の序を参照。
（8）前掲『日本国大木幹一所蔵中国法学古籍書目』池田温序。
（9）前掲巴兆祥「『大明一統志』的出版及其東伝対日本地誌編纂的影響」。
（10）前掲巴兆祥「『大明一統志』的出版及其東伝対日本地誌編纂的影響」。
（11）渡辺守邦「(影印改編) 古今蔵書家印記」（『国文学研究資料館調査研究報告』一〇号、一九八九年）三四一頁。
（12）前掲渡辺守邦「(影印改編) 古今蔵書家印記」三四一頁、三四七頁。
（13）『内閣文庫漢籍分類目録』一〇四頁。
（14）『(改訂増補) 内閣文庫蔵書印譜』（国立公文書館、一九八一年）、一二一頁、一二七頁、一三四頁、四一頁。
（15）（宋）韓琦『安陽集』巻五十「墓志」、（宋）朱熹『三朝名臣言行録』巻十四、（元）王稱『東都事略』巻六十三、『至正無錫縣志』巻三。
（16）（宋）劉宰『漫塘文集』巻二十一。
（17）（元）劉一清『銭塘遺事』巻七、（元）佚名『宋季三朝政要』巻五。
（18）（明）陳循等『寰宇通志』巻十五「常州府」。
（19）（明）李賢等『大明一統志』巻十「常州府」。
（20）（明）陳循等『寰宇通志』巻十五「常州府」。
（21）（明）李賢等『大明一統志』巻十「常州府」。
（22）（明）李賢等『大明一統志』巻十「常州府」。
（23）前掲巴兆祥「『大明一統志』的出版及其東伝対日本地誌編纂的影響」。
（24）（明）徐學聚『國朝典滙』巻二十二。
（25）（明）沈勖「普安州志序」（高廷榆等『(嘉靖) 普安州志』巻首）。
（26）（明）胡謐「山西通志序」（李侃等『(成化) 山西通志』巻首）。
（27）（明）蔡汝楠「重修安吉州志序」（董斯張『呉興藝文補』巻三十四）。
（28）巴兆祥「論明代方志的数量与修志制度」（『中国地方志』二〇〇四年四期）。
（29）（明）張德夫「序」（『(隆慶) 長洲縣志』巻首）。
（30）（明）朱昱「凡例」（『(成化) 重修毗陵志』）。
（31）（明）劉熙、何紀「序」（『(弘治) 衡山縣志』巻首）。
（32）（明）張廷綱、呉祺「凡例」（『(弘治) 永平府志』）。
（33）（明）陳道等「凡例」（『(弘治) 八閩通志』）。
（34）（明）陳策「序」（『(正德) 饒州府志』巻首）。
（35）（明）林庭㭿「凡例」（『(嘉靖) 江西通志』）。
（36）（明）徐麟「修志凡例」（『(嘉靖) 武寧縣志』）。
（37）（明）唐交等「凡例」（『(嘉靖) 霸州志』）。
（38）（明）劉芳「凡例」（『(崇禎) 碭山縣志』）。
（39）（明）盧希哲「凡例」（『(弘治) 黄州府志』）。
（40）（明）王誥、劉雨「凡例」（『(正德) 江寧縣志』）。
（41）（明）戴璟「凡例」（『(嘉靖) 廣東通志初稿』）。

(42)（明）畢恭『（嘉靖）遼東志』巻一「地理志」。
(43)（明）劉廣生、唐鶴徴『（萬暦）常州府志』巻十。
(44)（明）董斯張『（崇禎）呉興備志』巻四。
(45)（明）李賢等『大明一統志』巻十「常州府」、巻四十五紹興府。

謝辞 内閣文庫蔵『大明一統志』の調査に際し、張偉然・林志鵬・何沛東・蘇盧健・李論・李顥の各氏の協力を得た。ここに記して感謝の意を表す。

附記 （訳者注）本稿は、シンポジウム「東アジアの一統志」（於早稲田大学、二〇一九年七月二十七日）の報告稿（訳：旧学習院大学「長安学」研究班有志（小二田章・原瑠美・河野剛彦・堀井裕之・段宇））を元に、紙幅に合わせて小二田が改訳・抄出を行ったものである。

◎コラム◎

元・明一統志の非中華世界へのまなざし

向 正樹

むかい・まさき——同志社大学グローバル地域文化学部准教授。専門はモンゴル帝国史、海域アジア史。論文に「モンゴル・シーパワーの構造と変遷——前線組織からみた元朝期の対外関係」（秋田茂、桃木至朗編『グローバルヒストリーと帝国』大阪大学出版会、二〇一三年）、「「モンゴル＝システム」考——元とユーラシア南方海域像」（『史学研究』三〇〇、二〇一八年）、「モンゴル帝国とユーラシア広域ネットワーク」（秋田茂編『グローバル化の世界史』ミネルヴァ書房、二〇一九年）などがある。

はじめに

元・明時代に編纂された地方志は、他の地域からその地方に来た人物や、その地方と関係を持つ海外諸国についても記すことがある。ここでは、これらの情報に着目しながら、元・明時代の地方志との比較において、一統志に顕著な中華世界の排他的同一性を強調するような特質や非中華世界についての記述の政治性などについて初歩的な分析を試みたい。

『大明一統志』では、地域ごとに概ね、①建置沿革、②形勝、③風俗、④山川、⑤土産、⑥公署、⑦学校、⑧宮室、⑨関梁、⑩寺観、⑪祠廟、⑫陵墓、⑬古蹟、⑭名宦、⑮人物といった項目に分けて記述がなされている（明・李賢等奉敕撰『大明一統志』九〇巻、明万寿堂刊。国立国会図書館蔵本）。この構成は、先行の『大元一統志』を意識したものと考えられる。

『大元一統志』はすでに失われているが、残巻の復刻本や、校輯本（諸書に所引の断片から復原したもの）が出版されている。元・孛蘭肹《ブラルキ》、岳鉉等修『玄覧堂叢書大元大一統志』（台湾国立中央図書館、正中書局、一九八五）や趙万里（校輯）『元一統志』（中華書局、一九六六）である。これらからうかがえる構成は、建置沿革（明一統志の①に相当）、山川（④）、土産（⑤）、風俗形勢（②③）、古蹟（⑬のほか⑩⑪⑫を含む）、宦蹟（⑭、地方官の治績を紹介する）、人物（⑮、仙釈も含む）である（以下の考察でもここで付した項目番号を用いる）。

一、元・明一統志および地方志における人物伝と外国伝

人物伝の特徴

まず、両一統志における⑭名宦（元一統志では宦蹟）と⑮人物の部分に着目してみたい。際立っているのは、非漢語（の音写である）人物名や漢名を有する非漢人の人物名がほとんど見られないという点である。現存する元代に編纂された兪希魯『至順鎮江志《しじゅんちんこうし》』（鎮江、一三三二）、張鉉『至正金陵新志《しせいきんりょうしんし》』（南京、一三四四）、そして黄仲昭『弘治八閩通志《こうちはちびんつうし》』（福州、一四九〇）、何喬遠『閩書《びんしょ》』（福州、一六〇八）など明代の福建の地方志には、非漢人の人物の略伝が多く立っている。非漢人の伝の排除は決して中国地方志の一般傾向ではない。

現存の『大元一統志』で非漢語・非漢人の人名が見られないのは、モンゴル人のほか、色目人と総称される様々な出自の人々が多く活躍し、「元の時、回回（ムスリム）は天下に偏《あまね》し」（『明史』外国伝・撒馬児罕の条）といわれた元代のボーダーレスな現実を反映していない。ただし、意図的に排除されたとも言い切れない。遷転法によって定期的に入れ替わる地方の官員の情報が、どこでもつねに把握されていたとは限らないからだ。『弘治八閩通志』の詳細な元代任官者リストの注記からは、その任官者情報が現地に残された碑文の題名記（碑文が記す出来事に関係する官署の官員を記したリスト）などから再構成されていたことが判明する。そのほか、その官員が転出したのちに人々がその政績を記した書物や碑文を活用したり、死後に祀られた廟の資料を参照したりしたとみられる。全国規模でそのような作業をすることは前例もノウハウの蓄積もない場合、困難であったに違いない。難解な非漢語人名を拾う作業は尚更であったろう。

また、一般的に中国の地方志では仏教寺院・道教寺院が紹介されるのに比して、（明らかにそこに存在していたのにもかかわらず）モスクや教会の存在が紹介されることも稀である。その点は元・明の両一統志でも同様である。さらに、趙万里は、『大元一統志』の⑬古蹟・⑭宦蹟・⑮人物の記述内容には、匈奴・氐・羌や西夏、嶺南の諸民族などに対する蔑視の傾向がみられると指摘している。

こうして、現存する両一統志における⑬古蹟（⑪祠廟を含む）、⑭名宦（元一統志では宦蹟）と⑮人物は、結果として中華世界の排他的同質性を強調するような内容となっている。

外国伝の特徴

天順五年（一四六一）に完成した『大明一統志』は、巻八十九から最後の巻九十にかけて外夷（外国）について記述する。不思議なことにその内容は後に厳《げん》従簡《じゅうかん》が著した『殊域周咨録《しゅいきしゅうしろく》』とよく似ている。厳従簡は嘉靖年間（一五二二〜一五六六年）に使節往来のことをつかさどる行人司に務めた人物である。行人司

は明初に作られた使節派遣などを担当する官衙である。『大明一統志』の外夷についての記述も行人司に蓄積された同じ系統の情報源に依拠していたのであろうか。

いっぽう「魏史倭人伝」（正確には『三国志』、「魏書」巻三十、「倭人」条）でよく知られる通り、中国の正史では最後にいわゆる外国伝が付されるのが常である。『元史』巻二百八～二百十には外夷伝があり、『明史』巻三百二十～三百三十二には外国伝がある。

現存の『大元一統志』の版本にはこうした外国伝に当たるものはない。もっとも、大元（モンゴル）帝国の「大一統」は中華の「大一統」の範囲をはるかに超えており、非中華圏の一部は、厳密には外国ではなかった。『大元一統志』の編纂統括者は、ブハラ出身のジャマール・ウッディーン・ターヒルである。モンケ・カアンの命で天文台を作るためにイランからモンゴル宮廷に派遣され、クビライ・カアンのとき、秘書監を拠点にこの一大プロジェクトに従事した。ジャマール・ウッディーンは漢語を解さず、漢人の秀才たちが抜擢され彼を補佐していた。地域毎に地理図を完備し、雲南や遼陽など欠けていた巻を加え、大徳七年（一三〇三）、六百冊、一千三百巻にのぼる巨冊が完成した。ただし、秘府（秘密の書庫?）に蔵され、人々の目には触れさせなかったという。のちに江南で刊行されて流布したがそれも今は散逸している。現在われわれが目にしているのは近年になって諸書に引用された断片をつなぎ合わせて復原されたテクストに過ぎない。そこにはいま外国の記述がみられないが、秘府に蔵されていたという本来のテクストは、モンゴル帝国の全支配領域を網羅していたはずである。同じく今は失われた元代の政書『経世大典』の輿地図には、タリム盆地からイランまでの地名が書き込まれていた（魏源『海国図志』に収録されたものが残る）。これはジャマール・ウッディーンが『大元一統志』編纂のためイランからもたらした地図を参照したともいわれる。

前節でみたように、『大元一統志』は結果として中華の域内の記述内容において中華世界の排他的同一性を表現していた。一方、中華の外部について記述した部分は今日に伝わらない。『大明一統志』は域内の同一性を強調する路線を踏襲しつつ、周辺諸国の記述を加え、中華世界とその外部の非中華世界とを対比しようとしたのではないか。次に『大明一統志』外夷の記述を具体的にみてみよう。

二、『大明一統志』外夷からみる非中華世界へのまなざし

興味深いことに『大明一統志』外夷における外国の順番は、陸のルートと海のルートに分かれ、それぞれ中華に距離的に近い方から遠い方へ記していくという構成になっている。外夷の冒頭が朝鮮国という文化的に最も中華と近しい関係に

ある国である。そこからは、中華を中心とする陸と海の二方向に伸びる帯上に中華との文化的距離の遠近に応じたグラデーションをつけようとする意図が感じられる。

北・東・西方の近隣国

『大明一統志』外夷は朝鮮国から始まり、その次に女直、日本、琉球国、西番（チベット）が続く。その中身は①沿革、③風俗、④山川、⑤土産の順である。①沿革が建置沿革ではないのは、現地の行政機構がないためではなく、中国の行政機構の統治下にないだけであるが、その違いによって中華世界の外部であることが視覚的に表現される。続いて明朝の冊封を受けたモンゴル諸勢力の羈縻衛《きびえい》について記すが、総じて中身は薄い。

河西回廊〜ティムール朝

河西回廊に進むと、記述が詳細になる。①沿革、③風俗に加え、ときおり⑤土産、⑥山川も記される。この一帯に拠っていたのはチャガタイ家の正統を自任していたチュベイの一門であった。哈密衛（ハミ衛）はチュベイの傍流クナシリを祖とする王家を指す。火州（トルファン）では③風俗として、天神つまり天（テングリ）につかえ、仏法を信じるといい、北方遊牧民らしい信仰形態を印象づける。「亦力把力」（イリ城）は、チャガタイ・ウルスが東西に分裂してできた東チャガタイ家＝モグール・ウルスで、アルマリクにあたるが、①沿革には元のときに別失八里（ビシュバリク）と呼ばれ、元帥府がおかれ屯田を行っていたと記す。「入貢不絶」と明への朝貢のことが特筆される。

続いて、さらに西へパミール高原を越え、ティムール朝の領域に入る。二つの都邑サマルカンドとヘラートが別箇に記されている。第一は、撒馬児罕（サマルカンド）である。「古無可考」（明代以前の情報はない）という。「元の駙馬帖木児その国に主たり」と記すのは、ティムールがチンギス・カン家の娘婿を指すキュレゲン（駙馬）と称していたことを言う。永楽帝がシャー・ルフに送ったペルシャ語の国書にも「汝の父ティムール・フーマー（駙馬）」とある。カスティーリャからサマルカンドに遣わされたクラヴィホによれば、ティムールはかつて明に朝貢し（明から来た使者の帰国時にティムールの使者が同行したのであろう）、その後怠っていたため朝貢を促す明の使者が来ていたが、ティムールは朝貢を断り、逆に明へ遠征することを告げた。そして、最晩年の一四〇四年、明への遠征に向かい、その途上で没した。『大明一統志』はこの遠征に触れない。他方、明の洪武二十年（一三八七）、駝馬を貢いだこと、ティムールの孫のウルグ・ベク（兀魯伯）が永楽年間（一四〇三〜一四二四年、ティムール朝第三代シャー・ルフの治世であるが、王子ウルグ・ベクがサマルカンド知事であった）、正統二年（一四三七）に馬を貢いだことが記される。シャー・ルフと永楽帝の時代、両者のあいだに頻繁な使節往来があったことは『明史』にもみえる。ところが『大明一統志』では『明史』が記す明側からの遣使のことは省かれ、結果として明が元の駙馬の国を臣属させていたかのような印象を与える。

次に哈烈（ヘラート）の①沿革、③風俗、⑤土産を記す。「元の駙馬帖木児の子の沙哈魯（シャー・ルフ）の治下にあり、国人がこれを速魯檀（スルタン）と称し、それは華言（漢語）の「国王」にあたるという。ヘラートについても明への朝貢が特筆される。これらの事実は『明史』巻三三二、西域四、哈烈の条にもみえる。③風俗では、「国に学舎あり。俗は正朔なし」とある。学舎とはマドラサ（学校）を指すだろう。学舎の中はひとつの大室となっていて、四面はみな房廊である、とパティオ（中庭）構造の建築を見てきたような叙述がなされる。また実際、シャー・ルフはヘラート城内にマドラサやモスク・スーフィー道場・病院・庭園などを次々と建設したことが知られる。正朔（正月や朔日）がないというのは中国のカレンダーのそれとは異なるという意味だろうか。

最後に東トルキスタンに戻り、于闐（コータン）について記す。この配置は帰路に于闐を通った明の使者陳誠の情報を反映するだろう。①沿革、③風俗、④山川、⑤土産の記述は『文献通考』、『宋史』など諸書からの引用が目立つ。

南方の近隣国

巻九十は安南（ベトナム）から始まる。①沿革、③風俗、④山川、⑤土産の順に記されるが、加えて⑬古蹟や⑭名宦もあり、さらに内地の①建置沿革にあたる府の記述がある。以下の国々では、③風俗、④山川、⑤土産が記されることが多い。爪哇国（ジャワ——マジャパヒト朝——）では①沿革に元のクビライの遠征の失敗を記す一方、明へは朝貢が絶えないとする。また満剌加国（マラッカ）は①沿革に、前代（元代）は中国と通じずといい、本朝（明）永楽三年（一四〇五）に遣使朝貢したという。古麻剌国（フィリピン諸島のどこか）も①沿革には前代のことは不明としつつ、永楽中に使者がきて福州で没したという。このあたりの書きぶりは元における朝貢国の範囲を明は凌駕したのだ、と言わんばかりである。

島夷〜メッカ・メディナ

ここからあとは『島夷志』が頻繁に引用され、スマトラ島の蘇門答剌（サムドゥラ）国、蘇禄国（スールー）、榜葛剌国（ベンガル）などにつき、①沿革、③風俗、④山川、⑤土産を記す。『島夷志』は、元代屈指の航海家である汪大淵が海外諸国について記した『島夷誌略』を指すか、その元となった書を指すと考えられる。『島夷誌略』はいまでは失われた元代泉州の地方志『清源続志』の巻末に付されていた。同様に元代の陳大震『大徳南海志』（広州、一三〇四）の残巻にも外国情報がある。また宋・元時代の百科全書『事林広記』の外国情報（方国類）には、広州市舶司が情報源との注記がある。市舶司は泉州や広州で港湾業務を行った官衙である。市舶司に集積された情報も当然参照されたはずである。

次は天方国（メッカ）である。①沿革、③風俗、⑤土産を記し、回回暦（イスラーム暦）に言及する。これらも『島夷志』に基づく。そして、黙徳那国（メディナ）の条では、預言者が別諳拔爾（ペルシャ語「ペイガンバル」）と呼ばれること、聖典『クルアーン』の章（スーラ）と節（アーヤ）の数、アラビア語の各種書体、中国にイスラームを伝えたアブーワッカスの伝承などについて触れ、さらに、その国の風土や人々の習俗について述べる。これらの内容は、泉州に現存する宋代創建のモスクの境内にある「重立清浄寺記」碑と完全に重複するが、ここでは『晋安郡志』なる書を引用している。もともと元の末期（一三五〇）に福州（福建省）の文人呉鑑による「清浄寺記」碑が立てられたが、戦乱で破損した。この元碑と同内容の文が呉鑑の手になる泉州の地方志（『清源続志』）にあり、それをもとに現地のムスリムらが一五〇七年に現在の碑を立てた。『晋安郡志』に『清源続志』と同様の記事があったと考えられる。晋安郡も清源路も元の泉州路（明代の泉州府）を指すが、『晋安郡志』の詳細は不明である。

以降、古里班卒国（マラッカ海峡～スマトラ島周辺または同島西岸バルス）、錫蘭山国（セイロン）、白葛達国（バグダード）、百花国（不明）、婆羅国（ボルネオ）、呂宋国（ルソン）、合猫里国（フィリピンまたはジャワ島デマク）について記すが、多くは①沿革が「前代無考」とされる一方、朝貢した年と⑤土産が記される。

おわりに

非中華世界へのまなざしという観点から、『大元一統志』と『大明一統志』の構成や記述内容を見てきた。両一統志は、中華世界の排他的同質性を強調し、中華と外夷とのコントラストを意識した構成や内容をもつ。こうした傾向は、モンゴル世界帝国の空前規模の版図（「皇元疆理無外之大」『秘書監志』巻一、設吏属）を表すために制作され、秘府に蔵された本来の『大元一統志』にも見られたものかどうか、分からない。しかし、少なくとも、現存の版本が基づく江南で流布した刻本の特徴ではあっただろう。かくして、帝国の世界性を示すべくジャマール・ウッディーンによってはじめられた一統志のプロジェクトが、やがて中国においては、結果的に漢語を使用する漢人士大夫に向け、中華的価値が貫徹する領域の広がりを提示する、身の丈に合った中華的「大一統」イデオロギーの創出に落ち着いたとはいえまいか。

明清期個人編全国志初探

——大明から大清への「一統志」の道

小二田 章

こにた・あきら——早稲田大学文学学術院 講師（任期付）。専門は近世中国史、宋代以降の地方志編纂、東アジアの地方史誌。論文に「『咸淳臨安志』の位置——南宋末期杭州の地方志編纂」（『中国——社会と文化』二八号、二〇一三年）、「『大元一統志』「沿革」にみる編纂過程——平江路を中心に」（『宋代史から考える』汲古書院、二〇一六年）、「『西湖志』にみる清初期杭州の地方志編纂——清朝の文化統治政策を中心に」（『東洋文化研究』二一号、二〇一九年）などがある。

本稿では、明後期以降の「個人編全国志」を検討する基礎として、その刊行と時代的変化を概観する。明朝期の「個人編全国志」はほぼ全て、先行する『大明一統志』の影響を受け、その領域認識に従ってまとめられていた。「地図」「地理」あるいは名勝・文芸など特定の内容に特化した「全国志」が、当時の社会的要求の下で数多く見られる。一方、清朝の「個人編全国志」は、乾隆年間に入るまでは明朝期の全国志の影響を残した書物が刊行されるが、乾隆期を境にそのような書物は文字通り後を絶ち、「領域」「境界」に関心を持つ明確にそれ以前と異なった「全国志」が編まれるようになった。

はじめに

全国志（王朝全領域を対象とした総合的書物）に「一統志」[1]という名前を冠することは、元朝の『大元一統志』に始まる。しかし、『大元一統志』は全国から集積したデータを単純にまとめ、ごく限られた部数のみ印刷し、ごく限られた者だけが目を通す「象徴的書物」であった。この「一統志」という書物が東アジア全域に影響を与え、時代・社会の枠組を作りだすのは、元朝に続く明朝の『大明一統志』とそれに続く書物たちによるものである。

『大明一統志』は、先行する『寰宇《かんう》通志《つうし》』の看板を付け替えて刊行されたものであるが、天順帝の意図の下、書物の目的にも大きな変更がなされていた。(2)即ち、巻数を圧縮し、宮廷の機関にて多くの部数を刷り、多くの人々に「読ませる」書物であった。この比較的手軽に明朝全体を把握できる書物は、明後期に大衆にまで広がった書物文化と一体化して、民間書肆の刊行でその数を爆発的に増やし、明清交替も相まって東アジア全域へと広がり、中国以外の各地にも影響を与えて行ったのである。(3)

そもそも、「全国志」は、全国の各種データを扱う都合、コスト・労力及びその刊行目的の点から、官撰以外にはほぼ考えられない書物であった。ところが、明後期以降、個人の編者（撰者）名を持つ「全国志」が数多く出現する。これらの多くは、『大明一統志』を下敷きにしたテーマ性（名勝・地理・人物・文芸など）の全国データブックであり、同時期に成立した消費文化（旅行、娯楽など）と併せて人々に浸透していった。(4)

明末の消費文化の副産物のひとつとして、この「個人編全国志」は王朝交替後の清朝の時代へと流れ込んで行った。漢族の「文化統治」を図る満洲族の清朝としては「個人編全国志」もまた無視できない存在であっただろう。(5)清朝が自らの存在表明として、またそれらに対抗するものとして『大清一統志』を編んだことは、容易に想像できることである。

本稿では、この明後期以降の「個人編全国志」を検討する基礎として、その刊行と時代的変化を概観する。それは、『大明一統志』から『大清一統志』に至るふたつの「一統志」を繋ぐ流れを明らかにすることであり、また当時の社会において「全国志」が有していた意味を測るための手がかりを見出すことでもある。

一、明朝期個人編全国志
――「一統志」を生み／から生まれて

「個人編」の先駆となったのは、北宋期の全国志編纂に刺激されて作成された欧陽忞『輿地廣記《よちこうき》』であろう。(6)全国の領域「沿革」のみをひたすらまとめ、僅かに『禹貢《うこう》』の過去の領域名のみを歴史的な内容として記す該書は「全国志」には程遠いものであったが、王朝全体を対象とする個人編書物の先駆として後の道を開いたものであった。「全国志」を個人の編者が編んだ例としては、南宋末期の祝穆『方輿勝覧《ほうよしょうらん》』及び王象之『輿地紀勝《よちきしょう》』が挙げられる。これらは共に、南宋期の読書と常識の形成、「知への欲求」によって触発された全国の名勝・名物・名人などを概観する「名勝志」であった。(7)これらは元朝による「制圧」を機に元朝統治下でも高い需要を持ち、『大元一統志』の編纂にも影響を与えた。特に

出身	所蔵	備考
余姚	内閣	鄭衙蔵版
山陰	内閣台湾	廖世昭（懐安）
山陰	内閣	
銭塘	内閣	
鄞縣	内閣	余氏刊本　大明一統の題
華亭	内閣台湾	杭州にて版行
新安	内閣	十八巻外夷六巻
東莱	京都内閣	孫鑛（余姚）に学ぶ
嘉興	内閣	
常熟	内閣	
嵊縣	内閣	
山陰	内閣台湾	
饒安	内閣	
狄道	内閣	
侯官	京都台湾	
無錫	内閣	写本
無錫	内閣	
呉縣	京都台湾	雍正年間版本あり
山陰	内閣	
歙縣	内閣	撰者の名不詳
陽湖	内閣台湾	丹徒于宗林 校刊本
龍山	内閣	
済寧	京都	

『方輿勝覧』は、後に明朝の『大明一統志』の形式などの参照元となった。『大明一統志』が「名勝志」である『方輿勝覧』の形式を採用したことは、明朝の「読ませる」全国志を編む方向性を明示しているように思われる。

「名勝志」を下敷きに作られた『大明一統志』は、大量印刷と後の民間再版などを通じて、それ自体が民間の「全国志」需要を刺激した。結果、人々が必要とするデータを記載した「全国志」が、個人の編者（多くは有名な文人作家）の名を冠して、民間の書肆から出版されることになったのである。

この「個人編全国志」は、目睹した限りで言えば万暦二十年（一五九二）ごろを境に刊行が盛んになっていくように思われる。これは、全国地図や路程書よりも少し遅れてブームが到来しているように見える[8]。そして、ほぼ同時期に『大明一統志』の民間刊行（帰仁斎再刊本が万暦十六年（一五八八）、万寿堂刊本が不明だが万暦十年代か）も行われており、「一統志」と同じ出版潮流のもとにいることがわかる。

「一統志」の影響を顕著に示すものとして、これらの「個人編全国志」に共通することがある。即ち、「一統」の対象範囲である領域の描き方と、その影響の下に構築される「章建て」である。『大明一統志』は全国の地図と首都・北京を含む「北直隷」から始まり、直隷以後は中原地域を黄河流域（山東～陝西）・長江流域（浙江～四川）・華南地域（福建～貴州）の順に横断していくことで順列づける。この地域の順序・章建ては、同じ明朝全体のデータを扱う「個人編全国志」でも、ほぼ一律同様のものである。これは、『大明一統志』の目的である、国家領域認識の浸透を表すものと言えよう。そして、表裏一体の世界認識を示すものとして、「外国」に関する章が最後に置かれ、朝鮮・女直・日

別表　明清期個人編全国志

※ 所蔵略号…内閣（国立公文書館内閣文庫）、台湾（台湾国家図書館）、京都（京都大学人文科学研究所）

		書名	刊年（序）	巻数	撰（編）者	
1	明	輿地圖考	正徳～嘉靖ごろ	不分	王守仁	孫鑛
2		皇輿志略	嘉靖前半ごろ？	十六巻	張天復？	
3		皇輿考	嘉靖三十六年序	十巻	張天復	
4		皇輿要覧	萬曆二十一年序	四巻	胡文煥	
5		輿圖廣略	萬曆二十五年	十五巻	沈一貫	
6		廣輿記	萬曆二十八年序	二十四巻	陸應揚	
7		方輿勝略	萬曆四十年跋	二十四巻	程百二	呉勉學
8		寰宇分合志	萬曆末～天啓ごろ	八巻	徐樞	
9		輿図摘要	萬曆末ごろ	十五巻	李日華	魯重民
10		目営小輯	天啓元年序	四巻	陸化熙	
11		本朝京省人物考	天啓二年序	一百十五巻	過庭訓	
12		廣皇輿考	天啓六年序	二十巻	張天復	張元忭
13		一握坤輿	天啓七年序	十三巻	鄧志謨	余昌祚
14		輿圖備攷全書	崇禎三年序	十八巻	潘光祖	李雲翔
15		大明一統名勝志	崇禎三年	二百八巻	曹學佺	
16	清	輿圖要覧	順治十二年序	四巻	顧祖禹	
17		読史方輿紀要	康熙五年序	一百三十巻	顧祖禹	
18		増訂廣輿記	康熙二十五年	二十四巻	蔡方炳	
19		王會新編	康熙三十二年序	一百四十八巻	茹鉉	傅良弼
20		廣輿古今鈔	乾隆十二年序	不分	程晴川	
21		乾隆府廳州縣圖志	乾隆五十三年至嘉慶七年	五十巻	洪亮吉	
22		方輿類纂	嘉慶十三年	二十八巻	温汝能	
23		方輿考証総部	嘉慶二十三年自序	六巻	許鴻磐	

本・琉球・越南といった朝貢・冊封関係など比較的密接な国（集団）から、関係性や大小を基準としたグラデーションにより配列される。[9] 特に興味深いのは、該項目の最後には韃靼そして「兀良哈（ウリャンハ）」がある。この「兀良哈」は明朝にとって東北地域の従属と離脱を象徴する存在であり、明朝とその士人たちにとってある種のトラウマとなっていた。[10] その項目が「一統志」から「個人編」のほうにまで、僅かな内容（平均五行程度）とともに共通して受け継がれるのは、明朝と士人たちの国際認識と限界を示すものであろう。

別表に示した、今回対象となる明朝の「個人編全国志」を、紙幅の都合特徴的なものについて概観してみる。まず、先行する正徳～嘉靖年間のものから始める。

『輿《よ》地《ち》圖《ず》考《こう》』は、当時の主要な地図に解説を付けたものであり、監修に王守仁（陽明）ら著名人の名を冠して販売されている。その内容は「古九州」から始まる全国、諸郡県の地図から「海防」「江防」「九辺」といった、後の全国志の形式と共通する部分を持ち、末尾には附録として「建夷考」（目録では「奴酋考」）がおかれている。

『皇輿志略《こうよしりゃく》』(11)は、現存する本に序跋がなく、撰者やその刊行時期、正確な書名が不明であるが、内容や文体などから、張天復が正徳年間〜嘉靖初ごろに撰した『皇輿志略』ではないかと考えられている。全十六巻の章建てを見ると、前に述べた『大明一統志』の枠組みで作られており、最後の「外夷」もやはり「兀良哈」に終わっている。ところが実際に読んでみると、「兀良哈」の後に、諸蕃の進貢規定・貢物についてのメモが付されている。

『皇輿考《こうよこう》』は、さきの『皇輿志略』を張天復が嘉靖三十六年ごろに詳述加筆して作ったものとされる。その序によると、「聖代肇運全撫、輿図一統之盛、光軼前古載諸通志者章章備矣」と、まさしく輿図・一統（志）が世に現れた状況を前提に、「頃年輔臣文襄桂公輿地図志、宮諭念庵羅公広輿図、及司馬許公九辺論」と、直接の先行文献を明記し、それらをまとめた書を作ることで政治の参考にするという目的を掲げている。章建ては、冒頭に古九州・総叙という古代・全体を問題にする章を置き、その後は『大明一統志』の枠組みで述べたあと、「九辺」「四夷」を置く。なお、「四夷」は「兀良哈」のあとに「東北」の項目を置き、女直ら諸族をこちらで詳述するほか、その後に『皇輿志略』同様の諸蕃進貢に関する附記（但し、関連個所に繰り込んだためか、分量は一葉未満）を置いて末となる。

次に、万暦年間に刊行されたものを順に考える。

『廣輿記《こうよき》』(12)は、馮時可の序によると、「禹貢周礼職方」「漢地理志」から「洪武中有魏俊民等大明志、景泰中更修為大明一統志、嘉靖以後則有桂文襄羅文恭胡荘粛鄭端簡各有述有紀」と、先行する文献を列挙した上で、それらが「或繁而不整、或疎而漏」と不十分であることを述べ、故に友人の陸応揚がそれを塞ぐべくこの書を作ったという。注目すべきは、これに先行する「個人編全国志」が、全て「政治の参考」を目的とするが、この『廣輿記』は「博古」という歴史的興味関心を目的の中心に掲げている。「凡例」では、「一統志」に倣うことが明言され、章建ては末尾が「九辺」「外夷」となっていることを除き、内容・形式も含めて『大明一統志』を踏襲したものである。

『方輿勝略《ほうよしょうりゃく》』は、前述の『輿地圖考』のように、当時の主要な地図を挙げながら、王朝世界の地理について全体を述べるものである。代表として程百二が編者となっているが、実際は多数の編者が章（地域）を担当する方式である。特に王朝の外側となる「外夷」については独自の序文と内容を持ち、徐光啓を介する形で明記はされていないが、マテオ・

リッチの世界地図と解説が記載されている。序文は焦竑など当時の著名な文人六名が寄せ、それを書家が清書して書字版にて掲載するという、商業出版としての豪華さを示す異例の内容となっている。その序文と凡例が共通して述べるのは、『大明一統志』を基準として内容を作るが、『大明一統志』が成立してから時間が経過し、海防辺防の問題や行政財政の変化、さらには西泰（西洋）の世界地図の将来など、漏れている内容・新たな内容が必要になったので、それを取捨選択してこの書を制作した、という旨である。特にそれを顕著に示すのは、「外夷」の諸外国の配列と内容である。巻一に「韃靼」「兀良哈」がそれまでになく詳細に記載され、巻二に「朝鮮」「女直」「日本」「琉球」が述べられ、巻三は西域の朝貢関係国、巻四は「吐番」などチベット周辺諸国、巻五は「安南」から「蘇禄」に至る東南アジア諸国、そして巻六は国家組織ではない諸民族を述べている。『大明一統志』から配列を大幅に変えたところに、当時の外国認識と重要度が表れているといえよう。

そして、天啓・崇禎の明末に刊行されたものを考える。『目営小輯《もくえいしょうしゅう》』は、各地行政データに特化した全国志であり、行政沿革概要と税収、役所位置を述べる。序文では、方輿全体を扱うには力不足なので、国内の行政に特化し、一統志を基本としながら、「名勝」など不要なカテゴリは削除する旨が述べられている。そのため、非常に簡潔な内容となっており、最後は「外夷」なく貴州までで終わる。

『廣皇輿考《こうこうよこう》』は、前述した『皇輿考』を子孫が増訂して刊行したものであり、その「凡例」によると、嘉靖以後変更された地域区分のほか、『大明一統志』に準拠していたもとの古蹟名勝人物などを『方輿勝覧』『廣輿記』などを使って校訂し、さらに「路程」「皇華考」という二つの新内容を巻十九・二十に追加するということを述べている。これは、『皇輿考』の需要が明末にも残っていたこと、そして新しく追加された内容から、明末の商業出版による「個人編全国志」の需要傾向の変化をみてとることができる。

『一握坤輿《いちあくこんよ》』は、全国の名勝に特化して概観する書物である。序文には、全国の名勝とそれによる詩興を目的に書物が編まれた旨が述べられる。名勝特に詩蹟を問題とするため、章建ての配列は『大明一統志』を崩した形となっており、貴州・広西・雲南及び「外夷」を含まない。内容も、地域名・州県区分と簡単な沿革のあとは、土産・勝蹟と関連の詩文を掲載するのみである。

『輿圖備攷全書《よずびこうぜんしょ》』は、これまでに挙げた全国志や関連内容の類書などを「彙輯」して作成した明末の（地理地図系）「全国志」総まとめといえる書物である。扉と「採録書目」に、『大明一統志』を中心とした参考文献一覧が付される。章建ては『大明一統志』を基準に、巻一・二に『輿地圖考』以来の地図検討と海防・辺防の章を加えている。地図は、『方輿勝略』と共通する。内容は、『大明一統志』を基礎に、名勝・人物関連を増訂している。一方、「四夷（外夷）」の内容は『大明一統志』とあまり変わらない。

『大明一統名勝志』は、『大明一統志』に触発されて成立した明代「個人編全国志」の文字通り掉尾をかざる書物である。『大明一統志』のある意味原点でもある「名勝」に特化する形で内容を全面的にリライトし、明の領域内（貴州まで）の名勝とそれにまつわる情報を詰め込み、全百八巻ともとの『大明一統志』を上回る分量とした。この書物の明末における登場は、娯楽・旅行により喚起された明代の全国志需要を示すとともに、次第に明朝の衰勢と崩壊が明らかになる中で、文化的アイデンティティへの要求・主張が高まっていることも示していると言えよう。その序には、まず『太平寰宇記』の抄本や『方輿勝覧』の麻沙本に始まり、『蜀中廣記』や『輿地紀勝』に触発された撰者・曹学佺が、赴任先で資料を集め続け、官界の浮沈や社会混乱と遷居で何度も中断や危機を迎えながらも、そのライフワークとして書きあげた旨が述べられている。(13)

以上、明朝期の「個人編全国志」を概観したが、その傾向と特徴を考えてみる。まず、ほぼ全ての「全国志」が、先行する『大明一統志』の影響を受け、その領域認識に従ってまとめられていることが挙げられる。その反面、現実の領域問題が浮上するにともない、その「領域」を検証するための「地図」「地理」に関連する全国志が表れ、以後のものに影響を与えて行くのもうかがえる。

一方で、『大明一統志』が行ったもうひとつの側面、「各地にさまざまなデータを付与する」ことのもと、名勝・文芸など特定の内容に特化した「全国志」が数多く現れている。大衆文化とその勃興、経済的繁栄などの要素と需要に乗ったものであるともいえるが、社会の混乱と頽勢が明らかになった明末に、このタイプの大規模な書物（例えば『大明一統名勝志』や、今回取り上げなかったが『本朝分省人物考』など）がみられること、さらに『輿圖備攷全書』のような違う主目的を持つ書物にも名勝・人物の情報が多く記載されていることなどを考えると、「名勝」「人物」のような文化的アイコンが明末に果たしていた社会的意義を改めて考え直すことができるだろう。

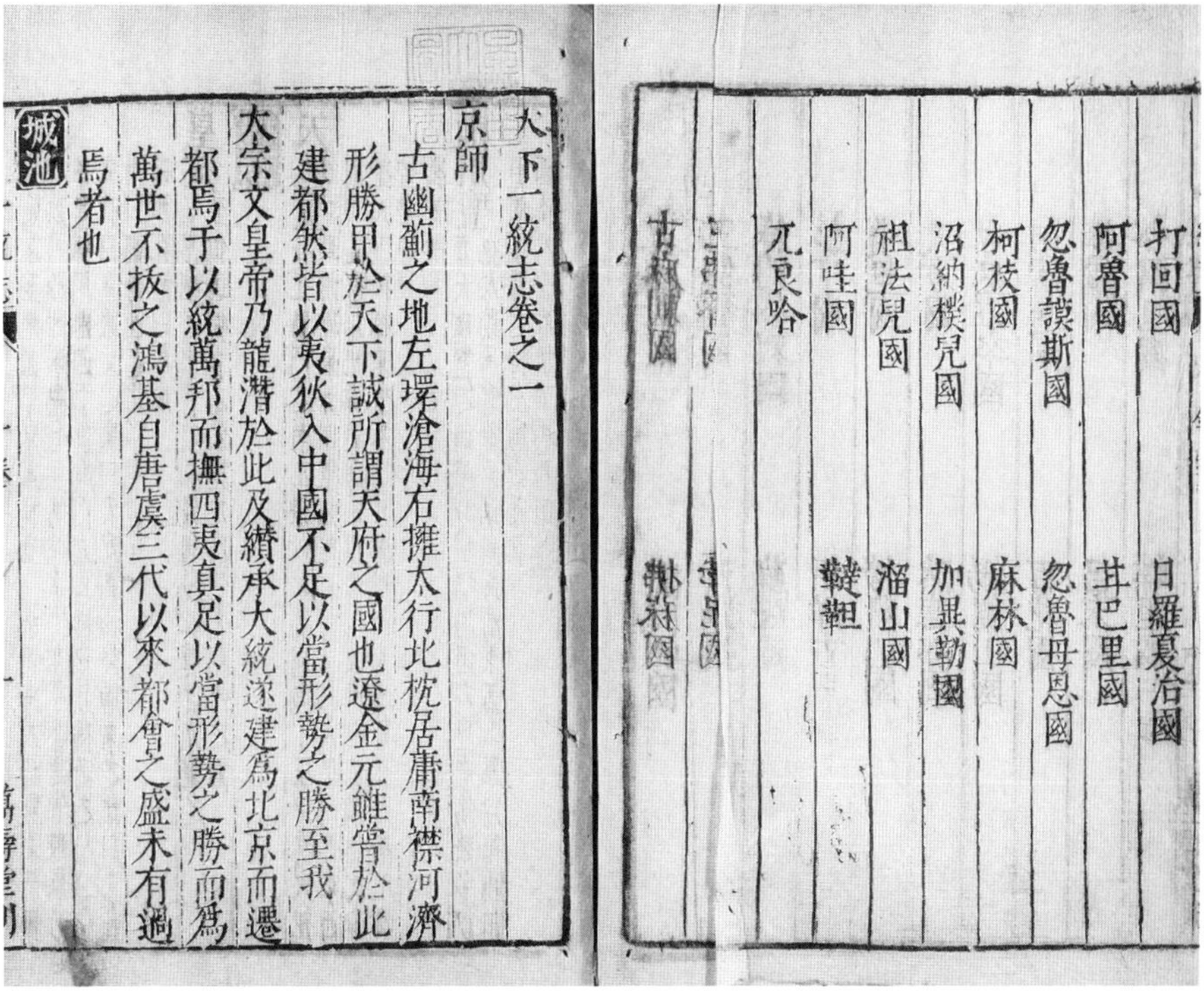
天下一統志巻之一
京師
古幽薊之地左環滄海右擁太行北枕居庸南襟河濟形勝甲於天下誠所謂天府之國也遼金元雖嘗於此建都然皆以夷狄入中國不足以當形勢之勝至我太宗文皇帝乃龍潜於此及續承大統遂建爲北京而遷都焉于以統萬邦而撫四夷真足以當形勢之勝而爲萬世不抜之鴻基自唐虞三代以來都會之盛未有過焉者也
城池

打回國　日羅夏治國
阿魯國　苦巴里國
忽魯謨斯國　忽魯母恩國
柯枝國　麻林國
沼納樸兒國　加異勒國
祖法兒國　溜山國
阿哇國　韃靼
兀良哈

図1　『天下一統志』巻首（早稲田大学図書館所蔵）

二、清初期と個人編全国志
――明の「遺産」に対して

明朝が崩壊し、東北地域の満洲族に由来する清朝に交代したことは、「個人編全国志」のありように大きな影響を与えた。清朝は数量的に勝る漢族を統治するために、政治制度及び軍事の力による支配のみならず、文化を経由して統治を浸透させる政策を行った。すなわち、清朝に敵対する性質の文化を弾圧・禁圧するほかに、漢族の文化で有用なものは清朝のものとしてラベルを貼り換え、漢族の文化を所有する存在として意識させていったのである。(14) その下で、『大明一統志』は〝大明〟であり、その領域と栄光を示す書物であるために、真っ先に禁圧の対象のひとつとなった。そして、その影響を受けた「個人編全国志」もまた、明朝の栄光と文化をうたうものである以上、規制の対象と目されたのである。結果、『大明一統志』が『天下一統志』として看板を変え、内容を「適正」に改訂されて出版されたように、清初期には需要もあって一部の「個人撰全国志」が適正化のもと出版されたが、その内容は新しい状況を積極的に含めたものではなかった。そして、乾隆期までには「個人編全国志」のジャンル自体が「自主規制」され火が消えていったのである。(15)

一方で、清朝は『大明一統志』の目的とその影響力を理解しており、それに対抗すべく、(16)早期から自身の「一統志」編纂を掲げ、「一統志館」を開き、その材料となる地方志・省通志の編纂を（漢族地域の）全国に求めた。(17)結果、清朝の自前の材料のもとで制作された「一統志」は、康熙・雍正期を通して編纂が試みられ、乾隆・嘉慶期の数度の刊行・改訂企図を経て、『大清一統志』五百六十五巻として成立する。(18)大幅に増加した巻数や、記載に根拠となった文献名を付す内容からみても、『大明一統志』の「読ませる」コンパクトさではなく、権威を象徴する重厚さを目的としたのが『大清一統志』であるといえよう。

『大清一統志』の編纂など、清朝の文化特に歴史に関する政策は、清朝初期に新たな歴史概念とその書物を生み出した。その代表である「考証学」の成立と深化は、全国志に「史書に並ぶもの」としての認識を付与した。この権威化のもとで、明代の「個人編全国志」は、コスト的にも内容的にも、ある意味のとどめを刺されたのである。

一方で『大清一統志』は、その目的である「非漢族の漢族把握」のもとで、『大明一統志』の持っていた「領域」「外国」にジレンマを負っていた。これらの問題を、清朝は（漢族対象の）「全国志」と切り離し、もっぱら地図の問題として解消しようとした。清初期の「皇輿全覧図」(19)などの非漢族性の地図とその周辺の関連著作はその表れであろう。しかし、『大清一統志』の編纂において、「一統」の領域の問題に直面することになった。かつての「九辺」「外夷」にあたる部分のうち、満洲族に関連する場所は「直隷統部」という新たな章を設けることで含めたが、結局「外夷」にあたる部分の大半は、当初は附録とされ、『大清一統志』の本編には含まれなかった。しかし、「多元国家」である清朝の領域拡大は、必然的に「領域」あるいは隣接する「外国」との問題を生起させ続けた。結果、『大清一統志』刊行と前後して、「領域」を問題にする新たな「個人編全国志」が、『大清一統志』編纂にも関わった考証学者を中心に再び編まれることになるのである。

清朝の「個人編全国志」もいくつか特徴を概観してみる。まず、清初期から始める。

『読史方輿紀要《どくしほうよきよう》』は、顧祖禹が康熙五年（一六六六）に著した、全国の歴史的沿革についての書物である。一百三十巻と大部の書物であるが、もともと事典的役割を持たせて作成された本である。考証学的手法の基礎となった書物であり、その序文には、明代の「個人編全国志」などによりながら、その歴史的な漏れを校訂し制作した旨が書かれている。内容は前述の全国（形勢）以後は国内の地域ごとに章建てされ、貴州のあとは「川瀆」「分野」という章が建てられて終わる。歴史を目的にするため、漢族の王朝範囲にのみ限っており、この範囲設定が以後の清朝の「全国志」の範囲となる。

『増訂廣輿記』[20]は、前述した清朝の出版規制のもと禁圧対象になった『廣輿記』を、『天下一統志』のリライト刊行を行った蔡方炳がやはり再編し刊行したものである。「増訂」と書いてあるものの、巻数はもとの『廣輿記』と同じ二十四巻で、章建ても「外夷」が「外譯」になった以外同じである。基本的に、需要の残っていた『廣輿記』を、清朝統治下で出版するために最小限の改訂（例えば、領域や職名に「国朝」の項目を設けるほか、「外譯」の最後は「兀良哈」そして「女直」となっている）を施したものであると言えよう。その蔡方炳の序には、天下世界の知識を得るのは重要であるが、大変に手間のかかることであり、簡略化した書物が必要であるという。その中で、『廣輿記』は大変有用な書物であり、科挙・地方行政データを載せず文雅の書物となっていることが却って素晴らしいという。そして、抬頭の「今天子…」から始まる段落で、一統志の纂輯を命じ、文化に熱心である清朝にとっても（一統志を補完する意味で）『廣輿記』が重要なこと、「此理此心之同」（南北＝江南と清朝との一体同一）をアピールし、刊行意義を述べている。

『王會新編《おうかいしんぺん》』は、全国の人物を中心に概観した書物である。凡例沿革、人物項目と、山川・古蹟・土産にて構成される。凡例に目的として「彰天下之人物」と明記され、資料として明代の地方志・全国志と伝記集が挙げられている。章立ては巻一に「源流」と地図を、巻二には「或問」という問題意識を表明する部分を置き、巻三以降は『大明一統志』同様の地域順序で描かれている。そして、巻の最後には「九辺」「四譯」という明代全国志由来の外国記載を置き、附録として「外記」（テーマ別の名詞だけの内容）を添える。なお、撰者出身地の紹興府のみ記載内容が格段に多い。このように、明代全国志の影響を強く残した書物であるが、清朝の問題意識をすり抜けて刊行できたものと考えられる。

次に、『大清一統志』以後の個人編全国志を挙げる。

『乾隆府廳州縣圖志《けんりゅうふちょうしゅうけんずし》』は、撰者の洪亮吉[21]が『大清一統志』の編纂に関与するかたわら、「境界・領域」についてまとめた書物である。序文では、洪亮吉が過去の全国志・地理書を列挙し、それらで充当できない現状の「境界」問題について、この書物から考える旨を述べている。一方、弟子の于宗林の跋によると、洪亮吉が形式において特に意識したのが、残存する最古の全国志『元和郡縣圖志』[22]であったという。章建ては『大清一統志』に近い形で形成され、「貴州」の後は、巻四十九「牧廠」「新疆」「外藩」、巻五十「朝貢諸国」となる。なお、「朝貢諸国」はヨーロッパ諸国などが足されてかつての明代の範囲からは一変し、最後は「俄羅斯《ロシア》」「土耳古《トルコ》」「左右哈薩克《カザフ》」となる。

『方輿類纂《ほうよるいさん》』は、前述の顧祖禹『讀史方輿紀要』の未刊行原本を得たとする撰者が、その要旨を取り出して再編し刊行したとする書物である。しかし、データ提示（沿革・山川・古蹟が挙げられている）が加えられ、一般的な「個人編全国志」に近づいた内容となっている。章建ては、巻首に全国、各地域、「九辺」「黄河」「海運」及び「日本」「朝鮮」「安南」「西域」などテーマ別地図と関連の文章が掲載され、その後「総類」（全国性・歴史性）から、各地域を述べて、「貴州」にて終わる。『讀史方輿紀要』と同じく、漢族王朝領域に限定されているように見える反面、先に述べたように「地図」の項目では外国についての言及が存在し、さらに巻二十二「浙江」の附録として、「日本」にはかなり長い言及が行われている。このあたりの書物の方向性の一貫しない状況を考えると、『讀史方輿紀要』の内容を用いて、当時の関心と需要に合わせようとした結果なのではないかと考えられる。

『方輿《ほうよ》考証《こうしょう》総部《そうぶ》』は、後に『方輿考証』一百巻を道光十六年（一八三六）に完成させる撰者・許鴻磐が、先に嘉慶二十三年（一八一八）に完成させた部分であり、安徽巡撫・胡克家の支援で刊行したものの、この「総部」のみで中断されたものである。「総部」の名の通り、本来は『方輿考証』全体の総論として構想されていた部分であり、その内容は全体の方向性を示すものであった。李兆洛の序によると、撰者はやはり前述の『讀史方輿紀要』を読んで触発され、かつ「一統志」の「蕪陋」を見て、その不足を埋めるべく本書に着手した、という。「一統志」の何が「蕪陋」なのかは記載されていないが[23]、この「総部」の問題意識が同時期の「個人編全国志」に近いことがうかがえる。章建てを見てみると、巻一「輿図序略」「歴代建置」のあと、巻三「歴代分合形勢」となり、巻四が「山川」（但し大規模に限る）、巻五が「黒龍江」「盤江」「漕運」「海防」、そして巻六が「歴代辺城郡邑」となっている。「分合形勢」のように、『讀史方輿紀要』に由来する王朝領域の歴史的拡大の問題、そして巻五が軒並み境界的な項目になり、巻六の「辺城」を取り上げるところからみても、「境界」問題を強く意識していることがうかがえる。

おそらく、この書物が埋めようとした不足は、当時徐々に意識が強まった「境界」「領域」の問題であったと思われる。

以上、清朝中期までの「個人編全国志」について概観した。その傾向と特徴を考えてみると、まず挙げられるのがその時期ごとの明確な変化である。乾隆年間に入るまでは明朝期の全国志の影響を残した書物が（清朝に即したカスタマイズを受けながら）刊行されるが、乾隆期を境にそのような書物は文字通り後を絶ち、「領域」「境界」に関心を持つ明確にそれ以前と異なった「全国志」が編まれるようになる。この乾隆期以降の「全国志」が軒並み顧祖禹『讀史方輿紀要』に影響を受けて編まれていることは、それ以前の「明朝的な問題意識」から「清朝的な問題意識」に切り替えがなされたことを示しているだろう。

また、そもそもの「刊行された全国志」を誰がどのような関心で読むのか、という問題を考えると、清初期の明朝由来を残した「全国志」は、むしろそれまでの知識体系を、どうにかして清朝という新しい状況に適用させようとした結果ではないかと考えられる。「歴史的変遷」と現実の関係に拘り続けた顧祖禹や、明朝の全国志のリライトに関わり続けた蔡方炳のように、限られた人間がその情報を発信し続け、それを受容する人々が多くいたという状況は、この「明朝以来の需要」のあり方を示す手がかりであると言える。それが乾隆期以降、考証学者たちの集団に収斂していくことは、まさしく『大清一統志』によりある種の時代の切り替えが図られたことを示すのではないか。

おわりに

明から清初期の「個人編全国志」を概観し、その流れを歴史的に考える作業を行った。もちろん、題名に書いたように、限られた時間のなかで限られた史料の限られた部分に目を通して行った「初探」に他ならない。[24] 今後は、個別の「全国志」の検討、撰者編者の位置づけ、内容の記載の理解など、よりその背景を深めて行く作業が必要であろう。

『大明一統志』から『大清一統志』に至るあいだを塞ぐ目的の検討であったが、その至る先であった『大清一統志』、その先について、もう少し考えることでこの文章のまとめに代えたい。『大清一統志』の「一統志」という名前に込められた意味を考える際に、満洲族の清朝として、それに先立つ元朝とその『大元一統志』が意識され、非漢族と漢族の「一統」の象徴として考えられてきた側面がある。ただ、この文章の中で見たように、『大清一統志』は、『大明一統志』とそれに連なる「個人編全国志」という、漢族世界の「一統」に対し、それとは異なる「一統」の有り方の回答として示されたのではないか。この場合、『大清一統志』は、漢族世界の土俵のなかで自分たちの「一統」を示すものとして提示されたことになる。その結果が、『大元一統志』一千三百巻、『大明一統志』九十巻、『大清一統志』五百六十巻という、巻数の差異なのではないか。

「個人編全国志」もまた、『大明一統志』と同様に、人々の手にわたり、国外にまで影響を及ぼしていった。東アジア全域に及んだその影響は、例えば朝鮮の代表的全国志『新増東国輿地勝覧』の名前に残り、日本の藩史国志に参照され、そして一番最後の「一統志」を編む十九世紀ヴェトナムへと連なって行く。それぞれのどのような影響であったか、これも興味深い課題である。

洪亮吉そして李兆洛といった、清朝の後半にかかる撰者・編者たちは、領域について新たな勢力がそれを乱す危惧を、その全国志の問題意識として述べていた。彼らが「個人編全国志」を著したのは、国の領域を記し議論するためであり、その作業がその後の「近代の領域」に対しどのような影響をあたえたのか、最後の射程として考えてみたい。

注

(1) この「一統」に関しての議論は、本書の櫻井論文を参照。
(2) 『大明一統志』の経緯と背景については、本書の高橋亨論文を参照。
(3) 『大明一統志』の流伝と影響については、本書の巴論文のほか、一統志に関連する各論文を参照。
(4) 明代の消費文化と出版の関連性については数多くの言及があるが、とりあえず巫仁恕『優游坊廂』(台北、中央研究院近代史研究所、二〇一三年)を挙げておく。
(5) 「文化統治」については、拙稿「『西湖志』にみる清初期杭州の地方志編纂」(『東洋文化研究』二一号、二〇一九年)を参照。
(6) 北宋の全国志編纂については、本書の須江論文を参照。
(7) ピータ・ボル「地域史の出現」(高津孝編『中国学のパースペクティブ』、勉誠出版、二〇一〇年)、中砂明徳「士大夫のノルムの形成」(『東洋史研究』五四巻三号、一九九五年)を参照。
(8) 例えば『廣輿圖』の羅洪先による刊行は嘉靖~万暦初ごろであり、『一統路程圖記』の刊行は隆慶四年(一五七〇)である。大澤顯浩「「詞章之学」から「輿地之学」へ」(『史林』七六冊一号、一九九三年)、谷井俊仁「路程書の時代」(小野和子編『明末清初の社会と文化』、京都大学人文科学研究所、一九九六年)を参照。
(9) この「外国」については、本書の向コラムを参照。
(10) 吉野正史「永楽帝の大寧放棄をめぐる「事実」と「言説」」(『宋代史から考える』、汲古書院、二〇一六年)を参照。
(11) 該書は廖世昭『大明一統志略』であるとする説もあり、互いに決定的な根拠を持たないが、今回は台湾国家図書館の解題の説に拠った。

(12) 大澤顯浩「『広輿記』の明版について」(『史林』七七冊三号、一九九四年)を参照。
(13) 曹学佺については、市原亨吉「歴代詩選と曹学佺の生涯」(『東方学報』四五巻、一九七三年)、許建崑『曹學佺與晩明文學史』(台北、万巻楼図書、二〇一四年)を参照。
(14) 弾圧・禁圧については多数の言及があるが、とりあえず岡本さえ『清代禁書の研究』(東京大学出版会、一九九六年)を挙げる。文化統治については、前掲拙稿を参照。
(15) 王汎森『權力的毛細管作用』(台北、聯経出版、二〇一四年)を参照。
(16) 筆者が目睹した「常州活字本」は、あえて書体を明版に似せているように見える。このあたりにも「対抗」がうかがえるか。
(17) 董馥榮『清代順治康熙時期地方志編纂研究』(上海、遠東出版社、二〇一八年)を参照。
(18) 牛潤珍・張慧「《大清一統志》纂修考述」(『清史研究』二〇〇八年一期)を参照。なお、その編修過程については、本書の柳澤論文を参照。
(19) 「皇輿全覧図」については、本書の澤コラムを参照。
(20) 前掲大澤論文「『広輿記』の明版について」を参照。なお、この『増訂廣輿記』の改訂者である蔡方炳(蘇州の人)と杭州の関係について、別稿を用意して検討する予定である。
(21) 洪亮吉については、河田悌一「清代学術の一側面——朱筠、邵晋涵、洪亮吉そして章学誠」(『東方学』五七輯、一九七九)、片岡一忠『洪亮吉——清朝知識人の生き方』(研文出版、二〇一三年)を参照。
(22) 『元和郡縣圖志』については、本書の竹内論文を参照。
(23) 『大明一統志』として書いてあるが、文の流れから『大明一統志』を挙げることはやや不自然であり、暗に『大清一統志』を指すものか。
(24) 例えば、顧炎武『肇域志』などは明清交替期をわたる「個人編全国志」として大変興味深いのだが、今回は対象に含められなかった。大澤顯浩「『肇域志』の成立」(『東洋史研究』五〇巻四号、一九九二年)を参照。

北辺からみる『大清一統志』

柳澤 明

やなぎさわ・あきら――早稲田大学文学学術院教授。専門は清朝史（清代国際関係、八旗制）。著書に『内国史院檔 天聡五年II』（共訳注、東洋文庫東北アジア研究班編、東洋文庫、二〇一三年）、論文に「キャフタにおける清朝の「官営隊商」について――"bederge 回子"の活動」（『史滴』第三六号、二〇一四年）、「17～19世紀の露清外交と媒介言語」（『北東アジア研究』別冊第三号、二〇一七年）などがある。

本稿では、清朝の「北辺」という視点から、『大清一統志』の性格を検討した。まず、『大清一統志』編纂の初期において、黒龍江の現地当局が非協力的な姿勢をとっていたことを示し、その背景を探った。また、『大清一統志』と『皇輿全覧図』を比較し、前者が行政区分ごとの地理情報の集積であるのに対して、後者には、清朝の版図を対外的にアピールする意図が込められていたとの仮説を提示した。

一、『大清一統志』の編纂と黒龍江地方

『大清一統志』の編纂過程については、未解明の部分も残っているようだが、牛潤珍・張慧の所説によれば、康熙二十五年（一六八六）に一統志館が設置されて本格的な編纂が開始されたものの、一時中断し、乾隆八（一七四三年）に全三五〇巻がようやく完成して、翌年武英殿から刊行された。さらに、乾隆期の後半に新疆の部分が増補され、嘉慶～道光期に全面的な重修が施されて、道光二十二（一八四二）年に全五六五巻が完成した。(1)

『大清一統志』編纂の基礎となる地理情報がどのような方法で集約されたかを具体的に伝える資料は乏しい。しかし、黒龍江地方に関しては、現地の将軍衙門が中央・地方の関係機関との間でやり取りした文書群（黒龍江将軍衙門檔案）(2)がほぼ網羅的に残存しているため、『大清一統志』編纂にかかわる情報もある程度拾い出すことができる。ただし、長期間に

わたる編纂事業の全体を扱うことは難しいので、本稿では、康熙年間の初期段階の編纂作業に焦点を当てて、主に黒龍江現地の視点からその実態を考えるとともに、同時期に進行した『皇輿全覧図《こうよぜんらんず》』作製事業との関係にも説き及びたい。

二、地理情報の集約と現地当局の姿勢

「黒龍江《こくりゅうこう》将軍《しょうぐん》衙門《がもん》檔案《とうあん》」所収文書から、『大清一統志』に関わる地理情報は、中央の編纂センターが調査項目を列挙したアンケートを黒龍江将軍衙門に送付し、衙門側がそれに回答する、という形で収集されたことがわかる。おそらく、他の地方についても同様の方法がとられたのであろう。この調査をめぐる将軍衙門と中央とのやりとりについては、すでに承志が「黒龍江将軍衙門檔案」の関連記事を詳細にトレースしているので、(3) その成果を踏まえつつ、あらためて概略を整理してみよう。

　黒龍江地区に関する調査は、康熙二十九年（一六九〇）三月、内閣典籍庁（当該文書には「一統志館」という表現は見えない）が黒龍江一帯の調査を求める文書を兵部に送付し、兵部がそれを黒龍江将軍に転送したのがはじまりである。このとき調査対象とされた項目は、「土地の形勢・戸口・田賦・風俗・山河・古城・関隘・橋津〔橋と渡し場〕・土産・貢賦・名人・所轄四至・路程遠近・境界」であった。

　ところが、将軍衙門はこの文書を数か月にわたって放置した上、兵部からの督促を受けて、翌康熙三十年三月にようやく次のような回答を送付した。

> **Mergen**城の東方三百里の先に**Sahaliyan ula**城がある。この地に**Aihūn**という名の古城がある。ここから東海に至るまで四千里余りある。その間はみな山林。**Mergen**城の南面は、**Sunggari**江と**Non**江の合流点に至るまで一千里ほどある。この地に**Sunggari**と**Non**を合わせた大きな渡し場がある。その間はみな広野で、**Korcin**のモンゴル人と**Sibe**が住んでいる。**Mergen**城の西面は、境界を定めた**Gerbici**河に至るまで一千五百里余りある。その間は山と野が交じっている。**Mergen**城の北面は**Hinggan**の山稜に至るまで一千五百里余りある。その間は山林が多い。**Sahaliyan**江は西方から東方へ流れ、**Jingkiri**江は北から南へ流れ、両江は**Sahaliyan ula**城の地で合流して東南方へ流れて、**Sunggari**江に合流している。**Non**江と**G'an**江は北から南へ流れ、**Mergen**城の地で合流し、**Sunggari**江に注いでいる。**Mergen**城、**Sahaliyan ula**城に駐在している官・兵・水手執事人・駅の人員・官荘の合計の戸は三千四百三十六、口は二万二千五百十。土地の

様子は大いに…（判読困難）…霜が早い。土地から海青を産する。[4]

いかにも簡略で、多岐にわたる調査項目の一部にしか対応していない。これに対して、康熙三十四年（一六九五）に内閣典籍庁は再調査を要求し、将軍衙門はやや詳細な回答を送付した。その後しばらくの間、『大清一統志』に関する記載は「黒龍江将軍衙門檔案」に見えないが、康熙四十五年（一七〇六）からふたたび内閣一統志館とのやり取りが始まる。特に注目されるのは、康熙四十八年（一七〇九）十一月に、一統志館側が、以前に黒龍江から提出された地理情報は、当時将軍が駐在していたメルゲンを基点としていたが、その後将軍がチチハルに移駐したため、チチハルを基点として全面的に書き直すように求めたことである。黒龍江側は書き直したものを送付したが、四十九年閏七月、一統志館側は、提出された情報に遺漏や不備が多いことを逐一指摘して再提出を要求した。これに対して、黒龍江側は同年十一月にようやく最終版を提出している。[5]

これとは別に、一統志館は同じ康熙四十九年の六月に、黒龍江管下の有功の大臣・官員や、義夫・節婦・孝子・隠士・神僧などについても、調査・報告を要請している。ところが、黒龍江側はこれに対して、「該当者なし」と素っ気なく回答したのみであった。[6]

以上の経緯から感じ取れるのは、『大清一統志』編纂に関して、黒龍江の現地当局には、自分たちの郷土を大いにアピールしたいというような積極性・熱意がおよそないということである。こうした非協力的・無関心な態度は、何に起因するのだろうか。

この問いに対する確かな答えは見出せていないが、考えうる要因として、他の多くの地域と異なり、黒龍江には、『大元一統志』、『大明一統志』のような、手軽に参照・引用できる既存の地理情報の集成が存在せず、一から情報を整理しなければならなかったことが挙げられるかもしれない。

また、現地官員の文化的背景や心性も無視できない。当時の黒龍江の住民の中核は、満洲人や現地民族によって編成された八旗であり、しかも、満洲旗人のかなりの部分は、康熙年間になってからニングタ等であらたに八旗に組み込まれた「新満洲」であった。将軍・副都統などの幹部クラスにも、北京から落下傘式に赴任してきたのではなく、東北の八旗の中で累進した者が目立つ。また、漢人は、八旗組織に属する人々（漢軍、水手など）、流刑囚、奴僕、商人などであった。つまり、当時の黒龍江には、科挙官僚や郷紳のような、中国のハイカルチャーを体現する知識人はほとんどいなかったのである。こうした状況のもとで、現地の官員たちにとって、中国社会の伝統の中で練り上げられた価値観を反映する多岐にわたる調査項目に的確・詳細に回答することは、途方もなく面倒なことだったのではなかろうか。

三、『皇輿全覧図』と『大清一統志』

康熙年間における『大清一統志』編纂事業を考えるとき、ほぼ並行して進められた『皇輿全覧図』制作事業との関連如何は、避けて通れない問題であろう。実際、この問題に関しては一定の研究が蓄積されているが、定説といえるものは確立されていないようである。本稿でも、二つの事業の全般にわたって精査することは到底できないので、黒龍江に関わる範囲に限定して、若干の検討を試みたい。

『皇輿全覧図』は、康熙四十七年（一七〇八）に制作が開始され、五十七年（一七一八）までに一応完成した。一般には、カトリック宣教師が中心となって、西洋の測量技術を用いて作成した最初の中国全図といわれている。黒龍江地区に関していうと、康熙四十八年（一七〇九）にレジス（J. B. Régis 雷孝思）・ジャルトゥー（P. P. Jartoux 林徳美）らのチームが、アムール河下流域・沿海地方について詳細な測量を行ったことが知られている。[7] さらに、翌四十九年（一七一〇）には、大興安嶺南部のソヨルジ山からチチハルに至る一帯についても、測量・作図が行われた。[8]

「黒龍江将軍衙門檔案」による限り、『皇輿全覧図』の測量・作図作業に関しては、測量隊への馬匹・食糧提供などを要請する文書は見られるが、作業自体に現地がかかわった形跡はない。また、測量隊の派遣は康熙帝の直接の指示によってなされており、一統志館を管轄する内閣は関わっていないようである。

一方、中央で情報を取りまとめる過程においては、二つの事業がある程度連関して進められた形跡がある。この問題を考える際に重要な手がかりとなるのが、台北の故宮博物院に所蔵される『黒龍江流域図』である。ただし、筆者は残念ながらこの地図を実見していないので、以下の叙述は、先行研究に負うところの大きい暫定的なものに過ぎない。いずれより精密な考察を加える所存である。

四、『黒龍江流域図』からみる『皇輿全覧図』の成り立ち

『黒龍江流域図』については、盧雪燕・孫喆・承志・羅盛吉・呉雪娟等による研究がある。[9] 羅盛吉・呉雪娟によれば、この図は、康熙四十九年（一七一〇）に黒龍江将軍が『大清一

統志』編纂のために兵部に送った詳細な報告に添付されていたものである。また、この地図と関係の深いもう一幅の地図として、同じく台北故宮博物院に所蔵される『吉林九河図』（ランタン図）がある。承志によれば、この地図の原図は康熙二十九年（一六九〇）に作成されたが、前述した康熙四十年代の黒龍江将軍衙門と兵部・一統志館とのやり取りの際に、確認・照合用として作り直されたものだという。[10] つまり、『黒龍江流域図』作成の過程で資料として使われたわけである。

一方、『皇輿全覧図』と『黒龍江流域図』の関係については、孫喆は前者が後者を参照した可能性を指摘しているのに対し、承志・羅盛吉・呉雪娟は否定的な見解を示しており、一致していない。そこで、アムール河（黒龍江。満洲語 Sahaliyan ula）水系の一部地域を例にとって、両者を比較してみよう。

『皇輿全覧図』には、アムール河水系に関係する地図が三幅ある（康熙五十五年漢文版の呼称に従えば、『黒龍江口図』、『黒龍江中図』、『黒龍江源図』）。[11] 水系全体について詳細に比較すると大変なので、試みにハイラル河―エルグネ（アルグン）河―アムール河本流―ヤクサ（アルバジン）城―アイフン（アイグン）城に至る一帯に限定して検討してみると、ハイラル河の源流からフルン湖にかけての一帯（『黒龍江源図』に包含）は、『黒龍江流域図』とは乖離が大きく、総じて『皇輿全覧図』の方が詳細である。したがって、『皇輿全覧図』は、一統志館が黒龍江将軍衙門から得た情報以外の情報源に基づいていると考えられるが、この地域を対象とした実地測量が行われたかどうかはわからない。

一方、エルグネ河とガン河の合流点から、エルグネ河とアムール河本流との合流点を経てフマル河に至る一帯（『黒龍江中図』に包含）については、両地図に現れる地物・地名はほとんど一致し、図の描き方も似ている。しかも、特にエルグネ河右岸の諸支流については、両者とも実際の地形からの乖離が大きい。したがって、『皇輿全覧図』は、実測にはよらず、『黒龍江流域図』と同系統の情報に基づいていると考えられる。ただし、この一帯の河名と描き方は、前述の『吉林九河図』とも類似するので、即断はできない。『吉林九河図』を直接参照したかもしれないからである。しかし、先述の康熙四十八年十一月の一統志館の文書には、この一帯で北からアムール河に注ぐオルドコン（Oldokon）河の隣に名前のわからない河があるので、名前を調べて送るように、との記述がある。確かに、現存する『吉林九河図』には、河は描かれているが名前が書かれていない。ところが、『黒龍江流域図』では当該の河にウルス（Ursu）河という名前が与えられており、『皇輿全覧図』も同様である。このことからすれば、『皇

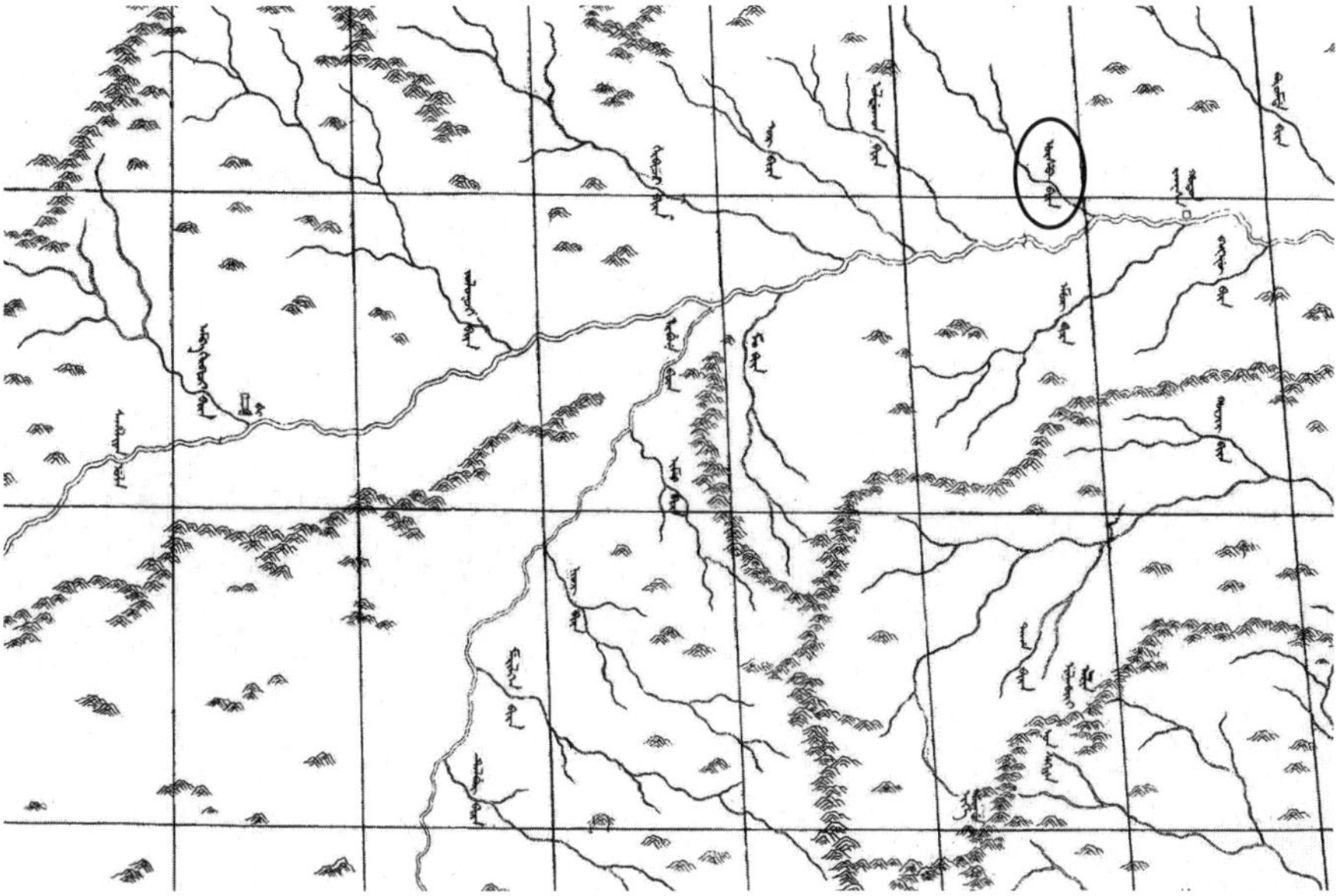

図1　『皇輿全覧図』「黒龍江中図」（部分）　◯がウルス（Ursu）河
（出典：『清廷三大実測全図集』外文出版社、2007年）

輿全覧図』は、現存する『黒龍江流域図』自体を参照したかどうかはともかく、一統志館が黒龍江将軍衙門から得た情報に基づいていると見てよいであろう（図1）。

一方、嫩江流域、特にチチハルの近辺に関しては、『皇輿全覧図』の情報は『黒龍江流域図』よりも格段に詳しい。このことに関して、康熙四十八年十一月に一統志館が黒龍江将軍に再調査を求めた際に、土地の図を描き山河を調べるために行った官員が、チチハル一帯の山河を描いて持参した、と言明していることが注目される。これは、前述したソヨルジ山〜チチハル一帯の測量・作図を指すと思われる。つまり、この地域に関しては、『皇輿全覧図』側はすでに独自の実測情報を有しており、かつそれは一統志館とも共有されていたのである。ここから、『皇輿全覧図』は、実測に基づく部分と、『大清一統志』編纂のための地理情報を取り込んだ部分を合成して作られたという結論が導き出せる。

以上をまとめると、『大清一統志』とは異なり、『皇輿全覧図』の作製事業には現地当局は直接関与しなかったが、中央での取りまとめの過程では、『大清一統志』のために集約された情報が『皇輿全覧図』作製に利用され、逆に一統志館側も、『皇輿全覧図』にかかわる地図情報を共有していた、ということになる。ただし、完成した『大清一統志』の付図は、現地から提出された地図とも『皇輿全覧図』ともまったく異なる、簡略なものであった。そのことのもつ意味は、別に考えてみる必要がありそうである。

五、『大清一統志』と『皇輿全覧図』のコンセプトの相違

『大清一統志』と『皇輿全覧図』の作成過程を検討する中で、両者の編纂のコンセプトには明確な違いがあるのではないか、という印象が強まってきた。前者は文字情報が主で地図は添え物であるのに対し、後者は地図そのものだから、当たり前だといわれそうだが、実はそれだけではないようなのである。

康熙四十九年に、黒龍江現地から提出された地理情報に対して、一統志館側が不備を指摘して補足修正を要求したことは前述したが、その中に興味深い一節が見られる。つまり、もともと黒龍江側が提出した地図には、黒龍江将軍の管轄範囲を超えて、吉林将軍の管轄地域やロシアの支配地域に属する山河まで描き込まれていたのに対し、一統志館側は、それは不要で、所轄地域に限定して描くようにと指示した。(12) つまり、『大清一統志』は、基本的に、各地方行政機関から寄せられたそれぞれの管轄範囲内の地理情報を集成する、という方針で作られたことが理解できる。

一方、『皇輿全覧図』はそうではなく、その描図範囲は、部分的にではあるが、清朝が実質的な支配を及ぼしていない地域にも及んでいる。朝鮮や対馬まで描かれているのはその一例である。黒龍江地区に直接関わるものではないが、ロシアと境を接する北辺についても、次のような興味深い事例が見られる。

まず、「色楞厄《セレンゲ》河図」は、セレンゲ河下流とバイカル湖などを描いているが、大部分はロシアの支配地域であり、清朝の測量隊が踏み込めたはずはない。地図そのものも、バイカル湖の形状などは想像に基づくものにすぎない。では、どうしてこのような地図をわざわざ『皇輿全覧図』に加える必要があったのか。この疑問を解く鍵になりそうなのが、当時ロシアの商務代表として北京に駐在していたランゲ（L. Lange）の報告（一七二一年十月）である。それによれば、同年八月、彼は康熙帝が夏を過ごしている熱河の避暑山荘に呼び出され、康熙帝が、バイカル湖の先のオカ河（バイカル湖から流出するアンガラ河の支流）流域に調査隊を派遣する意向をもっているので、便宜を図ってほしいと求められた。調査の目的は、この地方のある山上に、昔タメルラン（ティムール）が崇拝していた偶像があるので、それを探し出して持ち帰ることだと

いう。ところが、ランゲが後日あるイエズス会士から聞いたところでは、調査の真の目的は、きたるべきロシアとの国境画定交渉に備えて、ひそかに国境標識を設置しておくことであった。(13) ロシア側は結局調査隊の入国を拒否し、話は立ち消えになったが、『皇輿全覧図』にバイカル湖一帯が描かれたのは、清側のこのような企図と関係があるのではなかろうか。

「河源図」も奇妙な地図である。この地図の右下（東南）の一角には、モンゴルの西北部が比較的詳細に描かれているが、その他の大部分には、基本的にケム河（＝エニセイ河）が延々と描かれているだけで、他の地物・地名はほとんどなく、空白に近い。描き方もきわめて単純で、実地測量を経ていないことは一目瞭然だが、その中にぽつんと描かれているKongkoroi alin（コンコロイ山）とbaising（建物）が目を引く。なぜかというと、康熙四十七（一七〇八）年に、清の理藩院からロシア側に対して、ロシア人がHonggoroiという土地に勝手に砦を築いているが、そこは清朝の領域なので即刻退去せよ、という内容の文書が送られているからである。(14)『皇輿全覧図』のKongkoroiとは、このHonggoroiに違いない。つまり、「河源図」も、「色楞厄河図」と同様に、現実にはロシアの支配下にある地域に対して、清朝が領土的な主張をもっていることを表現しているのだろう（図2）。

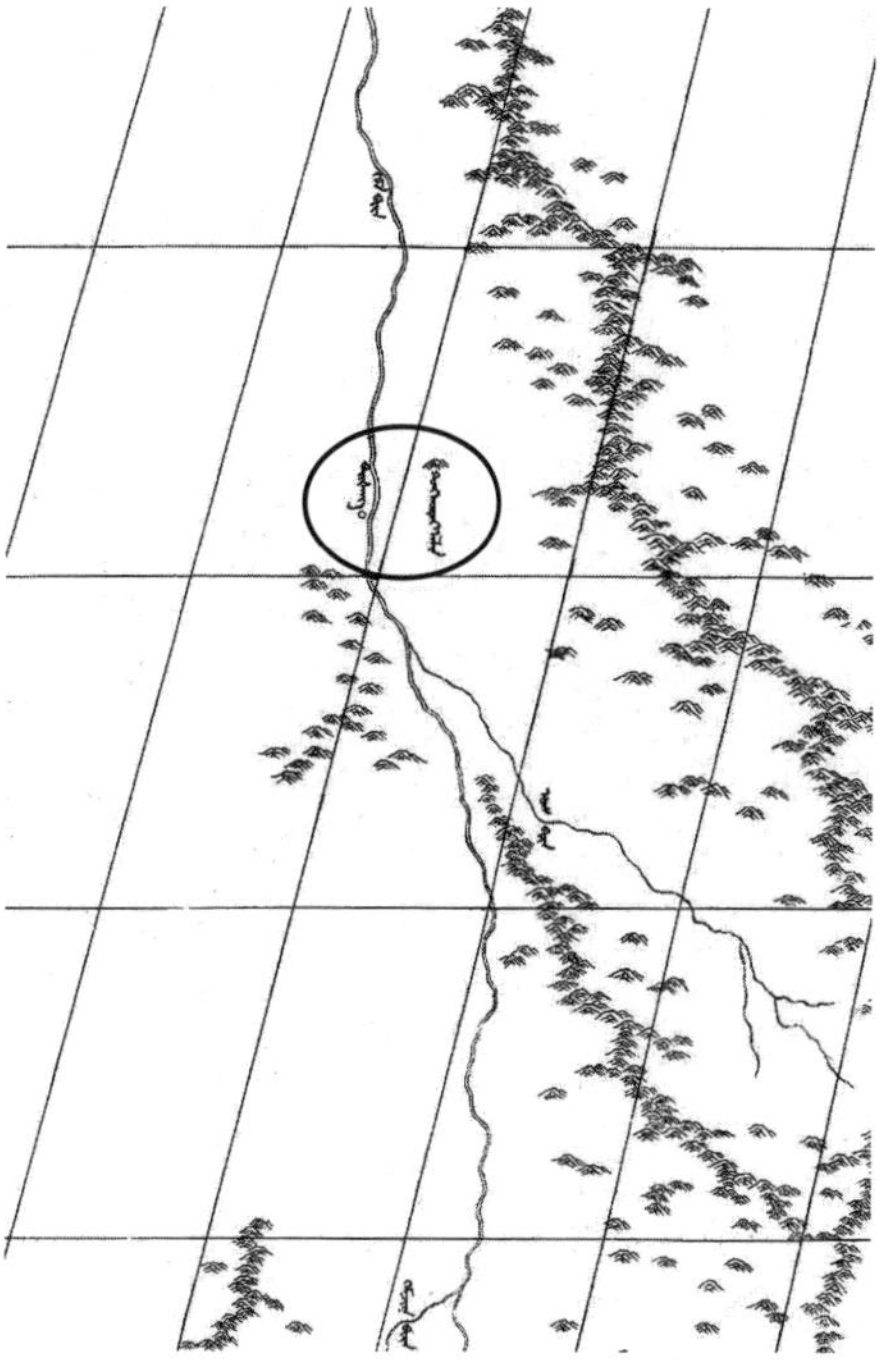

図2　『皇輿全覧図』「河源図」（部分）○がバイシン（baising）とコンコロイ（Kongkoroi）山（出典：『清廷三大実測全図集』外文出版社、2007年）

以上の限られた考察だけからいえば、『皇輿全覧図』には、少なくともある程度、外向きに清帝国の版図をアピールする意図が込められていたのに対して、『大清一統志』は、単純に地方行政区分ごとの地理情報を集積したものであった、という結論になる。しかし、もちろん『大清一統志』の性格をこれで説きつくすことはできず、他のさまざまな観点からの検討も必要であろう。他日を期したい。

注

（1）牛潤珍・張慧「《大清一統志》纂修考述」（『清史研究』二〇〇八年第一期）。

（2）現在、原本は黒龍江省檔案館（哈爾濱）に、マイクロフィルムが中国第一歴史檔案館（北京）に所蔵されている。

（3）承志『ダイチン・グルンとその時代――帝国の形成と八旗制』（名古屋大学出版会、二〇〇九年）二一七―二四一頁。

（4）「黒龍江将軍衙門檔案」二―一六九一、五一―五六頁、黒龍江将軍サブスの兵部宛咨文（康熙三十年三月十八日）。

（5）「黒龍江将軍衙門檔案」二―一七一〇、一二八―一四六頁、一四六―一八九頁、黒龍江将軍ヤンフ、副都統レセリの兵部宛咨文（康熙四十九年十一月十二日）。

（6）「黒龍江将軍衙門檔案」二―一七一〇、一一九―一二二頁、黒龍江将軍ヤンフ、副都統レセリの兵部宛咨文（康熙四十九年十月二十八日）。

（7）松浦茂「一七〇九年イエズス会士レジスの沿海地方調査」（『史林』八四―三、二〇〇一年）。

（8）「黒龍江将軍衙門檔案」一―一七一〇、七一―七五頁、兵部の黒龍江将軍等宛咨文（康熙四十九年七月六日）。

（9）盧雪燕「院蔵康熙満文本「黒龍江流域図」考介」（『故宮文物月刊』二二五、二〇〇一年）、孫喆「従両幅地図看一八世紀初期清人対黒龍江流域的認識」（『中国地方志』二〇〇六年第六期）、承志、前掲書、一五六―一六三頁、羅盛吉・呉雪娟「康熙《大清一統志。黒龍江図》考釈」（『満語研究』二〇〇九年第一期）。

（10）承志、前掲書、一五六―一六三頁。

（11）以下、『皇輿全覧図』の地図情報に関する記述は、『清廷三大実測全図集』（外文出版社、二〇〇七年）による。

（12）「黒龍江将軍衙門檔案」一―一七一〇、八九―一〇七頁、兵部の黒龍江将軍等宛咨文（康熙四十九年七月三〇日）。

（13）**Русско-китайские отношения в XVIII веке: Материалы и документы, т.1, Москва, 1978: 314-318**

（14）中国第一歴史檔案館蔵「満文俄羅斯檔」満俄二〇、一二三―一三一頁、理藩院のロシア近侍大臣宛書簡（康熙四十七年八月二十五日）。中国第一歴史檔案館編『清代中俄関係檔案史料選編』第一編（中華書局、一九八一年）、三〇一―三〇二頁に漢訳が収載されている。

◎コラム◎

ヨーロッパに伝えられた中国の地理情報

——『皇輿全覧図』の製作と宣教師の記録

澤 美香

さわ・みか——清泉女子大学非常勤講師。専門は十六〜十八世紀の中西交流史、来華イエズス会宣教師の活動について。論文に「檔案史料から見た「皇輿全覧図」とヨーロッパ技術」（『史観』第一二一冊、平成元年）、「中国キリスト教布教史覚書（その一〜三）」（『清泉女子大学キリスト教文化研究所年報』第六〜第八巻、平成六〜八年）などがある。

一、『皇輿全覧図』とは

『皇輿全覧図《こうよぜんらんず》』とは、清朝第四代皇帝聖祖康熙帝が製作を命じ、ヨーロッパの測量技術を利用して、初めて中国全土を実測して作製された地図である。この地図は、中国の伝統的な作図法による地図とは全く異なり、梯形投影法《ていけいとうえいほう》を用いて経緯度線が記入されており、非常に精密な地図である。地図には分省図と全国図があり、それぞれ複数の版本があることが知られている。

さて、康熙帝は、『皇輿全覧図』の完成を喜び、次のように述べている。

諭内閣学士蒋廷錫。皇輿全覧図、朕費三十余年心力、始得告成。山脈水道倶与禹貢相合。爾将此全図、並分省之図、与九卿細看……

（『聖祖実録』巻二八三、康熙五十八（一七一九）年二月乙卯）

地図の製作には、三十年以上かかり、ようやく完成したこと。そして、その特色は、①全土にわたる緯度の測量 ②山脈や河川の流路について明らかにしている ③詳細な地名まで記載されている ④黄河の水源やインドとの境界までといった版図の隅々まで記載していること、にあると述べている。

こういった特色を持つ、「中国史上初の地図」と康熙帝が誇る『皇輿全覧図』は、どのようにつくられたのであろうか。

二、製作についての記録

製作についての史料は、中国側の記録と、実際の作業に従事した宣教師の記録に大別される。

中国側の記録は、主に檔案史料で、地方官が担当地域での測量作業について、作業時期と作業担当者、作業ルートおよび地図の完成について報告したものと各省の地図製作とその時期を記録したものとがある。報告は一部地域にとどまり、中国側には『皇輿全覧図』の製作記録は部分的にしか残されていない。そのため、製作の実際について詳しく知ることは難しく、測量作業者である宣教師のヨーロッパに残された記録が重要になる。

ヨーロッパ側の記録には、まず、ヨーロッパ本国への活動報告書としての書簡類（『イエズス会士中国書簡集』）、デュ＝アルドの編纂による宣教師たちの旅行記および地理上の考察や地誌、そして宣教師がヨーロッパへ送った原稿から改めて製作された銅板の中国分省図（『中国全誌』）があげられる。

そもそも、宣教師たちの地図製作への関与は、後援者のフランス王ルイ十四世が設立した科学アカデミーの意向であった。当時の中国はヨーロッパにとって未知の地域で、学術的な目的から、科学アカデミーは、イエズス会宣教師の中でも優秀な学者を中国に派遣した。幼少時からヨーロッパの数学を愛好した康熙帝にとって、宣教師が提案した全土実測による地図の製作を了承することはごく自然な流れであったといえよう。

最初に宣教師が製作したのは、長城地域の地図（一七〇八～一七〇九年）であった。時期的には康熙帝が言った、「三十余年心力」とは一致しない。しかし、宣教師が通訳を務めたネルチンスク条約締結（一六八九年）の頃から、新しい地図の製作に関心を持ち始めたものと考えられる。

三、ヨーロッパに送られた記録

ここでヨーロッパに送られた記録が、どのようなものであったのかを整理しておこう。

☆書簡類

『イエズス会の海外宣教団による、面白くてためになる書簡集』

Lettres édifiantes et curieuses, écrites des Missions Étrangères par quelques Missionnaires de la Compagnie de Jésus. Nouvelle édition. 26vols. Paris, 1780～1783

（邦題『イエズス会士中国書簡集』一～六、矢沢利彦編・訳、平凡社、一九七〇～一九七四年）

海外の宣教団からフランスへ送られた報告書簡をまとめたもの。そのうち中国関係の書簡をまとめたものが平凡社東洋文庫の邦訳である。今回のテーマに該当する書簡は、平凡社版『イエズス会士中国書簡集』の第一巻康熙編と第五巻紀行編に多く収録されている。

フランスから未知の国、中国へ派遣された宣教師には、道中について報告の義務が課せられたため、書簡集には多くの旅行記録が含まれている。また、皇帝の命令により各地へ派遣された際の記録も含まれている。『皇輿全覧図』製作についての記録も含まれるが、より系統だって整理された地理情報としては、次のものがあげられる。

☆デュ=アルド『中国全誌』

『中華帝国と中華韃靼《タタール》の地理・歴史・年代・政治・自然についての記述』

Du Halde ,Jean Baptiste: *Description géographique, historique, chronologique, politique et physique de l'Empire de la Chine et de la Tartarie Chinoise*. Tom IV. Paris. P.G.le Mercier, imprimeur-libraire. 1735

中国からの宣教師の報告書をデュ=アルドが編纂して四巻にまとめたもの。デュ=アルド本人は、中国を訪れたことはなかったが、上述の書簡集の編纂者としての経験を生かし、中国研究史上非常に重要な書籍を編纂した。

表題の筆頭にあるように、内容には中国の地理情報が多く含まれ、また宣教師が収集したデータにより作製された中国地図（全図および分省図）も収録されている。

『中国全誌』に収録された中国の地理情報には、以下があげられる。

第一巻収録

A　中国と韃靼との境界である長城について

B　ブーヴェ・フォンタネイ・ジェルビヨン・ルコント・ヴィドルーがたどった寧波から北京への行程記および通過した浙江・江南・山東および北直隷の各省のすべての場所の詳細かつ正確な記録

C　フォンタネイのたどった北京から山西省絳《こう》州まで、そして絳州から江南省南京に至るまでの旅程

D　一六九三年ブーヴェが康熙帝の命によりヨーロッパへ派遣されたときの北京から広東への旅程

E　十五省地誌および各省の地図

このほかに、中国人旅行者によるタイから中国までの旅行記の抜粋を含む。

第四巻収録

F　韃靼についての地理上の観察、地図製作のために派遣された宣教師たちの手記より引用

G　四十九旗に分けられたモンゴル王公の支配する地域についての地理的論考

H　皇帝の随員として東北部を訪れたフェルビーストの旅行記（第一次：一六八二年、第二次：一六八三年）

I　中国イエズス会のフランス人宣教師ジェルビヨンの韃靼旅行記（第一次～第八次）

J　朝鮮王国についての地理上の観察、レジスの手記より引用

K　大ラマの領地とそれに隣接するガンジス川水源に至るまでの地域を含むチベットの地図についての地理上および歴史上の観察、レジスの論考より引用

L　中華帝国の地図を作製するために用いられた、観測された緯度と幾何学的計測の結果導かれた経度の一部の目録、康熙帝の命令によりイエズス会の宣教師たちが作製

第四巻でいう地図とは、『皇輿全覧図』を指す。このほかベーリングのシベリア探検紀行の抜粋と地図が併せて収録されている。このことからも、中国の地理に関する当時のヨーロッパの関心は非常に高く、学術上の問題解決のために宣教師の伝えた情報がいかに貴重なものであったかをうかがい知ることができよう。

三、『中国全誌』収録の地理情報について

第一巻収録

Aは、万里の長城について、その歴史から解説し周辺地域の地誌を紹介している。この地域の地図を製作したレジスによる緯度測量のデータも併せて収録されている。

Bは、寧波に上陸したフランスからの宣教師団がたどった北京への旅程についての記録（一六八七年〜八八年）。都市の地誌とともに距離や方角について詳しく記録されている。

Cは、一六八八年の旅行記。方角と距離についての詳細な記録となっている。

Dは、一六九三年の旅行記。他の記録同様、詳細な地理情報が収められている。

これらの記録には、地点間の距離と方角が細かく記載されている。実際に緯度測量を行えなかった地点では計測により地図製作に必要な数値を得るために重要なデータである。

Eの記事は、中国本土の十五省と主要な都市の地誌と地図を紹介している。ここでは清初の情報に基づき、以下の地域を扱っている。宣教師は明代の北直隷の名称を使っている。

北直隷・江南・江西・福建（厦門・澎湖諸島・台湾を含む）・浙江・湖広（湖南と湖北に分けている）・河南・山東・山西・陝西・四川・広東（澳門・海南島を含む）・広西・貴州・雲南および省治の各都市と主要な都市

各省の地図は、『皇輿全覧図』の分省図作成のデータによりフランスで製作されたもので、アルファベット表記で山や河川、湖や都市が細かく記載されている。また、『皇輿全覧図』にはない広州へ至る珠江の河口図や長江河口の崇明島についての情報も含まれる。

地誌は、基本的には中国の公的なデータを利用したものと考えられるが、地誌の内容は簡略化され、産物等はヨーロッ

パの読者向けの内容になっている。中国との貿易に関心を持ったフランス王の意向に沿う内容と考えられる。

第四巻収録

Fの記録は、韃靼すなわち内蒙古から満州族の故地である東北部およびロシア沿海州にわたる地域についての解説で、Gは地名と緯度の記録である。FとGとの間には、この地域についての歴史的考察が収められ、読者はこの三部により総合的に理解できるようになっている。Fの末尾には、十二葉の地図が収録されている。

付属の地図には、アルファベットで地名が記入され、山脈・河川・集落・砂漠・島嶼などが詳しく記入されている。ただ、地図の番号と配置は一致しない。沿海州地域の第二図には、はっきりと「日本海」Mer du Japonと記載されている。一七三五年の刊行当時の呼称を知る上でこれは重要な史料といえよう。また第十図には、サハリンがはっきりと島として記載されている。これは、『皇輿全覧図』に倣ったもので、当時最新の地理情報である。

Hは、欽天監正として活躍したフェルビーストの旅行記。精密な天文観測の意義を康熙帝に教えたフェルビーストは、帝の寵愛を受け避暑旅行に随行した。フェルビーストは、一六八八年に没しているので直接地図製作には関わっていないが、きっかけを作った重要な人物である。

Iは、ネルチンスク条約の通訳として名高いジェルビヨンの旅行記。フェルビースト同様、満州語に通暁したジェルビヨンは、康熙帝のそばに仕えたびたび韃靼への重要任務に派遣された。

第一次（一六八八年）ペレイラとともに通訳として派遣されたロシアとの国境締結準備のための調査記録

第二次（一六八九年～一六九一年）同じくネルチンスク条約締結のため国境地帯に派遣された記録と帰京後の宮廷での活動の記録

第三次（一六九一年）ブーヴェとともに皇帝に随行して韃靼を訪れた際の記録

第四次（一六九二年）皇帝の狩猟旅行随行の記録

第五次（一六九六年）トマ・ペレイラとともに噶爾丹《ガルダン》親征に随行した記録

第六次（一六九六年～一六九七年）皇帝の韃靼旅行随行の記録

第七次（一六九七年）皇帝のモンゴル旅行随行の記録、黄河上流域の調査も行う

第八次（一六九八年）トマとともに韃靼派遣の記録、緯度の計測を行う

Jには、朝鮮王国についての中国の記録を紹介し、詳細な朝鮮半島全国図をつけている。

Kは、チベットについての詳細な記録である。宣教師はチベット地図の作製のための実測を希望したが、紛争のため実現しなかった。清が派遣した担当者の集めたデータから作製されたチベット全図

一葉とチベットへの経路図九葉も収録する。

Lは、宣教師が測量した中国全土の緯度・経度の一覧表である。収録地域と観測地点の数は以下の通りで、直省五〇三地点、塞外一三七地点、総計六四〇の実測地点が収録されている。

直省：北直隷省47　江南省37　山西省28　山東省28　河南省29　陝西省28　浙江省30　江西省30　湖広省54　四川省28　福建省30・台湾7　広東省37・海南島7　広西省28　貴州省25　雲南省30

塞外：遼東［盛京］5　韃靼東部［吉林・黒竜江］36　韃靼西部［内蒙古］93

このほか第四巻には、中国および韃靼、チベットを含む当時の清の領域全図と、中国本土の全図が収録されている。

四、宣教師の報告書の意味

『皇輿全覧図』の製作は、ヨーロッパにとって非常に大きな意義のあるできごとであった。長年中国についての地理情報の入手を試みながら、事実上鎖国体制をとっている中国で、本格的な学術調査を行うことは不可能と考えられていた。

しかし、カトリック布教のためにヨーロッパの学術を紹介するというイエズス会の布教方針が成功したため、宣教師が作業を担当するという形で地図製作が実現した。但し、そのためには、中国の皇帝の協力が不可欠であった。

満州族の王朝の皇帝として、それまでの中国の王朝の伝統を尊重し、学問を重視して前代に引き続き一統志の編纂を命じた康熙帝が、なぜ改めて全く新しいスタイルの地図を作らせたのだろうか。新しもの好きの康熙帝は従来の地図に満足できず、自ら学術的な研究の頂点として『皇輿全覧図』を作らせたのではないだろうか。

そして、宣教師は自らの経験だけでなく、利用できるすべての中国の公的なデータを利用して作業にあたった。その意味で、新しい地図の中にも一統志の伝統は生きているのだといえよう。

中井竹山の名分論について
——他学派批判との関連を中心に

清水則夫

「名分」をめぐる問題系は、徂徠学批判とともに存在感を増し、道徳／政治的観点から国内面では朝幕関係論が、対外面では自他認識論が中心的に議論された。中井竹山は問題を文字の選定に集約し、かつその問題に責任を追う主体を儒者に限定した。そのうえで、国内面では朝幕の両立を理想とし、対外面には、直接的な言及を避けつつ、徂徠学派の中華主義の漢文とは異なる、日本風の漢文を対置した。

はじめに

（一）問題設定

本稿の課題は、中《なか》井《い》竹《ちく》山《ざん》（一七三〇～一八〇四）の名分論を、彼の他学派批判との関連を通じて分析し、その特徴を明らかにすることにある。

『大明一統志』をはじめ、種々の中国地方志は近世日本の地誌編纂に甚大な影響をもたらしたが、他方で十九世紀前半には中国の影響を脱した「日本型地誌」も出現した。[1] その意味で、「一統志の時代」の終末期と言ってよいかもしれない。

ところでこの時期は「編纂書の時代」[2]とも言われ、上記の「日本型地誌」を含め、幕府が種々の編纂事業を行った。[3] 中井竹山は、大阪の朱子学者であり、懐徳堂の学主を務め、その最盛期を担ったことで知られる。彼が自著『逸史』を幕府に献上したのは寛政十一年（一七九九）のことで、また彼が幕府から「編年之大典」編纂事業の総裁に推薦されようとしたのは寛政末（一八〇〇）か享和初年（一八〇一）のことと推

しみず・のりお——明治大学理工学部専任准教授。専門は近世儒学、近世日本思想史。論文に「浅見絅斎の「大義名分」の再検討」（『日本思想史学』四八、二〇一六年）、「懐徳堂朱子学之変迁——五井兰洲与中井竹山」（訳：崔鵬偉、『日本学研究』三〇、二〇二〇年）、「十八世紀前半の朱子学者について——徂徠以後の朱子学者」（『朱子学とその展開——土田健次郎教授退職記念論集』汲古書院、二〇二〇年）などがある。

定されている。(4)懐徳堂は並河誠所ら並河家と深い関係があり、竹山も『五畿内志』を読んだうえで、松平定信に地誌編纂を提言してもいる。(5)最終的に竹山は総裁への推薦を固辞したが、彼が「編纂書の時代」の初期に重要な位置を占めていたことは明らかであろう。

竹山がどのような問題意識を持ち、それが彼の史学とどう関係するかは興味深い問題である。そこで本稿では上記の課題を通じてこの点を検討する。

彼の名分論は、これまでも竹山の史学を検討する中で言及される例があり、(6)後期水戸学との関連を視野に取り上げられてもいる。(7)本稿では、竹山自身の説を特徴づける諸点と、その意義とに対象を絞って考察を試みる。

結論から言えば、竹山の名分論の特徴は三点、すなわち、政治的／道徳的課題を文字の選定に集約していること、主張の相手が儒者に限定されていること、そしてこれらが漢文表現の日本化という形で具体化したこと、以上である。

(二)「称謂」、「正名」、「名分」

これまでの研究で、十八世紀の前半から後半にかけて、徂徠学派批判とも関連して、しばしば「称謂」、「名分」や「正名」が問題にされていたことが明らかになっている。(8)本稿で言う名分論とは、これらの語に象徴される問題圏に関連する竹山の一連の議論を指す。

「称謂」とは物事の呼び名、呼称の意だが、これが十八世紀日本思想史で議論された理由は、次のように整理できよう。第一に、朝廷と幕府とが併存し、統一も定義もされない曖昧な状態にあって、その解釈自体が一つの政治的かつ思想的問題となる状況があったこと、第二に、その状況のもとで、徂徠学派の隆盛に伴い日本固有の語彙の漢語表記が大量に作られ、後に徂徠学派への批判が高まるにつれて、それらの漢語表記までもが問題化したこと、この二点である。

徂徠学派批判は多様な角度からなされたが、本稿にとって重要なことは主に二点、すなわち徂徠学派による中国的呼称の採用と、批判者側のいわゆる京都朝廷に対する僭上である。

周知のように徂徠学派では、唐話の使用など種々の面にわたって中国風が流行したが、詩文の創作においても、日本の事物を中国風の呼称で記述することが盛んに行われた。

また新井白石や徂徠学派は、幕府に対し新たな称謂を与えたり、あるいは朝廷と区別された独自の制度を創設しようと試みた。白石の「日本国王」号の件は有名だが、白石と徂徠の二人が武家独自の勲階制度を構想したこともよく知られている。(9)

これらに対し、儒者と国学者とを問わず多くの批判が現れ、

「称謂」や「名分」が論じられることになる。ここに「正名」が浮上する契機が生まれる。「正名」が『論語』子路に由来することは言うまでもない。(10) 衛の政治を任されたなら何を優先するかという問いに、孔子は「名を正す」と答えた。当時の衛の出公輒は、出奔した実父の荘公蒯聵の代わりに祖父の霊公を父として祭った。祖父を父として祭祀の対象とするとは「名」と「実」の不一致であり、政治の乱れの根源でもある。つまり、「称謂」の乱れは即ち「名分」の乱れでもあり、その是正手段こそ「正名」であった。

これらの三つを主たるキーワードとして、政治的／道徳的に正しい表現をめぐる議論が戦わされる。中井竹山もまたこの流れの中で自説を展開していた。以下、手始めに竹山の儒者観と、彼における名分論の位置づけを検討する。

一、儒者の仕事と「名分」

(一) 儒者の仕事

竹山は「逸史釈言」冒頭で、彼自身の現状認識と儒者の任務およびその意義について次のように語る。

> 大政武閥に帰して文献廃闕《はいけつ》す。継ぐに喪乱を以てし、学術榛蕪《しんぶ》す。故に名実乖《そむ》きて称呼濫れ、簡に臨み殆ど筆す可からざる者有り。……是を以て論定の権、儒者に存す。乃ち詳かに釐正を加へ、僭妄を抑へ、本実を表し、古を斟み今を量り、雅を推し俗を撓《た》め、鋳鎔渾融《ちゅうようこんゆう》、後学をして遵依せしめ以て規矱と為し、然る後能く師儒の任に勝ふると為す。異日国家或いは采録する所有るか。亦た是れ正名の一端、関係軽きに匪ず、慎まざる容からず。(11)

武家政権の成立以後、文の道は廃れ、戦乱の世が続いた結果、学術は荒廃した。そのため名と実は乖離し称呼は乱れ、書きあらわせないほどになってしまった。だがこの状況で文字を「論定」する権利は儒者にあるのであって、詳細にそれを正し秩序に反する表現を抑え、あるべき姿を表し、歴史を参照し、雅を推し広め俗を矯正し、表現を練り上げ、後進に依拠すべきモデルを提示してこそ「師儒」である。これをやがて国が採用するのなら、それは「正名」の一端であり、慎まねばならないと竹山は言う。

文字即ち「名」を選ぶことは、社会秩序の表現である限りにおいて、政治および倫理と密接な関係を有する。竹山はこれを「儒者ノ要務」とも言っている。

> 孔子作春秋而乱臣賊子懼ハ、一時ノ為ノミニ非ズ。実ニ万世ノ教ナリ。朱子綱目コノ意ヲ受テ千載ヲ雌黄ス。世ニ三綱敗レタラバ、マスマス三綱ヲ整へ、乱賊ヲ抑ユルコト、浅見微力タリトモソノ十分ヲ尽スコト、儒者ノ要

務ト心得ベキコトナリ。世乱テ君臣ノ道廃スルユヘ君臣ノ事ハ捨置タルガヨシトイハバ、ソノ君臣ノ道ハイツ正スベキヤ。(12)

これは『逸史問答』で竹山の論争相手であった菱川大観（一七四八～一八〇三）が、論定の困難を理由に「鎌倉以来ノコトヲ論ズルニハ、君臣デアルノナキノト云コトハ置テイハザル、愈ベシト思フ」(13)と言ったことに対する反論である。竹山は『春秋』と『通鑑綱目』を挙げ、乱れた世にあっても「三綱ヲ整へ、乱賊ヲ抑ユル」ことが「儒者ノ要務」だと言う。二つの史書を挙げている以上、この「要務」が実質的には文字の選定を意味することは疑いない。「君臣ノ道ヲ正ス」等の字面を見れば、崎門学派の発言と見まがうばかりの内容であるが、竹山の「名分」とは崎門や水戸学のように、君臣の大義を弟子や周囲に高唱するといった類のものではなかった。

（二）「近儒ノ当否」

竹山の名分論は、「君臣」のような政治的／道徳的課題を文字の選定に集約し、かつその主張が儒者に向けられていた点に特徴がある。

上記の特徴は相互に関連する。竹山は当時の称謂に関して、世間のそれは正しく、過ちを犯しているのはむしろ儒者だとみなしており、彼の批判はもっぱら儒者に向けられた。渋井太室（一七二〇～一七八八）宛の書簡で、竹山はこれらの点にしばしば言及する。

諡号ニツラネテ廟ト称スルハ、全ク明ヲ学ブナリ、全ク天子ノ称ナリ。物氏ノ文ニ憲廟貞享元年ナドアリ。廟号ヲ以テ年号ニ冠スルハ、尤モ僭乱ノ甚シキモノナリ。是ラノ大節目ハ、世間ノ称呼甚ダ正シク、上下一統ニ公方様将軍様トノミ称シテ、室町氏ヨリ以来数百年ニ及ベドモ、終ニ一人モ将軍家ヲ称シテ禁裡様ト云モノナシ。ソレホド名正シクシテ言順ナルヲ。学者ヨリ紊乱スルハイカナルコトニヤ。(14)

竹山は、徂徠が将軍の表記に「廟」を使うことは「天子ノ称」であり、「僭乱」にほかならないとする。しかしより重要なことは、こうした間違いを「学者」の問題だとしている点である。これは端的に、竹山の名分論が誰に向けられたものかを物語る。

次の資料は、この点を集約的に述べた言といってよい。

匹夫本ヨリ妄リニ国家ノ名分ヲ正スベカラズ。又今ノ国家ノ名分随分正シ、匹夫必シモ正スヲ用ヒズ。タダ苦々シキハ、華域トチガヒ、世ノ称スル所、大方ハスグニ漢文ニ用ガタシ、漢文ニ施セバ文字ヲ撰定セザルヲ得ズ、改メテ文字ヲ撰メバ、名分随フテコレニ係ルナリ。近儒撰スル文字ニ、当ヲ得アリ、当ヲ失フアリ。僕ノ名分ヲ論ズルハ、カツテ国家ヲ議スルニアラズ、近儒ノ当否ヲ議スルナリ。諸儒ノ当否ヲ議スルハ、自ラ筆ヲ執トキニ、否ヲサリ当ヲ得ンタメナリ。[15]

竹山の名分論の内実と目的が明示されている。日常レベルでの「称呼」・「名分」はむしろ正しく、民間の匹夫が口を挟む必要はないが、しかし「近儒」がそれらを漢文化する際に選んだ文字は、却って名分を「紊乱」し「当ヲ失」うものがあり、そのため竹山が「名分ヲ論」じるとは「近儒撰スル文字」の「当否ヲ議スル」ことで、その目的は「自ラ筆ヲ執トキニ、否ヲサリ当ヲ得ンタメ」とされる。このため竹山の名分論は、言論としてはともかく、実践的にはごく穏健なものとなる。

(三) 儒者と称謂

こうした記述を見れば、竹山が儒者は「文字ノ選定」を担う大きな責任を背負っていると考えていたこととの関連も明らかになる。日常での称謂はおおむね正しいものとなっており、ことさら改定する必要はない。しかしその漢文化には、公的な称謂が決まっていないため、それを実行する儒者の裁量に委ねられ、それ故に選定される文字は個々の儒者の価値観に大きく左右される。徂徠流の詩文が横行する中で青年期を過ごした儒者として、竹山は当時の「文字」に、軽視できない問題を見出したのである。

しかし竹山の本領は、これを直接的に政治的／道徳的に論じることとなく、あくまで文字の選定に集約した点にあった。先に見た「近儒ノ当否ヲ議スル」云々とは、渋井太室の「名分を正すは匹夫の事に非ず」という言、つまりは竹山自身が分を弁えていないという指摘に対する反論であった。太室はほかにも、竹山は「忌諱」に触れている、という指摘を繰り返し、竹山の言を封じようと試みている。[16] これらのことをも勘案すれば、竹山が名分論を文字の選定に集約したことには、徂徠や白石に対する批判のみならず、竹山自身の発言の自由や安全を確保する狙いもあったのだろう。[17] 竹山の名分論は、それら複数の同時代的課題に対する対応策という側面を強く持っていた、とみてよい。

そうなると次は、竹山が「近儒ノ当否ヲ議スル」基準が明らかにされねばならない。次節でこの点を検討する。

二、朝廷と幕府

(一) 朝幕の両立

竹山の名分論が、儒者の文字選定の当否を批評するものだとして、ではその判断基準は何か。無論それは政治的／道徳的課題であり、国の内外両面にわたる、政治体制およびそれに対する人間の当為の問題である。したがってまず、竹山が描く国内の政治体制が問われなければならない。

この問題は従来、竹山が朝幕いずれを重視したかという形で問題にされてきたが、諸家の意見は一定しない。『逸史』を根拠に、竹山が幕府に媚びているという批判は古くからあったが[18]、他方で執拗な徂徠批判や、幕府の「恭順の美」の強調などから、竹山の尊王を主張する論も少なくない[19]。

私見では、竹山の名分論の根柢にあるのは、大政委任論と高い親和性を持つ彼の体制認識であった。竹山は当時の政治体制を、強大な実権を有しつつも朝廷に恭順する江戸の幕府と、その幕府に政治の実権を委任した京都の朝廷から構成されるとする。その狙いは朝・幕を両立させ、一方に偏らない見方を確立することにあったと思われる。

竹山にとって、朝幕の両立は論の前提であった。たとえば『草茅危言』が「王室之事」から始まるのは周知のとおりだが、竹山はそこで朝廷が衰微した理由は「崇神妄仏ノ惑」から始まる仏教尊信だとする[20]。これは裏面では武家政権成立の理由を暗示するものだろうが、しかし朝廷の支配はそもそも何に由来するかが問われた形跡はない。この態度と、尾藤二洲が「皇室二千余年、桀紂《けっちゅう》の君無く、桀紂の政無し」という「先皇之徳」のおかげで、朝廷は今も民から憎まれていないと考察したもの[21]とを比較すれば、その相違は明らかである。また江戸の幕府に対して竹山は「覇」字を使わず（鎌倉幕府には使う）、「江都」「御当家」などを通例とする。「覇」とは朝廷の威勢を借りるよりもむしろ武力で統治権を確立したことを含意するだろうが、江戸幕府をそのように位置付けた形跡はないのである。また幕府の朝廷に対する「恭順」を繰り返し賛美しており、『草茅危言』に「関東賢治委任」の文言があることも良く知られている[22]。竹山の論が政治的には穏健に見えるのはこのためでもあろう。

（二）「処贔屓」に見る他学派批判

朝幕の両立は前提であったと述べたが、これは竹山の他学派批判と連動する。竹山といえば徂徠批判が突出して有名で、そのため先行研究は竹山の他学派批判を誤解しているように見える。たとえば下記の資料はしばしば引用されるものだが、竹山の批判は徂徠だけに向けられたものではない。

世俗ニ処贔屓ト云モノアリテ……物氏ノ怪僻ノ見ハ云ニ足ズ。鳩巣ノ文字モ必竟ハ江戸贔屓ヨリ出テ、王室ヲ目上ノ瘤トスルナリ。山崎家ノ神道ヲ雑フルハ京贔屓ニテ、武家ヲ尾大ノ勢トスルナリ、笑フベキコトナリ。室氏遊佐氏数返往復ノ弁論モ。双方ツイニ贔屓窟中ヲ脱出セズ。

……総ジテ学者ノ公平正大ノ議論ヲ立ルニ、贔屓偏頗ノ沙汰ニ及ブコトハアルマジキコトナリ。ソノ上、凡ソ我邦ニアル人、誰カ千載一王ノ沢ヲ仰ガザラン。凡ソ今ノ世ニアル人、誰カ御当家奕世ノ隆治ヲ戴カザラン。モト贔屓ヲソノ間ニイルベキニ非ズ。(23)

竹山の趣意は、江戸と京都の一方のみに与することの否定にある。間違っているのは徂徠だけではない。竹山と同じ朱子学者ではあっても、鳩巣は江戸贔屓つまり武家寄りであり、崎門は京贔屓すなわち朝廷寄りで、遊佐木斎と室鳩巣の論争、いわゆる『神儒問答』も両者の贔屓の所産に過ぎず、いずれも「公平正大ノ議論」ではない。まして、「千載一王ノ沢」と「御当家奕世ノ隆治」は「我邦」の人全てがその恩恵を受けているもので、そのため両者の間に「贔屓」を挟んではならない。朝廷と幕府のいずれかに偏した儒者は皆批判されていることを見落としてはならない。

この点は師の五井蘭洲にも同じ傾向が見えるから、その影響も考えられる。蘭洲も、武家政権による安定した統治こそが天皇家を安泰にすると考える、朝幕両立論者だった。(24)ただ当然ながら、竹山には蘭洲と大きく異なる点もある。それこそ、政治的／道徳的課題における対外面であった。

三、神道批判と東アジア

(一) 徂徠批判に欠けているもの

ここで注目すべきことは、竹山が徂徠を批判する際、中華主義への直接的批判はほぼ見られないということである。

恐らくこれは意図的なものであろう。たとえば『非徴』で竹山は徂徠の「与富春叟書」を引用する。(25)同書簡は「東夷之人」という表現を含み、その種の批判には絶好の箇所だが、竹山はこれに一言も触れず、古文辞だけを対象とした批判に終始している。

竹山にナショナリスティックに見える言が皆無ということではない。『逸史』釈言でも足利義満に対し「明封之恥」という表現を使い、武家の棟梁に決まった尊称が無かったことを「大傷国体」と言う。(26)しかし徂徠学派への批判でこの種の非難は少しも珍しくないことを思えば、竹山に何らかの抑制が働いていると推測するのも、あながち穿ち過ぎとはいえまい。

しかもこの点は、五井蘭洲が徂徠学派の中華主義に明確な批判を向けている点とは大きく異なる。(27)そうなると、竹山の態度はますます興味深い。

(二) 竹山の神道批判

では竹山はなぜ、徂徠学派の中華主義を攻撃しないのだろうか。考えられる背景として、彼が神道、特に垂加神道を嫌っていた点がある。これも、蘭洲が神儒一致論者であったことと比較して、この師弟の大きな相違点の一つである。(28)

予深く神道者流の言を疾《にく》む。嘗て友人を送るの序に、近世学術の弊を歴詆して言へる有り。「神鬼荒唐悠繆の説を采り、経典に附会し、幽明を混ぜ、姦佞を信じ、其の言閃倏滉漾、性命の実をして、風を捕り影を係ぐが如からしむる者焉《これ》有り。目して巫学と為して可なり」と。是の言激しと雖も、也た切に其の病に中る。(29)

竹山の神道に対する見解は『奠陰《てんいん》自言《じげん》』に散見されるが、最も基本的な態度はこれに尽きよう。徂徠学派には垂加神道も精力的な批判を行っていたから、垂加神道家と結果的に似通った発言をすることになるのを避けようとしたのではないか。この推測が正しければ、ここにも竹山の他学派批判が反映している様子を確認できよう。

こうして、竹山の名分論からは自他認識が除外された。文字の選定が問題なのだから、これは竹山の漢文実作にも影響するはずである。この点で興味深いことは、竹山の漢作文論の特色は漢文表現の日本化にあるとの指摘である。(30)

(三) 漢文表現の日本化

思えば、予兆は早くからあった。竹山は自著『東征稿』での「江戸」の漢訳について質問された際に、次のように答えていた。

凡コノ類（引用者注、「江戸」漢訳の具体例「江都」「燕都」「燕土」）、和訓ヲ失ハヌユヘ病トセズ……近来諸儒ノ、華域ノ地名ヲ我邦ニアテ用ルコト、甚イカガト思フ。(31)

「華域ノ地名ヲ我邦ニアテ用ルコト」が批判されている以上、これも徂徠学派批判の一つであろう。徂徠にさえ「和習」を指摘し、「ムツト日本臭キ」漢文を嫌った(32)竹山が、他方で漢文に「和訓」を導入する道を開いたことになる。発想を逆転させ、「和訓」を「華域」の文字に「アテ用」いたわけである。

竹山は、日本語語彙の中国風表記を否定し、代わりに、日本風に漢字を使用することを選んだのであった。これはさらに、中国人に読まれることを想定しない日本漢文として具体化される。その、いわば内向した漢文の具体例こそ『逸史』であった。

『逸史』の叙述は『左伝』流と言われ、「称呼を混雑しても自由に叙述を行う」ものとされる。(33)「混雑」が許容されるのは、竹山が「一書ノ体製」(34)を定めているからでもあるが、読者を「国人」に限定したためでもあったことを見逃してはならない。

菱川大観は、大観と竹山との議論の行き違いを三点挙げた後、次のように総括した。

畢意高意ハ始終国人ニ示ス心ニテ論ゼラル、余ハ始終漢人ニヨマシムル心ニテ論ズレバ、全体ノ趣意ニ行違ヒアリ[35]

この相違は『逸史問答』上巻を貫く。たとえば大観が、中国で「将軍」と言えば「国主」の臣であり、『逸史』の文字は「漢人」の誤解を招く恐れがあると指摘しても、竹山は「山名細川赤松ナド、皆国持大名ナリ。皆是足利将軍ノ臣ナルコト、五尺ノ童子モ知所也[36]」として取り合わなかった。「五尺ノ童子モ知ル」とは、前もって読者に日本史の知識を期待していることで、竹山の想定読者が日本人であることを証明する。竹山が「将軍」二文字を使用する根拠に『日本書紀』の「四道将軍」まで挙げるのも[37]、こうなれば不思議はない。二人の議論がすれ違うのはむしろ必然だった。

むすびに代えて――『逸史』の文字選定と「日本」

以上、中井竹山の名分論を、他学派批判との関係を通じて検討してきた。

竹山の特徴は、既に明らかであろう。「名分」をめぐる問題系は、徂徠学批判とともに存在感を増し、道徳／政治的観点から、国内面では朝幕関係論が、対外面では自他認識論が中心的に議論された。徂徠の中華崇拝や朝廷軽視が槍玉に挙がることが多かったなかで、竹山は問題を文字の選定に集約し、かつその問題に責任を負う主体を儒者に限定した。そのうえで、国内面では朝幕の両立を主張し、対外面には直接的な言及を避けつつ、徂徠学派の中華主義の漢文とは異なる、日本風の漢文を対置してみせたのである。

ただし、こうした漢文を生み出したのは、必要に迫られた結果とも思われる。以前は竹山も、東アジア規模で通用する称謂を定めようと考えていた。[38]とはいえ、出来上がった『逸史』が、内向的な漢文であったことは否定できない。

竹山以前と比較すれば、彼の新しさは疑問の余地がない。かつて論じたように[39]、それ以前の徂徠批判者には、「文」の方面でむしろ徂徠学派に劣等感を持つ者も多く、そのせいで過度に道徳の実践を高唱する気味があり、しかもそうした議論は往々過激化した。これと比較して竹山の名分論は、焦点をむしろ「文」に置き、政治的／道徳的課題を文字に集約した点が新しい。竹山の主たる論敵は、恐らく徂徠と崎門であった。徂徠は認められないが、かといって崎門のごとき過激な言動も避けたいと考えればこそ、中華崇拝に対し沈黙したのである。その結果こそ彼の名分論であったが、それを反映した竹山の漢文には、ひそやかな形で、「日本」という観念が浸透していた。この漢文は既に指摘されるように『日本外史』へと連なっていくだろう。(40) また「日本型地誌」の出現と並行してこうした現象がみられる事実は、中国地方志の影響からの脱却を考えるうえで、思想史的視角も不可欠であることをあらためて示唆するものと言えよう。

注

(1) 白井哲哉『日本近世地誌編纂史研究』(思文閣出版、二〇〇四年)。

(2) 高橋章則「近世後期の歴史学と林述斎」(『日本思想史研究』二七、一九八九年)。

(3) 福井保『江戸幕府編纂物』(巌松堂書店、一九八二年)、同『江戸幕府刊行物』(巌松堂書店、一九八二年)。

(4) 加地伸行ほか『叢書 日本の思想家24 中井竹山 中井履軒』(明徳出版社、一九八〇年)一四二頁。

(5) 中井竹山『草茅危言』巻五(『日本経済叢書』巻十六、日本経済叢書刊行会、一九一五年)三七四頁。

(6) 高橋章則「近世後期史学史と『逸史』」(『日本思想史学』十九、一九八七年)、同「解説 『逸史』献上と歴史叙述の方法について」(『近世儒家資料集成 第四巻 中井竹山資料集 下』ぺりかん社、一九八九年)、同「近世の家康研究と『逸史』」(『季刊日本思想史』三六、一九九〇年)。

(7) 大川真『近世王権論と「正名」の転回史』(御茶の水書房、二〇一二年)。

(8) 梅澤秀夫「称謂と正名」(尾藤正英先生還暦記念会編『日本近世史論叢 下』吉川弘文館、一九八四年)、秋元信英「近世後期の儒学と名分論」(『國学院女子短期大学紀要』六、一九八八年)。

(9) 白石と徂徠の勲階制度構想については、ケイト・W・ナカイ『新井白石の政治戦略』東京大学出版会、二〇〇一年、注7前掲、大川『近世王権論と「正名」の転回史』、田尻祐一郎『叢書日本の思想家15 荻生徂徠』明徳出版社、二〇〇八年、二四一頁以下、許家晟「荻生徂徠の幕藩体制改革構想——勲階制導入構想に見える危機意識」(『東洋の思想と宗教』三一、二〇一四年)。

(10) 以下は朱熹の注による。土田健次郎訳注『論語集注3』(東洋文庫、二〇一四年)を参照。

(11) 『近世儒家資料集成 第三巻 中井竹山資料集 上』(ぺりかん社、一九八九年)九九頁。以下、資料の引用に際しては、適宜句読点や濁点を補い、字体・略字は通行のものに改めた。

(12) 注6前掲『近世儒家資料集成 第四巻 中井竹山資料集 下』六三四頁。

(13) 同前注、六二四頁。

(14) 中井竹山『竹山国字牘』(松村文海堂、一九一一年)、下、一九丁裏。なお同書の誤脱は大阪大学附属図書館懐徳堂文庫蔵の原本により訂正した。

(15) 手稿本『竹山国字牘』(大阪大学附属図書館懐徳堂文庫蔵写本)第七冊、二二丁表。注10前掲、『竹山国字牘』には未収。両種の『竹山国字牘』の相違については、田世民「中井竹山研究序説:回顧と展望」(『懐徳堂研究』三、二〇一二年)を参照。

(16) 一例として「帖中有誣先儒者。有触忌諱者」(注15前掲、手稿本『竹山国字牘』第七冊、二三丁表)。

(17) 竹山は崎門学派批判において、宝暦事件に言及した例があることも想起されてよい。注14前掲『竹山国字牘』下、四一丁裏。

(18) 西村天囚『懐徳堂考』（懐徳堂記念会、一九二五年、初版一九一一年）「逸史献上」、注6前掲、高橋「解説『逸史』献上と歴史叙述の方法について」六八八頁以下を参照。ほかに、猪飼敬所『逸史糾謬』は『逸史』巻十二「挙兵而反」（注6前掲、『中井竹山資料集　下』、四六二頁）に対し、徳川と豊臣に君臣関係がないことを理由に「反」ではなく「叛」を使うべきだったとし、『逸史』を「終に侫史の誹りを免れず」と批判する（『日本儒林叢書　第四巻』、鳳出版、一九七一年、二〇頁）。また注7前掲、大川『近世王権論と「正名」の転回史』も竹山の所説を「大君イデオロギー」と呼び、「徳川政権の正当化が尊王論的観点からなされている」とも言う。また新井白石を「二元的王権論」、竹山を「一元的王権論」としており、この「一元」とは、徳川政権を指す。

(19) 前注前掲、西村『懐徳堂考』「竹山の尊王」を参照。近年の研究では藤井岳人の次の言。「竹山自身には、自分は江戸にも京都に与せず中立だという意識があったようだ。ただ、本稿で述べたように、実際は朝廷尊重の傾向が強い」（藤井「江戸時代における儒者の朝廷観：中井竹山、新井白石らを例として」（『懐徳堂研究』9、二〇一八年、二七頁）。

(20) 中井竹山『草茅危言』（『日本経済叢書』巻十六、日本経済叢書刊行会、一九一五年）、二六七頁。

(21) 尾藤二洲『冬読書余』巻一（『近世儒家文集集成第十巻　静寄軒集』ぺりかん社、一九九一年）、二四六頁。

(22) 注20と同。

(23) 注14前掲『竹山国字牘』下、二一丁表。

(24) 蘭洲の朝幕関係論および神儒一致論については、陶徳民『懐徳堂朱子学の研究』（大阪大学出版会、一九九四年）第五章、同「国粋主義と中華崇拝を越えて――五井蘭洲『百王一姓論』の再評価」（『東アジア文化交渉研究』一、二〇〇八年）、拙稿「十八世紀前半の朱子学者について――徂徠以後の朱子学者」（『朱子学とその展開――土田健次郎教授退職記念論集』汲古書院、二〇二〇年）を参照。

(25) 『懐徳堂文庫復刻叢書　一　非徴』（吉川弘文館、一九八八）、五～六頁。該書が引用する徂徠の「与富春叟書」は『徂徠集』巻二十二（『近世儒家文集集成第三巻　徂徠集』ぺりかん社、一九八五年、二三一頁）。

(26) 注11前掲『中井竹山資料集　上』一〇〇頁、一〇一頁。

(27) 蘭洲の以下の言。「之（引用者注、松岡雄淵『神道学則日本魂』）を物茂卿太宰純の徒、夷狄を以て我国を待ち自ら甘んずる者に比ぶるに、同日にして論ずべからず」（五井蘭洲『蘭洲遺稿』大阪府立中之島図書館蔵写本、乾、八一丁表）、「但し文人名分を知らざる者、乃ち中国を中華と称して疑はず」（同前『鶏肋篇』大阪大学附属図書館懐徳堂文庫蔵写本、第四冊、四八丁表）。また注24前掲、拙稿「十八世紀前半の朱子学者について――徂徠以後の朱子学者」を参照。

(28) 蘭洲との相違点としてはもう一つ、和学を挙げてもよいだろう。蘭洲は父の五井持軒から家学として和学を受け継ぎ、日本古典の注釈も複数遺しており、近年は研究対象になることも多いが、竹山には和学方面でこれといった著作がない。また「蘭洲にとって重要だったのは、「やまとだましゐ」という語それ自体ではなく、「ざえ」（漢学）が「やまとだましゐ」を養うという『源氏物語』の文脈だった」という注目すべき指摘もある（天野聡一「五井蘭洲の和学――『勢語通』の改稿過程を通して」『国語と国文学』二〇二〇、四九頁）。この見解は蘭洲を理解するためのみならず、蘭洲と竹山との比較においても重要である。

七)、七七頁。

(29)『龔陰自言』(大阪大学附属図書館懐徳堂文庫蔵写本)六丁表。「友人を送るの序」とあるのは、「送中村君彝之江都序」(『近世儒家文集集成　第八巻　龔陰集』ぺりかん社、一九八七)、七七頁。

(30)黒田秀教「中井竹山に見る懐徳堂の漢作文──達意を軸として」(『新しい漢字漢文教育』六八、二〇一九年)。ただし同論文は竹山のこうした特色を徂徠学派の延長上に現れたとする。徂徠学派との関係も重要だが、同時に崎門への反発をも見るべきであろう。この点については、拙稿、崔鵬偉訳「怀德堂朱子学之变迁──五井兰洲与中井竹山」(『日本学研究』三〇、二〇二〇年)および注24前掲、拙稿「十八世紀前半の朱子学者について──徂徠以後の朱子学者」を参照。佐藤由隆「中井竹山の文章観──懐徳堂の「博約並進」」(『懐徳堂研究』十一、二〇二〇年)も参考になる。

(31)注15前掲、手稿本『竹山国字牘』三八丁表。

(32)注14前掲、『竹山国字牘』下、三三丁表。

(33)注6前掲、高橋「近世後期史学史と『逸史』」、六一頁。

(34)注6前掲、『中井竹山資料集　下』、五四七頁。

(35)同前注、五九四頁。

(36)同前注、五七〇頁。

(37)同前注、五七三頁。

(38)「カリニ、外国ニ今ノ日本ノヤウナル模様ノアルヲ此方ヨリ名目ヲ定ムルカ、又ハ我身新ニ外国ヨリ来リ日本ノ様子ヲキキ、初テ漢文ニウツシ名目ヲ立ルヤウナル心ニテ、判断ヲ加ヘ玉ハンコトヲネガウ」注14前掲、『竹山国字牘』下、二一丁裏。

(39)注30前掲、拙稿「怀德堂朱子学之变迁──五井兰洲与中井竹山」および注24前掲、拙稿「十八世紀前半の朱子学者について──徂徠以後の朱子学者」を参照。

(40)注6前掲、高橋「近世後期史学史と『逸史』」、六一頁、および注30前掲、黒田「中井竹山に見る懐徳堂の漢作文──達意を軸として」、四〇頁。

附記　本稿は、日本学術振興会 科学研究費助成事業(基盤研究(C)、研究課題番号:19K00118)の成果である。

「津軽一統志」の編纂と弘前藩

長谷川成一

はせがわ・せいいち——弘前大学名誉教授。専門は日本近世史。著書に『近世国家と東北大名』(吉川弘文館、一九九八年)、『北の世界遺産 白神山地の歴史学的研究——森林・鉱山・人間』(清文堂、二〇一四年)などがある。

本稿では、同じ一統志の表題を冠する、中国王朝の一統志と近世日本北方史の基本史料である「津軽一統志」は同様の性格を有するものなのか、果たして相違するのか。その点の検討から始め、「津軽一統志」編纂の目的・意義、同書が弘前藩の自己認識の形成に及ぼした影響等を従来の研究を踏まえて明確にした。

はじめに

二〇一九年七月二十八日、主に中国史・東洋史の研究者が集う大元大明研究会主催のシンポジウム「東アジアの一統志」に参加した。日本近世史なかでも弘前藩・日本北方史を研究のフィールドとする私にとって、同シンポジウムでの一統志をめぐる各研究成果は、刺激的であり勉強になるものであった。ご承知の方もあろうが、十八世紀前半に弘前藩で編纂された「津軽一統志」は、同藩のみならず日本北方史研究においても貴重な史料であって広く活用されてきた。その「津軽一統志」を研究に用いてきた私にとって、中国史における一統志と私たちが日々接している「津軽一統志」とは、同じ一統志の表題を冠してはいても、イメージが相違し戸惑うことが多かった。

そもそも一統志とは、地理学とくに日本や中国の歴史的地域論をテーマとする秋山元秀氏によると「中国の伝統的な全国地理書の名。一統とは天下が一つの政権のもとに統一されること、さらにその天下全体のこと」と規定している。(1) シンポジウム当日のペーパーなどもおおむね同様の理解を示しており、加えて、編纂材料として提出させた地方志は、地域の政治・経済・地理・文化・文芸などを含む総合的書物とあって、(2) 私たちが接している「津軽一統志」とは相貌がかなり相違する。私たちは歴史史料として「津軽一統志」を把握してきたことから、例えば弘前藩を研究対象とした研究者に、同書が地理書・地誌であると述べた場合、私と同様に深い戸惑いと当惑に見舞われるだろう。

しかし、改めて「津軽一統志」の構成を眺めてみると、後述のように首巻《しゅかん》に津軽地方に関する地誌の記載があり、今まで等閑に付していた首巻の存在を再認識させられた次第である。このように当該のシンポジウムは、私たちに新たな目を見開かせてくれた点で大いに有意義であった。そこで、本稿では中国王朝における一統志と「津軽一統志」との相違、ついで「津軽一統志」編纂に至る過程と編纂の意義等を明らかにし、同書が弘前藩へ及ぼした歴史的な影響等について考えてみることにしたい。

一、中国王朝における一統志と「津軽一統志」

元王朝以来、各王朝で編纂された一統志に関しては、「はじめに」においても述べたような定義がなされており、改めて要約すれば、一統志とは中国王朝の各地方の政治・経済・地理・文化・文芸などを網羅して編纂した地理書・地誌といえよう。果たして「津軽一統志」は、この定義に当てはまるのか、それを検証することにしよう。なお本稿で用いる「津軽一統志」は、明和《めいわ》三年（一七六六）書写（最も古い写本と推定される）の奥書を持つ弘前市立弘前図書館蔵八木橋《やぎはし》文庫の写本である（後掲の**図1**）。

検討の第一段階として、「津軽一統志」は地誌なりや、という点を吟味したい。近代以前の我が国で日本人が著作・編集等をした書籍等を網羅した『國書総目録』によると、「津軽一統志」は、雑史《ざっし》に分類されている。近世における代表的な、地域の地誌である「会津風土記《あいづふどき》」は地誌の分類である。(3) このように『國書総目録』の編者は、「津軽一統志」を明確に歴史書として定義し、地誌とは把握していない。

ところで、「津軽一統志」は藩政時代に板行・出版されたことはなく、近代に入ってから藩祖津軽為信《つがるためのぶ》の三百年忌を記念して、明治三十九年（一九〇六）、弘前市の中央堂近松書店から、士族の相坂慶助《あいさかけいすけ》によって『津軽一統史《ママ》』（書名の一統史は一統志の誤植ではない）の書名で初めて印刷・刊行された。相坂は刊行の挨拶文で「津軽一統志」を「藩史料」と称しており、津軽郡の地誌を記す首巻を全て割愛し、巻第一の津軽氏の始祖大浦光信《しそおおうらみつのぶ》の事績から収載している。このように書名も含めて、元藩士をはじめ地元の人々は、近代に入ってからも「津軽一統志」を津軽氏・弘前藩の歴史書ではあっても、地誌とは認識していなかったようだ。

後述のように、「津軽一統志」の首巻に津軽郡を中心とした地誌を掲げていることは間違いない。先述の「会津風土記」と「津軽一統志」首巻の構成を比較したのが**別表**である。(4) **別表**に見えるように、両者の項目には、津軽郡と封域《ほういき》、岩木山と山川、産貢と土産、神社、仏閣と仏寺と、類似した内容も見受けられるが、一致しない項目も存在する。これは藩史編纂を目指す弘前藩と、地誌編纂を目的とする会津藩の姿勢の相違が色濃く反映していよう。歴史的な背景としては、弘前藩津軽氏が地附《ちつ》きの大名であったのに対して、会津藩保科《ほしな》氏は新たな支配地に乗り込み、支配地を網羅的に掌握したいと企図した転封《てんぽう》大名だった違いではないかと思われる。(5)

「会津風土記」は、寛文《かんぶん》四年(一六六四)の江戸幕府による朱印改《しゅいんあらた》めの影響を受けて編纂した、会津藩領内の山川・戸口・道路・産業などを網羅する地誌であった。(6) それに対して「津軽一統志」は、「会津風土記」と比較するとかなり不充分な形で地誌を首巻に掲載しているものの、それに続く巻第一以降の、津軽氏の膨大な歴史を叙述しており、首巻は津軽郡の歴史自体を理解する前提として編集されていると考えたい。

それでは、「津軽一統志」になぜ一統志の文言が書名にあるのか。後述のように「津軽一統志」の一統とは、戦国期津軽氏の陸奥国津軽郡において南部氏からの領地伐《き》り取《と》りと、同郡内の各勢力を打倒して果たした一統の事業ないし統一の過程を指しているのである。現在のところ弘前藩で、『大明一統志』など中国王朝の一統志を「津軽一統志」編纂の過程で参考もしくは参照したとの記録は見つかっていない。

したがって、藩はもちろん藩士たちも、藩政時代から「津

別表　「津軽一統志」と「会津風土記」目次の比較

「津軽一統志　首巻」目次の大項目	「会津風土記」目次の大項目
津軽郡	**封　域**
日本広邑	風　俗
日本二崎	城　封侯附
岩木山	郷村　田畠戸口牛馬附
名　所	**山　川**
古　跡	道　路
産　貢	**土　産**
温　泉	**神　社**
神　社	**仏　寺**
仏　閣	墳　墓
	人　物
	古　墳

＊太字の大項目が類似している。

軽一統志」を歴史書としては認識しても、地誌として活用した事例は見当たらない。現代において弘前藩研究者のみならず近世史研究者で「津軽一統志」を地誌書として認識している方はほとんどおられないのは、前近代からの継続と見てもよかろう。

二、「津軽一統志」の構成と編纂

享保《きょうほう》十二年（一七二七）、弘前藩五代藩主津軽信寿《のぶひさ》は、家老喜多村校尉《きたむらこうい》政方《まさかた》へ命じて、四代藩主津軽信政《のぶまさ》の遺志を継ぐ形で史書の本格的な編纂に乗り出し、用人桜庭《さくらば》半兵衛、相《あい》坂則武《さかのりたけ》、伊東祐則《いとうすけのり》らへ編纂と校正を担当させた。

同年十月二十四日、「津軽一統志」に関する編纂史料・材料の蒐集を命じる触書が発令され、内容はおおむね次のようなものであった。(7)

①笠原伊勢《かさはらいせ》・白取瀬《しらとりせ》兵衛など藩祖津軽為信の代に家臣であった三十六名について、「御国開基之節」すなわち為信と共に津軽地方の「伐り取」り戦争の際に、彼らがいかなる働きをしたのか、ささいな伝承・物語でも構わないので申告し、彼らの子孫がいればその点も申し出よ。

②南部大膳大夫《なんぶだいぜんたいふ》、和徳《わっとく》讃岐守、北畠《きたばたけ》左近など二十四名は、為信の征伐をうけた者たちであり、彼らの由緒、働きの様子、伝承など、これもささいなことでもよいから史料を提出せよ。

③尾崎・蓬田《よもぎだ》など為信の征伐をうけた城郭の城主の苗字。

④浪岡《なみおか》城主の苗字と由緒。

⑤為信の時期の戦いに関する史料。

⑥為信以前の歴史については、何事によらず全て申告のこと。

⑦寛文九年（一六六九）の松前蝦夷蜂起《まつまええぞほうき》の節、蝦夷地での事柄については、覚書を所持している家臣もいるであろうし、伝聞でも構わないから全て史料を提出すること。

以上、七点にわたる事項を家臣だけでなく、領内寺社、町方・村方を問わず、また伝聞史料に拘わらず、遠慮なく情報を寄せるようにと令達した。

史料蒐集の基本方針から見える当初の編纂方針は、とにかく藩祖為信の事績を詳細に記録することであり、近世弘前藩の出発はいかなる所に求められるのか、という点にあった。次に為信以前の時期についてもおろそかにせず、既に十八世紀の前半に至って没落した家臣についても記録しようとしている。さらに⑦に見えるように、寛文蝦夷蜂起に弘前藩は出兵したが、その際の記録を蒐集して、先代津軽信政の事績を顕彰しようとする意図が看取されよう。

約四年を経過した享保十六年（一七三一）、「津軽一統志」は完成し藩主へ献上された。その序文によると、編纂の目的は為信をはじめとする先君の事績を明らかにし、信政が威風《いふう》を夷狄《いてき》へ振るう様子を明記することにあるという。つまり弘前藩の蝦夷地への軍事出動を歴史に刻むことが目的の一つであったのは明白であろう。序文の文末には、津軽郡の風土、産貢から始めて、為信の草創征功《そうそうせいこう》を記し、終わりは士臣の忠否・伝記・伝承をもって完結、との構成にするとしている。

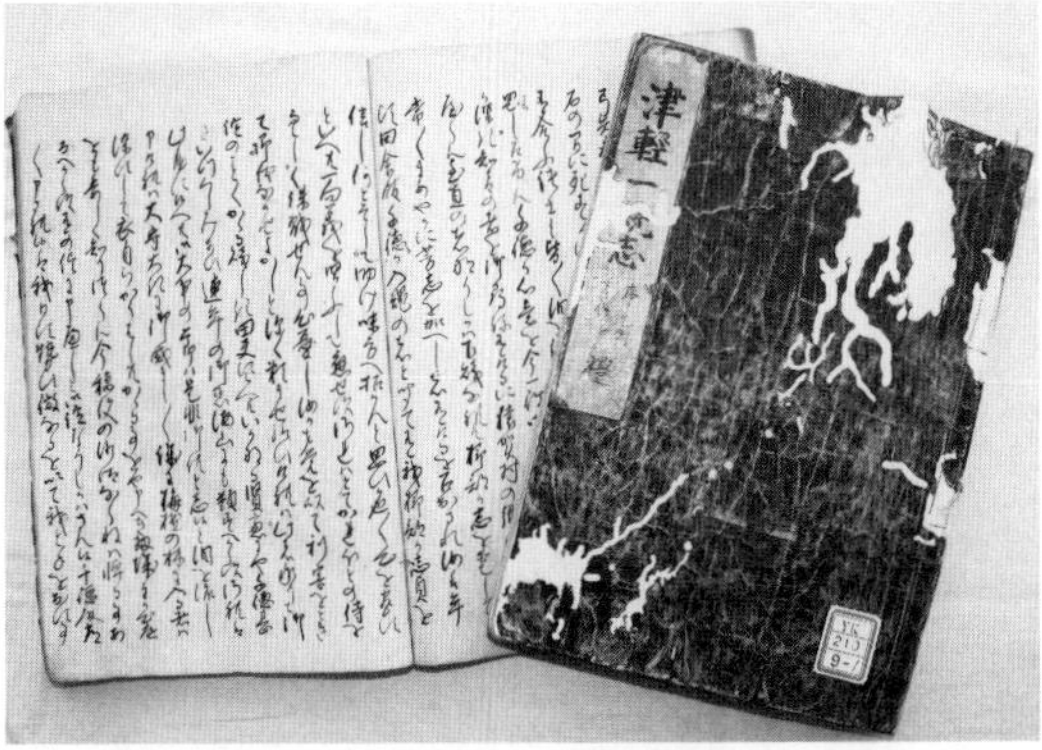

図1　「津軽一統志」（弘前市立弘前図書館蔵八木橋文庫）表紙と本文

このような方針に基づいて編纂された「津軽一統志」の構成は、次のようなものであった。

首巻　津軽郡を中心とした地誌

巻第一～巻第九　津軽氏の始祖である大浦光信から弘前藩三代藩主津軽信義《のぶよし》の治世まで

巻第十之上～巻第十之下　四代藩主津軽信政の治世と寛文蝦夷蜂起への出兵

附巻　旧記と津軽氏の系譜等

首巻は、前述のように陸奥国、津軽郡の地誌と岩木山、津軽地方の名所・古跡・産貢を記す津軽郡の地誌である（**別表**参照）。ついで巻第一～九は、津軽氏の始祖を大浦光信とし、その事績を記録するところから出発して、盛信《もりのぶ》、政信《まさのぶ》、為則《ためのり》、為信～三代藩主津軽信義へと続き、なかでも為信の南部氏との取り合い戦争の歴史は詳細である。巻第十は、信政の藩主襲封《しゅうほう》から書き起こし、寛文九年（一六六九）の「松前蝦夷蜂起」に大部の記述を費やした。

ここでは津軽地方の地誌を記録して、同地方に藩政を敷いた津軽氏の由緒をまず確認し、為信以来約一世紀を経過した領内の歴史を振り返ってみようという意図があらわれている。信政の時期に藩政確立期を迎えた弘前藩の、幕藩制国家における最大の存在意義を示したのが、寛文蝦夷蜂起による同藩の蝦夷地への出兵であった。幕府から課せられた同藩の役務《やくむ》・機能は、軍役《ぐんやく》の遂行と蝦夷地の動静を徹底的に調査し、情報を収集することであった。

弘前藩では信政期に至って領内支配体制が完成し、さらには蝦夷地への出兵下命に応じて藩体制が機能を最高度に発揮した姿を記録にとどめ、後世の規範として歴史に刻むことが、「津軽一統志」編纂の最大の目的であった。ここには夷狄への備えなどの抽象化された文言では説明できない、横溢する意欲が表出している。つまり、本州北端に位置し、約半世紀前に実際に蝦夷地へ軍事出動した、ほかに例のない経験を持つ弘前藩にあってこそ、これを克明に記録するのが可能だったのであり、津軽の統治者として幕藩体制の中に自己を明確に定置させることができたのである。

夷島《えぞがしま》・蝦夷地に隣接し、戦国末期に異民族を掃討して領内掌握を果たした同氏の先祖の歴史に加え、さらには寛文蝦夷蜂起に出兵して、実際に夷狄を征討しては威風を彼らへ振るって幕藩体制の中に自らを右のように位置づけた信政の事績は、弘前藩の中でも特筆に値するものであった。ここに幕藩体制下の政治動向から導き出され、津軽氏の位置する地域に規定された「北狄《ほくてき》の押《おさえ》」としての自己認識（アイデンティティ）が表出していよう。

三、「津軽一統志」編纂後の弘前藩

宝永《ほうえい》七年（一七一〇）、四代藩主津軽信政の死去後、信政の顕彰と神格化に合わせて、弘前藩では藩主家の歴史の確認と、始祖大浦光信や津軽氏の故地《こち》に関する見直しと再確認が実施された。「津軽一統志」の編纂は、その大きな流れの一環であったと見てもよかろう。それは、享保十五年（一七三〇）、津軽氏の始祖にあたる大浦光信像の造像であり、もう一つは、時期はやや下るが、十八世紀後半、種里《たねさと》城跡（青森県西津軽郡鰺ヶ沢町）にある、同じく大浦光信の廟所を聖地として現地の人々による管理・保護する体制の採用であった（**図2**）。

始祖大浦光信の造像に関しては、当時進行中であった「津軽一統志」の編纂の過程で光信の存在はにわかに大きくなり、藩主家系譜の基点として光信は確認される必要があった。完成後の光信像は、「功樹院様御尊像《こうじゅいんさまごそんぞう》」として津軽家菩提寺の長勝寺《ちょうしょうじ》に安置され、藩主家津軽氏に直結する先祖として、人々から崇敬される対象となる。「津軽一統志」編纂のさなかで、津軽氏の始祖として位置づけられた光信に脚光を浴びせる絶好の機会となり、光信像の完成・安置と「津軽一統志」の完成がほぼ同時になされたのは偶然ではなく、津軽氏の自己認識を固める相乗効果を狙ったものといえよう。(8)

享保十六年（一七三一）に完成した「津軽一統志」は、前述のように津軽氏の自己認識を確立させる目的で編纂されたが、完成後は藩士間における写本の貸し借りや書写による流布がなされたり、由緒書や編纂物に引用されたりするなど、常に同書が継承される体制が存在した。(9) さらに十九世紀に入ると、弘前藩では歴代藩主の法要が大規模に執り行われるようになった。契機となったのは、文化三年（一八〇六）十二月の藩祖為信の二百回忌法要である。前年に藩の表高《おもてだか》が四万六〇〇〇石(10)から七万石に高直《たななお》りとなり、その祝いも兼ねて盛大に行われた。これ以降、歴代藩主の法要が盛大に行われ、藩主の事績を顕彰することで藩内の意思統一が図られた。

図2　大浦光信像（弘前市長勝寺蔵）

右のような藩内の動向の中で、家臣らが自家の由緒や系譜と大名家の系譜を結びつけようとする動きが見られた。具体的には、藩では前述の為信二百回忌法要にあたって、家臣から為信の代に関する由緒書の提出を求め、それを「由緒書《ゆいしょかき》抜《ぬき》」としてまとめた。特徴的なのは、「津軽一統志」に家臣の先祖に関する記述がある場合、それが抜き書きされている点である。「津軽一統志」に家臣の先祖の記載があると、それが「由緒書抜」に引用され、自家の歴史に織り込む。つまり、藩主の事績と家臣の貢献が組み合わされ、津軽氏興隆を一緒に成し遂げたとの一体感を醸成する効果があった。(11) このように弘前藩家中《かちゅう》にあっては、「津軽一統志」の流布と普遍化が進み、広く家臣たちの間で「津軽一統志」が共有されることで、藩主家の自己認識と家臣たちのそれが一体化していったのであろう。

ところで、最近、歴史学的にも言語学的にも新たな史料が発見された。「御家御系図之略《おいえおけいずのりゃく》」（弘前大学附属図書館蔵小野文庫）である（**図3**）。小型の横帳《よこちょう》で、十九世紀前半の成立と推定され、恐らく藩士の家で作成・保存されてきた史料と考えられる。内容は、藩の始祖大浦光信の事績から出発し、慶《けい》長《ちょう》十二年（一六〇七）の為信死去と二代藩主信枚《のぶひら》の跡目《あとめ》相続までの津軽氏の歴史を簡略に記したもので、「越中守信枚《ノブヒラ》公ニ御譲ありて夫より御代万歳の御家とはなりぬ」で終わる。

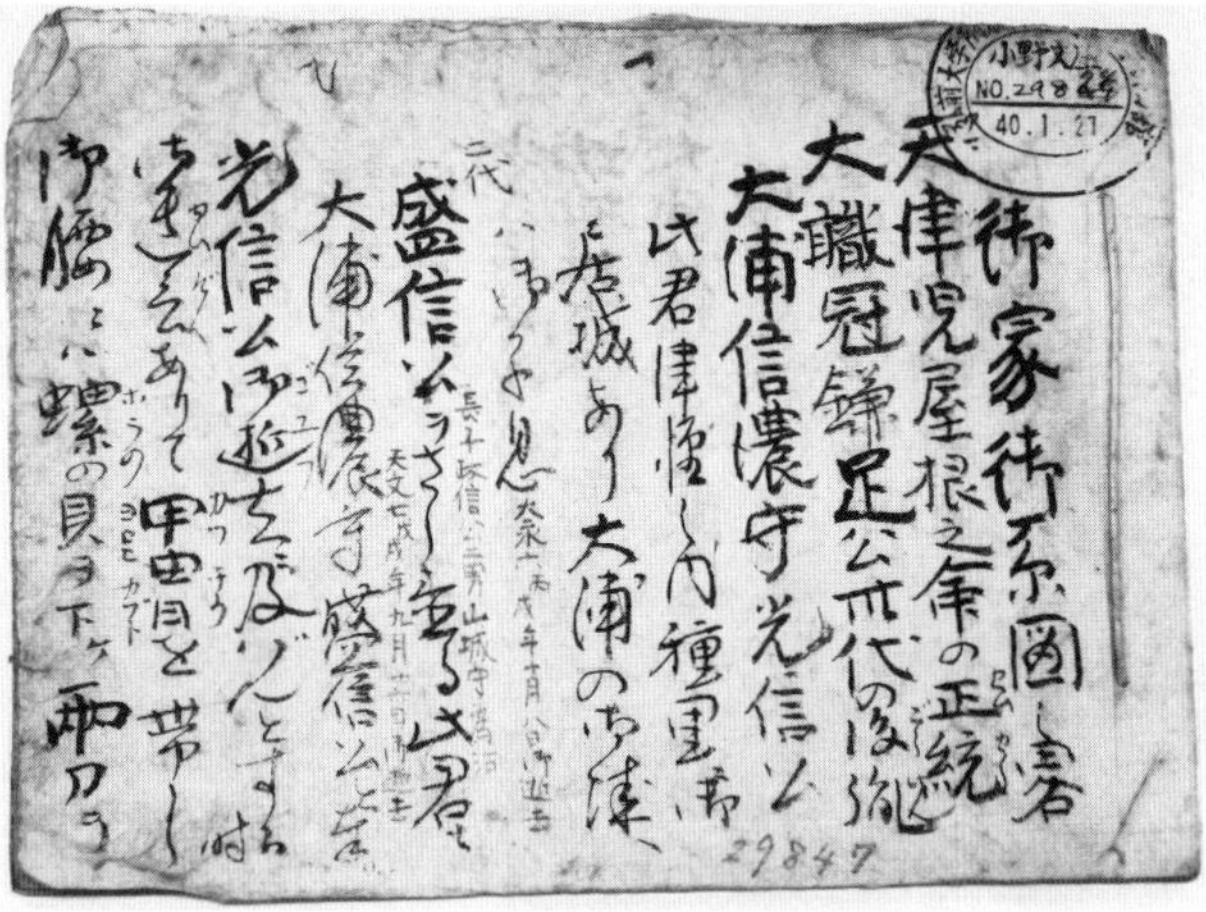

図3　「御家御系図之略」（弘前大学附属図書館蔵小野文庫）

大浦光信～津軽信枚相続までの代々の事績や歴史は、ほぼ「津軽一統志」をなぞった内容になっている。

当該史料の特徴と作成目的は、次のようにとらえられよう。①文中にルビが頻出。②あまり馴染みのない人名や難読の用語にルビが付され、例えば甲冑には、右側に「カツチウ」、左側に「ヨロヒカブト」のように、説明的なルビを施す。③「政信公ハ深ぐ」、「螺貝一口《ホラノガイイッコウ》ヲ授《サジ》がる」（傍線筆者）など、方言と見られるルビや言葉遣いが認められる。このことから、年少者に津軽氏の歴史を分かりやすく知らしめようとしたのに加え、音読することを念頭に置いた史料ではないかと考えられる。要するに、「津軽一統志」に基づいた簡便な津軽氏の歴史を、家臣の子弟に読み聞かせることで理解・周知させようと作成され、津軽氏の系譜・藩史の子弟教育への浸透を図った史料ではないかと推察される。

このように「津軽一統志」は、直接的にも間接的にも津軽氏の歴史を回顧する素材としてさまざまなレベルで読み継がれ、それを踏まえた彼らの自己認識を確認・育成するのに活用されてきたことが窺われよう。

おわりに

本稿においては、中国王朝の一統志と「津軽一統志」との史料的な相違の検討から始めて、「津軽一統志」の編纂の方針、目的、影響等を述べてきたが、ここで内容を簡単にまとめることにしたい。

中国王朝の一統志とは、中国史のおおかたの理解に従えば地理書・地誌であって、いわゆる歴史書とはいえないようだ。一方の「津軽一統志」は首巻に津軽郡の地誌を掲載してはいるものの、それは近世の代表的な地方地誌である「会津風土記」と比較しても不十分なもので、首巻はあくまでも津軽郡の歴史を把握するための前提として位置づけられたものであった。したがって、同じ一統志の名前を冠してはいても、「津軽一統志」は中国王朝に見られるような地理書・地誌ではなく、歴史書であることは間違いなかろう。

同書編纂の第一の目的は、始祖大浦光信以来の、津軽氏による津軽郡支配の正当性と、同氏由緒の正統性を明確に定置することにあった。さらには、それを踏まえて、「中興《ちゅうこう》の英《えい》主《しゅ》」と称された四代藩主津軽信政の事績と、蝦夷地への出兵下命に応じて藩体制が機能を最高度に発揮した姿を記録にとどめ、後世の規範として歴史に刻むことが、「津軽一統志」編纂の最大の目的であったといえよう。

編纂終了後、「津軽一統志」は藩内で広く流布し、子弟教育にも活用されるなど、津軽氏や藩の歴史を回顧する素材としてさまざまなレベルで読み継がれ、それを踏まえた彼らの自己認識を確認・育成するのに活用された。右のように「津軽一統志」によって醸成された弘前藩家中の自己認識は、この後、藩の意思統一を図るのに領内において大いに発揮され、例えば十九世紀初頭、ロシア帝国の日本北辺への侵掠（文化《ぶんか》露寇《ろこう》事件[12]）等の危機に遭遇した時にはそこへ回帰することが行われたのである。

注

（1）『大百科事典』第一巻（平凡社、一九八五年）一〇八三頁、秋山氏執筆の「一統志」の項。

（2）例えば、小二田章「『東アジアの一統志』――『一統志』という現象を考える」（二〇一九年七月）や同氏作成の同年十月六日の本書企画案の企画コンセプト等。

（3）「津軽一統志」は『國書総目録』第五巻（岩波書店、一九七七年）七三六頁、「会津風土記」は同書第一巻（同、同年）七頁。

（4）「会津風土記」は『会津風土記・風俗帳　巻一　寛文風土記』（吉川弘文館、一九七九年）を使用。同書九―一三頁。

（5）白井哲哉『日本近世地誌編纂史研究』（思文閣出版、二〇〇四年）五〇頁によると、「会津風土記」編纂の意義は、他領から移封した保科《ほしな》会津藩が、領国内に根強く勢力を張る「郷頭」たちの勢力を排除して近世的地方支配を実現するための、まさに地域掌握の手段だったと述べている。一方の津軽氏は津軽地方にあって戦国期以来の、アイヌ民族を含む領内各勢力を熾烈な戦いを通じて淘汰して成長した在地大名であり（長谷川成一「本州北端における近世城下町の成立」北海道・東北史研究会編『海峡をつなぐ日本史』三省堂、一九九三年）、幕藩体制にあっては親藩《しんぱん》家門《かもん》大名であった保科氏とは成り立ちそのものから相違した。

（6）前掲注5白井著書四一―四六頁。

（7）長谷川成一校訂『御用格　寛政本　上巻』被仰出之部（弘前市、一九九一年）五一四―五一六頁。

（8）長谷川成一「一体の像から――大浦光信像と津軽氏」（北原かな子・郭南燕編『津軽の歴史と文化を知る』岩田書院、二〇〇四年）一四―二六頁。

（9）蔦谷大輔「津軽一統志の流布と利用について」（『弘前大学國史研究』一二五号、二〇〇八年）三三頁。

（10）『新編弘前市史　資料編2』（弘前市、一九九六年）五三八―五三九頁。八代藩主津軽信明《のぶはる》へ宛てた天明《てんめい》八年（一七八八）徳川《とくがわ》家斉《いえなり》朱印状《しゅいんじょう》と領知《りょうち》目録によると「高四万六千石」とみえる。

（11）『青森県史　通史編2　近世』（青森県、二〇一八年）五三九―五四〇頁。

（12）文化三年（一八〇六）・四年、ロシア帝国から日本へ派遣された外交使節レザノフが部下のフヴォストフに命じて日本北方域を侵掠させた事件。弘前藩をはじめ、東北地方の大名が蝦夷地警備に出動した。

参考文献

長谷川成一『日本歴史叢書六三　弘前藩』（吉川弘文館、二〇〇四年）

長谷川成一『北奥羽の大名と民衆』（清文堂、二〇〇八年）

「文芸」の地誌から「口承」の地誌へ
――『信達風土雑記』と『信達一統志』

高橋章則

たかはし・あきのり――東北大学大学院文学研究科教授。専門は文芸社会史。著書に『江戸の転勤族――代官所手代の世界』（平凡社、二〇〇七年）、論文に「近世後期の歴史学と林述斎」（『日本思想史研究』第二一号、一九八九年）、「思想の流通――月次な学芸世界」（『岩波講座日本の思想』第二巻、岩波書店、二〇一三年）などがある。

江戸時代の福島県域で作成された『信達風土雑記』（一七三七年）は様々なジャンルの「文芸作品」を取り込むなかで「文芸の地誌」としての傾向を強めていった。一方、『信達一統志』（一八五一年）は読者への配慮と地域伝承の採取を通じて「口伝」中心の地誌としての体裁を確立し、参照したはずの『信達風土雑記』から遠ざかっていった。

はじめに

江戸時代、大名領・幕府領・旗本領などが複雑に入り組んだ現在の福島県域では、近世を代表する『会津風土記《あいづふどき》』（寛文六年（一六六六））をはじめとした地誌類が数多く編纂された。それらは藩の編纂にかかる大規模な編纂物ばかりではなく民間人の手となる個性的な地理叙述の場合もあった。とりわけ十九世紀に至ると出版文化の隆盛と多様な学芸に取り組む教養人の増加を背景にして魅力的な「地誌」が生まれ、それらは板行・筆写を通じて相互に影響を与えあいながら地域情報を統合していった。そうした地域情報のなかには、出版によって閲読が容易になった古典作品中の記述のみならず、地域性や時代性を纏った古老の言い伝えや失われた遺物上の文字情報などのような現在では採録不可能な興味深い広義の歴史叙述、さらには地域の学芸サークルの関与のもとに生み出された新たな「名所」や土産物を含む「名物」などをめぐる地域発の情報も含まれる。

本稿は、嘉永四年（一八五一）に完成した志田正徳《しだまさのり》『信達一統志』へと流れ込む「信達《しんたつ》」(陸奥国信夫郡と伊達郡の総称)の「地誌」の歴史的な変化を志田が参考にしたと言明する日下《くさ》兼延《かかねのぶ》『信達風土雑記』(元文二年(一七三七))との対比を中心に考察する。そのなかで信達地域の学芸情報が「地誌」に取り込まれる有り様を確認し、「地誌」が同時代の学芸状況を意識しつつ成立したことを論じる。その考察の糸口になるのは編者と関わった地域の文人・学問者や学芸人さらには地域を訪れた学芸人たちとの交流である。

一、『信達風土雑記』の成立過程

『信達一統志』「信夫郡之部」「凡例」の最終条目(天保十二年(一八四一))に志田正徳は「今平仮名にて記し俗人童蒙ともに読安からしむ　古ハ国々の風土記或ハ先輩著す所の二郡の府志大概漢文なり　今それにも倣はず只世人の読安きを便と為し著せり」[1]と、「俗人童蒙」「世人」の読み安さを念頭に「平仮名」を採用したとする。それに対置される「漢文」体の「二郡の府志」の代表が『信達風土雑記』(以下『風土雑記』)である。

信達地域初の「地誌」である『風土雑記』は写本のみで伝わったが、現在は『福島県史二四』民俗二(昭和四十二年(一九六七))に翻刻文があり容易に内容が確認できる。しかし、「漢文」で記した本文と何度かにわたる増補過程で混載された付帯資料との関係が複雑で全体構造が掴みにくいために「地誌」として断片的に利用されるに留まる。また、底本となった寛保三年(一七四三)筆写とされる福島県立図書館蔵本には年次や筆者の異なる複数の(後序や識語を含む)「序文」があり、その「序文」と本書の編集過程との関連が問われなかったこと、さらには写本は選択的に抜粋され書物としてのまとまりが不明瞭であると考えられたことなども[2]『風土雑記』の検証が進まなかった要因に数えられる。

しかし、諸写本のうち、上記の福島県立図書館蔵本と伯爵丹羽長徳旧蔵の元治元年(一八六四)の書写本である東北大学附属図書館蔵本、「元文二年　時習堂有隣」の識語を有する市島春城旧蔵の早稲田大学図書館蔵本とを対照してみると、早大本には「序文」類が附載されず掲載資料も相対的に少ない。一方、書写年が大きく隔たり直接の書写関係にない県立図書館本・東北大本の二本は、細部の異同や掲載資料の順逆はありつつも基礎構造はほぼ一致している。このことから、早大本を比較的早い時期の稿本の写本、他の二本を増補・訂正を終えた最終稿本段階の写本と見做すことができる。以下では、写本の恣意的選択云々の議論は傍らに置き、福島県図書館本を『風土雑記』の定本として扱い検討する。

また、「序文」の輻輳の問題であるが、序文作者の履歴と序文の制作時期とを整序すると、作者たちが日下兼延に学芸上の影響を与える存在であり、兼延がそうした有識者に未定稿の本書を提供し添削を求め、彼らから提供された文芸資料を得て本書を拡充した過程が明らかになる。なかでも、元文五年（一七四〇）に福島を訪れた名古屋の俳諧師馬州の「序文」からは兼延が制作直後の馬州作品を入手し本書に掲載したばかりではなく、兼延自身も自作の俳句を本文叙述を支える資料として掲げていた事実が浮き彫りになる。

『風土雑記』は著者日下兼延の「文学」志向が濃厚な「紀行文芸」に属する「地誌」であり、脈絡無く混載されたかに見えた文芸資料の多くは兼延周辺で展開した地域の文芸熱の産物であった。以下では、上述した本書の「地誌」としての特色を、これまで等閑視されてきた六種類の「序文」を掘り下げるなかで論じてゆくことにする。

まずは、（1）元文二年（一七三七）十一月下旬に兼延自身が記した後序に相当する「本文末」の後書きの記述である。

不レ耻二俚卿一不レ拘二文法一両郡之地理方角曁名所旧基人物産業等村老邑穉之以レ所レ伝聊記二其梗概一而題名二信達風土雑記一伏乞二後賢之添削一者也于旹元文二丁巳之仲冬下浣日書二于香風軒南窓下一(3)

四十三歳の兼延は余生を考え、急かされるように素志である地誌編述に取りかかり、信達両郡の「地理・方角・名所・旧基・人物・産業」などを「村老邑稚」の伝聞を交えつつ概観し『風土雑記』にまとめた。その執筆は彼の書斎「香風軒」で行われた。

程なくして、本書冒頭に据えられる（2）元文二年（一七三七）十二月八日、「泉江岸」が執筆した「信達風土雑記序」が出来上がる。

以レ由我之所レ見所レ聞考二之古詩一考二之古歌一或本二乎縁起一或本三乎有二石碑一萃二録於二郡之地理方角名所旧蹟人物産業等之梗概一自題二信達風土雑記一未レ能二清書一先呈二机下一願加二添削一施以二序引一者用以為二二三子之訓解一矣(4)

兼延は見聞した古詩・古歌・縁起・石碑に基づいて信達二郡の「地理・方角・名所・旧蹟・人物・産業」等の梗概をまとめた本書の清書前の一本を「泉江岸」に献呈し、文章の添削と序文の執筆を依頼し他見に備えようとした。右の序文が記す本書の概要は兼延の後記の記述に正確に対応するから、献呈本には既に後書きが添えられていたことが分かる。

ところで、『風土雑記』を「信達の旧事本紀」と呼んでも良いほどに言葉遣いが適切であると評価した漢文叙述に長けた人物「泉江岸」とは誰か。その人物を特定する手がかりは百年後の『信達一統志』「人物類・沙門」の項目中にあった。「月泉和尚」である。

其姓氏詳ならす　伊達郡の人なりと云　又相馬の産とも云へり　土人説に父ハ信夫郡の人相馬に往きて一女子に交合《ミアヘ》て生ミしとも云ふ　山口邨常円寺に住職す　江岸と号す　詠歌集ニ云月泉和尚は智道兼備の高僧にして遠近其法徳を知る所なり　然るに無能和尚の教化を慕ひ他力往生を願ひ称名念仏せらる（下略）(5)

信夫郡山口村の常円寺住職「月泉江岸」は学識を備えた高僧であり、「何れの書にても一度見れば暗誦す」るほどに記憶力もずば抜けており、念仏禅を実践した月泉の仏教思想に影響を与えたのは隣村「桑折」の無能和尚であった。

こうして「信達風土雑記序」が月泉作であると判明すると、『風土雑記』が「信夫文知摺石碑《しのぶもじずり》」の附帯資料とした「七言絶句」二首も序文作者によるものだったことが分かる。

「信夫文字摺石」は河原左大臣源融が「陸奥の信夫文字摺誰故にみだれそめにし我ならなくに」と詠んで以来、信夫はもとより陸奥に対する文人の思慕を喚起させる「歌枕」となっていた。そのため非常に多くの文芸作品の題材とされてきた。たとえば芭蕉の「早苗とる手もとやむかししのふすり」はこの文字摺石に対面した際の感懐を含むものであった。『風土雑記』はそうした数多くの古典資料を掲示する一方で、元禄九年（一六九六）に福島藩主堀田正虎が建立した石碑に関わる同時代の文芸作品の一つとして序文を執筆した月泉の漢詩を掲げていたのである。

さて、二年半後の元文五年（一七四〇）五月に付け加えられたのが、名古屋の俳人馬州による（3）「信達風土記殿語」である。

尾張犬山藩士であった馬州は武門を辞し名古屋の沢露川《さわろせん》に入門し、元文五年（一七四〇）春に芭蕉の奥の細道の旅を追体験すべく松島を目指し名古屋を発した。その旅の日記が『奥羽笠』（同年刊）(6)である。日付に省略があるため信達での滞在日に不明点が残るが、馬州は福島で岡部与宗右衛門忠重の「松雨亭」(7)に逗留し、信夫山で「蝙蝠の画をは何としのふ山」、高湯温泉・不動瀧で「毛の穴に入るや湯壺の郭公」・「夕立や鋳形に落て不動滝」と詠み、文字摺石を見て「抱籠にたかは浴衣も忍ふ摺」の句を残した。そして、保原「金驥亭」・「冬松亭」などでの句会開催後、六月五日に桑折「衣吸亭」に到着、翌日、佐藤馬耳「馬耳亭」に移ったことをたどることができる。(8)五月執筆の「信達風土記殿語」が「杖を留る事久し」とした馬州の福島滞在は一ヶ月近くに及んだと見られるのである。

その馬州は「信達風土記殿語」に「しのふ山忍ひてかよふほとりに人あり、欄干に寄て歌に寝むる時ハ兼延と云、木枕にいなふ誹諧にハ既白と名乗」[9]ると兼延の学芸について語っている。兼延は「忍婦（信夫）山」のほとりに住み、和歌では「兼延」、俳句では「既白」を名乗ったというのである。

馬州の師露川が先の馬耳亭を初めて訪れた正徳三年（一七一三）五月以後、信達地域の俳諧熱は高まり、露川の門人が勢力拡大のためにこの地を頻繁に訪れた。馬州の逗留はそうした門人獲得の旅におけるものである。その信達地域の俳諧界の実状に詳しい馬州は兼延に俳諧作者としての一面があったことを明記したのである。

こうして兼延の俳号が「既白」（＝香風軒」）であると判明すると、『風土雑記』はこれまでとは違った相貌を見せる。兼延は本文を「漢文」で記す一方で、本文を支える資料として自身の「和歌」を「兼延」名で、「俳句」を「既白」名で掲載していたのである。その数は「和歌」が六首、「俳句」は十二句に上る。そして、その掲載は他に参照資料が無い箇所で行われ、早稲田本から福島県立図書館本へという増補過程でもなされている。

他方、『風土雑記』は馬州が『奥羽笠』に収める作品を四首、具体的には前掲の「信夫山・高湯・不動滝・信夫摺石」での俳句を掲載する。[10]元文二年（一七三七）成立の『信達風土雑記』は元文五年（一七四〇）の「殿語」と同年福島滞在中の馬州の詠作を増補する。

『風土雑記』本文は、陸奥の玄関口白河から福島に入り信達の各所を廻り福島に帰着するという地理的な移動を伴う「旅往来・旅日記」的叙事となっているが、その叙事は自作をも含む文芸資料によって支えられ、それは増補されていったのである。

先に序文作者「月泉」の漢詩が掲載されたことを見た。同様にして「殿語」の筆者馬州の直近の作品も掲載・増補され、さらには兼延自身の作品も追加された。ここからも知られるように、『風土雑記』は新規の文芸資料を取り込んで地理叙述を豊かにするという「成長する文芸の地誌」だったのである。

こうした知己者の文芸資料を取り込んで増幅してゆくという『風土雑記』編集のありかたを典型的に示すのが、元文五年（一七四〇）十二月に書かれた（4）「信達風土記後序」とその筆者「春城艸文龍」の「漢詩」と「和歌」とである。「春城艸文龍」は、三春藩の御物頭を務めた草川綱忠である。彼は『神仏雑記録』のほか「明石神社縁起」や「山田釈迦堂再興記」などの文章を残し、近世の往来物を代表する「今川状」に範をとった「為村之学童訓示」「為町之学童教授」からなる『講釈草川状』を作成し地域の童蒙教育に貢献した人物である。(11) その歴史叙述と実用的な和文作成の達人草川に兼延は「序文」を需めたのである。その草川は記す。

兼延から『風土雑記』の写本の寄贈をうけ、併せて「序文」の執筆を求められた。本の内容は「山川・丘壑・古塁・旧墳・道路・林野・碑碣・樹石・古人名家之作、及び部落人物の数、田畝・賦税の多寡」であり、それが巨細漏らさず記されている、と。

几山川丘壑古塁旧墳道路林野碑碣樹石古人名家之作及部落人物之数田畝賦税之多寡巨細尽挙集以大成号曰二信達風土記一於レ是郡記全備矣（中略）日氏贈而需レ序予之不敏豈如下皇甫氏之於二三都一赫爾生光上乎而泉老題二其首一切々記功尽矣吾復何言乎(12)

文後半の「皇甫」は皇甫謐《こうほひつ》のこと。左思は「三都賦」を書いたものの無名であったため評判は芳しくなかったが、皇甫謐が序文を書くと皆が褒めるようになったという（『世説新語』文学など）。この左思の逸話を取り込む形で「泉老」の序文に付け加えることはないとした草川であった。

草川は「泉老」月泉の序文を参照し、「部落人物之数田畝賦税之多寡」という月泉や馬州が触れなかった経世に関わる附帯資料の存在に言及したのである。

前掲『福島県史二四』は『風土雑記』の写本の一つとして宝暦十二年（一七六二）に兼延が記した「付記」の存在する写本（福島県立図書館蔵本）も翻刻している。その写本は草川が言及した「人口・村高等のデータ」を掲載しており、草川は元文五年（一七四〇）段階で、地誌データの揃った『風土雑記』を寄贈されていたのである。草川の「信達風土記後序」はそうした地誌としての装いを整えてゆく編集段階を知る上で重要である。

ところで、草川が和・漢文章の卓越した運用能力を備えていたことは見た通りである。その草川の漢詩三篇と和歌一首さらに「信夫山奉納発句序」を『風土雑記』は掲載するが、漢詩二篇・和歌一首は阿武隈川の中州にある「村上」と呼ばれる蓬莱山をイメージさせる岩礁をめぐるものであり、併載資料は「兼延」と「既白」の作品である。すなわち、この岩山は草川と日下の文芸作品によってイメージ化されたのだった（後掲する）。

一方、「信夫山奉納発句序」は馬州が福島に入って最初に交流した岡部松雨が願主となった信夫「羽黒神社」への「奉額」（福島藩主板倉重寛・磐城藩主をはじめ奥州・羽州の大名や地域の俳人の発句が多数収められる。享保二十年（一七三五）作[13]の序文である。そこに草川は隣りの三春藩の藩士ではあるが懇ろに需められたので序文をしたためた（「海東艸文龍在二隣藩一及二懇需難レ辞欽叙」）と記す。残念ながらこの「奉額」は宝暦年間の大火で焼失したが、発句原本三幅対は板倉家に残り、草川が序文を記したことが箱書きされているという。[14]新たに生まれた信達最大級の文化財（「名物」）に草川が関わり、今日では閲覧が難しい「序文」の文面を『風土雑記』は記し留めていたのである。

古典資料に依存できない新規の「名所」ないしは踏査の過程で新たに発見した「名所・名物」の場合、その魅力を裏打ちするためには同時代人作成の資料つまりは文芸資料に依存せざるを得ない。もしくは自身で作品を創作せざるを得ない。

まさに「歌枕」の地ならぬ地域の「名所・名物」を本文に盛り込む際の資料を兼延は草川から得ていたのである。先の月泉・馬州の場合も同様であった。『風土雑記』は古典籍を背景とした伝統的な「歌枕」によって「地誌」としての体裁を確保したが、一方では新規の「名所・名物」を発信する姿勢が顕著なのである。自作を含む文芸資料はその地域発信を補助する役割を担わされていたという訳である。

室町時代に始まる「近江八景」を先蹤とし、江戸時代に多くの「八景」が生まれたことは周知の通りであり、「信達」も例外でない。『風土雑記』は「信夫八景和歌（福島市店・阿武隈船・洲浜池月・丸山雨声・信夫山鐘・須川漁夫・永井白雁・吾妻嵩雪）」[15]・「伊達八景和歌（千貫森霞・江岸垂桜・堰水長流・腰掛松緑・霊山秋月・半田山雪・下紐関路・観音寺鐘）」[16]などを紹介する。注目すべきは後者をめぐる次の記述である。

信夫郡に八景をいひ伝へる和歌あり、伊達にも豈其題なからんやと新に是をもとむ、諸人よろしく涼《ママ》解して詩歌を読給はゝ幸甚なり[17]

「信夫」に負けずに「伊達」にも「名所」を、の発想から『風土雑記』は「名所」を創出し地域から発信しようとしたのである。

（5）「信達風土記序」は寛保三年（一七四三）九月二十五日に「西海逸民北城」が記した。

「長崎」出身で七十六歳、「范仲淹」に自己を託し「北城」と号した人物は、本書が諸所に俳句の作者として引用する「長崎　花明」もしくは漢詩文作者「紫陽之道人」と目されるが特定するに至っていない。しかし、「北城」は日下についての「予善識二其人一奥州信夫之郡福嶋城下市中之君子望二長安一日下氏延公雅文俗名喜内足下恒産貨殖」[18]という情報を提供する。ここから、兼延が俗名を「喜内」といい、「恒産貨殖」つまり商売を生業としていたことを引き出すことができる。

以上の「序文」類が『風土雑記』脱稿の元文二年（一七三七）から寛保三年（一七四三）までの間に付加され福島県立図書館本の形に整理されたのに対し、次の（６）兼延自身による「書き込み（識語）」（福島県立図書館蔵別本、『福島県史二四』民俗二所収）は、脱稿後十年以上隔てた宝暦元年（一七五一）十二月下旬の記述である。

信友塩沢氏属日一冊ヲ袖ニシ来テ予ニ是ヲ見セラル謹テ其書ヲ電覧スルニ兼而愚カ編集スル処ノ風土記也[19]

「塩沢氏」が「懇望」して書写したという書物を見せてもらうと、それは自著だった。兼延は続けて「其志ヲ等フスルモノヲ友トス」る喜びを記す。兼延と同じく「地誌」を欲する人物が近隣に存在し、『風土雑記』の写本を作成していたのである。

この識語を有する福島県立図書館本中には「宝暦元年未十二月上旬写之塩沢氏春隆書[20]」という書き込みが見られ、「春隆」という塩沢氏の通名が判明する。東北大学狩野文庫蔵本も同文・同識語であるから、こうした写本が他にも作成されたのであろう。『風土雑記』は書写行為を通じて流布し、百年後の『信達一統志』へと連なって行くのである。

二、『信達一統志』

『信達一統志』（以下『一統志』と表記）の著者志田正徳は伊達郡鎌田村の農民で、漢学を地元の「渡辺退石」あるいは江戸の「古賀小太郎」（侗庵）から学んだとされる[21]。二者のうち、地誌編述に関わる情報獲得を考えるならば、同時期に進行していた幕府の地誌編纂[22]や編纂員との関係の深い古賀家の塾での修学を重視したいが、滞在三年と言われる志田の動向は不明であり、『古賀侗庵門人録』（東北大学附属図書館狩野文庫蔵）にその名が見えないから、侗庵塾を通した編纂関係者との交流の存否は確論を得ない。

一方、渡辺退石との関係については『一統志』「人物類・儒者派」の名家として「渡辺甚七」が立項され、渡辺「諱信綱・字退石・号鳳山」が寛政期の岸本弥三郎代官に仕えていたという履歴や漢学はもちろん松窓乙二の弟子として俳諧における業績があり、晩年には禅学悟道するといった学芸・宗教傾向を有したことが丁寧にまとめられている。（文政七年四月十二日没、享年八十四[23]）。

福島市北隣の「桑折《こおり》」には東日本で最も重視された代官所があり、寺西元栄の時代には代官とともに地域の教養人たちが本居大平門の地域国学サークル「みちのく社中」を立ち上げ、その構成員である内池永年・石金音主が『陸奥国信夫郡伊達郡風俗記』（文化十一年（一八一四））を書き上げ、屋代弘賢が『諸国風俗問状答』で行った年中行事の調査に応じて「年中行事・婚礼・喪礼・祭礼」を報告している。(24)桑折の代官所では赴任した武士（銀山役人）が地域民に対して「素読」を授けたり、(25)地域採用の民間人とともに全国に知られた「狂歌連」を組織するなど学芸の花を咲かせていた。(26)芭蕉の逗留・通過後に盛んになった俳諧の世界では前述の「馬耳」が活躍し、この地には根強い文化基盤が形成されていた。

全国の代官所所在地は代官はもとより下僚達が地域の支配を「文治」を基盤に行っており、人的交流を「媒介」する学芸はそうした政治支配を補完する機能を果たしていた。農民である志田の江戸滞在や修学も、こうした代官所周辺の文化的な先進性を念頭に置くと、代官所経由の学問修養の回路を利用したものと考えられ、師渡辺退石が代官所の下級吏僚であったことはまさに示唆的である。

さて、志田は地誌編述の動機や方法を先行（「先輩」）「地誌」との関係から説いた。

余嘗《テ》読《テ》下先輩所《ノ》レ著《ス》信達風土記信達歌二書《ヲ》上、始《テ》知《ル》二一県《ノ》瑰偉絶特之称《ヲ》一矣、且《ツ》及レ得《ルニ》二公卿所《ノ》レ為《ル》国風之什賦序等《ヲ》一、好《ミ》二其文辞《ヲ》一、益《〱》欲《下》巡二行二県《ヲ》一観《ビ》二其《ノ》事蹟《ヲ》一詳《中》説《セント》其《ノ》事実《ヲ》上也、(27)

四十六歳の天保十二年（一八四一）に『一統志』「信夫郡之部」を脱稿した志田は、嘉永四年（一八五一）になって「伊達郡之部」を完成させた。右引用は「信夫郡之部」巻頭の「自序」の一節で、志田は『風土雑記』・『信達歌』の読書により「信達」が特別な土地柄であることを知り、諸書に収められた和歌・漢詩文の「文辞」を見て、「事蹟」を踏査し「事実」を詳説したいと改めて考えるようになった、と語る。

この『一統志』編述において先行「地誌」とりわけ『風土雑記』の確保が重要だったことを記したのが伊達郡岡村に居住した菊田芳胤であった。芳胤は前述の「みちのく社中」の菊田関雄の二男で、本居大平門のちに平田門に名を連ねた国学者であった。その菊田は「伊達郡之部」の「序文」に次のように記した。

早く信達風土雑記と云ふ一巻の書を得て　それを元として是彼と事の真実を正し考へ　猶いぶかしき事ともハ其処々の老人等又ハ物しり等にとひ尋ねて　まつ信夫一郡の事をば聊ものこる隈なく書記して信達一統志となも名附て世にひろかれたりける(28)

志田自身の言辞からも友人の証言からも『一統志』の編述

に果たした『風土雑記』の役割が大きかったことが確認された。ところが、両書を並べてみると、相貌は全く異なる。本文を「漢文」で記し広範な関係資料を掲載するという『風土雑記』に対して、『一統志』は「凡例」が「始には其邨石高を掲げ公邑私封をわかてり次に里社何の神を祭れりと云ことを知らしめ次に祭祀何月何日なりと云ふことを記せり」と記した通りに信達二郡の村名を整然と配置し、そこに所在する神社仏閣を中心とした名所旧跡に解説を加えてゆくという体裁を「和文」体で記すのである。

漢文の縁起等はそのまま原資料を掲載し、新規「名所」を若干掲げてもいる。ところが『風土雑記』のような文物紹介の前のめりはない。自序通りに「詳説」に徹している。したがって『風土雑記』が意を砕いた「文芸資料」の扱いも異なった。文芸資料とくに同時代の俳諧資料はほとんど採用しないのである（「伊達之部」には若干の俳諧資料、同時代の御詠歌が見える）。こうした叙述法の転換で中心に据えたのが、友人菊田が「其処々の老人等又ハ物しり等にとひ尋ねて」とした地域の「伝承・口承」であった。

志田は「伊達郡之部」の「凡例」の最終項に次のように断言する。

予此一統志を撰べるに　多ふくハ先輩著す所の信達古語或ハ風土雑記或ハ神杜仏閣縁記等に因り　其外に諸書を引きて證となす　然ハあれとも大概古老の説を取りて是を記す　仮令謬妄ありとも人それ咎め給ふまじ　里人古老の談話を取らざれば記すべきの手風なし　故にこれを専にして記せり[29]

「先輩」の著作に依拠して編述するが『一統志』が重視するのは「古老の説」なのであり、「里人古老の談話」を用いる以外に叙述手法「手風」が無い、とすら言う。「凡例」の締めくくりのこの宣言文は重く受け取らなければならない。

志田は「信夫郡之部」の「信達一統志引用書」に八十三種の文献を掲げ、広範な地誌上の文献考証をうたい、引用資料としても採用している。ところが、編纂の眼目は「口承」採取による叙述の確立にあったのであり、信夫郡内で六十種、伊達郡内で三十八種の伝説を採取したのである[30]。そうした口承採取の中には、阿倍晴明塚・蘆屋道満塚の怨霊に関する伝説のように不可思議な口承も含む。

近年、志田が学んだとされる古賀侗庵は「怪異」を積極的に学問化した先進的な学者として評価されているが[31]、『一統志』の「奇草木怪石異物」・「里人古老の談話」を積極的に拾集する「口承」尊重の編集姿勢は伝記が指摘する「古賀小太郎」侗庵との接点として今後検討されねばならないと考える。

さて、同時代の「口承」を重視し、先行地誌とは異なる編纂方針を取った『一統志』において検討すべきは『風土雑記』が意を砕いた学芸資料の扱いの実際であり、「凡例」からは文芸資料掲載への志田の逡巡の姿勢を読み取ることができる。

一 古歌ハ 融大臣のよみ給へし 信夫毛知須利の如く其土地の名を仮りて詠る者なれば先輩著す所の信達歌同しく信達風土記等の書に委しく記せり 今是に准じ公卿の詠歌数百首を記せり

一 抑和歌ハ其地名を仮り冠辞に用ひてよめる者なれば是を證となすも 拙なきに似たれとも 今ハ先輩に准じてこゝに記す(32)

和歌の掲載は先行書に準拠した、とする。しかしそれは「拙なきに似」る。これはいかなる理由からであろうか。その答えが『一統志』巻之四、山口邨「毛知須利石」にある。

源融公を始奉り天下の諸名家詠給へるはミたれと云はむ冠辞なり それを此地を詠し倭歌なとゝ心得るハ文盲也されとも古より此地の古跡なりとて一統の俗人称する所なれば其和歌をもあまたこゝに記しぬ(33)

「毛知摺石」自体を歴史考証し「毛知須利」の習俗について検討した後、志田は「しのぶもじずり」は「みだれ」を引き出すための「冠辞」すなわち枕詞・修辞なのであるから「地誌」の資料としての採用は不適切であり、文知摺石の前での実作などと考えるのは「文盲」である。ただし「文知摺石」を古跡と称する「俗人」が存在する以上、関係する和歌は掲げざるを得ない。不本意ながらの和歌掲載だったのである。

賀茂真淵は『冠辞考』に「言のたらはぬときは、上にうるはしきことを冠らしめて調をなんなせりける」(34)と「冠辞」のリズム調整機能に着目したが、『一統志』では「信夫文知摺」の語を掲載和歌選別の判断基準として利用した。この方式を推し進めると、修辞的な「冠辞」を利用した和歌はおのずと「地誌」から離脱することになる。『一統志』にあっては修辞的な和歌の掲載は少なくならざるをえないのである。許容されるのは典拠の明らかな「公卿の詠歌数百首」なのであった。

おわりに

「文芸」を基盤とした『風土雑記』と「口承」重視の『一統志』の対比を強調してきた本稿を締めくくるにあたって、両著作の差異の具体例を示すことにする。該当箇所は先に触れた「村上山」と呼ばれる岩礁である。

『信達一統志』は記す。

村上山 邨西逢隈川の水中にあり 薬師如来を安置

す　是を村上薬師と称せり　堂一丈四面也　四月四日祭礼　古伝説に云う天暦年中阿武隈川の中に一夜に涌出たる岩山なりと　高さ数十丈　鳥も翔がたく古松枝を垂れ藤蔦花を洗ひて蒼苔の露なめらか也　岩下隈水を帯び白浪岩を砕くの勢あり　流水の委曲龍蛇に似たり　伊達第一の勝地にして千巌神秀を競ひ万壑流を争ひたるは山水の美と云ふべし　岩窟ある所土人蝦夷穴と云ふ　上代穴居巣の古き跡か　其由所を知らず　実に絶景なり(35)

一方、『風土雑記』本文と草川作の漢詩・和歌、兼延作の和歌・俳句は以下である。

東於二阿武隈川之滄中一有二嵓嶼一名謂二村上一也、峣峥硉矹磯々焉、於レ爰臨レ坻延筵卜レ座睒瞩レ之者青松浸レ枝藤葛洗レ花、嶮巌帯レ苔槁木曝レ雪矣、四時風景更無レ窮也、伝聞可レ謂下遊二海中之於仙界一登中於蓬莱瀛洲上焉、旋此両岸有二別風一而如二異邦一矣、於二乎茲一数代之国守促レ駕士民運レ歩、四衆遠尋来而賦レ詩題レ歌焉、猗歟堪レ惜、如レ斯風景遠二於中国一奇異巌隯陰二於夷塵一焉

白浪紫烟起大隈　中流畳石小蓬莱
仙丹染尽紅楓色　棲鶴一枝折得来　　文龍

君か為手折蓬か嶋山の
　薬の水や染し紅葉は　　同

五色瑞雲奥水隈　怪松奇石出蓬莱
天仙有跡瑠璃窟　欲問神丹鶴未来　　艸川氏

春秋の詠めもわかし此嶋の
　岩根によする花の白波　　兼延

蓬莱の下絵見せし苔のはな　　既白(36)

『一統志』は『風土雑記』が採用した草川・兼延の漢詩・和歌・俳句を非掲載とし、古伝説・考古学的な知見にもとづく考証を試みるも史料不足により留保し、代わって「実に絶景なり」とする風景の詩的な叙述を行う。

『一統志』の「古松枝を垂れ藤蔦花を洗ひて蒼苔の露なめらか也」は『風土雑記』の「青松浸枝藤葛洗花、嶮巌帯苔」の翻案と見られ、「白浪岩を砕くの勢」は「白浪紫烟」・「岩根によする花の白波」を意識したものである。

中国学の素養を披露すべく「村上山」を中国の仙界に類比し神仙の描写に終始する『風土雑記』と「蝦夷」をからめた古伝説にもとづく考証に力点を置く『一統志』というように両者は対照的である。かくして、文芸の「地誌」・口承の「地誌」たる両者の特徴を余すことなく指し示すのが「村上山」の岩礁の「地誌」叙述であった。

注

（1）『福島市史資料叢書』第三〇輯（一九七七年）（以下、叢書三〇と略記）、三頁。
（2）『福島県史二四各論編第十、民俗第二』（一九六七年）（以下、県史二四と略記）、九三〇頁。
（3）県史二四・一〇〇七頁。訓点は東北大本に沿って施し、県史本の誤記を東北大本により修正した。以下も同じ。
（4）県史二四・九八一頁。
（5）叢書三〇・二三九頁。
（6）福島県立図書館蔵写本による。
（7）『福島市史三近世Ⅱ』（一九七三年）、六五四頁参照。
（8）『桑折町史第2巻通史編Ⅱ』（二〇〇五年）、一三頁参照。
（9）県史二四・一〇〇八頁。
（10）県史二四・九八七頁、二四・九九〇頁、二四・一〇〇一頁。
（11）『三百藩家臣人名事典』第二巻（新人物往来社、一九八八年）、一五六頁参照。
（12）県史二四・一〇〇七頁。
（13）県史二四・九八六頁。
（14）『福島市史三』六五四頁。
（15）県史二四・一〇〇五頁。
（16）県史二四・九九六頁。
（17）県史二四・九九六頁。
（18）県史二四・九八一頁。
（19）県史二四・一〇二五頁。
（20）県史二四・一〇一五頁。
（21）『岩磐資料叢書（上）』（一九一七年）解題など。
（22）高橋章則「近世後期の歴史学と林述斎」（『日本思想史研究』第二一号、一九八九年）参照。
（23）叢書三〇・二三七頁。
（24）『福島市史資料叢書』第五〇輯（一九八七年）所収。
（25）『桑折町史第2巻』二〇頁。
（26）高橋章則『江戸の転勤族——代官所手代の世界』（平凡社、二〇〇七年）参照。
（27）叢書三〇・一頁。
（28）叢書三〇・一三三頁。
（29）叢書三〇・一三四頁。
（30）叢書三〇・解説四頁。
（31）木場貴俊『怪異をつくる　日本近世怪異文化史』「第十章　古賀侗庵　江戸後期の「怪異」をつくった儒者」（文学通信、二〇二〇年）。
（32）叢書三〇・二頁。
（33）叢書三〇・六五頁。
（34）『賀茂真淵全集』第八巻（続群書類従完成会、一九七八年）、一頁。
（35）叢書三〇・一九九頁。
（36）県史二四・一〇〇三頁。

朝鮮近世の地理誌は誰のものだったのか

吉田光男

よしだ・みつお――東京大学名誉教授・放送大学名誉教授。専門は朝鮮近世社会史。著書に『近世ソウル都市社会研究――漢城の街と住民』（草風館、二〇〇九年）、柳本芸『漢京識略――近世末ソウルの街案内』（訳註、平凡社、東洋文庫八八五、二〇一八年）、韓永愚『韓国社会の歴史』（翻訳、明石書店、二〇〇三年）などがある。

読者に着目して朝鮮近世地理誌の歴史的性格や社会の中における役割を考察した。はじめ、中国地理誌を範型としながらも経済的項目を付加して守令の邑支配に有用であったが、『明一統志』と『方輿勝覧』のハイブリッド『新増東国輿地勝覧』（一五三〇年）で士族向け教養書的性格が強まった。守令たちは吏族から邑の支配権を奪い返すべく邑誌を作成して経済的情報を掌握しようとした。

はじめに

朝鮮近世（朝鮮王朝時代：一三九二〜一八九七）には政府などによって多くの官撰地理誌が編纂された。初期の編纂者たちが明確に述べているように、それらは『方《ほう》輿《よ》勝覧《しょうらん》』、『元一統志』、『明一統志』という中国の地理誌を範型として制作された。しかし、その一方で朝鮮地理誌には独自項目も多く見られる。本稿は、この独自項目に着目し、それがどのような必要性から採用されたのか、また誰を読者と想定して制作されたのかの検討を通じて、朝鮮近世における地理誌編纂の社会的意味と役割について考察するものである。

朝鮮近世地理誌に関する研究は決して多いとは言えないのが現状である。[1]しかも、それらのほとんどは、制作を命じた政府側の政治的意図や制作者たちの政界における立場など、政治的側面の分析に重点が置かれており、その社会的意味についてはほとんど等閑視されてきた。そもそも、なぜ地理誌が編纂されたのか、社会はそれをどのように受容したのか、受容者とはどのような人々であったのかなど、具体的な場における地理誌の使い方や役割りについてはほとんど関心が払われることはなかった。またその一方、範型となった中国の地理誌との関係についても深く掘り下げられることもなかった。そのため、朝鮮地理誌の独自性や性格については明らかにされていない。

以上のような研究状況をふまえ、本稿は、中国の地理誌からの影響を読み解きつつ、基礎的な地域社会である「邑《ゆう》」という行政区画を舞台にして、利活用という観点から、地理誌のもつ社会的役割を検討するものである。

一、近世朝鮮の邑と身分

本論に入っていく前提として、「邑」とその住民の「身分」という二つの基礎的用語について簡単に述べておきたい。

(一) 邑という地域単位

地理誌は「邑」を単位として記述している。「邑」が朝鮮の基礎的な地域だからである。朝鮮近世の地方行政区画システムは、道—邑—面(社)—里(洞)という四段階で編成されていた。「邑」は、最大の行政区画として全国を八つに分けた「道」の下に位置づけられ、一七八九年(正祖十三)の戸籍調査に基づく統計表『戸口総数《こ こうそうすう》』では、別格として道に属さない首都漢城《かんじょう》(ハンソン)も含めて合計三三五あった。邑は、時期によって併合分離廃止創設があったが、おおよそ三三〇〜三三五ほどの数で推移した。ちなみに『戸口総数』には三九七五の面と三万九七二四の里が記載されており、都市的性格の強い漢城府の地域区分である坊や契を合わせると、全国に約四〇〇〇の面と約四万の里があったことになる。

邑は高麗時代後期に淵源をもつ朝鮮近世社会の基礎的地域単位である。政府の政治的評価によって格付けされ、府、牧、郡、県の称号が付けられ、そのランクに応じた府尹(従二品)、大都護府使(正三品)、牧使(正三品)、都護府使(従三品)、郡守(従四品)、県令(従五品)、県監(従六品)という守令《しゅれい》(地方長官)が派遣された。例えば慶尚道の監営が置かれていた慶州は府ランクであり、公式には慶州府となる。守令は慶州府尹である。また大都護府と言い都護府と言い、中国唐代のように軍事的性格はなく、郡や県など、他の邑と同じく民政機関である。例えば、京畿道の利川は世宗二十六年(一四四四)に県から都護府に昇格しているし、忠清道監営の置かれていた忠州牧は十七世紀前半の一時期、忠原県に降格させられている。いずれも実態は同じく邑なのである。

(二) 邑の中

邑の中は行政村的性格をもった複数の面(社)に分かれ、

その中に一ないし複数の集落によって構成される複数の里（洞）があるという構造をもっていた。

邑の中心的集落には、守令の執務所として邑衙が置かれて支配行政拠点となっていた。半数近くの邑には邑衙の置かれた集落の周りを城壁で囲んだ邑城が築かれていた。

邑は、政府から見れば、守令を通して支配行政を行う地域単位であったが、住民にとっては社会身分によって異なる意味をもった空間であった。大ざっぱに言って、士族や吏族にとっては自己の政治的社会的テリトリーであり、それ以外の住民にとっては居住する地域であるという以上の大きな意味は持たなかった。

（三）社会と身分(2)

法的身分では、住民は良民と賤民に分けられるが、社会的身分で見ると、大きく士族、常民、賤民の三つに分けられ、その他に首都漢城には士族と常民の中間的な存在であり、訳官などの専門職官僚の母体である中人《ちゅうじん》が、また各地には白《はく》丁《てい》など多様な被差別民がいた。本稿ではそのうち士族と常民が出てくる。

士族は学問を家業とする士大夫（読書人）の一族に属する人々である。科挙などのルートで両班（国家官僚）になる。常民は主として農業に従事する一般良民であるが、その上層部に、郷吏として邑行政実務を世襲的義務的に負担する吏族がいた。賤民は他者に所有される存在であり、公的機関（官公庁）が所有する公奴婢と、私人が所有する私奴婢があった。賤民という差別的な名称にもかかわらず、常民との通婚も多く、地域社会の中では常民と渾然一体となっている場合が多かった。集落の中には、士族から被差別民までさまざまな身分階層の人々が混在して居住していた。

士族は邑に長年定住することで権威権力をもった。それに対して、吏族など一部の人々を除いて、常民や賤民たちは邑内外を頻繁に居住地移動していた。このことが士族・吏族とそれ以外の人々の「邑」に対する意識の違いを生み出した。

二、朝鮮王朝による地理誌の編纂

（一）古代中世の地理誌

近世以前の朝鮮地理誌には、古代三国（高句麗、百済、新羅）の歴史を記述した『三国史記』と、高麗の歴史を記述した『高麗史』という二つの正史の地理志があるが、中国正史にならった行政区画名称一覧であり、それ以上の詳細な情報はほとんど記述されていない。『三国史記』は古代国家が滅亡した後、高麗時代の一一四五年に完成し、『高麗史』は高麗王朝が滅亡した後、一四五一年に完成したもので、いずれも同時代の記録ではない。

(二)近世の地理誌

これに対して、朝鮮近世の地理誌は、同時代の詳細な人文自然地理的情報を集積して編纂されたものであり、上記二点とは一線を画している。

近世地理誌は、当時、文化文明の中心と見なしていた中国の地理誌を範型として作成された。しかし、中国のものとは異なる内容も多く、そこに近世朝鮮の現実が現れ、地理誌の制作意図や、それを受容する側すなわち読者側の必要性が透けて見える。

それでは、朝鮮王朝が作成した全国地理誌の編纂の経緯を時系列に見ていこう。**表1**は、朝鮮と中国の地理誌に採用された項目をまとめたものである。この表の上段は朝鮮と中国の地理誌の共通項目、下段は朝鮮地理誌の独自項目である。ここに朝鮮地理誌と中国地理誌との関係が如実に表れている。

(三)『八道地理志』一四三二年(世宗十四)

朝鮮王朝第四代国王世宗の発案により、一四二四年(世宗六)に「本国地志及州府郡縣古今沿革」を文献記録すなわち全国地理誌としてまとめる事業が開始された(『世宗実録』巻二十六・六年十一月丙戌)。この事業は八年かけて一四三二年(世宗十四)に終了し、全国八道から提出された資料を基礎として『八道地理志』が完成した(『世宗実録』巻五十五・十四年一月己卯)。これが朝鮮近世最初の地理誌になる。

表1で見られるように、共通項目がほとんど一致しているところからみて、本書は『元一統志』に準拠しているとみてよろしかろう。また、駅と仏宇が入っており、『方輿勝覧』の部分的な影響も見られる。その一方で、独自項目として、越境処(飛び地)、戸口、姓氏、塩所などが採用されている。これらの項目は『世宗実録地理志』以降にも引きつがれた。

本書は手書きで作成されたが、その大部分が失われてしまい、かろうじて『慶尚道地理志』と題名を付けられた慶尚道部分の副本一部のみが現存し、それを通して失われた全体像を推測することができる。なお慶尚道部分は他道に先行して一四二五年に完成している。

(四)『世宗実録地理志』一四五四年(端宗二)

正確な呼称は『世宗実録』(巻一四八〜一五五)地理志である。世宗の死後、その一代の業績をまとめた『世宗実録』が編纂され、朝鮮王朝歴代の「実録」の中で唯一、「地理志」(八巻)が付け加えられた。これを現在、『世宗実録地理志』と呼んでいる。この「地理志」は、『八道地理志』を補訂し、いくつかの項目を追加している。世宗の業績はあまりに多いという理由で、礼楽関係は紀伝体にならって「志」とし

明一統志	八道続撰地理誌	新増東国輿地勝覧	輿地図書
建地沿革	州鎮設立革罷	建地沿革	建地沿革
郡号		郡名	郡名
風俗		風俗	風俗
形勝		形勝	形勝
土産	貢税　鉄	土産	物産・進貢
山川	有名嶺峴	山川	山川
公署			公廨
学校		学校	学校
書院			壇廟(含書院)
宮室		宮室	公廨・宮室
橋梁	橋梁	橋梁	橋梁
	院宇		
	楼台	楼亭	楼亭
	站駅	駅院	駅院
寺観	僧寺	仏宇	寺刹
祠廟	名賢祠墓	祠廟	壇廟(含書院)
陵墓	前代陵寝祠宇	陵墓	塚墓
古蹟		古跡	古跡
名宦	守令名賢	名宦	
流寓		寓居	
人物	土姓名賢	人物	人物
烈女	旌表門閥	孝子烈女	
仙釈			
	題詠	題詠	
			戸口
			軍兵
		姓氏	姓氏
	塩盆		
			田結
	漁梁		
	陶器所磁器所		
	煙台烽火	烽燧	烽燧
	堤堰		堤堰
	邑城	城郭	城池
	関防	関防	関阨関防
			税(田税・大同・均税)
			糶糴
			俸廩
			四至
			坊里
			道路
			牧場
			官職
			倉庫

表1　地理誌の項目対照（完成年代順）

	方輿勝覧	元一統志	新撰八道地理志	世宗実録地理志
共通項目	建地沿革	建地沿革	建地沿革	建地沿革
	郡名	坊郭郷鎮		別号
	風俗	風俗形勢	風俗（道総論）	
	形勝	里至		
	土産	土産	貢賦土産貢物	土産土貢
	山川	山川	名山大川	山川
	公署			
	学校			
	書院			
	宮室			
	関梁			
	堂院			
	亭台			
	楼閣			楼閣
	館駅		駅（属邑）	駅
	仏寺		仏宇	仏寺
	祠墓			
	古跡	古跡		
	名宦	宦跡		
	流寓			
	人物	人物	土姓人物	人物
	烈女			
	仙釈	仙釈		
	題詠			
	四六			
朝鮮独自項目			越境処	越境処
			戸口	戸口
				軍丁
			姓氏	姓氏
			塩所	塩所
				土質気候
				田結
				農産
				陶磁器所
				烽火
				堤
				城
			守令行祭所	

た（『文宗実録』巻十三・二年五月甲午）ため、「五礼」、「楽譜」、「七政算」と並んで「地理志」も「附録」として加えられたのである（『世宗実録』巻一四八・地理志序文）。

「地理志」などを付け加えることによって『世宗実録』は朝鮮王朝歴代国王の「実録」の中で異彩を放っているが、その一方で、国王としての実績を時間順に「記録」するという本文部分の性格は、それ以後の「実録」に踏襲された。世宗以前の、太祖・定宗・太宗三代の「実録」は、それぞれが各王代ごとに独立したものではなく、高麗王朝の王位を簒奪して開創した朝鮮王朝、そして開国の大功労者鄭道伝や異母弟王子たちを打倒して覇権を掌握した太宗という二つながらの正統性を宣言するために作られた一連の「物語」であった(3)。それに対して『世宗実録』は、はじめて実際の業績を時間順に「記録」したものであり、後につづく「実録」の範型となった。しかし、『世宗実録』編纂当時、その方向性は必ずしも定まっていたわけではなかった。とりあえず「記録」を集成して時間順に整理しておき、将来の再整理に備えたものであった。しかし、後の「実録」にこの形式が踏襲された結果、『世宗実録』本文の方式が「実録」形式として固定した。「地理志」が試行錯誤的に加えられたのはそのような揺れている時期ならではのことであった。

『八道地理志』以後の変化を増補しつつ、軍丁（徴発兵士数）、田結《でんけつ》（農地面積）、農産など邑の経済的情報が詳細となった。一方で風俗形勢が採用されていない。

「実録」の一部であるので秘匿されて閲覧利用は厳禁されていた。

（五）『八道続撰地理誌』　一四六九年（睿宗元）

『八道地理志』の続編＝補訂版として編纂された（『慶尚道続撰地理誌』序文）。『世宗実録地理志』が詳述した軍丁、田結、農産などは「変化なし」として省略した。

『八道地理志』と同様、大部分は失われてしまい、『慶尚道続撰地理誌』と名付けられた慶尚道部分の副本一部（手書き）のみが伝存している。

（六）『新増東国輿地勝覧』　一五三〇年（中宗二十五）

本書ははじめ『東国輿地勝覧』として編纂され、以下のように三次にわたる改訂を経て『新増東国輿地勝覧』として金属活字で印刷刊行され、広く流布した。

①稿本　一四八一年（成宗十二）

第九代国王成宗の命により、『明一統志』を強く意識しつつ、『方輿勝覧』を範型として編纂された。本書は『方輿勝覧』と『明一統志』のハイブリッドという性格をもっており、これは三回にわたる改訂を経て完成した『新増東国輿地勝覧』まで変わることがなかった。

梁誠之が作成した『八道地理誌』を基礎として、古代以来の詩文を集めた『東文選《とうもんぜん》』に各家私蔵の詩文と合わせて、地域の風俗形勝を賞賛する詩文を選び、「題詠」として掲載した（徐居正の序）。『東文選』の編纂を主管した四人全員が『東国輿地勝覧』稿本の編纂主管でもあったので、彼らの要求あるいは提案に従ったのであろう。「題詠」の入ったことがそれ以前の地理誌と異なる本書の特色であるが、そもそも『方輿勝覧』にならい、「東国」の「勝覧」と名付けたところに制作側の意図が明確に示されている。

「東国」とは、中国の東にある国という意味で、「海東」「我東」「吾東」などと同じく朝鮮の自称である。「勝覧」とは「優れた景観」の意であり、「東国」「輿地」「勝覧」とは、朝鮮の国土の素晴らしさを意味するのである。本書が、「東国」に「勝覧」ありとして誇るのは、中国文化文明というプラットフォームの上での素晴らしさである。これこそ編纂を命じた成宗の意志であり、編纂に当たった士族（両班士大夫）たちの意志でもあった。その一方で、以前の地理誌に詳述されていた、田結などの経済に関する項目は排除された。

本書の意図を明らかにしているのは、東国（朝鮮）の勝覧（素晴らしさ）を誇ること、言わば「お国自慢」となるのが地域を賛える詩文を記載する「題詠」なのである。

『明一統志』の規式を適用したとしつつ、その実は「勝覧」という題名が物語っているように、編纂者の意識としては朝鮮版『方輿勝覧』である。しかし『方輿勝覧』で大きな位置を占めていた「四六《しろく》」は採用されなかった。この点で本書と『方輿勝覧』は大きく異なっている。この点については後に詳述する。

本書は手書きの稿本にとどまり、印刷も公開もされなかった。現在、伝存は確認されていない。

②第一次改訂版　一四八六年（成宗十七）

成宗は、稿本が『方輿勝覧』を範型としていたために不備が多かったとして、『明一統志』を範型にして補う命を下し、五巻分を増補して五五巻とした。増補部分は独立した巻とすると統一性が崩れるとして原本の該当部分に差し込んだ。

しかし、編者たちを代表して金宗直《きんそうちょく》（キムジョンジク）は、本書の跋文に「不敢擬於一統志、而較諸之方輿勝覧、則実無愧焉」（わざわざ『明一統志』に擬えるまでもなく、『方輿勝覧』に遜色するところはない）と述べて、『方輿勝覧』を範型としたことを宣言している。これが問題にならなかったのは、改訂を命じた成宗も同様に考えていたからであろう。『方輿勝覧』にならったと明言するところに編者たちの士族＝文人として

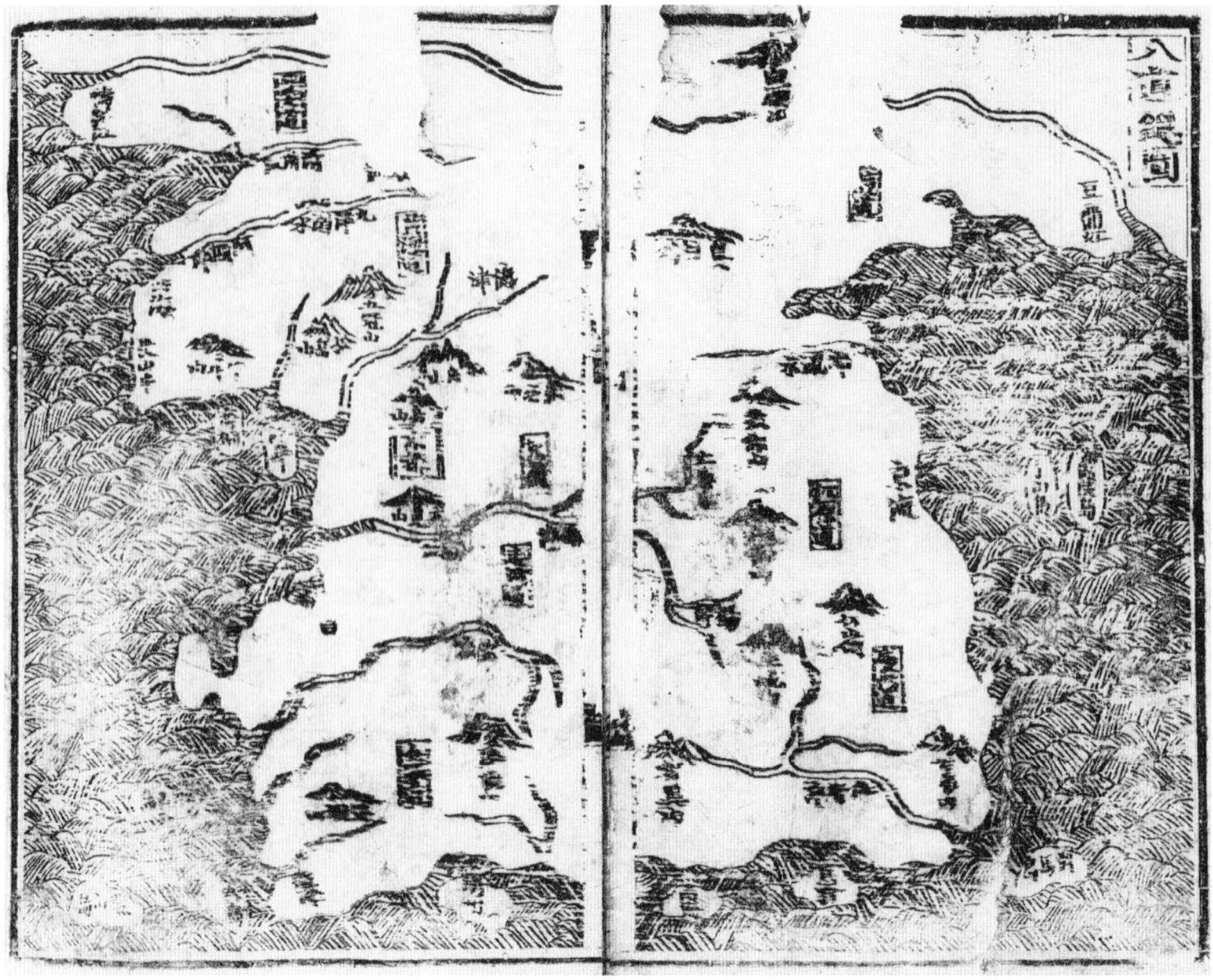

図1　『新増東国輿地勝覧』「八道総図」（国立公文書館蔵）

の心情がうかがわれる。

活字印刷された（『成宗実録』巻二〇〇・十八年二月庚辰）が、稿本と同様、伝存は確認されていない。

③第二次改訂版　一四九九年（燕山君五）

前年におきた、朝鮮王朝最悪の暴君と言われる第十代国王燕山君による官僚の弾圧事件（戊午士禍と呼ばれる）の余波を受けて、主として記載人物の再評価を中心として改訂が行われた。編纂者は第一次改訂版から完全に入れ替えられた。この事件そのものが、第一次改訂版の中心となった金宗直の書いた文章が、燕山君の曾祖父である第七代国王世祖が甥の端宗から政権簒奪したうえ死に追いやったことを批判していたとして、関連する人々を粛清し、すでに死亡していた彼自身も墓が暴れて屍骸を斬刑に処されたものである。金宗直一派の排除に伴い、人物の評価が変えられたのである。

本書は地理誌としてはじめて「八道総図」と各道の邑位置図という地図を掲載した。本版以前から地図があったかは不明である。

活字印刷で刊行されたが、ほとんどが失われてしまい、若干の零本が各処に残存するだけだが、京都大学附属図書館河合文庫にはほぼ半分にあたる二十八巻分が所蔵されている。

④**第三次改訂版**　一五三〇年（中宗二十五）

沿革など二十項目を補訂し、『新増東国輿地勝覧』と名付けられて活字印刷で刊行された。本書は近世前期地理誌の決定版と評価され、広く流布した。

一五〇六年に燕山君を武力によって追放し、異母弟である第十一代国王中宗を擁立する「中宗反正《はんせい》」と呼ばれるクーデタが起きた。このクーデタで成立した新政権によって第三次の改訂が行われた。新政権は燕山君時代の政治を否定し、追放されていた金宗直系列の人々も政権に復帰したからである三次にわたる改訂を経ても「東国輿地勝覧」という名称は変わらなかった。本書の目指すところは、士族たちが朝鮮の素晴らしさを認識することであった。その意味で本書は士族の教養書であった。

表1に戻ってみると、『新増東国輿地勝覧』は「題詠」以外に、『明一統志』にないいくつかの項目を『方輿勝覧』に従っている。『新増東国輿地勝覧』は『方輿勝覧』と『明一統志』のハイブリッド朝鮮版と言うことが適当であろう。

一方で、見落とせないのは、それ以前の地理誌に詳述されていた朝鮮独自項目が採用されなかったことである。これは本書完成間もなく、邑行政の現場を預かる守令に困惑をもたらした。

（七）『**輿地図書**』　一七六五年（英祖四十一）

『新増東国輿地勝覧』刊行以来、二〇〇年以上経過して第二十一代国王英祖の命によって作成された邑誌の集成である。各邑に統一した「凡例」を提示して作成させた邑誌を集成した（『承政院日記』英祖四一年十二月八日）が、もともと各邑の邑図を集成した『輿地図』に、邑から提出された邑誌を合体して作成された（『英祖実録』巻一〇六・四十一年十二月己酉）ものであり、地図と文字情報が合体したところに特徴がある。この地図は『新増東国輿地勝覧』から進んで、邑の詳しい地理情報を含んだものである。

『新増東国輿地勝覧』と多くの項目が一致するが、「題詠」を収録せず、その代わりに、多くの経済的項目や社会的項目を記載し、あたかも十五世紀の全国地理誌への先祖返りをしたおもむきがある。後に見るように、邑行政における現実の要請を反映しているのである。

内容的に見ると、本書が比較対照すべき中国の地理誌は、元明清三王朝の「一統志」ではなく、邑誌だと言うことになるが、これは次の課題としておこう。

各邑では本書を範型として邑誌の編纂が進むようになる。

十九世紀には、四次（一八三二、一八七一、一八九五、一八九九）にわたってそれらを道別に編成した全国地理誌が編纂された。

三　地理誌の実用性と読者

(一) 地理誌の公開

朝鮮時代前期の地理誌は、閲覧利用が厳禁されていた『世宗実録地理志』を除いて、秘匿されていたわけではない。基本的には公開されていた。

『慶尚道地理誌』の序文によると、同書は、政府に提出した正本の副本として作成され、慶州にあった慶尚道監営に配置された。また『慶尚道続撰地理志』の場合も、序文で慶尚道内四カ所に分散配置したとしている。いずれも地方行政の基礎資料として使用された。他の七つの道でも事情は同様であったと推測される。公開と言っても、利用者は観察使とその配下たち、すなわち監営の官吏と守令たちに限られよう。

近世朝鮮地理誌の決定版とも言える『東国輿地勝覧』は、『新増東国輿地勝覧』として完成した後、各処に配布された。国王、両班、一般士族など、漢字漢文識字層の間に広く流布し、地域の歴史や地理に関する正統的な根拠文献とされた。

(二) 士族と『新増東国輿地勝覧』

『新増東国輿地勝覧』の範型となった『方輿勝覧』は、書名の角書きに「四六必用」と付けていることに注目したい。「四六」は「四六駢儷体《べんれいたい》」のことで、『方輿勝覧』が士大夫読書人向けの文章作成のための参考書あるいは指南書であることを宣言している。私人が作成した『方輿勝覧』とは異なり、「官撰」である『新増東国輿地勝覧』が「四六」を採用しなかったのは当然のことである。まさか国家が率先して科挙などの参考書を作成するわけにはいかない。その一方で「題詠」を採用し、『方輿勝覧』と同様に読者として士族（士大夫読書人）を想定していたことも明らかである。

(三) 不動産的情報と動産的情報

『新増東国輿地勝覧』以後、全国地理誌は二世紀半にわたって作成されなかった。元明清三王朝の「一統志」が一回ずつしか作成されなかったのと同じである。『新増東国輿地勝覧』は、それら「一統志」と同様、変化する経済的項目を排除して、ほとんど変化しない項目だけで構成していた。ここで、変化しない部分を不動産的情報、変化する部分を動産的情報と呼んでみよう。**表1**で言えば、共通項目が不動産的情報、朝鮮独自項目が動産的情報にあたる。

『新増東国輿地勝覧』は不動産的情報だけを収録したもの

であった。士族たちにとって、人文自然地理的情報に「題詠」まで含めてまさに教養書の役割を果たしていた。しかし、士族が両班になり、守令として邑に赴任したとなると、動産的情報の欠如は大きな欠陥となる。地方現場で官吏として勤める吏族たちが、税や労役の徴収をはじめとする行政実務を動産的情報を基礎にして進めていたからである。動産的情報を欠落させた『新増東国輿地勝覧』の提供する情報だけでは、守令が邑行政現場を制御することはできない。範型となった『方輿勝覧』も『明一統志』もそもそもそのような使用に適していなかった。

(四) 行政現場の人々

地理誌の利用状況を見るためには、邑行政の現場とそこで活動した人々を見ておく必要がある。

当時、地方の邑で行政を動かしていたのは、政府から派遣されて来た守令、地域の政治的社会的エリートとして権威権力を持って邑の支配権を掌握していた士族、守令と士族の指揮監督下に行政実務を担当していた吏族という三種の人々であった。

①士族

ここで、士族、両班、守令の関係について簡単にふれておこう。士族も両班も法的身分ではなかった。両班の原義は、文班（文官）と武班（武官）の総称であり、科挙などを経て選抜された国家官僚のことである。彼らは、例外的な少数を除いて士族の一員である。つまり、士族は両班の母体であり、両班の一種として守令がいる、という構造になっている。守令は両班の一部であり、両班は士族の一部である。

②吏族

吏族は、邑の行政実務を良民身分男性の義務労働である「良役《りょうえき》」として世襲的に賦課される一族の人々であり、邑衙門に勤務する時は郷吏と呼ばれた。文書行政の実務者としてこの一族の人々は漢字漢文の運用技術を持ち、動産的情報を駆使して行政実務を動かしていた。これを守令側から見れば邑の行政を壟断していたことになる。

③守令

両班（官僚）として官職や勤務処を転々と移り変わる守令は、必ずしも赴任地の事情に明るくない。そんな彼らにとって、『新増東国輿地勝覧』は現地の状況を把握する重要な資料である。あるいは唯一の文献情報源であった。しかし、十五世紀の地理誌と違い、『新増東国輿地勝覧』には動産的情報が欠落しており、地域行政の遂行資料としては不十分なものであった。その欠落を埋めたのが実務を担当していた吏族であり、彼らを指揮監督する士族たちであった。しかし、状況により、守令、士族、吏族の三者の関係は多様で、吏族や士族が職務遂行の障害だと考え、彼らとの闘いに頭を悩ます守令も少なくなかった。

(五) 邑誌を作る

十六世紀の後半に慶尚道咸安《かんあん》郡の守令となった鄭逑《ていきゅう》(チョング)も頭を悩ました一人であった。鄭逑の目から見れば、咸安は「貪邪残暴之吏」(悪辣で残忍な吏)や「巧飾干誉之士」(嘘で固めて名誉をむさぼる士)が跋扈して邑の行政をねじ曲げている土地であった(『咸州誌』序文)。彼は、一五八七年に任地を去るにあたり、在任中に親交をもった在地士族数人の協力を得て邑誌『咸州誌』を編纂し、不動産的情報と合わせて戸口や田結などの動産的情報を記録して後任者に残した。これが現存する最古の邑誌である。鄭逑は、「貪邪残暴之吏」が秘匿していた情報を邑誌に記録し、後任者たちが「正しい」政治行政を行うための資料として公開したのである。言わば吏族の「武器」狩りを行ない、邑誌という「武器」を作り出したのである。これで、まともな士族と手を結んで「巧飾干誉之士」を制圧できれば守令は臆することなく「正しい」支配行政を行うことができると考えた。鄭逑はこの後も赴任した数カ所の邑で邑誌を作成している。

十六世紀末の日本軍侵入時に政府中枢にあって抵抗活動を主導し、戦後は最高官職である領議政《りょうぎせい》として復興の最前線に立った尹斗寿《いんとじゅ》(ユンドゥス)も、一五九〇年、かつて守令を勤めた北部の要衝平壌の邑誌『平壌誌』を作成した(『平壌誌』序文)。彼のような重鎮政治家でさえも、動産的情報を掌握する吏族に痛い目に遭わされたのであろう。

その一方で、仕官経験をもたない地元の士族の中にも動産的情報の重要性を認識していた者がいた。一六〇八年、慶尚道安東《あんとう》の士族権紀《ごんき》(グォンギ)は、学問の師である柳成龍《りゅうせいりゅう》(ユソンニョン)の命に従い、『咸州誌』に倣って安東の邑誌『永嘉誌』を作成した(『永嘉誌』序文)。柳成龍は豊臣秀吉の朝鮮侵略時、領議政として国王宣祖の片腕となった政治家官僚の大立て者中の大立て者であった。その弟子権紀は科挙に合格せず、一度も両班になったことがなかったが、安東の名門士族安東権氏一族の切れ者であった。一方で、士族と出自を同じくすることを自認していた安東の吏族勢力(『安東郷孫事蹟通録』、一八二四年)、とりわけ安東権氏に属する人々は強い力を持ち、安東は守令にとってはなはだ統治しにくい邑であった。柳成龍は邑の支配権を守令すなわち国家に取り戻すため、安東に代々、定着して地域事情を熟知し、吏族との仲も浅くない権紀に託したのであろう。

以上三つの邑誌に共通するのは、「戸口、田結、奴婢、軍額、軍器、市場」などの動産的情報の記載である。

(六) 動産的情報という「武器」

十七世紀には主として守令経験者によって数多くの邑誌が作成され、その集成版として『輿地図書』が編纂された。政府は、本書によって、『新増東国輿地勝覧』以来、二世紀半ぶりに最新の全国地理誌を手元に置くことができることとなった。新次元の地方支配「武器」が手に入ったのである。題名に「勝覧」を入れなかったことは、もはやこれが士族的教養書とは異質なものであることを示している。

漢字漢文で記述された近世朝鮮の地理誌が想定する読者は、漢字漢文の運用能力を保有して地方行政の現場で活動する守令と士族たち、とりわけ守令であった。行政実務のカギとなる動産的情報は、実務を担当してきた吏族にとってはまさに自家薬籠中のものである。『新増東国輿地勝覧』のような、士族向け教養書の知識をもってしては、郷吏を掣肘することは困難である。鄭逑はこの状況を打破するために邑誌『咸州誌』を編纂した。彼が目指したのは邑行政の実権を吏族の手から守令の手に移す（彼の意識では取り戻す）ことであった。吏族の最大の「武器」である動産的情報を放出させ、守令に協力する士族と共有する。邑誌はまさにそのための「武器」であった。

(七) 邑誌という「武器」

邑誌という「武器」によって守令による吏族の制圧と邑行政の掌握、そして彼らの考える「正しい政治」は実現できたのであろうか。事はそれほど甘くない。動産的情報がどれほど実態を反映しているのかは疑問である。動産的情報それ自体が吏族の手によってまとめられたものであり、彼らが正直に全てをさらけ出すという保証はない。現場では守令と吏族による虚々実々の駆け引きが行われていた。「武器」を手にしたとは言え、「貪邪残暴之吏」なら現場知らずの守令を手玉にとることなど容易なことだった。また一方で、守令自体が清廉潔白だったわけでもない。ただし、邑誌という「武器」を持たずに徒手空拳では勝敗の帰趨は自ずから明らかであった。

おわりに

(一) 近世地理誌編纂の歴史

本論の中で、朝鮮近世地理誌編纂の歴史を三期に時期区分して示した。

第一期は十五世紀中盤～末期。『元一統志』の枠組みに加えて朝鮮独自の動産的情報を記載した『八道地理志』、『世宗実録地理志』、さらにそこに『方輿勝覧』を加味した『八道続撰地理誌』が編纂された。

第二期は十五世紀末から十六世紀前半。『明一統志』と『方輿勝覧』を範型にして、『東国輿地勝覧』が作成され、三回にわたる改訂の後、両書のハイブリッド朝鮮版とも言うべき『新増東国輿地勝覧』が完成した。第一期に採用された動産的情報は排除され、士族の教養書的性格が強く、行政現場における実用性は大きく低下した。

第三期は十六世紀末〜十九世紀末。十六世紀末以降、守令たちの実用的要求から、動産的情報を記載した邑誌が各地で作成され、その集成版として一七六五年に『輿地図書』が編纂された。その形式が十九世紀後半に何度か編纂された全国地理誌に踏襲された。

吏族が秘匿して邑支配の「武器」としていた動産的情報を明らかにするために、守令が吏族を制御する「武器」としての邑誌が編纂されたのである。

(二) 朝鮮近世地理誌の役割

士族、両班、守令という読者を手がかりとして朝鮮近世の地理誌を見てきた。朝鮮近世の地理誌は、宋代の『方輿勝覧』、元代の『元一統志』、明代の『明一統志』を範型として作成された。十五世紀の地理誌には、戸口、田結、貢賦など、地域行政遂行の基礎資料である動産的情報を詳しく記載していたが、『新増東国輿地勝覧』ではそれらの情報が全面的に排除され、士族の教養書となることで実用的効用は著しく低下した。十六世紀末以降、守令や士族、とりわけ守令を読者と想定して邑誌が作られるようになった。「お国自慢的」な人文地理的自然地理的情報だけでは、邑で力を揮う吏族をとうてい制圧することなどできない。邑誌は、吏族が秘匿していた邑の動産的情報という「武器」を解体して守令に開放した。守令は、邑誌という「武器」を手にして吏族との闘いに臨むことになったのであった。

(三) 残された問題

最後に一言。朝鮮近世地理誌を手に取るとき、いつももどかしい思いがする。それは、「民」の姿がほとんど見えないか、見えたとしてもあくまでも支配の対象としての姿であり、客体としての姿であって地域で生活している主体としての姿ではないことである。かと言って、「民」が自分たちの地理誌を作成した形跡を発見できない。「民」にとって地域あるいは邑という空間はどのような意味をもったのであろうか。官撰であっても地理誌を読み解くことからその回答が得られるかも知れない。そんな希望はもちつづけたい。

注

（1）主な研究には、今西龍「東国與地勝覧について」（『朝鮮学報』一―一、京城、一九三〇年）、楊普景（辻稜三訳）「朝鮮時代の地理書に関する研究序説」（『朝鮮学報』一一六、天理、一九八五年七月）、徐仁源『朝鮮初期地理志研究』（韓国語、図書出版慧眼、ソウル、二〇〇二年）、山田正浩「李朝時代（朝鮮時代）の地方誌「邑誌」について」（『地理学研究報告』八三、一九九六年）などがある。本稿の『東国輿地勝覧』『新増東国輿地勝覧』に関する部分は、徐仁源氏と今西龍氏の著作を参考にするところが多い。

（2）詳しくは、拙稿「朝鮮の社会集団と身分」（『岩波講座世界歴史〈13〉』岩波書店、一九九八年）および拙稿「士族と両班のあいだ――歴史の時間・文化の時間」（『韓国朝鮮の社会と文化』創刊号、二〇〇二年十月）を参照いただきたい。

（3）末松保和「太祖実録・定宗実録解説」（『李朝実録第一』学習院東洋文化研究所、一九五三年）解説三―五頁。

朝鮮燕行使の『大明一統志』輸入について

辻 大和

つじ・やまと——横浜国立大学大学院都市イノベーション研究院／都市科学部准教授。博士（文学）。専門は朝鮮時代史。著書に『朝鮮王朝の対中貿易政策と明清交替』（汲古書院、二〇一八年）、共訳書に『ロスト・モダニティーズ——中国・ベトナム・朝鮮の科挙官僚制と現代世界』（アレクサンダー・ウッドサイド著、古田元夫・秦玲子監修、伊藤未帆・辻大和ほか共訳、NTT出版、二〇一三年）等がある。

本論では、朝鮮から明清中国に派遣された燕行使が『大明一統志』をどのように朝鮮にもたらしたのか、朝鮮ではどのように『大明一統志』が浸透したのか、を探った。その結果、15世紀に燕行使が北京で『大明一統志』を容易に購入でき、16世紀には、李退渓が書院建設提議の傍証にその記述を用い、金誠一が朝鮮に関する記述を批判していたことが判明した。なお清代に入ると、『大明一統志』の輸入は禁止され、摘発されるようになった。

はじめに

朝鮮から明清中国に使行した使節のことを研究界では総称して燕行使と呼ぶ。本論では、燕行使《えんこうし》が『大明一統志』をどのような規制のもと朝鮮にもたらしたのか、朝鮮ではどのような段階を経て『大明一統志』を受容したのか、といったことを中心に考察する。

まず関連する先行研究を見ておきたい。燕行使の貿易に関しては、全海宗《チョンヘジョン》『韓中関係史研究』（一潮閣、一九七〇年）や張存武『清韓宗藩貿易——一六三七～一八九四』（中央研究院近代史研究所（台北）、一九七八年）、李哲成《イチョルソン》『朝鮮後期対清貿易史研究』（国学資料院、二〇〇〇年）、拙著『朝鮮王朝の対中貿易政策と明清交替』（汲古書院、二〇一八年）、具都暎《クドヨン》『一六세기 한중무역 연구——혼돈의 동아시아, 예의의 나라 조선의 대명무역』［一六世紀韓中貿易研究——混沌の東アジア、礼儀の邦朝鮮の対明貿易］（太学社、二〇一八年）といった

ものがあり、中朝間で行われた貿易の制度、物資（特に生物資源）の動向について研究が深まっている。

筆者をふくめ、これまでの貿易研究は薬用人蔘をはじめとする、生物資源の貿易について多くを明らかにしてきたが、書籍をはじめとする文化資源の貿易に着目する必要を感じている。多くの燕行使の関心は薬材のような生物資源だけでなく、書籍のような文化資源にもあったからである。そこで第一に注目されるのは李祐成《イウソン》の研究である（李佑成著、稲葉継雄訳「鶴峰金誠一先生の「朝鮮国沿革考異」および「風俗考異」――『大明一統志』朝鮮関係記事に関する批判について」『韓』七（一）、一九七八年）。それは十六世紀に行われた金誠一の『大明一統志』批判に焦点を合わせたものであり、朝鮮での『大明一統志』の扱いにはそれほど触れていない。次に注目されるのはペウソンの研究（배우성『조선과 중화』돌배게［ペウソン『朝鮮と中華』トルベゲ］、二〇一四年）であり、朝鮮の北方地域への地理書の記述を洗い出しており、書籍と政策の関係に気づかせてくれる。また一七世紀末の金昌業《キムチャンオプ》の使行に特化して、矢木毅が燕行使と書籍購入の旅について明らかにしている（矢木毅「漢籍購入の旅――朝鮮後期知識人たちの中国旅行記をひもとく」中砂明徳・矢木毅・宮紀子『漢籍の遥かな旅路』研文出版、二〇一八年）。さらに、夫馬進『朝鮮燕行使と朝鮮通信使』（名古屋大学出版会、二〇一五年）は明代と清代における朝鮮燕行使の中国認識について豊富な事例をもとに検証している。

そうしたことを受け、明代の代表的な地理志である、『大明一統志』の朝鮮における一連の受容段階を簡単にでも整理するのは有意義なことではないか、という考えを抱くようになった。本論では第一章で燕行使の活動と一統志の朝鮮導入を整理したうえで、第二章で朝鮮の朝廷および国内諸方面での『大明一統志』受容について分析し、第三章で一六世紀以降の朝鮮での『大明一統志』の動向について考察する。

一、燕行使の活動と『大明一統志』の朝鮮導入

（一）燕行使の活動

まずここでは朝鮮が明清に派遣した燕行使の活動について整理する。

一六三七年まで、朝鮮は、一年に数回、明に朝貢使節（燕行使）を派遣した。朝鮮は明から聖節（皇帝の誕生日）、正旦（一五三一年から冬至）、皇太子千秋（皇太子の誕生日）に定期的に北京に使節を派遣することが定められていた（『（万暦）大明会典』巻一〇五、礼部六三、朝貢一、朝鮮条）。朝鮮はほかに謝恩使、奏請使などを随時派遣した。朝鮮使節は朝貢に際して名産の献上品（方物）を、皇帝をはじめとする皇室に献上

し、北京会同館で交易を行った。進貢品の品目については、明の国政要覧とでもいうべき『(万暦)大明会典』に、

貢物。金銀器皿、螺鈿梳函、白綿紬、各色苧布、龍文簾席、各色細花席、豹皮、獺皮、黄毛筆、白綿紙、人蔘、種馬毎三年五十匹(『(万暦)大明会典』巻一〇五、礼部六三、朝貢一、朝鮮条)。

と定められており、進貢品に金銀製品のほか、絹布(綿紬)や人蔘、馬などがあったことがわかる。また進貢のほか、燕行使の派遣に際しては、朝鮮の諸官庁が必要とする物資調達のための公貿易も行われた。公貿易の対象物品は薬材や布が中心であった。朝鮮の燕行使は北京の会同館で期間の限定なく貿易を行うことが認められていた。[1]

(二)燕行使による『大明一統志』導入

一四六一年の『大明一統志』刊行直後の朝鮮燕行使の動きは管見では史料上見つからないが、しばらくすると『大明一統志』は燕行使として明に出向いた朝鮮の官僚が関心を持ち、購入する書となったようである。

李承召《イスンソ》(一四二二〜一四八四)は一五世紀朝鮮王朝で活躍した文臣であり、一四四七年に式年文科に及第したのち、集賢殿副修撰に任命され、副校理、応教に任じられ、一四八〇年には吏曹判書、刑曹判書に任じられ、申叔舟《シンスクチュ》と『国朝五礼儀』を編纂した、文人エリートである。彼は生涯で二度、北京に出向いており、一四五九年には謝恩使副使として、一四八〇年には奏聞使副使として北京に派遣されている。

その李承召は一四八〇年に北京に出向いた際、「次北京八景詩」という漢詩のなかで、北京に到着後求めて『大明一統志』を買ったことを記している。それは書肆で得たのだという。そして披いて閲覧してみたところ、諸学士の北京八景詩を見たのだという(李承召『三灘先生集』巻八、詩、次北京八景詩)。

ほかにも北京で購入した記録が燕行録から見つかる。李荇《イヘン》(一四七八〜一五三四)は一五世紀末から一六世紀の前半の朝鮮王朝で活躍した文臣であり、一四九五年に増広文科に及第したのち、権知承文院副正字をてはじめに芸文館検閲、成均館典籍などを歴任して、一五〇〇年に明に賀聖節質正官として派遣されている。

李荇は一五〇〇年の使行時の詩のなかで、北京において願って『皇明一統志』を購ったことを記している(李荇『容齋先生集』巻三、七言律)。

明代の燕行使の行動は一般に制約を受けやすいものであったとされる。夫馬進の研究によれば、清代の十八世紀には燕行使一行は会同館の外に出て北京市内で観光や知的な活動を

行うことができたが、(2) 明代は対照的であった。一五七四年に燕行使に加わった許篈《ホボン》と趙憲《チョホン》の記録には明側の朝鮮使節に対する接待が丁重を極める部分があり、通例の歓迎宴に加え、送別宴も催してくれることがあった。一方で宿舎の玉河館には何重にも鍵がかけられ、中国知識人との自由な交遊は禁じられ、館外で会おうとすればスパイが尾行していたという。(3)

(三) 燕行使をめぐる規制

具都暎の研究によれば、朝鮮燕行使は一六世紀には活発に私貿易を行うようになっており、一五二三年には北京での使節滞在先である玉河館で出入制限が設けられた。(4) 李承召や李荇が『大明一統志』を購入した、というのはいずれも一五二三年以前の事例であり、会同館の制限強化以前の事例ということになる。

なお明代には明当局による燕行使の荷物検査は朝鮮使節に対して基本的に行われていなかった。一六二八年以降にのみ、明は朝鮮の使節団の荷物検査を実現させた。同年九月に冬至聖節謝恩使宋克訒《ソンクギン》らは登州巡撫の配下に登州での荷物検査を受けさせられそうになるが、規定や前例がないとして争った。宋克訒に同道した申悦道《シンヨルト》の記述によると、一行は参将の陳良謨（登州巡撫の配下）から使節団の構成員や積荷の内容の報告を求められたものの、抵抗した、という（申悦道『懶齋集』巻三、朝天時聞見事件啓、崇禎元〔一六二八〕年九月十一日戊辰条）。しかしその後の使節団が荷物検査を受けた記録はある。たとえば一六三二年に洪鎬《ホンホ》（謝恩兼奏請使洪靌《ホンボ》の書状官）らは往路の寧遠で方物の検査を受けた（洪鎬『無住逸稿』巻四、朝天日記、崇禎五年九月十一日丙午条）(5)。

以上のように、定期的に明に派遣されていた燕行使であるが、一四八〇年と一五〇〇年の記録には燕行使が北京で直接『大明一統志』を購入していた記録がみえる。その年代は後代に比べれば燕行使が北京会同館での活動の規制を受けにくい時期であり、明での荷物検査も受けない時期であった。

二、朝鮮での『大明一統志』受容

(一) 朝鮮朝廷での『大明一統志』

『大明一統志』は刊行（一四六一年）されて早い段階で朝鮮に輸入されたと考えられる。ここでは朝鮮朝廷での『大明一統志』の受容の状況と、朝鮮国内社会での『大明一統志』の流通についてみてみたい。

まず、朝鮮朝廷での『大明一統志』の受容状況からみていく。『成宗実録』巻三三、四年（一四七三）八月癸酉条によると、同年に山川壇をめぐる礼曹の啓は、洪武礼制のほかに、『皇明一統志』が皇城壇廟の制に風雲雷雨はすべて一壇で合祭していることを引用している。

その後朝鮮では官撰地誌である『東国輿地勝覧』の編纂において『大明一統志』の影響を受けたとみられる。一四八一年に完成した『東国輿地勝覧』には各邑の沿革、風俗、形勝、廟社、宮室、学校、寺刹、土産、倉庫、楼台、院宇、人物、題詠などが入っており、『世宗実録地理志』にあった、戸口、田結、軍丁といった統治資料が欠如していた。それには成宗が（『大明一統志』のように）地誌に詩文を入れるように指示が出したためであったという。(6)

朝鮮朝廷では『大明一統志』の誤情報も問題となった。『成宗実録』巻八三、八年（一四七七）八月辛酉条によれば、昼講の際に、崔淑精《チェスクチョン》が啓で申し上げたことでは「夫婦の正家はこれは本来の姿です。我が国の風俗をもってこれを見れば、班固の『漢書』では「女子は貞信で淫まない」とあります。『大明一統志』では「朝鮮は相い悦びて婚をなす」とありますが、これは我が国の常民のことであり、士大夫ではまだ必ずしもそうではなりません。婦女が夫を喪えば、三年の喪に服してこそ人の妻妾となることができるのです」とあって、『大明一統志』の朝鮮関係記述が不当であることが主張されている。そして『成宗実録』巻二〇二、一八年四月辛卯条でも知事金宗直《キムチョンジク》の言として、『大明一統志』の言には多くの誤りがあることが指摘されている。(7)

一方で、一六世紀の中宗代に入ると、『大明一統志』上の、朝鮮王朝の始祖である李成桂《イソンゲ》の一族の記述に誤りがないことは、『大明会典』における李成桂とその一族関係記述の修正を、朝鮮が明に求める、外交交渉（「宗系弁誣」）の動きを加速させることになった。それ以前から、明朝とのあいだでは宗系弁誣が外交課題となっていた。宗系弁誣問題とは、朝鮮王朝の始祖李成桂が政敵の李仁任の子であり、高麗国王を殺害したとする、明の史書での記述の修正を要求した、紛争である。この問題は国初に解決したようにみえたが、のちに朝鮮使節が『大明会典』を明からもたらして再燃した。それ以降何度も朝鮮王朝は北京に燕行使を派遣して訂正要求したが、一五八〇年代に明がそれを認め、一五八七年の『大明会典』改修本の頒布によって解決したのであった。(8)

（二）地方での『大明一統志』受容

ここまで燕行使による『大明一統志』導入、中央朝廷での一統志関連論議を見てきた。それでは朝鮮の国内、とりわけ地方ではどのように受容されたのかを見ていきたい。個人の日記や文集に残る記述をもとに見ていく。

十六世紀の士大夫、李文健《イムンゴン》が残した『默齋日記』のなかには、一五五七年の記事に、『大明一統志』を購入し、牧使が一統志を送ったことを示すものがある。李文健は一四九四年に生まれ、号を默齋といい、趙光祖《チョクァンジョ》の下で学んだのち、一五一三年に司馬試に、一五二八年に別試文科に及第したものの、乙巳士禍に連座して一五四六年に慶尚道星州に流配されていた。

さて、『默齋日記』の嘉靖三六年丁巳（一五五七年）の四月九日壬辰条には、鍮箸、陶器とともに『大明一統志』を購入した記述がある。そして四月十三日には星州に中央から派遣された地方官である、星州牧使（牧伯）が李文健に『大明一統志』二十五冊を送り、題目を求めた記述がある。以上のことから、一五五七年までには、慶尚道の星州にも『大明一統志』が流通しており、地方官がそれを認めるものであったことがうかがえる。

慶尚道北部での流通は李退渓《イテゲ》が慶尚道観察使に宛てたという書状からもうかがえる。李退渓は（慶尚道）豊基郡守であったとき、朝鮮には（官立の）学校が多いのに対して書院が少なく、同地方に書院を建設すべきことを提言した。その傍証として、明の地方に三〇〇もの書院が分布していることを、『大明一統志』を引用しながら論じた（『退渓先生文集』巻九、書、上沈方伯）。そのことは文集に収録された状啓にみえるが、李退渓が豊基郡守であったのは一五四九〜一五五二年のことであるので、そのころには豊基に『大明一統志』があったことになる。

また士大夫金玲《キムヨン》の残した『渓巌日録』のなかでも、十七世紀初頭の地方社会における『大明一統志』のありかたを示す記述がある。金玲は一五七七年に生まれ、号を渓巌といい、慶尚道礼安の出身であった。柳成龍《リュソンニョン》の下で壬辰の乱に従軍するなどし、一六一二年に増広文科に及第した人物である。

一六〇七年当時、金玲は礼安県にいたものと思われるが、『渓巌日録』一、丁未、九月十三日条には安東府使が、安東府の士大夫らに『大東韻玉』を書写させようとしたが、皆『大明一統志』を写すのに暇がなかったという記述がある。慶尚道北部で『大明一統志』の写本が作られていたことを示す記述である。

このように十六世紀後半から十七世紀初頭の朝鮮の地方では、地方官の把握する範囲で『大明一統志』が流通し、それをさらに在地の士大夫らにも知ることとなっていた。これまで把握できているのは慶尚道北部であり、ほかの地方の事例はまだ見つからないが、朝鮮の地方での『大明一統志』受容のありかたを示す事例といえる。

(三) 金誠一と『大明一統志』

ここまでの『大明一統志』への注目事例は、一統志中の記述について断片的な言及であった。一五九〇年に日本に通信使として渡った金誠一《キムソンイル》は、『大明一統志』中の朝鮮関係記事について詳細な検討を行っている。『大明一統志』に対して十六世紀の朝鮮士大夫がどのような認識を持っていたかに接近できるかと思われるので、少し見ておきたい。

金誠一は十六世紀後半に活躍した朝鮮王朝の士大夫官僚である。本貫は義城で、号は鶴峰。李退渓に儒学を学び、朋党は東人であった。金誠一は一五六八年に文科に及第したのち、弘文館副提学や羅州牧使などを歴任した。こうしたことから、慶尚道北部の李退渓門人のあいだで『大明一統志』が読まれていたということになるであろうが、その背景について管見では知ることのできる史料はない。

豊臣秀吉が明侵略の徴候を見せると、通信使正使黄允吉《ファンユンギル》とともに金誠一は副使として一五九〇年に日本に派遣された。帰朝後、日本に侵略の意図があるとする黄允吉に対して、金誠一は侵略の意図がないとした。一五九二年に日本軍が侵略すると金誠一は逮捕されるが、慶尚道招諭使として郭再祐らの義兵将を組織するなど善戦し、慶尚道観察使に任じられた。しかし任地の晋州で病死した。

その金誠一が一五九〇年の通信使派遣に際して、日本の僧侶との間で『大明一統志』をめぐる問答を行い、それから『大明一統志所載の「沿革」および「風俗」について考察しているのである。李祐成の研究[9]に依りつつみていきたい。

一五九〇年の日本派遣時に、僧侶宗陳が、『大明一統志』の朝鮮関係記事について金誠一に質問を行った。そこに含まれている情報は誤りが多いとして、金誠一は『大明一統志』の「朝鮮国沿革」および「風俗」について逐条的に批判を行い、書信にして宗陳に渡した。その控えが『鶴峰先生文集』巻六、雑著、海槎録に収録されているのである。一統志の「沿革」は中国の周代から秦漢、三国、唐、元代にいたる時代の朝鮮の沿革を記すものであるが、そこに含まれる誤伝を金誠一が批判している。たとえば秦代に朝鮮が遼東外徼に属していたという一統志の記述に対して、朝鮮が秦の支配下に入ったことがないと、金誠一は訂正するのである。

さらに一統志「風俗」について男女が互いに好きあえば婚姻するなどといった誤伝について金誠一は逐条的に訂正した。朝鮮はもともと礼儀を尊び婚姻関係は更に鄭重に処理するというのである。国家危急の折に日本に派遣された金誠一であるが、日本で遭遇した『大明一統志』を巡る問答では、朝鮮関係記事の問題を、鋭く逐条的に指摘したのであった。

以上のように、十五世紀に朝鮮朝廷で誤りのいくつかが挙論されていた『大明一統志』であるが、十六世紀初頭には李成桂をめぐる記述の正しさが、宗系弁誣の傍証に利用された。そして十六世紀中葉からは慶尚道北部のように、書写などの流通の動きがみられ、李退渓も自身の書院建設論の傍証に用いていた。そして十六世紀末の金誠一の代になって一統志の朝鮮の課題が完全に把握され、公言されるようになっていた。

三、十六世紀以降の動向

(一) 明での輸出規制の導入

朝鮮燕行使の書籍輸入に関する制限についてどのような展開があったのか、ここで見てみたい。まず手がかりにするのは、『大明会典』である。明では刑罰の方面では『明律』を洪武年間に編纂し、周辺国にもたらされたが、行政法にあたる令の方面では、集成した法典の編纂は初期には行われなかった。それが十六世紀のはじめ、従来の諸法典を綜合するものとして会典の編纂が企図され、一五〇二年に徐溥らが勅を奉じて編纂したが、それは頒布されず、後に修訂されて一五一〇年に刊行した。それが『(正徳) 大明会典』である。

『(正徳) 大明会典』巻一〇二、礼部六一、交通朝貢夷人禁令には朝貢国の貿易に関する禁令が載っており、一四九八年にモンゴルのダヤンハーンが派遣した臣人らが北京に赴いて朝貢し官員軍民らと交易しようとしたが、紵絲や絹布衣服等件を許すのにとどめ、兵器の交易をすべて許さず銅鉄等のものを禁じ、違反するものは極刑としたという。[10] 同条のあとには明側の官員らへの処分が載る。しかしその内容には書物、史書は入っていない。

それが一五八七年に張居正らによって増修された『(万暦) 大明会典』には兵器と銅鉄に加えて、史書の禁輸が明記されるようになる。『(万暦) 大明会典』巻一〇八、朝貢四、朝貢通例には、夷人が朝貢して回賜を領賞ののち、会同館において三日あるいは五日開市することを許すが、ただ琉球と朝鮮だけは期限に関わらず行うことができる、主客司が告示をだし、館門に印をはるが、史書の売買は禁じ、玄・黄・紫の皂、大花・西番蓮の緞子は禁止することが記されている。

しかし管見ではこののち、史書、とりわけ『大明一統志』の売買が明から朝鮮に対して問題になったことは確認されない。一方で、会典上の禁令に反する、明から朝鮮への物資輸出が問題になったことは一六二〇年代から一六三〇年代にかけては確認される。

一六二九年には明は朝鮮に対し、硝黄 (硝石と硫黄) と弓角 (矢筈に用いる水牛角) の貿易を容易に許可しなくなった。当時、明の通政司左参議であった楊紹震が、一六二八年の冬至使宋克訒の使行に同行した申悦道らに、硝黄と弓角は、容易に貿易を許すことができないとしたことがあった。さらに一六三六年の燕行使李晩栄の一行の場合は、北京で医員の薬材の荷物の中から「紅綃」(紅いうすぎぬ)が発見されて焼却されたほか、軍官の荷物から「繍補」(縫い取りをした官服)が発見され、そこには「孔雀綉」(孔雀の縫い取り)、「黄糸」(黄色い生糸)などの刺繍がなされていたことが露見していた。[11]しかしこうした事件の際にも、史書が問題になったことはなかった。

(二)その後の一統志

丙子の乱(一六三六～一六三七年)で清に降伏した朝鮮は、以後清に複数の義務を負った。一六三七年の降伏直後、清皇帝太宗(ホンタイジ)が朝鮮国王仁祖に下した詔諭に、清が朝鮮に負わせた義務について述べられている。[12]そのうち四点本論と関わる規制がある。一つ目は朝鮮が明との通交を絶つようにせよ、というものである。従来朝鮮国王は明皇帝から冊封を受けていたが、それを絶つようにせよというのである。

二つ目に重要なのは朝鮮の王世子と王子を人質として差し出すようにせよ、というものである。

三つ目は聖誕(清皇帝の誕生日)、元旦、冬至、中宮千秋(皇后の誕生日)、太子千秋(皇太子の誕生日)、および慶弔等の際に朝鮮から清へ使節団を送るようにせよ、というものである。朝鮮はそれによって、清に定期的に使節を送ることになった。

四つ目は朝鮮の対日本貿易を従前通り許す、というものである。

こうしたことを受け、朝鮮は瀋陽に朝貢使節を送るようになった。

一六四四年に清は北京に入城し、首都を瀋陽から北京に移転させた。そのことで、朝鮮の燕行使の目的地は従来の瀋陽から、新たに北京までに延長された。その道程が「遥遠」になることが、回数縮減の直接の理由であった。

明代と異なり、清代初期には朝鮮燕行使による書籍輸出が幾度となく清朝政府に摘発された。清代に朝鮮への史書輸出が摘発された事例を列挙すると以下のようになる(典拠はすべて『通文館志』)。

一六七〇年　『資治通鑑』が摘発される
一六七六年　『皇明十六朝』が摘発される
一六七七年　『各省地図』輸入が摘発される
一六七七年　『明史略』輸入が摘発される
一六九一年　『一統志』輸入が摘発される
一六九九年　鳳凰城で関係『史書』が摘発される
一七〇六年　『春秋』が摘発される

こうした史書の輸入は順治年間には規制されていた可能性がある。史書だけでなく、硫黄や薬用人蔘も厳格に規制されるようになっていたが、(13)朝鮮が執拗に史書を輸入し続けたことがわかる。地理書の貿易について、近年矢木毅も注目しているが、主として燕行使の史料（金昌業）の検討が中心となっており、輸出規制の変化は論の中心事として扱われていない。(14)

こうした事件の背景にはどのようなことがあるのか、簡単に振り返っておきたい。第一に指摘できそうなのは、不安定な国際環境における康熙帝の朝鮮に対する厳格な態度である。夫馬進の研究によると、一六六一年にはじめて起きた朝鮮の外交文書違式問題は、一六七九年から一六八九年に集中して起きているという。細かい文言上の問題が、清朝側から提起され、そのたびに朝鮮が謝罪使節を清に送ったのである。その背景として、康熙帝自身が、朝鮮に対して制裁する必要を公言したことがあったという。そしてその時期は呉三桂の乱が終息をむかえていた時期であった。(15)

第二に指摘できるのは、清朝の過酷な出版統制である。特に明や国内の社会情勢について清朝は厳しい目を光らせており、十七世紀は文字の獄、十八世紀には禁書を行っていた。(16)

朝鮮側の事情に目を向けてみると、中国の歴史書について、前述のように、朝鮮は太祖李成桂の記述が明朝によって事実誤認された（宗系弁誣）こともあり、重大な関心があった。明代には会典の修正を求め続け、十六世紀末の『（万暦）大明会典』でその記述修正を実現した。『明史略』は清初に編まれた明の野史であるが、朝鮮はそのことにも大きな関心を持っていたことになる。さらに、地理書にも朝鮮は関心を持っていた。そのことは一六七七年に『各省地図』の輸入が摘発されていること、一六九一年には『大明一統志』が摘発されていることからわかる。『大明一統志』は朝鮮国内でも書写が行われていたことをこれまで本論のなかで見て来たが、十七世紀末にも清からの輸入が企てられていたことになる。

結論

以上、朝鮮での『大明一統志』について多面的に検討した。整理すると次のようになるかと思われる。燕行使の貿易は明代には一定の規制を受けたが、ほかの朝貢国に比べれば朝鮮が受けた制限は緩く、十五世紀には燕行使が直接北京で『大明一統志』を購入することができた。一四六一年の刊行直後、『大明一統志』はさっそく朝鮮に導入され、朝廷で議論された記録があり、宗系弁誣の交渉に役立てられ、『東国輿地勝覧』の編纂に影響を与えた可能性がある。朝鮮国内社会では、地方の邑、士大夫レベルまで十六世紀中葉に浸透しており、慶尚道北部については豊富な記録がある。『大明一統志』がどの程度読まれていたかは不明であるが、慶尚道豊基郡守在職当時の李退渓は書院建設の傍証に、明国内での書院の状況に関する『大明一統志』の記述を用いていた。十六世紀末になると、李退渓の弟子である、金誠一によって『大明一統志』の記述が逐条的に批判される状況になっていた。清代に入ると朝鮮燕行使による史書の輸入は大きな規制を受けており、『大明一統志』の輸入が摘発されることもあった。

　このように朝鮮の燕行使、朝廷、邑、在地士大夫と各層に『大明一統志』が浸透していく様子を断片的ながらも追跡していくことができた。慶尚道北部の事例、李退渓一門の事例しか見つからなかったのは、その一門関係の文献しか現代に残らなかった可能性と、慶尚道北部、李退渓一門だけが熱心に取り組んでいた可能性、の二つの可能性があるが、どちらなのかこれまでの史料だけでは判断できない。なお米沢市立図書館と国立公文書館内閣文庫には『大明一統志』の朝鮮版が所蔵されるが、本論ではその経緯に踏み込むことができなかった。今後の課題としたい。

　筆者は十七世紀以降の明清地図の、朝鮮での受容について別の論考で(17)発表予定であり、今後も地理書などの書籍貿易の問題について取り組んでいきたいと考えている。

注

(1) 辻大和「一七世紀初頭朝鮮の対明貿易――初期中江開市の存廃を中心に」(『東洋学報』九六(一) 二〇一四年a)、五頁。

(2) 夫馬進『朝鮮燕行使と朝鮮通信使』(名古屋大学出版会、二〇一五年)、一九―二〇頁。

(3) 夫馬進、前掲書、一五三―一五五頁。

(4) 구도영「一六세기 대명사무역(對明私貿易)의 정책 방향과 굴레-중종대명(中宗代明)의 조선사행단 출입제한 조치를 중심으로-」(『조선시대사학보』[具都暎「一六世紀 対明私貿易の政策方向と手綱――中宗代明の朝鮮使行団 出入制限措置を中心に」『朝鮮時代史学報』]六二、二〇一二年)、二一九―二二一頁。

(5) 詳しくは拙稿「一七世紀 朝鮮・明間における海路使行と貿易の展開」(『朝鮮史研究会論文集』五二、二〇一四年b)。

(6) 안장리「『新増東國輿地勝覽』의《新都八景》과『大明一統志』의《京師八景》비교」(『역사민속학』[アンチャンリ「『新増東国輿地勝覧』の「新都八景色」と『大明一統志』の「京師八景」比較」『歴史民俗学』]三六、二〇一一年)、一六五頁。

(7) いっぽうで興味深いのは金宗直の関係者らが『新増東国輿地勝覧』の序文のなかで、明に『大明一統志』があることを強調していることである。内容は批判するものの、利用できる点は利用しようという実用的態度を持っていたと考えられる。

(8) 桑野栄治「朝鮮宣祖代の対明外交交渉――『万暦会典』の獲得と光国功臣の録勲」(『久留米大学文学部紀要』国際文化学科編二七、二〇一〇年)。

（9）李佑成著、稲葉継雄訳「鶴峰金誠一先生の「朝鮮国沿革考異」および「風俗考異」――『大明一統志』朝鮮関係記事に関する批判について」（『韓』七（二）、一九七八年）、一〇二―一〇八頁。
（10）なおこの事件については『大明律集例』にも記載がある。
（11）辻、前掲論文、二〇一四年b、一四二頁。
（12）この詔諭の各条項については鈴木開「丙子の乱と朝清関係の成立」（『朝鮮史研究会論文集』五五、二〇一七年、同『明清交替と朝鮮外交』刀水書房、二〇二一年に収録）が包括的に論じており、非常に参考になる。
（13）『通文館志』巻三、事大上、八包定数条。
（14）矢木毅、前掲論文。
（15）夫馬進、前掲書、二〇一五年、六八―七七頁。
（16）岡本さえ『清代禁書の研究』（東京大学出版会、一九九六年）。
（17）辻大和「朝鮮与清朝間地理書交流」（董少新編『全球視野中的明清鼎革』中華書局より近刊予定）。

※本研究はJSPS研究費JP18K12520の助成を受けたものである。

周縁から見た一統志――南の小中華と『大南一統志』

岡田雅志

おかだ・まさし――防衛大学校人間文化学科准教授。専門は東南アジア近世史、大陸部山地社会史。著書に『越境するアイデンティティ――黒タイの移住の記憶をめぐって』（風響社、二〇一四年）、論文に「肉桂と徳川期日本――モノから見るグローカルヒストリー構築へ向けて」（秋田茂・桃木至朗編著『グローバルヒストリーから考える新しい大学歴史教育――日本史と世界史のあいだで』大阪大学出版会、二〇二〇年）などがある。

植民地化前夜、一八四〇年末のベトナムで中国の『大清一統志』の体裁を忠実に模した『大南一統志』の編纂が始まった。本稿では、同書で表現された空間構成を検討するとともに、独自に気候という項目が立つことの意味を考察し、東南アジアと東アジアのはざまに位置するベトナムがこの時代にもう一つの中華たらんとした背景を探る。

はじめに

『大南一統志』（以下、一統志）は、十九紀半ばの阮朝ベトナムにおいて編纂された全国地誌である。[1] ベトナム最後の王朝阮朝（一八〇二～一九四五）は、現在の北部から南部に及ぶ領域をはじめて統一した王朝であり、二代明命《ミンマン》帝（位一八二〇～一八四一）治世下で清朝に倣った行政制度改革により中央集権化が進められたことが知られている。[2] 十世紀の中国からの独立以来、中国の文化的影響を強く受けながらも独自の小中華意識を形成してきたベトナムにとってこの時代は最後の「中国化」の波が起こった時代であった。「大南」は明命帝により一八三九年に採用された国号で（中国が冊封する際の国号は越南。それまでのベトナムの王朝は安南として冊封され、大越を自称した）、北の中華に対峙する南の中華であるという意識を体現した名称といえる。そして、『大南寔録』（寔は実の避諱字）、『欽定大南会典事例』といった清朝に範をとった編纂事業が次々と進められていった。一統志もそうした「再中国化」の動きの中で生み出されたといえる。

阮朝は、社会主義下のベトナムにおいては長らく反動封建王朝として否定的な評価を与えられてきた。また、時代に逆行して中国に倣った制度改革を進めたことが西洋勢力の侵略を招いた一因とみなされることも多い。ただ、阮朝皇帝達は、単に時代錯誤的に中国かぶれとなったのであろうか。当然そこにはしかるべき背景が存在するはずである。

そこで、本稿では、まず一統志編纂の経緯と版本（ヴァージョン）について若干の新発見をふまえ紹介した上で、全国地誌としての一統志が表現する空間構成の中身を検討し、最後に雛形とした『大清一統志』にない「気候」という項目を立てた意味に注目し、一統志を編纂させた阮朝皇帝が目指した南の中華としての南国の世界観について考察を加える。それらをふまえ、最後に、この時代になぜ阮朝が一統志を編纂したのかの答えを探ることとしたい。

一、『大南一統志』の編纂過程と現伝の版本

現存している一統志の版本には植民地下の一九一〇年（維新三）刊行の、中部のみを収載したもの（維新本）と、嗣徳《トゥドゥック》帝期のものとされる複数の写本（嗣徳本）とがある。(3) 国家編纂物にもかかわらず、なぜ完本が刊行されていないのか不思議に思われよう。その理由を理解するには編纂過程を振り返る必要がある。

一統志の編纂は、一八四九年の大臣裴樌の建議に始まる。そこでは「大南国の文治の興隆を世に示す」ことが目的とされている。建議は嗣徳帝に裁可され、国史館において編纂が開始された。一八六五年に初編が完成し、礼部の校訂を経て、一八八二年にようやく稿本が完成し、史官が刊行を皇帝に願い出ることとなったが、嗣徳帝は「旧史の編纂のように後世に誇りを受けないように」と考え、また稿本が近年の行政区画変更を反映していないことなどを理由に補編を命じる。ここでいう旧史は、伝説上の雄王から黎朝滅亡までを扱った編年体の史書『欽定越史通鑑綱目』のことである。同書は、一八五五年の嗣徳帝の上諭を受け、国史館で編纂が進められたが、五回におよぶ改訂を経て、一八八四年にようやく完成、刊行された。一統志についても、国史館で編纂されていることからもわかるように、「建置沿革」において、雄王時代に遡って行政区画の変遷が記されており、史書としての側面も有していた。過去と現在の支配空間を接続し、支配の正当性を表現しようとする修史事業であったといえる。(4)

しかし、この補編は完成をみることはなかった。『大南寔録』には、「その後、皇帝に進呈されることのないまま、咸宜元年（一八八五）に至り、稿本は事件のために奪われ失わ

れてしまった」と書かれている。(5) この事件というのは、尊室説らによる抗仏武装蜂起のことを指す。清仏戦争で清がベトナムから撤退することとなり、国家の大権が喪失せんとする事態に至り、フランス公館襲撃に失敗した尊室説は、咸宜《ハムギ》帝を擁して、チュオンソン山脈にこもり、勤王の檄を飛ばした。それにより、伝統エリート層が指導する対仏抵抗運動（いわゆる勤王運動）が全国に広がった。他方、主を失った宮城は、フランス軍と略奪を狙う無頼の徒の侵入により大混乱に陥った。この混乱の中、稿本が失われ、大南国の威信を体現するために行われた嗣徳期の一統志編纂事業は潰えてしまったのである。

では、なぜ現在写本（嗣徳本）が残っているのだろうか。それについては従来、一八八五年に失われたのは、嗣徳帝が補編を命じた新稿本のことであり、現伝写本は、旧稿本そのものあるいはそれに由来するものであると考えられてきた。(6)

筆者は、ハノイの国家第一公文書センターにおいて、この写本の問題を明らかにする鍵となる文書を見つけることができた。それは一八九六年六月に一統志の再修（維新本のこと）のために国史館が一統志の写本探索を願い出た上奏文である。そこには次のように探索の理由が書かれている。

嗣徳年間に私どもの館が勅命を受けて編纂した大南一統志の稿本が整い、校閲段階にありましたが、陛下に進呈する前に、咸宜元年に至り、稿本は事件のために奪われ失われてしまいました（ただバラバラになった写本が残されていますが、多く入り混じり、整理するのが難しく、また欠けている部分も多い状況です）。最近になって聞いたところでは、官人、庶人の間で完成原稿を写し取ったものを保有しているものや、長年の編纂の間に私写本を作って持っているものもいるとのことです。(7)

この記述から、一八八五年の事件後には、国史館には旧稿本も含め完本の状態の一統志は存在しなかったことがわかる。とすれば、完本の形で残っている各種の現存写本は、この時の写本探索の結果、得られた写本そのものか、国史館の残巻と新収写本を校合して作成された写本ということになるだろう。こうして、事件により失われた一統志は再び完本の姿を取り戻したのである。(8)

しかし、一九一〇年（維新三）になってようやく刊行された『大南一統志』は中部のみであった。凡例には、その理由がこのように記されている。

京師は中華の大本であり、都城は承天府に位置しているので、記載の順序は、まず、京師を最初とし、次に承天府、左直（広南・広義）、右直（広治・広平）、左圻（平定

～平順）、右圻（河静～清化）、北圻（十三宣）、外国属地の順とする。これには、中心をしっかり固めて外側を制するという意味がある。とりわけ、南圻はすでに割譲地となっており、北圻は大部分が行政改変で一新されており、すでに検討させたものの結論が出ていないため、更新することなく、しばらくは以前の情報のまま編纂して、統治する範囲を知らしめ、後に続編として別に刊行することとする。[9]

このように、北部と南部がフランスの植民地（北部は保護領）となったことが中部のみの刊行となった理由であることがわかる。ただし、実効支配こそできていないものの、あくまで南の中華たる大南国の領域は北部と南部が含まれることが強調されている（維新本には全圻図という全国図が収録されている）。結局、続刊がなされることはなく、大南国の領域を世に示すことは叶わなかったが、維新帝が北部・中部・南部の全領域の一統志刊行に拘ったのは、これが阮朝によってはじめて達成された領域であり、北部・中部・南部の統合にこそ阮朝の正当性があると考えたからであろう。そこにこそ単なる中国の模倣ではない、阮朝の一統志に込められた意味がある。

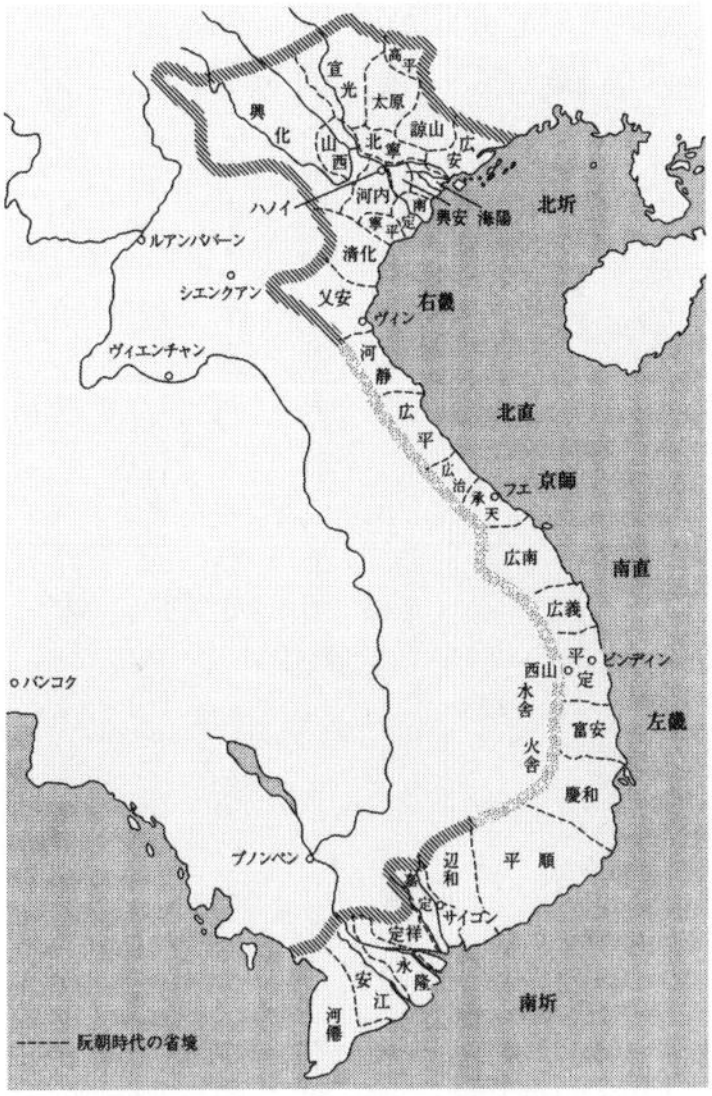

図1　明命期の阮朝行政区分（嶋尾稔「タイソン朝の成立」桜木由躬雄責任編集『岩波講座東南アジア史4 東南アジア近世国家群の展開』岩波書店、2001年、289頁地図より）

二、「一統」が意味するもの

（一）新たな「一統」

大南（阮朝）の前身となる大越国家は、十世紀に中国から独立し成立したベトナム北部の地域政体であった。それが、中南部のチャンパとの熾烈な抗争やベトナムの主要民族キン人の開拓移住の進展などを経て、キン人の居住域は南方へと拡大していった。いわゆる南進である。[10] しかし、実際には、このキン人世界の拡大は決して統一政体の下で進められたのではなかった。十六世紀、莫氏による黎朝の簒奪後の政治混乱の中で、有力武人一族阮氏が中部に拠点を築いて自立し（広南阮氏）、中南部のチャム人の領域に支配を広げていった。

さらに十七世紀後半以降、クメール人やマレー人の卓越する空間だったメコンデルタにおいて、中国人による入植、経済開発が進み、彼らの活動を政治的に後援する形で広南阮氏は南部に対する影響力を強めていく。その後、中南部の内陸地域からタイソン勢力が反乱を起こし広南阮氏を圧迫、これを好機とみた北部の黎朝鄭氏政権が軍を派遣し、広南阮氏を滅ぼす。タイソン勢力は、北部の鄭氏を滅ぼし、一時は北部・中部・南部を統一する勢いに見えたが、バンコクに亡命していた広南阮氏の後裔阮福暎が帰還し、諸勢力を糾合して、タイソン勢力を打倒、一八〇二年にフエで即位して阮朝を開き、初めて北部・中部・南部の領域の支配者となった。[11]

このように南北に拡散したキン人の空間、特に北河と呼ばれた鄭氏政権の支配域と南河の呼ばれた広南阮氏政権の支配域が一つの権力の支配に服することになったことは「一統」の言葉で認識されるようになった。例えば、まだ動乱の最中に『皇黎一統志』という同時代の政治統合を題材とした歴史小説が書かれた。また阮朝成立まもない一八〇六年には、『皇越一統輿地志』という「一統」を書名に含む地誌も編纂されており、「一統」により初めて出現した領域を再規定することが必要とされていたといえる。

これは、南国の世界観とも密接に関係している。支配空間の変容に対応して、南の中華の内実も大きく変化したのが「一統」の時代であった。大越は独立以来、北の中華と並立する南の中華（南国意識とも呼ばれる）を形成していた。大越において定式化されていったのは、中国の炎帝神農氏と南方の洞庭君の血を引く貉龍君の子孫が統治した文郎国に由来するという百越の盟主としての認識である。

それに対し、大越の南方に分立する形で成立した広南阮氏及びその後継である阮朝では、独自の世界観が展開された。それが、北部政権（大越）に対する南の越としての自意識である。そのため、当初、阮福暎は南越国王として清朝から冊封を受けようとした（しかし広東に拠点をおいた趙佗の南越王国を想起させるとして拒否され越南国王として冊封された）。このように阮朝は複数の越の世界や周辺国を包含する帝国的天下観を有していた。[12]一統志維新本の表文（上進されなかった嗣徳本には序の類がない）にもその世界観を見てとれる（史料中の〔 〕は引用者注）。

> 文郎国の時代よりタイソンに至るまで、領土はわずかに石碑山（黎朝の聖宗がチャンパーに侵攻した際にチャンパーとの境として文字を刻ませたとされる地。現フーイエン省南部）までであり、我が朝〔広南阮氏〕もハノイを接収することはできておらず、フエの都は本来の境界を定める

ことがかなわず、横嶺〔南北の境界となったガン峠を含む山脈〕以南を分治していた。幸いにも天命により我が朝が天下を統一する時代となり、治めるところは、此彼の境なく広がり、ラオ、シャム、カンボジアの諸国を藩屏とし、臣下の礼をとらないものがいない状態である。(13)

ここには従来の中華世界に枠のとどまらない、インドシナの大国としての自負が表現されている。

(二)『大南一統志』に表された「一統」空間

可視化することが目指された新しい支配空間は、一統志においてどのように表わされたのであろうか。南部が十七世紀後半以降に、「ベトナム」の領域に入った新空間であることは前述の通りであるが、領域の輪郭は北・西においても大きな変容を蒙っている。ここではこれまであまり注目されなかった北と西の境界を中心に、一統志に見られる空間認識について見てゆきたい。

まず、北方についてである。北方は、中国から独立して国家を形成して以降、十五世紀には国境がほぼ確定し、西方、南方に対する境界認識が曖昧であるのに対して、北方における中国との国境は明確な線として認識されてきたと言われる。(14)しかし、実際には、中国との境界が明確であったのは、貢道(朝貢ルート)が位置する諒山などであり、雲南に接し、タイ系住民が自律性の高い政体を形成していた西北山地においては、中国との境界は当地の首長達によって維持されており、曖昧で不安定なものであった。それが十八世紀になり、漢人移民達による鉱山などでの辺境開発が進むと、富を生み出す辺境地域への関心が高まり、清朝とベトナムの間で境界問題が発生することとなった。特に、西北山地を支配した反乱勢力の首領黄公質の息子が清朝に逃亡したことによりベトナム側が領土を失ったと主張する「安西六州」の失地問題は、阮朝期にも係争が持ち越された。

嗣徳本の一統志(15)において、西北山地にあたる興化省と宣光省を見ると、建置沿革に多くの記述が割かれていることに気がつく。省全体の記述に占める建置沿革の記述の割合は、他の北部諸省は約一五〜二八%なのに対して、宣光省は約三五%、安西六州が属する興化省に至っては約四九%とほぼ半分である。建置沿革は一統志の核を成す部分といえるが、清朝との係争地には特に力が注がれていたことが覗える。境界交渉において、清朝側は地方志の記載などを根拠として持ち出しており、それに対抗するためにも支配の正統性を歴史に求めることが必要とされていたのであろう。府県(州)レベルの行政区画の境域と沿革を備えた(と言っても具体的な情報は十八世紀以降に限られる)一統志は阮朝にとって辺境に至るまでの領域支配の正統性を担保するものであった。[16]

西方の境界もこの時期に大きく変化している。阮朝以前においては、一部の例外的時期（十五世紀の黎朝聖宗期）を除き天然の障壁であるアンナン山脈を越えて西に領土的野心を向けることはなかったが、メコン東岸に影響力を確保しようとした阮朝は、ファパン～カムムアンにかけての地域に鎮寧・鎮邊・鎮遠・鎮蛮・鎮静の五府を置いた（清化、乂安両省に分属）。また、「一統」が実現したことにより西方の境界は南北に大きく伸張した。

表1　『大南一統志』各省西辺の境界表記

興化	西・西南至南掌、西北至清国
清化	西至山蛮夾哀牢
乂安	西至南掌国界、西南至哀牢国界
広平	西南至山洞
承天府	西・南・西南至山峒
広南	西至安山堡夾蛮峝、南至旃檀源・茶奴道夾蛮峝
広義	西至山蛮
平定	西南至蛮峝、西北至山蛮
富安	西至蛮峝
慶和	西・西北・西南至蛮峝
平順	西北至蛮峝
辺和	北至山蛮
嘉定	西北跨畖山夾蛮境
定祥	西至安江省夾高蛮
安江	北至高蛮、西北至高蛮境
河仙	北・西北至蛮境

表1は一統志の各省の境界表記の内、西方辺境に関する記載をまとめたものである。これを見ると、北部（興化～乂安、清化は除く）及び南部（嘉定～河仙）については清国、南掌（ルアンパバン）、哀牢国（ヴィエンチャンの旧領あるいはチャンパサック？）・高蛮（カンボジア）といった外国との境界の存在が明示されているのに対して、広平～辺和の中部の各省（辺和は南部）は山峒、蛮峝、山蛮などとの境界が示され国名は出てこない。西南方に中部高原～ボロベン高原という広大な「無主の地」が広がっているということもあるが、少なくとも畿内地域は、ラオバオ峠ルートでラオ人の世界とつながっていることを考えれば、この境界表現は、王都を含む中部地域が山＝蛮域によって囲まれて外国と隔てられているという（おそらく広南阮氏以来の）空間認識を反映したものとみなすことができるだろう。この認識は、前掲の維新本凡例の「中心をしっかり固めて外側を制する（居中制外）」にも通じる。

また、中部は、アンナン山脈が海から十数キロに迫るところもあり、畿内のすぐ隣り合わせに山地住民（蛮夷）の空間が存在しているのも特徴である。中部の山地住民は、朝廷に従い、税や貢品を納めるものは、税蛮、貢蛮あるいは属蛮などと称され、朝廷に従わない勢力は悪蛮と呼ばれ、しばしば討伐の対象となった。一統志承天府には税蛮、貢蛮の居住域が九つの羈縻州として記載されているが、一統志で羈縻州として項目が立てられているのは唯一承天府のみである（前述のメコン東岸の五府は、属蛮・貢蛮を羈縻州として再編したものであるが、一統志では羈縻州とされない）。北部の山地首長の支配地域は、明命帝期の改土帰流政策によって中央から派遣された地方官の支配下に置かれ外形的には平野部と変わらぬ統治形態がとられたにもかかわらず、都のある承天府に羈縻州が置かれているのは一見奇妙に見えるが、京師に近いがゆえに皇帝の徳により教化されつつある蛮夷の存在を象徴的に演出する意図があったと考えられよう。中部を覆う山＝蛮域の空間は地理的に隣国ラオス、カンボジアとの緩衝地帯を形成するとともに、阮朝の礼的秩序を可視化する役割を担わされていたといえるだろう。

(三) 南国の周辺

一統志には、外藩諸国として高蛮、暹羅（シャム）、水舎・火舎、緬甸（ビルマ）、南掌、万象（ヴィエンチャン）の項目が立っている（条目は、分野・建置沿革・風俗・土産のみ）。この周辺国に関する記述にも阮朝特有の世界観が現れている。

まず、取り上げられている国が大越の時代とは異なる。十五世紀の「諸藩使臣朝貢京国例」には、大越の徳を慕って朝貢に来る（とされる）外国として、チャンパー、ランサーン、シャム、ジャワ、マラッカといった国々が挙げられているのに対して、一統志には遠く離れたビルマを含めたインドシナ大陸の主要国が網羅される一方、ジャワ、マラッカといった海域国家は含まれない。十五世紀の大越では認識されていない水舎・火舎国は水の王、火の王の名で知られる中部高原のジャライ人のシャーマン王である。広南阮氏の時代より儀礼的な関係を有し、また、承天府の羈縻州同様、南の中華の礼的秩序を示す藩属国の存在を演出するためにあえて国家として扱われていたと考えられる[17]。他方、海域国家が排除されているのはなぜであろうか。阮福映《グエンフックアイン》の勢力は海洋的性格を持っており、嘉隆期には、イギリスやフランスも朝貢（すべき）国として扱われていた[18]。また島嶼部地域には貿易・西洋情報取得のために度々使節を派遣するなど重要な関心を持っていた。にもかかわらず海域国家が挙げられていない理由については後節で推論を述べたい。

一統志ではこれら諸国を外藩諸国としてまとめているが、実際の記述を見ると必ずしも属国として扱っていない国もある。よく知られている通り、シャムのラーマ一世は阮福暎が亡命して以降の後ろ盾であり、阮朝建国後も、阮福暎は臣従の証である金銀花（ブンガマス）をラーマ一世に送っていた。またラーマ二世との間では対等関係（敵礼）関係を前提に外交文書をやり取りしていたことがわかっている。[19] 一統志の記述においても、「常遣使修好」「隣好遂絶」という表現が用いられ、対等の交隣関係であることが明示されている。他方、ビルマについては、ビルマ王もおそらくは対等以上関係を求めて使節を派遣したと思われるが、「遣使来献」など属国からの使節として表現されている。阮朝の自己認識を表明した編纂物である一統志であれば、シャムについても属国扱いでよさそうなものであるが、あえて交隣関係を明示していることは重要である。

もう一点注目すべきは、諸国の建置沿革において、中国との朝貢関係についてわざわざ記述している点である。北の中華に朝貢していた（いる）諸国が阮朝に朝貢していることを記すことで南の中華である阮朝の偉大さを示す意図をそこに見てとれよう。また、ビルマの遣使については、『大南正編列伝』では、シャムと対立するビルマが、タイソン朝に陸路使者を派遣し、連携しようとしたことが記されているが、一統志には記述がない。[20] これも、阮朝こそがインドシナ世界において諸国より慕われる存在であることを主張するためであろう。十九世紀前半において、強大化するシャムの存在は周辺の阮朝、ラオス、カンボジア共通の脅威となっており、[21] 阮朝は西方国境にインドシナ半島の国際情勢を意識せざるをえなくなったといえる。一方でビルマなど西方の国家もインドシナ東端のベトナムの存在に大きく注目するようになった。自他の認識において阮朝は東アジア世界とインドシナ世界を架橋する存在となっていたのである。一統志のフォーマットは、このように新たに姿を現した政治空間に形を与える装置としてうってつけのものであった。

三、一つの天と二つの中華

最後に、一統志の特徴として気候の問題を取り上げる。一統志の体裁は、『大清一統志』のそれにかなり忠実に則ったものとなっているが、一統志においては、『大清一統志』にない独自の条目が一つある。それが「気候」である。[22] 他の部分では『大清一統志』のフォーマットを忠実に模して一統志を編纂した阮朝がわざわざ独自の条目を立てたのであるから大きな意味があると考えるべきであろう。

気候の条には一年の寒暑風雨について記されている。このような記述が可能となったのは、全国規模で気象観測が行われていたからである。阮朝の記録を見ると、皇帝達が気象に並ならぬ関心を寄せていたことがわかる。たとえば、一八一四年（嘉隆十三）には、風雨日記横図式（気温・降水量グラフ?）を準定し、諸城営鎮に暑雨を逐次登記し、毎月上奏させるようにした（後に毎月の報告は煩雑かつ京に届くまでに時間を要するため停止）。また、一八二六年（明命七）には、欽天監に西洋式の寒暑尺（水銀温度計）及び観日大千里鏡（望遠鏡）を支給し、正確な観測を行わせ、また嘉定・北城に風雨寒暑尺、極北の宣光・諒山、極南の河仙三鎮に寒暑尺を支給して、観測させ、年末に礼部に報告させることとした。翌年には、宮城に観象台を建設するとともに、課雨瓦盆（貯水型雨量計）を新造し、諸城営鎮で雨量を測量させている[23]。このように阮朝の皇帝達は、西洋の知識・技術も導入しながら全国の気象データを収集しようとしていた。

気候は国力の基盤である農業生産と直結しているのであるからそれも当然といえるかもしれない。観象台建設の際に、帝自身が雨量を測ったところ、欽天監の報告と異なっていたため譴責した際には、晴雨を観測するのは農功のためと述べている[24]。また、一統志の承天府の気候条には、明命帝の『御製農諺詩集』が載せられており、各地の気候特性に応じ農業生産の安定を図る意図があったと考えられる。また、十九世紀前半は、北部ベトナムを中心に気候変動による凶作がつづき、毎年各地で米価高騰が起っていた[25]。くわえて、国際商業網の中心であった南部地域で生産される米は、しばしばシンガポールなどに密輸される状況にあり、農業適地ではない中部に都を構えた阮朝は中央軍の軍糧確保や畿内地方の安定のため漕運制度の確立に腐心し[26]、全国各省に米価の報告を義務づけ、米供給の安定を図らなければならなかった。このような状況下において、米生産を左右する気象情報は国家の重要情報であり、その収集のためには努力を惜しまなかったと考えられる。他方で農業生産の安定という国富の面からの要請のみで、一統志に気候の条を載せる十分な理由であるとは思われない。

現在のベトナムの領域とほぼ重なる阮朝の統治領域は、清朝の一省程度の面積でしかないものの、地方によって気候に大きな違いがあり、地域情報として気候が大きな意味を持つことは間違いない。他方で気候は阮朝の世界観を表現する上でも大きな意味合いがあったと考えられる。気候は天の気の流れが引き起こす自然現象であり、天と地をつなぐ位相である。漢代の天人相関説に始まり、地上における天子の政治と天（自然現象）を結びつける思想は、ベトナム（大越）においても早くから受容されたが、どちらかというと瑞祥の報告などの形で王権の強化に都合よく利用されることが多かった。(27) しかし、朱子学の影響が進んだ黎朝後期には、天・地・人を貫く気の秩序（理）として世界をとらえようとする観念が儒者エリートの間で広がっていた。そのような中、阮朝の皇帝達（特に明命帝以降）は、天の気を詳細に観察することに努める一方で、いったん気候不順などの災厄があれば、反省をして身を慎み、祈雨儀礼を主催して天に声を届けようとした。(28) この意味で、気象現象の正確な観測は、南の中華の天子としての権威を示す上で必要な実践であったと思われる。これは天文観測にも言えることである。欽天監の本来の役目は天の運行の予測・観測とそれに基づく暦の作成であるが、明命帝は、一八三七年（明命十八）に、自らの実測に基づき、旧説のフエの北極高度を修正してみせている。(29) 一統志諸省の分野条にはこの時に得られた北極高度に基づき計算された各地の北極高度が記載されている。これらは各地の日食日時の補正計算に用いられ暦に繰り込まれた。明命帝は、当時使われていた協紀暦に各地方の節気時刻の欄を設けた暦を作成させ頒布していたが、そこには気候も記載されていた。(30) このように、地方毎に正確な天文及び気象の観測・予測に基づく暦を示すことを天子の責務と考えていたことがわかる。

気候はまた、北の中華に対する南の中華の独自性を示す上でも大きな役割を担っていたと考えられる。明命帝は、春饗の日に南方に雷が発生した際、中国の天文書に基づく解釈を示した欽天監に対し、南方の気候は北と異なるので中国の天文書の内容を表面的に理解してはいけないと批判している。(31)

一方で、天と地の対応を示す天文分野に関しては、一統志は中国との共通性、連続性を強調している。一八二〇年に南部の知識人によって編まれた『嘉定城通志』では赤道からの距離を考慮して独自にベトナムの分野を考証しているのに対して、一統志では、唐の一行の説を敷衍して、十二次・二十八宿に基づく中国南方の分野をそのまま南に伸ばす形で各地の分野を決定している（その結果、南北に長く伸びる阮朝の領域の大部分が鶉尾《じゅんび》、翼・軫に属することになる）。(32) このように一統志は、天における中国との連続性を重視しているといえる。先に述べた一統志の外藩諸国が中国と連なる陸域国家のみであることの理由の一つには海域国家は分野を比定することができないという問題があると推測される。フエ宮廷の現実的な地理認識はさておき、一統志において表現される世界は中国と同じ天の下に広がる南の中華世界である必要があったといえよう。これは建置沿革で諸国の中国との朝貢関係の歴史を記載していることとも通底する。阮朝の中華世界は南国としての独自性を持ちつつも、天によって北の中華とつながる同じ世界の中に存在することが重要であったのである。

おわりに

ベトナムの南国意識の歴史的形成を論じた古田元夫は「中華世界の一員ではあるが独自の領域、文化、王朝、歴史をもつ、中国と同等の自立した存在としてのベトナム」という論理をもつ、「かなり完成度の高い国家意識」としての「南国」意識が十五世紀に確立したと述べている。[33] 以上見てきたような一統志に反映された阮朝の世界観は、一見すると大越国家が有していた南国意識がただ強化されたものと見えるかもしれないが、決してそうではない。まず、北部を拠点とする大越は、中国との関係（特に中国の侵略を撃退して認められる）の中で南国を自己規定していたのに対し、阮朝のそれは、一統志の外藩諸国の記述に見られるように、北の中国のカウンターパートとしてだけではなく、南方世界（インドシナ）の覇者として自己規定をしていた。これは当時のインドシナの政治変動を反映したものであった。その一方で、中国に対しては、同等であり独自性を持つもう一つの中華であることを主張するだけではなく、天を通じてつながっていることを強調する世界観が存在していた。阮朝の国家祭祀を東アジアの比較史の視点から分析した井上智勝が、阮朝は「自国を中華帝国と共に「天」を支える対等の存在」であろうとしたと述べているように、[34] 自らを宇宙の中心とする大越のマンダラ国家的な世界観とは異なり、阮朝にとって北の中国の存在は単なる参照軸やモデルではなく、天を支える二つの中華として共に欠くべからざる存在であった。そのことは北部ベトナムを中心とする「大越」を包含するが、単なるその継承者ではない新しい国体を示すためにも必要であった。当時の時代背景として、書籍の流通などにより、知識人達が、儒学的価値観を共有していた近世東アジア共通の状況がある。[35] 中華文明の普遍的理念を内在化させていたベトナムの知識人達（とりわけ、ともすれば阮朝の正当性に疑問符を投げかけようとする北部の知識人達）にとって中国を無視した夜郎自大的な世界観は受け入れ難いものであっただろう。それゆえ、阮朝の皇帝達は西洋の技術・知識も積極的に吸収しながら、儒学の理念に基づき世界の現象と理を正しく捉えることに南の中華をたばねる理想の君主像を見出していたのであり、南の中華世界を可視化する一統志編纂は、南の中華天子として必要な営みであったといえよう。本稿では紙幅の都合上、個別の論点を十分に掘り下げることができなかったが、十九世紀の中華世界の南隅で一統志が編纂された背景を理解する手がかりを提供できたとしたら幸いである。

注

(1) ベトナムの地誌については山本達郎「安南の地誌に就いて――同慶地輿誌解説」（東洋文庫編『同慶御覧地輿誌圖』上冊、東洋文庫、一九四三年）、John K. Whitmore, "Cartography in Vietnam," in J.B. Harley and David Woodward eds.) *The History of Cartography, Volume 2, Book 2: Cartography in the Traditional East and Southeast Asian Societes*, Illinois: University of Chicago Press, 1994.を参照。

(2) Alexander B.Woodside, *Vietnam and the Chinese Model: A Comparative Study of Vietnamese and Chinese Government in the First Half of the Nineteenth Century*, Cambridge: Harvard University Press, 1971.

(3) 一統志の編纂過程と版本については、八尾隆生「『大南一統志』編纂に関する一考察」（『広島東洋史学報』九、二〇〇四）、韓周敬「越南《大南一統志》編撰的相関問題研究」（『中国歴史地理論叢』三三―三、二〇一八年）で詳述されており、本節の記述も主に両者の研究に拠っている。

(4) 前掲注1山本論文参照。

(5) 『大南寔録正編第四紀』巻六八、第一葉、嗣徳三五年夏六月（慶應義塾大学言語文化学研究所影印本）。

(6) それに対して、八尾隆生は現伝写本間の相関を分析した結果、それらの中に旧稿本そのものは存在しないと推定している（前掲注3論文参照）。

(7) 阮朝硃本、成泰、第六四〇集、四八折「成泰捌年陸月弍拾弍日国史館臣等。奏奉照嗣徳年間臣館節奉欽修大南一統志行成精草、現俟闕閲未及進呈、適至咸宜元年這草本因事抄失（只存零星私抄間多攪拌難諸又多欠缺）近来訪聞、這精草外闔官員士庶間有抄獲、又這志書本修日久従前亦有私抄本、■■広捜庶為因旧就■■■勅下」（□は筆者が推定した文字、■は判読できなかった文字）。

(8) 国家第一公文書センターの他の文書から、写本探索の求めに応じて、私蔵写本が納付され完本が揃ったことがわかる（北圻経略、第二四二六集七折、第二九五八集三二折）。

(9) 『大南一統志』（維新本）巻凡例、第七～八葉（印度支那研究會、一九四一年）。

(10) 桃木至朗『中世大越国家の成立と変容』（大阪大学出版会、二〇一一年）第四章参照。

(11) 嶋尾稔「タイソン朝の成立」（桜井由躬雄責任編集『岩波講座 東南アジア史 第四巻 東南アジア近世国家群の展開』岩波書店、二〇〇一年）。

(12) 桃木至朗「「周辺国」の世界像 ベトナム」（秋田茂他（編）『ミネルヴァ世界史叢書総論 「世界史」の世界史』ミネルヴァ書房、二〇一六年）。

(13) 『大南一統志』（維新本）巻表、第一～二葉。

(14) 古田元夫「ベトナム人の「西方関与」の史的考察――インドシナの中のベトナム」（土屋健治・白石隆（編）『国際関係論のフロンティア三 東南アジアの政治と文化』東京大学出版会、一九八四年）三頁。

(15) 以降の一統志の分析においては、パリ・アジア協会の嗣徳本写本を影印した「越南阮朝」国史館編『大南一統志 嗣徳版法国亜洲学会蔵抄本』（西南師範大学、二〇一五年）を使用している。

(16) Trịnh Khắc Mạnh, "Khảo sát tài liệu Hán Nôm về dư địa chí hiện lưu giữ tại Viện Nghiên cứu Hán Nôm," *Tạp chí Hán Nôm* 3 (94), 2009.

(17) 坪井善明「ヴェトナム阮朝（一八〇二～一九五四）の世界

観――その論理と独自性」（『国家学会雑誌』九六―九・一〇合併号、一九八三年）参照。なお、一統志においては国王ではなく国長と他の諸国に対して格下の扱いをしている。

（18）前掲注2文献、二三七―二三八頁。

（19）川口洋史「一八世紀末から一九世紀前半における「プララーチャサーン」――ラタナコーシン朝シャムが清朝および阮朝ベトナムと交わした文書」（松方冬子編『国書がむすぶ外交』東京大学出版会、二〇一九年）。

（20）『大南正編列伝初集』巻三三緬甸。なお、一八二三年の阮朝への遣使の目的は、当時シャムと対立していたビルマがシャムとの友好関係を絶ちビルマに味方するよう求めるものであり、阮朝は拒否した。

（21）前掲注11論文、三〇五頁。

（22）京師を擁する清朝の順天府と阮朝の承天府の条目（府・省によって多少の出入りがある）を挙げてみると次のようになる。分野天文、建置沿革、形勢、風俗、城池、学校、田賦、山川、潭、古蹟、關隘（駅坫、橋、堤なども含む）、陵墓、祠廟、名宦、人物、流寓、列女、仙釈、土産（『(乾隆) 大清一統志』順天府）／分野、建置沿革、形勢、気候、風俗、城池、学校、戸口、田賦、山川、古蹟、関汛、駅站、市集、津梁、堤堰、祠廟、寺観、人物、列女、僧釈、土産（『大南一統志』承天府）

（23）『欽定大南会典事例』巻二六〇、内閣、欽天監、測験。

（24）『明命政要』巻一、敬天、明命八年。

（25）大橋厚子「危機対応の社会組織研究をめざして――一九世紀前半東南アジア試論」（『国際開発研究フォーラム』四三、二〇一三年）三七頁。嶋尾稔『『大南寔録』中自然災害関連記事一覧表』（『慶応義塾大学言語文化研究所紀要』三三、二〇〇一年）。

（26）多賀良寛「ベトナム阮朝の漕運制度に関する基礎的考察」（『史学雑誌』一二七―八、二〇一八年）。

（27）PHAM Le Huy「大越の天下の中心としての昇龍京」（『都城制研究』一四、二〇二〇年）など参照。

（28）Kathryn Dyt, ""Calling for Wind and Rain" Rituals: Environment, Emotion, and Governance in Nguyễn Vietnam, 1802-1883," *Journal of Vietnamese Studies* 10(2), 2015.

（29）『欽定大南会典事例』巻二五九、内閣、欽天監、推算。

（30）『大南寔録正編』第二紀、巻一二四、第一葉表、『欽定大南会典事例』巻二五九、内閣、欽天監、推算。

（31）『大南寔録正編』第二紀、巻八八、第八葉裏、明命十四年正月。

（32）江戸時代の日本においても、渋川春海が天文分野之図を作成するなど、自国の天文分野を示そうという試みが行なわれたが、日本の場合、ただ中国の地名を日本の地名に置換したものであった点が大きく異なる。

（33）古田元夫『ベトナム人共産主義者の民族政策史――革命の中のエスニシティ』（大月書店、一九九一年）五〇頁。

（34）井上智勝「近世日越国家祭祀比較考――中華帝国の東縁と南縁から「近世化」を考える」（清水光明編『「近世化」論と日本――「東アジア」の捉え方をめぐって』アジア遊学一八五、勉誠出版、二〇一五年）。

（35）Li Tana, "The Imported Book Trade and Confucian Learning in Seventeenth- and Eighteenth-century Vietnam," in Michael Arthur Aung-Thwin and Kenneth R. Hall eds.) *New Perspectives on the History and Historiography of Southeast Asia*, Abingdon, Oxon: Routledge, 2011.

古典期（十〜十三世紀）イスラーム世界における地方史誌
――ウラマーの地方観と知的実践

森山央朗

もりやま・てるあき――同志社大学神学部教授。専門は初期・古典期イスラーム史。著書に“Using Hadiths in the Appropriate Style: Scholarly Practice of the Shāfi‘ī Aṣḥāb al-Ḥadīth,” Annals of Japan Association for Middle East Studies（『日本中東学会年報』），36-2 (2021)、「地方史人名録：ハディース学者の地方観と世界観」（柳橋博之編『イスラーム　知の遺産』東京大学出版会、二〇一四年）、「イスファハーンの二篇の「歴史」：ハディース学者が同じような著作を繰り返し編纂した理由」（『東洋史研究』第七二巻第四号、二〇一四年）などがある。

十世紀後半から十三世紀前半にかけて、西アジアを中心にイベリア半島から中央アジア西部に至る各地で、ウラマー（イスラーム宗教知識人）の人名録を主要な構成要素とするアラビア語の地方史誌が数多く編纂された。本稿では、こうした地方史誌の編纂の盛衰を分析し、そこに表象されるウラマーの世界観と地方観および知的実践を論じる。

一、西アジア・ムスリム社会の歴史と地理

（一）イスラーム的地方史誌の担い手――ウラマーと彼らの理念

西アジアのムスリム（イスラーム教徒）社会における地方史誌の編纂は、その多くの部分を、ウラマー（アラビア語で「学者たち」の意）と総称される知識人たちが担ってきた。(1) ウラマーが取り組む学問は、ムスリムたちが唯一神の啓示を集めた啓典と信じる『コーラン』や、預言者ムハンマド（六三二年没）の言行に関する伝承（ハディース）の研究であり、それらを基礎とした法学や神学などのイスラーム諸学である。

七世紀前半のアラビア半島で唯一神の預言者と称したムハンマドは、唯一神へのイスラーム（帰依）を説き、半島北西部のメディナを拠点に、ムスリムたちのウンマ（共同体）を打ち立てた。ムハンマドの死後、ウンマはカリフたちの指導下で「大征服」を行い、八世紀前半までに、中央アジア西部からイベリア半島に至る広大な領域を獲得した。しかし、ウ

ンマの政治的統一は九世紀までに崩れ、それ以来、イスラームを統治理念とする様々な国家が各地に割拠するようになった。ウラマーは、それらの国家の庇護の下でイスラーム諸学の研究と教育にいそしんだが、国家に直接雇用されることは、カーディー（裁判官）に任用された場合などを除いて少なく、政治権力者が彼らの学問を直接統制することも希であった。このことは、ウラマーが政治権力から自由であったことを意味するわけではない。しかし理念としては、彼らは、特定の地域を支配する国家に仕えるのではなく、全てのムスリムの信仰を導き、ウンマに奉仕する宗教知識人エリートであった。

この理念は、彼らが書いた地方史誌にも反映された。地方史誌を何らかの「全体」の一部としての「地方」を対象とし、その「地方」の歴史や地理を叙述する書物とすると、ウラマーが編纂した地方史誌は、それぞれの記述対象地域をその地域を支配した国家の一部としてではなく、唯一神が創造した世界の一部として、そして、ムハンマドが打ち立てたウンマの一部として描くのである。

（二）ウラマーにとっての歴史と地理

ムスリムたちは、ウラマーが担うイスラーム諸学と並んで、ギリシアの哲学など、西アジア・北アフリカでイスラーム教の成立以前から発展していた学問を継承し、南アジアの数学なども吸収した。地方史誌に関わる歴史と地理という分野のうち、地理はイスラーム教とは直接関係しない外来の学問と見なされた。一方、歴史は『コーラン』解釈学やハディース学と密接に関連するイスラーム宗教諸学の一分野と見なされ、ウラマーによって多種多様な歴史書が書かれた。それらの歴史書は、表題にタァリーフというアラビア語の単語を含むことが多い。タァリーフ（ta'rikh）は「年月日を記録すること」を原義とし、過去の出来事や人々の記録を意味する。タァリーフの訳語には「歴史」が当てられる。ただし、日本語の「歴史」と意味が完全に一致するわけではない。タァリーフを表題に含む書物には、我々が「歴史」という単語から想起するような、過去の政治的事件や社会の変化を叙述したものもある。一方で、ウラマーや著名人の経歴を延々と並べた人名録もタァリーフと呼ばれる。そして、前近代のウラマーが特定の地域に記述対象を絞って書いたタァリーフ、すなわち「地方史」の中では、記述対象地域と何らかの関係を持ったウラマーについて、彼らの学歴と評価を定型的に列挙した伝記記事を集めた人名録を主要な構成要素とする作品が数多く書かれた。筆者は、こうしたウラマー人名録を主体とする地方史を「地方史人名録」と呼ぶ。(2) 地方史人名録は、中国などの他の文化圏における地方史誌と比してムスリム社会に特徴的なものであり、それらを編纂したウラマーの地方観と世界観、および彼らの知的実践を色濃く反映したものと考えられるのである。

(三) 地方史人名録の具体的な内容

地方史人名録の伝記記事の具体例として、以下に標準的な記事を一件引用する。引用元は十一世紀前半に編纂された『グルガーン史』である。この作品が記述対象とするグルガーン[3]は、イラン北東部、カスピ海南東沿岸の都市である。

アブー・アブド゠アッラー・ムハンマド・ブン・イムラーン。グルガーンの禁欲家。彼はマカービリーと［いう通称で］知られ、［グルガーン近郊の］スライマーナーバードのマカービル（「墓地」の意）地区に住んでいた。彼の墓もそこにある。［ヒジュラ暦］二九一年サファル月（西暦九〇四年一月頃）に亡くなった。

彼は、アフマド・ブン・ユーヌス、サイード・ブン・マンスール、ヤフヤー・アル゠ハンマーニー、アリー・ブン・アル゠ジャアド、その他の人々から［ハディースを］伝えた。

［アブー・バクル・アル゠イスマーイーリー師が我々に［次のような］ハディースを伝えた。グルガーンの禁欲家、ムハンマド・ブン・イムラーン・アル゠マカービリーが二八九年（九〇一／二年）にアブー・バクル・アル゠イスマーイーリー師に伝え、ムハンマド・ブン・イムラーン・アル゠マカービリーにはアリー・ブン・アル゠ジャアドが伝え、アリー・ブン・アル゠ジャアドにはシャアブがアムル・ブン・ムッラから伝えて言った。「私（アムル・ブン・ムッラ）は、アブー・ワーイルが、アーイシャから伝わった話として［次のように］言ったのを聞いた。」］預言者（ムハンマド）は［次のように］言った。「妻が夫の家［の財産］から喜捨を施した場合、その［喜捨に対する神の許での］報酬は、妻と夫と［喜捨の］管財人のそれぞれに同様に約束される。それは、夫が所有していたものと妻が費やしたものに対する［神からの］報酬について、どちらかがどちらかよりも少ないということがないようにするためである」。

アリー・ブン・アル゠ジャアドは、マンスールとアアマシュが、預言者からアーイシャ、マスルーク、アブー・ワーイルと伝わったこととして、預言者の同様の言葉をシャアブが伝えたと述べ、そこに「不正の原因とならないように」［という文言を］加えた。[4]

地方史人名録の伝記記事はこのように簡潔で、ともすると無味乾燥である。非常に著名な人物に関する記事では数頁にわたって様々な逸話を伝えることもあるが、標準的な記事の分量は一頁に満たないことが多い。内容は、被記載者のイスラーム諸学をめぐる活動と経歴、なかでもハディースの修得と伝達に関する情報が大半を占める。地方史人名録は、上掲のような伝記記事を数百件から数千件収録した書物であり、『グルガーン史』は一〇三五件の伝記記事を収録する。記事の内容と形式は、作品ごとの違いや地域的・時代的変化が見られるものの、どの作品においても概ね上掲のようなものである。地方史人名録は、西アジアを中心にイベリア半島から中央アジア西部に至る広範な地域で編纂されたが、全体の構成と記事の内容・形式に強固な共通性があったのである。次節では、こうした地方史人名録が、いつ、どこで、どのくらい編纂されたのかを見ていく。

二、地方史人名録というジャンル

(一) ムスリムたちの地方史の中の地方史人名録

十五世紀後半のカイロでウラマーとして活躍したサハーウィー(一四九七年没)は、『歴史を非難する者に対する反論の証明』という論説を著し、その中で、彼の時代までにムスリムたちがアラビア語で書いてきた歴史書をまとめて分類した。[5] その分類の一つが「特定のバラド(balad)の人々に限定された」[6] 歴史書である。バラドとは、「街」や「くに」といった意味のアラビア語の単語で、ある都市を中心として、その都市と経済的・政治的・文化的に結びつく中小の町や村によって構成される都市圏を指す。同時に、都市圏の中心となる都市を指すこともある。西アジア・北アフリカかの人々は、一つの都市を中心として時に直径一〇〇キロ以上にも及ぶ都市圏、すなわちバラドを一つの地域として認識してきた。

筆者は、サハーウィーが「特定のバラドの人々に限定された」歴史書、つまり「地方史」に分類した作品を中心に、八世紀から十六世紀初頭までに、イベリア半島から中央アジア西部に至る各地で四二七篇の地方史がアラビア語で編纂されたことを把握した。ただし、それらの作品の大半は現在まで伝わっていない。作品全体あるいはその一部が現伝し、構成や内容を直接知ることができるのは一一八篇である。残りの三〇九篇のうち七十七篇については、別の書物での引用などによって形式と内容を把握できた。したがって、構成・形式・内容が明らかな地方史は一九五篇となる。そのなかで、地方史人名録に分類される作品は一〇九篇を数え、構成・形式・内容が判明する地方史の五割以上を占める。残る八十六篇のうちの四十三篇は、地域の由緒や美質を語る地誌である。二十五篇は総督や文人といったウラマー以外の人名録を主要な構成要素とし、地域の過去の出来事を物語る事件史は一八篇であった。地方史人名録は、八世紀から十六世紀初頭にかけてムスリムたちがアラビア語で書いてきた地方史の中で、主要なジャンルであったと言えるのである。

(二) 地方史人名録の起源と盛衰

地方史人名録の起源を特定することはできない。筆者が知り得た最古の作品は、九世紀後半に現在のトルクメニスタン南東部の都市マルウを記述対象として編纂された『マルウ史』であるが[7]、この作品は現伝していない。現存最古の作品は、イラク中部の都市ワースィトを対象とする『ワースィト史』[8]である。九世紀から十世紀前半にかけての初期の作品は、一〇〇件前後の伝記記事を収録する小規模なものであり、個々の伝記記事も極めて簡素である。

十世紀後半から十一世紀にかけて、収録する伝記記事の数が増え、記事の形式と内容も整えられ、編纂される作品の数も増えていった。ホラーサーン地方(イラン北東部)の中心都市であったニーシャープールを対象としてハーキム(一〇一四年没)が編纂した『ニーシャープール史』[9]は、二五九一件の伝記記事を収録し、アブー・ヌアイム(一〇三八年没)の『イスファハーン史』[10]は一九二二件を収録する。そして、ハティーブ(一〇七一年没)の『バグダード史』[11]は、簡潔ながらも洗練された形式で被記載者のウラマーとしての経歴、特にハディースの伝達に果たした役割と信頼性を的確に記録した伝記記事を七八三一件収録する大作であり、編纂当時からウラマーの間で非常に高い評価を得てきた。

十二世紀に入っても各地で編纂が続けられ、イブン・アサーキル(一一七六年没)の『ダマスカス史』[12]の成立に至る。『ダマスカス史』は一万件以上の伝記記事を収録する超大作であり、『バグダード史』と双璧をなす。しかし十三世紀に入る頃から、既存の作品の抜粋や続編が多く編纂されるようになり、新規の作品は減っていった。さらに、十三世紀中葉から後半にかけて、モンゴルの侵入によって中央アジアとイラン・イラクが混乱に陥り、やがてイスラーム化したモンゴルの下でイランと中央アジアがペルシア語文化圏として分立すると、イラン以東の地域におけるアラビア語地方史の伝統は途絶えた。一方、その伝統を継承したシリアやエジプトでは、十四世紀以降も地方史人名録の編纂が続いた。しかし、『バグダード史』や『ダマスカス史』といった既存の大作の抜粋もしくは続編、続編の抜粋や続編の続編が繰り返し編纂されるようになった。そうした状況の中で、地方史人名録というジャンルは衰退していった。

三、地方史人名録の世界観と地方観

(一)一神教的世界観/地方観

地方史人名録が出現した九世紀から十世紀にかけての時期は、イベリア半島から中央アジア西部に至る各地で、七世紀の「大征服」によってもたらされたイスラーム教がようやく在地社会に浸透・定着した時期と考えられている。したがって、地方史人名録がこの時期に出現したことは、イスラーム教の思想に則った世界観・地方観の形成の一端と考えられ、地方史人名録の内容には、イスラーム的/一神教的な地方観と世界観と呼び得るものが看取される。

一神教的地方観・世界観とは、唯一神が創造し、しろしめしてきた時空間として世界をとらえ、各地方をその一部と位置づけることである。こうした世界・地方認識を明瞭に表すのが、地方史人名録の地誌部分である。地方史人名録は、人名録を主要な構成要素とするが、記述対象地域の由緒や美質を記した地誌を含む作品も多い。地誌部分は人名録部分に比して非常に短く、作品全体の一割に満たない。各作品の冒頭に置かれ、主要部である人名録部分への導入となる。

人名録部分の伝記記事がどの作品においても似通っているのと同様に、地誌部分の内容もよく似ている。例えば『グルガーン史』は、「グルガーンがグルガーンと名付けられたのは、ノアの息子のセムの息子のルドの息子のグルガーンが建設した[13]「街だ」から[14]」と地域の由緒を語り、『ダマスカス史』は、ダマスカスはノアの洪水の後に最初に建てられた街であると起源の古さを誇る。[15] イスラーム教は、ユダヤ教・キリスト教とともに唯一神を信仰する一神教であり、『聖書』が語る天地創造に始まる世界の歴史の物語を共有している。地方史人名録は、この一神教的世界史のなかで記述対象地域の由緒や美質を語る。『ニーシャープール史』は、ニーシャープールを中心とするホラーサーン地方の美質としてアブラハムがそこで暮らしたことをあげ、[16]『ダマスカス史』は、最後の審判に先立ってイエス=キリストがダマスカスに再臨し、同市のムスリムたちを率いて偽救世主を撃つという黙示録的な伝承を引用して、正しい唯一神信仰が絶えないことを地域の美質とする。[17]

(二)イスラーム的世界観/地方観

アブラハムやイエスは、『コーラン』においては、唯一神によって預言者に選ばれて正しい唯一神信仰、すなわちイスラームを説いた人々とされ、ムハンマドは、そうした預言者たちの最良の者とされる。そのため、ムハンマドの言行を伝えるとされるハディースは、地域の美質の根拠としても重視される。例えば、『ニーシャープール史』と『イスファハーン史』は、ムハンマドが両市の主要な住民であるイラン系の人々が敬虔なムスリムとなることを予言したというハディースを引用し[18]、イラン北西部の都市カズウィーンを記述対とする『カズウィーンの諸情報の記録』は、複数のハディースの引用を重ねて、ムハンマドが、カズウィーンがやがてムスリムたちに征服され、聖戦の拠点として「楽園の門」となると予告したと語る[19]。ムハンマドは、預言者として唯一神から与えられた奇蹟の一つとして、自分の死後のウンマの拡大を予見していたと信じられており、彼がニーシャープール、イスファハーン、カズウィーンのイスラーム化に言及したことは、それぞれの地域のイスラーム的な美質として重要である。同時に、それらの地域がウンマの一部となったのは、唯一神が定め、預言者ムハンマドが予言した歴史の必然であったことを示すことになる。

その予定と予言の成就とされるのが、ウンマの「大征服」である。地方史人名録の地誌部分は、どの作品においても、メディナから来たムハンマドの直弟子（教友）たちが、記述対象地域をどのように征服したかを語って地域の由緒に関する記述を終える。そして後に続く人名録部分では、その征服に参加し、唯一神への帰依（イスラーム）とムハンマドの教えを地域に伝えた教友たちの伝記記事が冒頭に置かれる。以降、その地域で知識を伝えた代々のウラマーの伝記記事が、編纂者の師たちの世代に至るまで延々と続く。先の引用に見られるとおり、それらの伝記記事で主に語られるのはハディースの伝達に関する事柄である。したがって、人名録部分は、ウンマの創設者である預言者ムハンマドの教えが、地域に途切れることなく受け継がれてきたことを表していると見ることができる。イスラームのウンマは「ムハンマドのウンマ」とも呼ばれ、預言者ムハンマドの教えを通して唯一神に正しく帰依する人々の共同体と見なされる。したがって、ウンマの空間的広がりは、ムスリムが支配する領域としてだけでなく、預言者ムハンマドの教えが伝えられ、受け継がれている領域としても想起される。地方史人名録は、記述対象地域が唯一神の創造した世界の一部であるだけでなく、「ムハンマドのウンマ」の一部であることを主張するのである。

とはいえ、一神教的／イスラーム的世界観／地方観を主張するだけであれば、地誌部分だけでも事足りる。地方史人名録という長大な人名録を主要な構成要素とする地方史が、広範な地域で編纂された背景を説明するためには、地方史人名録を編纂し利用したウラマーの知的実践を見なければならない。

四、地方史人名録とウラマーの知的実践

(一)ハディースをめぐる知的実践

地方史人名録は、ハディース学との結びつきが強い。前掲の『グルガーン史』からの引用に見られるとおり、地方史人名録の伝記記事は、被記載者のハディースの修得・伝達に関わる活動・経歴に記述を集中する傾向が顕著である。編纂者も多くがハディース学者であった。

ハディースは、前掲の引用にあるとおり、預言者ムハンマドの言葉や行為を語る短い伝承であり、預言者の死の直後の七世紀後半から八世紀にかけては、各地のムスリムたちの間で無数に口伝された。[20]八世紀後半から九世紀にかけて、預言者の言行から導かれるスンナ(慣行)が啓典『コーラン』に次ぐ権威を持つという思想が広く支持を得るようになると、スンナの典拠となるハディースの収集と研究が行われるようになった。その際に問題になったのが、預言者のハディースとして伝えられていたものの中に、多くの誤伝や偽伝が見られることであった。そのため、無数に流布するハディースの真正性を検証し、預言者ムハンマドの言行を正しく伝えると考えられるハディースを選別することが、ハディース学における重要な課題となった。

この課題に取り組んだハディース学者たちは、ハディースの伝達者たちに注目した。ハディースは、預言者の言行を語る本文の前に、そのハディースが預言者から記録者までどのような人々を経て伝えられたのかを示す、イスナード(根拠)と呼ばれる部分が置かれる。前掲の引用中では〔 〕で括られた部分である。ハディース学者たちは、イスナードに列挙されている伝達者たちの経歴と評価を検証し、既に死亡した者からまだ生まれていない者に伝達されたことになっているなどの断絶がなく、嘘つきなどとして知られる信頼性の低い者が伝達者となっていないことを証明されたハディースに真正性が認められると考えたのである。

記述対象地域と関係したウラマーについて、誰から学んだどんなハディースを誰に伝えたかを中心的に記録した地方史人名録の伝記記事は、ハディースの真正性判定をめぐるハディース学者の知的実践に必要な情報を伝えるものであった。したがって、地方史人名録は記述対象地域の人々を主要な読者と想定して書かれたのではなく、広く他地域のハディース学者のために、記述対象地域で活動したハディース伝達者／学者の経歴と評価を伝えることを主要な目的として書かれたと考えられる。確かに、『サマルカンド史』がバグダードで評価され、バグダードのウラマーが『ニーシャープール史』

を学び、『バグダード史』がイベリア半島に伝えられたなど、地方史人名録が地域を越えて流通し、読まれていたことを伝える史料記述が散見される。[21]

地方史人名録の多くの作品が編纂された十世紀後半から十三世紀前半にかけては、ハディース学が発展し、イスナードの検証と批判に基づく真正性判定理論が確立され、洗練されていった時代である。この時代に活躍したハーキムやアブー・ヌアイム、ハティーブ、イブン・アサーキルは、地方史人名録を代表する作品を編纂しただけでなく、ハディースの収集や真正性判定理論についても顕著な業績を残した。地方史人名録は、ハディース学の発展の中で発達し、ハディース学者の知的実践の中で編纂され、彼らの間地域的ネットワークをとおして流通し、読まれた書物だったのである。

(二)地方史人名録の衰退とウラマーにとっての「一統志」

十三世紀後半以降、地方史人名録というジャンルは衰退していく。原因としては、先述したモンゴル侵入による混乱も考えられるが、『バグダード史』や『ダマスカス史』といった、十一、十二世紀に編纂された著名な作品が、超えがたい傑作と見なされるようになったことが大きいと思われる。

十三世紀前半に『カズウィーンの諸情報の記録』を編纂したラーフィイー(一二二六年没)は、その序文でカズウィーンを記述対象地域として先行して編纂された同種の作品を批判し、それを乗り越えることを編纂の動機として語った。[22] これは、ウラマーが自分の著作によって他者の著作と学問的な評価を競うことを意識していたことを示唆する。学問的な評価を得るためには、学界の動向を踏まえ、学問に貢献する内容を、学界で認められた適切な形式で記述しなければならない。各地で編纂された地方史人名録が共通した構成を持ち、伝記記事の形式と内容が類似していることは、ハディースの真正性判定というハディース学の課題に有益な情報を、ハディース学者たちが適当と認める構成・形式で記載した結果と考えられる。

十世紀後半から十一世紀にかけて地方史人名録の編纂が盛んになったことは、この時期に編纂された『ニーシャープール史』などの作品が評価を得たことで、地方史人名録が評価を見込めるジャンルとして多くのウラマー(特にハディース学者)を引きつけたことに起因すると推測される。より高い評価を得るためには、先行する同種の作品よりも優れたところがなければならないので、構成・形式の洗練と内容の充実が進んだ。『バグダード史』と『ダマスカス史』はその到達点である。そうした評価を極めた傑作が確立すると、それらを超える新作を作り出すことは困難となり、続編や抜粋の編纂によって過去の傑作の権威と情報を利用することが主流になっていった。こうして地方史人名録というジャンルは、活力を失っていったのである。

しかし言うまでもなく、地方史人名録だけがウラマーによる人名録や歴史書のジャンルではない。[23]彼らは別のジャンルの人名録や歴史書の編纂を続けた。その中には、地方史人名録を積極的に利用したジャンルもあり、その一つがウンマ全体を記述対象とした総合的な人名録である。[24]ウラマーにとっての「一統志」とも言えよう。このジャンルを代表するのが、一四世紀前半に編纂された『タァリーフ・アル＝イスラーム』すなわち『イスラーム史』である。[25]この作品は刊本で五三巻に及ぶ大作であり、預言者ムハンマドの伝記に始まり、代々の著名なウラマーについて地方史人名録と同様の簡潔な伝記記事を連ねた人名録として、ウンマの歴史を成立から編纂年代に至るまで網羅する。編纂者のザハビー（一三四八年没）は、ダマスカスで活躍したハディース学者であり、『ダマスカス史』を編纂したイブン・アサーキルの学統に連なる。彼は、『イスラーム史』の序文で、先行するタァリーフ（歴史）の諸作品として、『ダマスカス史』はもちろん、『ニーシャープール史』や『バグダード史』など地方史人名録の主要な作品を列挙し、[26]多くの伝記記事をそれらの作品からの引用によって書いた。ザハビーは、地方史人名録の伝統を受け継ぎ、地方史人名録を集めることでイスラームの歴史を書いたのである。

おわりに

本稿では、イスラーム教の思想とムスリムの社会・文化の基本的な諸要素が確立された古典期（十〜十三世紀）に、各地のウラマーが編纂した地方史人名録という地方史誌を取り上げ、その構成・形式・内容、ジャンルとしての盛衰、それらの背景となったウラマーの世界観と地方観および知的実践を論じた。そこから明らかになったのは、それぞれの都市や地域（バラド）を、唯一神が創造した世界の正統な一部、預言者ムハンマドの教えが伝わる領域としてのウンマの必然的な一部と見なす世界観／地方観であり、預言者ムハンマドの教えに関する伝承（ハディース）をめぐる学問上の必要に応じてバラドの歴史（タァリーフ）を編纂し、それによって学問的な評価を得ようとしたウラマーの姿である。

こうした世界観／地方観と知的実践は、ウラマーがイスラーム教の宗教的諸学問を専門とする学者たちであることから、極めて自然なことである。その一方で、一つ目を引く特徴は、地方史人名録の内容にも、それを規定した知的実践にも、国家の関与がほとんど見られないことである。国家の命によって編纂された地方史人名録は知られていない。記述対象地域を統治した君主や総督の伝記記事を含む作品は多いが、それらの記事はウラマーに関する他の一般的な記事と比べて特に長いわけでもなく、ウラマーの学問の理解者・援助者としての業績を簡潔に述べるに過ぎない。地方史人名録は、ウラマーの個々の学者としての知的実践のなかで編纂され、流通し、読まれた書物であり、それらを集めて「一統志」的な書物を編纂することも、個々の学者の著述として行われた。

とはいえ、地方史人名録に関わったウラマーが国家や政治権力と無関係であったわけではない。編纂者たちの多くは、政治権力者と緊密で良好な関係を築いていた。例えば、『ニーシャープール史』を編纂したハーキムは、法官（ハーキム）に任じられたために「ハーキム」という称号で知られた。[27] ウラマーは、士大夫・郷紳と同様に、知識人であると同時に在地名望家でもあったので、在地名望家としての側面では国家や政治権力者と密接に関わっていた。[28]

しかしそれでもなお、古典期のムスリム社会においては、国家や政治権力者がウラマーの学問を直接統制しようとすることはあまりなく、書物の構成・形式・内容を定めることもなかった。また、ウラマーは、キリスト教（特にカトリックや正教諸派）の教会や仏教の寺院に類する統一的な宗教権力機構を作り上げることもなかった。したがって、ウラマーは国家や組織の規制や指導を受けずに活動していたことになる。にもかかわらず、イベリア半島から中央アジア西部に至る各地で個々に活動していたウラマーが、同じ時期に、よく似た構成・形式・内容を持つ地方史誌を編纂していたことは、彼らの知的実践が地域を越えて結びつき、間地域的な学界の動向が均質化への強固な傾向を持っていたことを示唆することとして興味深い。同時に、千年も前のウラマーの行動が、現代の研究者のそれと意外なほどに似て見えることも面白い。

注

(1) ウラマーについては、谷口淳一『聖なる学問、俗なる人生——中世のイスラーム学者』（山川出版社、二〇一一年）、『アジア遊学（特集「アラブの都市と知識人」）』（第八六号、二〇〇六年）に詳しい。

(2) 森山央朗「「地方史人名録」伝記記事の特徴と性格——中世イスラーム世界のウラマーが編んだ地域別人物記録の意図」（『東洋学報』第九〇巻第四号、二〇〇九年）、同「地方史人名録：ハディース学者の地方観と世界観」（柳橋博之編『イスラーム知の遺産』東京大学出版会、二〇一四年）。

(3) 「グルガーン（Gurgān）」はペルシア語の古典発音。現代では「ゴルガーン（Gorgān）」と発音される。また、正則文語アラビア語では「ジュルジャーン（Jurjān）」と表記・発音される。

(4) Abū al-Qāsim Ḥamza al-Sahmī, *Ta'rīkh Jurjān*, ed. Muḥammad 'Abd al-Mu'īd Khān. Beirut: 'Ālam al-Kutub, 1987, p. 391 (#650).

(5) Shams al-Dīn al-Sakhāwī, *al-I'lān bi-al-Tawbīkh li-man Dhamma al-Ta'rīkh*, Damascus: al-Qudsī, 1930/1, pp. 84-154; Franz Rosenthal, *A History of Muslim Historiography*, Leiden: E.J. Brill, 1968 (Second Edition), pp. 269-529、伊藤隆郎「サハーウィーの参照した歴史関連文献」(『西南アジア研究』第四七号、一九九七年、二二一—二八頁)。

(6) al-Sakhāwī, *al-I'lān bi-al-Tawbīkh li-man Dhamma al-Ta'rīkh*, p. 121; Rosenthal, *A History of Muslim Historiography*, p.457.

(7) Shams al-Dīn al-Dhahabī, *Ta'rīkh al-Islām wa Wafāyāt al-Mashāhīr wa al-A'lām*, ed. 'Umar 'Abd al-Salām Tadmurī, 53 vols. Beirut: Dār al-Kitāb al-'Arabī, 1987-2000, Vol. 261-280 A.H., p. 45 (#10).

(8) Aslam b. Sahl Baḥshal, *Ta'rīkh Wāsiṭ*, ed. Kūrkīs 'Awwād, Beirut: 'Ālam al-Kutub, 1986.

(9) Ḥākim Nīshābūrī, *Tārīkh-i Nīshābūr*, Persian trans. by Muḥammad b. Ḥusayn Khalīfah-yi Nīshābūrī, ed. Muḥammad Riḍā Shafī'ī Kadkanī. Tehran: Āgāh, 1996.

(10) Abū Nu'aym, *Ta'rīkh Aṣbahān: Dhikr Akhbār Aṣbahān*, ed. Sayyid Kasrawī Ḥasan, 2 vols. Beirut: Dār al-Kutub al-'lmīya, 1990.

(11) al-Khaṭīb al-Baghdādī, *Ta'rīkh Baghdād aw Madīnat al-Salām*. ed. Muṣṭafā 'Abd al-Qādir 'Aṭā, 14 vols + index. Beirut: Dār al-Kutub al-'Ilmīya, 1997.

(12) Ibn 'Asākir, *Ta'rikh Madīnat Dimashq*, eds. Ṣalāḥ al-Dīn al-Munajjid et al. Damascus: al-Majma' al-'Ilmī al-'Arabī bi-Dimashq, 1951-.

(13) 『聖書』(創世記:一〇)を参照。

(14) al-Sahmī, *Ta'rīkh Jurjān*, p. 44.

(15) Ibn 'Asākir, *Ta'rikh Madīnat Dimashq*, Vol. 1, pp. 10-11.

(16) Ḥākim, *Tārīkh-i Nīshābūr*, p. 66.

(17) Ibn 'Asākir, *Ta'rīkh Madīnat Dimashq*, Vol. 1, pp. 213-218.

(18) Abū Nu'aym, *Ta'rīkh Aṣbahān*, Vol. 1, pp. 20-29; Ḥākim Nīshābūrī, *Tārīkh-i Nīshābūr*, p 63.

(19) al-Rāfi'ī, *al-Tadwīn fī Akhbār Qazwīn*, ed. 'Azīz Allāh al-'Uṭāridī, 4 vols., Beirut: Dār al-Kutub al-'Ilmīya, 1987, Vol. 1, pp. 4-23.

(20) ハディースについては、小杉泰『ムハンマドのことば——ハディース』(岩波文庫、二〇一九年)、森山央朗「ハディース——最上の人間の模範を伝える」(池田嘉郎他編『名著で読む世界史一二〇』山川出版社、二〇一六年、一二六—一二八頁)を参照。

(21) Ibn Bashkuwāl, *al-Ṣila fī Ta'rīkh A'immat al-Andalus*, ed. 'Izzat al-'Aṭṭār al-Ḥusaynī, 2 vols. Cairo: Maktabat al-Khānjī, 1955, Vol. 2, p. 599 (#1391); al-Khaṭīb al-Baghdādī, *Ta'rīkh Baghdād*, Vol. 3, p. 94 (#1096), Vol. 10, p. 302 (#5449).

(22) al-Rāfi'ī, *al-Tadwīn fī Akhbār Qazwīn*, Vol. 1, p. 3.

(23) 編年体の年代記もあり、世紀別人名録や学統別人名録など様々な種類がある。

(24) 法学派別人名録も地方史人名録書作品からの引用を多く含む。

(25) 十四世紀に編纂された総合的人名録としては、サファディー(一三六三年没)の『死亡録の完全』も著名な作品。al-Ṣafadī, *al-Wāfī bi-al-Wafayāt*, eds. Hellmut Ritter et. al., 32 vols. Beirut: al-Ma'had al-Almānī li-l-Abḥāth al-Sharqī and Mu'assasat al-Rayyān, 2008 (New Edition).

(26) al-Dhahabī, *Ta'rīkh al-Islām*, Vol. al-Sīra al-Nabawīya, pp. 15-16.

(27) Ibn Khallikān, *Wafayāt al-A'yān wa Anbā' Abnā' al-Zamān*, ed. Iḥsān 'Abbās, 8 vols. Beirut: Dār al-Thaqāfa, 1972, Vol. 4, p. 281.

(28) 士大夫とウラマーの比較については、三浦徹「ウラマーの自画像——知の探求と現世利益」(『アジア遊学(特集「宋代知識人の諸相——比較の手法による問題提起」)』第七号、一九九九年、一一一—一二〇頁)を参照。

小国が自ら国境線を引くとき
——デンマークの国境設定一〇〇周年に寄せて

村井誠人

むらい・まこと——早稲田大学名誉教授。専門はデンマーク史を中心とした北欧近・現代史。共編著に『新版 世界各国史21 北欧史』（山川出版社、一九九八年）などがある。

現在のデンマーク国家の形が成立してちょうど一〇〇年が経つ。それは「デンマーク人」が国の形を自らの意志によって〝平和裏に〟形成したという、現代史上きわめて異例のできごとであった。住民投票の結果とはいえ、その投票の実施十五か月前に、ベルリンで結果を先取りする「国境線案」が、コペンハーゲン大学歴史学教授によって、示されていたのである。それは、デンマーク史上の、「秘話」であった。

「国」の形が問われるとき、だれがその国を動かす担い手であるのかが問題となる。「礫岩国家《れきがんこっか》」の王朝的・貴族社会的概念における「一統」から、十九世紀的な国民国家を志向する「一統」概念を越えて、さらに二十世紀に入って「境界」上の人々の「心情（sindelag）」にこだわって当該住民の意志以外の要素を排除しようとした小国の国境線設定の試みを紹介したい。

今、二〇二〇年は、現在のデンマーク国家の形が成立してちょうど一〇〇周年にあたる。それは「デンマーク人」が自らの国境線を自らの意志によって〝平和裏に〟引くという、現代史上きわめて異例の事態であった。

一

一九一八年十一月十四日、ドイツのゾルフ外務長官（Wilhelm Solf, 1862-1936）は国内のデンマーク少数民族組織の代表、帝国議会議員H・P・ハンセン（H.P. Hanssen, 1862-1936）に対してのちに「ゾルフ書翰（Dr. Solfs brev）」と呼ばれる書翰を送り、その中で「北部シュレースヴィヒ（北部スリースヴィ）」の帰属を問う住民投票の実施をウィルソン米大統領の平和綱領に則ったものとして、実施を認めた。それが、デンマーク・ドイツ間の新国境成立への第一歩である。しかし、デンマークの一私人であるコペンハーゲン大学教授がベルリンにおいてドイツ外務長官の立場を名乗って記したものがはじめに存在したとしたら、どのように考えるべきであろうか。一九一九年六月二十八日、ヴェルサイユ条約が第一次世界大戦の終結後、交戦国間で締結され、翌年一月十日に発効した。その第一〇九条・第一一〇条に則り、ドイツ内のシュレースヴィヒ北部から中部における住民の国家的帰属を問う「住民投票」が実施された。一九二〇年二月十日に第一投票地区、三月十四日に第二投票地区で投票が行なわれ、その結果に基いてシュレースヴィヒ北部がデンマークに「再結合（Genforeningen）」されることになる。同年六月十五日、公式にデンマーク・ドイツ間の国境の成立が宣言された。そして国境の移動によって生じた新しい国土のデンマークへの移管を、デンマークでは「再結合（復帰）」と表現するのである。

デンマークは当該大戦においては交戦国ではなく、したがってヴェルサイユ条約の締約国でもない。当時デンマーク政府には、新たな国境を求める〝権利〟はなく、あくまでもドイツ帝国内のデンマーク系少数民族組織が、「祖国復帰」を要望する声を上げることで、事態が動き始めるという手続きが必要であった。

一八六四年、第二次スリースヴィ戦争でのデンマークの敗北の結果、デンマーク国家は三つの公爵領を戦勝したプロイセン・オーストリアに両国の共同主権地（kondominium）として割譲した。住民の民族的構成で言うなら、ドイツ人のみが居住するホルシュタイン（Holsten/Holstein）・ラウエンブルク（Lauenburg）と、その南半分にドイツ語話者、北半分にデンマーク語話者が居住するスリースヴィ／シュレースヴィヒ（Slesvig/Schleswig）の三公爵領が、それにあたる。二年後の一八六六年、割譲地の共同主権国間で戦争が勃発し（普墺戦争）、オーストリアが敗北、その講和条約であるプラハ条約の第五条に将来「北部スリースヴィ」で住民投票を実施し、そこがデンマークに「帰属」する可能性が記され――実際には、一八七八年にドイツ帝国とオーストリア帝国間でプラハ条約が無効とされた――、以降「北部スリースヴィ」とは〝何処〟を指しているのかがデンマーク語話者にとっては重要な意味を持った。その住民投票実施の可能性が語られたことを根拠にどこまでが「北部スリースヴィ」なのかの模索検討が続き、歴史研究者のクラウセン（Hans Victor Clausen, 1861-1937）らが住民の民族帰属意識を調べ上げていた。その結果、人の居住の少ないヒース原野・低湿の草地の間を流れる河川に従う〝北部スリースヴィの境界線案〟として十九世紀末の段階で「クラウセン＝ライン（Clausen-linjen）」が導き出されていた。それはスリースヴィをほぼ中央で北海からバルト海へと横断する六八㎞の最短ラインとなるように試案されたが、重大な問題を残していた（**図1**）。

　クラウセンが一八九一年に示した国境試案線を見てみると、西側の北海から進んできた試案線が、この地方で最大の都市、人口六万のフレンスボー（Flensborgフレンスブルク）を前に一ミール（約七・四㎞）を残して、さらに東に進むのを躊躇しているのである。[1] 一八六七年の北ドイツ連邦議会議員選挙時にはデンマーク系が同市で過半数を占めていたが、その後の都市の発展によって南からドイツ語話者が多く流入しており、その地をデンマーク「復帰地域」に含めるか否かが最大の議論の的となっていたのである。そして一九一八年にドイツが大戦に敗れ、住民投票を経ることで「北部スリースヴィ」のデンマークへの「結合」の道が「ゾルフ書翰」によってゴーサインが出された。その三日後、それを根拠に北部スリース

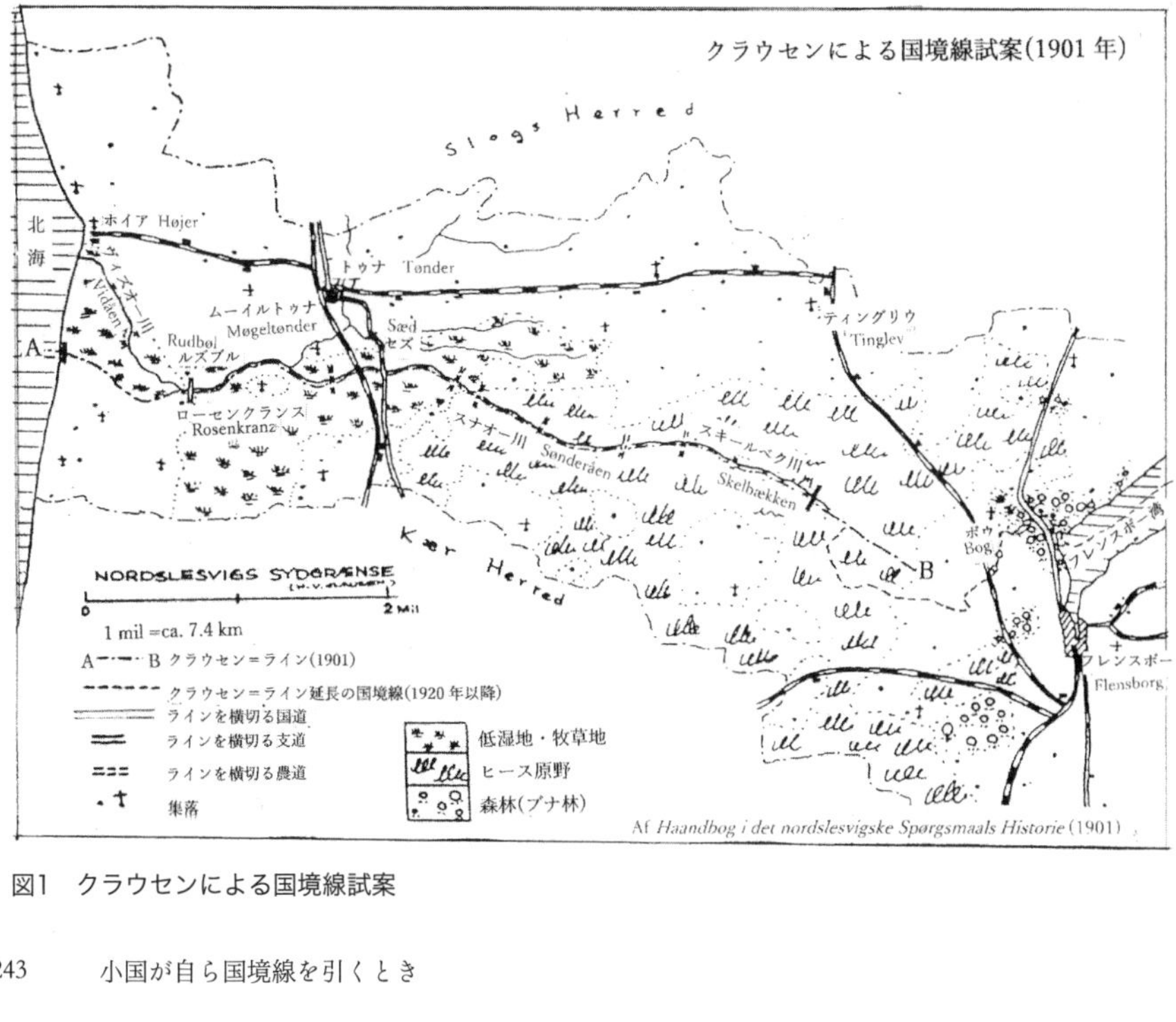

図1　クラウセンによる国境線試案

ヴィ選挙人協会理事会がオーベンロー（Aabenraa）で開かれ、住民投票実施への手続きが決定された。それは五項目からなる「オーベンロー決議（Åbenrå-resolutionen）」と呼ばれ、第一項では、「北部スリースヴィを単一の投票区とし、住民が諾否を表明することで、その全体の結果をもって投票区全体がデンマークに復帰するか否かを判断する」とし、第二項では、その投票地区の南限線を明記し、フレンスボーの北側を通ることを選択したクラウセン・ラインの具体的な経路を詳細に規定している。第三項では投票の有権者が規定され、第四項では投票時のドイツ官憲の排除が規定された。問題は第五項であった。そこでは「北部スリースヴィに隣接し、投票を希望する中部スリースヴィ内の地域が、別個に投票することで、デンマークに復帰したいか否かを表明する権利を有していることを、当然のこととして見なす」と記されている。(2) すなわち、第二項にはっきりと掲げたラインが将来のデンマーク・ドイツ国境となるであろうことを明示しておきながら、第五項でそのラインに隣接した地域に、復帰の是非を表明する権利を認めている。それは、選挙人協会理事会の会場でハプニング的に提出されたフレンスボー市に住む人々の「祖国復帰」の機会を求める意志を、理事会を代表するハンセンらが抑えきれなかった結果であった。そして実際、ヴェルサイユ条約の規定では、「第一投票地区」の一括方式で帰属を問う方法に加え、復帰希望の声が上がったその南に隣接している地域を「コミューン毎（kommunevis）」の投票結果で帰属を判断する地域として「第二投票地区」が設定された。

第二項に規定されたクラウセン=ラインが、今に至る国境線となるのであり、それとは完全に矛盾する第五項の存在は、時代状況を理解するうえで重要である。実際には、第一投票地区の結果は七五％がデンマークへの「結合」を、二五％がドイツ「残留」を求め、その地域のデンマークへの結合が確定した。そして一か月後、第二投票地区の結果は、投票地域全体ではデンマーク票が二八％で、地区毎の結果でも、どの地区でもデンマーク票が過半数を占めることはなく、件のフレンスボー市でもデンマーク票はわずかに二五％であった。

二

それらの事情の前提を第一次世界大戦終了直後の状況で理解しようとするとき、コペンハーゲン大学の歴史学教授、フリース（Aage Friis, 1870-1949）の行動を見てみる必要がある。彼はロマン主義的なナショナルリベラル史観を否定するエアスリウ（Kristian Erslev, 1852-1930）の門下で、実証主義の歴史学者であった。コペンハーゲン大学卒のインテリ「大学人（akademiker）」を中心とし、小国デンマークの国防重視政策の無意味さを認識し、都市にあっては社会民主党の成長を見守りつつ、農村にあっては小農の立場に理解を示す、平和主義志向の急進左翼党の面々と、彼はきわめて近い関係にあった。第一次世界大戦を通して、その急進左翼党のサーレ（Carl Theodor Zahle, 1866-1946）を首班とする第二次政権（1913-20）が続いていた。フリースは、首相や外相スカヴィーニウス（Erik Scavenius, 1877-1962）らと打ち合わせたのち、大戦の休戦後ただちに、敗戦国の首都ベルリンに急行している。中立国の政府にきわめて近い「私人」によるいわば〝隠密行動〟であった。そこに、「オーベンロー決議」内における矛盾した決議内容が存在する鍵が潜んでいた。

デンマークの国立公文書館にはフリースに関わる私文書ファイル五四二四号がある。その中にフリースが中心となった「十月宣言（Oktoberadressen）」の十枚を超える草稿がある。それは大戦最末期の一九一八年十月にあって、フリースらが北部スリースヴィのデンマーク復帰のための住民投票地域の設定を要求するものであり、在野の立場から中立国であるデンマーク政府を擁護し、敗戦を目前としたドイツ国民に対し「ドイツ民族の良心（det tyske folks højhjertethed）」に訴える宣言（十月二十三日）の形をとっていた。内容は、フランスなどの連合国の勝利の勢いに乗ってデンマークへの復帰地域をできるだけ大きくしようとする、国内の保守勢力の意図を牽制しようとする立場表明でもあった。「決してドイツ民族の権利を踏みつけようとは意図しない。我々の望みは、ただ、デンマーク語を語り、デンマーク人として感じ、デンマーク人であり続けたいとする住民をデンマークに復帰させることであるすなわち、それは、デンマーク系北部スリースヴィの全域であって、デンマーク系北部スリースヴィのみであり、それ以上のなにがしかもデンマークに結合させてはならない」と告げている。(3) また、デンマークの研究者らが言及しない——言及することをあえて避けていただろうと判断せざるを得ない——「一九一八年十月〜十一月の覚え書（Optegnelse fra oktober-november 1918）」が存在する。(4) それは、ベルリンから11月末に帰国したフリースが口述し、当時政治学を専攻していた長男、フィン（Finn Friis, 1897-1978）がタイプライターで速記したものである。

その内容は以下のようである。

フリースは、大戦の休戦の報を受けてただちにベルリンに向かう列車でコペンハーゲンをあとにし（十一日朝）、十二日二十三時ベルリン着。デンマーク少数民族組織の代表、ハンセンらと協議し、十四日午前十一時から十二時にドイツの外務次官、社会民主党員のダーフィット（Eduard David, 1863-1930）と協議して、フリースは「ゾルフ書翰」の下書きをゾルフ外務長官に会う前にあらかじめ書いていた——実際、フリースの個人文書ファイル内には、フリースの筆跡による「ゾルフ博士」と署名した下書きが存在している——。午後一時、「当該問題の知識があまりない」ゾルフ外務長官の執務室にフリースは出向き、そこでは、ゾルフに請われるままにフリースが〝鉛筆で〟将来、デンマーク・ドイツ間に引かれることになる国境ラインを、目の前の机に広げられた地図の上に描き示した。それは「クラウセン=ライン」であり、フレンスボー市を復帰予定地域から除外している。それを見て、了承したゾルフ長官が、その件の公表手段をフリースに尋ねた際、フリースはその日の朝のうちに「ハンセンが（私のポケットに）差し込んでいた（オーベンローから）到着したばかりの十一月十二日付」のデンマーク少数民族系の『ハイムデール（*Hejmdal*）』紙を取り出して——紙面には、デンマーク復帰を望む各種二八七団体の要望が載っている——、それに応える形がいいと提案し、ゾルフに了承させている。（なぜなら、フリースは「ゾルフ書翰」の下書きに「北部シュレースヴィヒのデンマーク系住民の諸団体による私宛てのきわめて友好的請願に対する回答として」とすでに記しており、まさにそれが生きるのであった）。その後、ゾルフによって清書された「書翰」をフリース本人がゾルフから受け取って、午後九時過ぎにハンセンにフリース自身が〝手渡し〟、それを携えてハンセンは午後十一時ハンブルク行きのベルリン発の夜行列車に乗り、北部スリースヴィを目指して発っていった。その2日後に、オーベンローの選挙人協会理事会が控えていた。

三

フリースは同時代のデンマーク史の〝正史〟として8巻本の『デンマーク民族の歴史』（1927-29）[5]を同僚らとともに編纂し、新国境の成立に関わる記述は少年時代からの友人で歴史家でもある急進左翼党のモンク（Peter Munch, 1870-1948）に担当させることで、自らのベルリンでの行状を隠蔽している。また、まさに第二次世界大戦時のドイツ占領下にある一九四一—四三年に発行された、同じ編者らによる正史である六巻本の『シュルツ デンマーク史』[6]でも、同様にやり過ごしている。というのは、第一次世界大戦後にデンマークの為政者側が最も恐れていたことは、第一には、特定の交戦国に対しいかなる外交的接触も禁じられていた中立国としての立場をデンマーク政府が逸脱して、動いていたという疑惑を持たれることであった。それを払拭することが必要であった。第二には、一九二〇年の新国境の成立過程が明らかにされることで、ドイツの敗北という弱みに付け込んで〝事情をよく知らない〟ゾルフ外務長官——さらには外務長官としての在職期間はわずか七十日（一九一八年十月四日から十二月十三日）であったから——からデンマークが帝国領土を掠め取ったという印象をドイツ国民に与え、将来、ドイツ側から「後ろ指」を指されてしまうことであった。第三には、急進左翼党政府が国内の保守派から「利敵外交」と批判される証拠を与えてしまうことを恐れたのである。第四には、ハンセンが北部スリースヴィの〝祖国復帰後〟に「南ユトランド担当相」に就き、国境地帯の利害そのものに関わっていったからであった。クラウセン＝ラインがフリースによって住民投票実施の一年半前に〝将来の〟国境線としてドイツ政府に対し示されていて、「十月宣言」に謳っていたように「それ以上のなにがしかもデンマークに結合させてはならない」という「オーベンロー決議」の前提における縛りが、白日の下に晒されてはならなかった。

第一投票地区のデンマーク票の勝利を受け、王国内では第二投票地区の投票前からフレンスボー市のデンマーク復帰への期待が非常に盛り上がりを見せていたが、第二投票地区の投票結果では同市のドイツ残留ということになり、それが急進左翼党政権への批判の材料として語られだした。保守国民党及び左翼党支持者によるフレンスボー市のデンマーク編入を求める「フレンスボー運動（Flensborgbevægelse）」が高揚し、その結果、サーレ急進左翼党政権は国民の支持を失っている、と判断した国王クリスチャン十世（Christian X, 位一九一二—四七）によって辞職を求められた。政権の辞職勧告時にその後継首班候補を尋ねるという国王による政治的慣例が行なわれなかったことから、国王の越権行為だとして社会民主党支持者らが中心となって一挙にゼネストが謳われ、社会不安が浮上した。いわゆる「復活祭危機（Påskekrisen）」である。総選挙後、新政権としてニアゴー（Niels Neergaard, 1854-1936）を首班とする左翼党政権（一九二〇—二四）が誕生したものの、新政権はフレンスボー運動の新局面を見いだすことができずに終わっている。

その後、ナチスの興隆期にも、第二次世界大戦時のドイツ占領期にも、国境線は維持された。さらに第二次世界大戦直後の時期には北部ドイツを占領統治した英国からデンマーク側にその決定権が委ねられ、国境線をさらに南に再変更する可能性さえ尋ねられたが、時の首相ブル（Vilhelm Buhl, 1881-1954）はデンマーク国土内に「ドイツ人」を少数民族として多数抱えることを嫌って、「国境は不変である（Grænsen ligger fast)」と返答している。

四

　デンマーク人が、上記のようにデンマーク人意識を持った者から構成される国土にこだわることは、一八六四年の敗戦によって、民族的同胞が国境の南側に切り離されたという認識に始まる。その戦争自体は一八三〇年代以降の自由主義的な市民階級の抬頭による民族的自覚の影響に端を発するものであり、それは、ドイツ文化を優位とする伝統的なデンマークの「礫岩国家（konglomeratstat）」という国家構成システムを民族ロマン主義の立場から明確に拒絶したナショナルリベラル派のリーマン（Orla Lehmann, 1810-70）の「デンマークはアイダ川まで（Danmark til Ejderen）」の演説（一八四二年）に代表される。[7] そこでは〝王朝的・貴族的連関〟がもたらした「シュレースヴィヒ＝ホルシュタイン」という結びつきを否定して、ナショナルリベラル派はスリースヴィ（シュレースヴィヒ）とホルスティーン（ホルシュタイン）を分かつアイダ川をデンマーク国民国家の南側国境としようとしたのである。彼らはホルシュタインを完全なドイツの領土として切り離し、アイダ川が八一一年にデンマークとフランク王国との国境と定められたことを〝歴史的根拠〟に、それ以北をデンマーク民族の国家として「王国とスリースヴィ公爵領」を共通な自由主義憲法によって結び付けようとしたのである。スリースヴィ内のデンマーク語話者の存在がナショナリズムの動機であった。一八四八―五一年、一八六四年と二度の戦争が生起し、デンマークは最終的には前述のように、スリースヴィ以南の三公爵領を失うことになる。そして、国王周辺以外にはホルシュタイン・ラウエンブルクを失ったことを嘆く者はいなかったが、デンマーク王国の国民の多くは、スリースヴィ北部在住の同胞の「切り離し」を宿痾とし、両戦争の勃発時に政権に就いていたナショナルリベラル派の王国内での政治生命は終わりを告げる。

　スウェーデンの歴史研究者、グスタフソン（Harald Gustafsson, 1953-）は近世のスウェーデンやデンマーク等の国家システムを「礫岩（konglomerat）」の構造から発想し、発生的にも組織的にも異なった複数の政治領域を、外観的に一つのより大きな国家の枠組みで維持している「国家」――上述の「礫岩国家」という呼称を用いて――として注目した。そうした理解を敷衍して、デンマーク王の存在を紐帯的〝結節点〟としたデンマーク王国、ノルウェー王国、スリースヴィ公爵領、ホルスティーン（ホルシュタイン）公爵領――そしてのちにノルウェー王国の分離（一八一四）の見返りとして加わるラウエンブルク公爵領（一八一五）――からなる連邦体制の〝デンマーク国家〟の在り方を考えてみよう。

八一一年にデンマークはアイダ川をフランク王国に対する「国境線」としたが、その後の教会的秩序から見ても、神聖ローマ皇帝、ザクセン朝のオットー三世（Otto III, 位九八〇〜一〇〇二）が信仰確認書においてアイダ川以北と以南を区別し、北側を「デーン人の王国における（in regno Danorum）」教会領地の存在の場としてデンマーク司教の特権（税の免除）を語っている。また、一〇四三年以降、ハンブルク＝ブレーメン大司教アダルベルト（Adalbert, ca.1000-72）のもとで北ドイツと北欧が一つの大司教座のもとに組み込まれていく方向にあったが、一一〇四年に北欧の大司教座がデンマークのロン（ルンド Lund）に置かれたことで、大司教座境界は、アイダ川に沿って引かれた。[8] すなわち、アイダ川以北がその後も神聖ローマ帝国に組み込まれることはなかった。問題は、アイダ川の北岸に「デーンのマルク（境界地帯）」と呼ばれ、国名「ダンマーク（Danmark）」の由来ともなったと言われる「人の居住していない空間（mark）」が存在していたことである。一方、アイダ川南岸でエルベ川までの地は、低地ドイツ語で「森林」に由来する名称のホルスティーンであり、ザクセン系の北アルビング族（Nordalbing）」（エルベ川北岸の住民の意）の地であった。その高地ドイツ語名「ホルシュタイン」が我々には耳慣れているが、その名称はア・プリオリに統一ドイツ「国家」に含まれるという十九世紀以降の「ナショナリスティック」なイメージを想起させてしまうため、その意味を避けるため、本論ではそういった色彩が及ばない限り「ホルスティーン」を用いる。上記「マーク」の東部地域のデーンの名を冠した森林「DänischWohld」やその西方の内陸部に、ザクセン人領主による住民の入植が積極的に行なわれ、その結果、アイダ川両岸に領主支配的農業地域の景観が展開されていく。ホルスティーンは、西ローマ帝国から東フランク王国を経て、一一一一年、神聖ローマ帝国の一部となっていく。その年、ザクセン公ロタール（Lothair II von Süpplingenburg,1075-1137）がシャウエンブルク伯アードルフ（Adolf von Schauenburg und Holstein, ?-1130）にそのホルスティーン地方を封土（レーエン）として与えたのである（図2）。

デンマークでは、ヴァイキング時代が終わるとその戦士的エネルギーは、バルト海南岸地方のキリスト教化に注がれ、必然的にデンマーク人による北部ドイツの貴族たちとの協力・競合関係が展開していく。デンマーク国内は、王の不在期（一三三二〜四〇）を含め、ハンザとの抗争やホルスティーンの伯爵らの干渉で、デンマーク国内のほとんどの土地が、質入れ状態となり、カルマル連合を創り出したマルグレーテ（Margrethe,1353-1412）の父、ヴァルデマ四世再興王（Valdemar IV. Atterdag, ca.1320-75）が、妃である南ユトランド公爵（スリースヴィ公）の娘ヘルヴィ（Helvig）の嫁資等を戦費にして、ようやくデンマークの統一を回復した。

　デンマーク国家の最南部は、ユトランド半島北部に対して「南ユトランド（Süd Jütland）」の名称のもと、ヴァイキング時代以来、世襲権のない境界警護的なヤール職（jarl, 英語でのearl）が置かれていた。時の推移とともに王の性格そのものが〝人々の頭〟から〝国土の支配者〟に変化し、王が息子たちのためにその領土の一部を「借り上げ」、彼らの存命期間に「封土（len）」として与え、その地で「封臣」として彼らが支配権を有することを認めていった。こうして南ユトランドは北欧では例外的にフランク王国起源の封建制の影響を受け、北欧の中では異質の地域として変質していく。それに決定的意味を与えたのが、ニルス王（Niels, ?-1134）の甥、クヌーズ卿（Knud Lavard, ca.1096-1131）がヤールに任命されたことに始まる。彼はドイツの宮廷で育ち、ドイツ皇帝から「公爵（herzog/hertug）」の称号が与えられ、十三世紀以降、王の第二子を「公爵」と呼ぶようになる先例を作り、そうした公爵らがドイツ人の南ユトランドへの入植を奨励した。デンマークの一二四一年に発布された「ユトランド法（Jyske lov）」の施行範囲はアイダ川までに達するものの、南ユトランドは外見的なドイツ化は止まることがなく、とくに十三世紀にはその地の都市はドイツ人の活動の場となっていく。その結果、中部以北の農村地域にはデンマーク語話者、南部及び都市域にはドイツ語話者という十九世紀に民族的分布が問題となる背景が形成されていく。

　上述のヴァルデマ再興王は、ホルスティーンの東隣のメクレンブルク（Mecklenburg）伯家のスウェーデン王室への影響

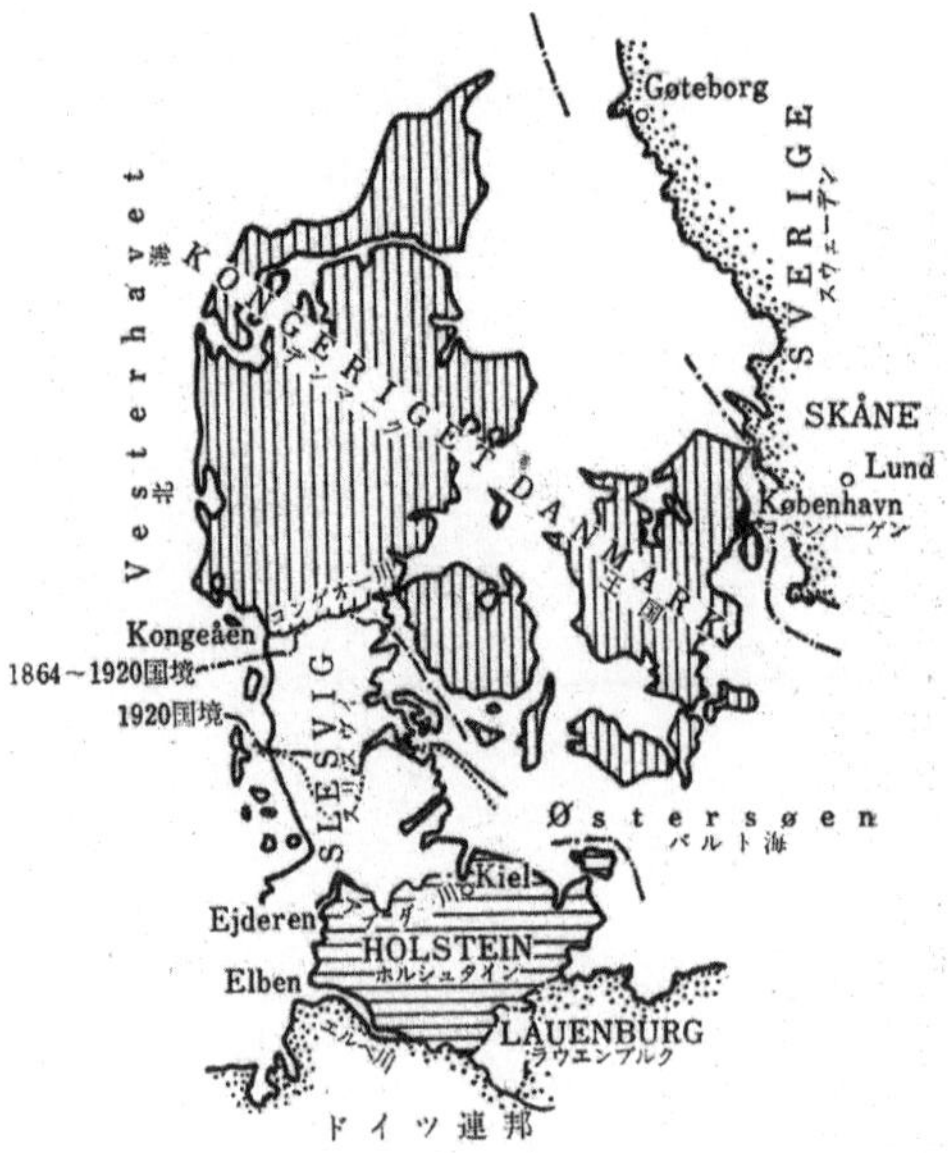

図2　デンマーク礫岩国家（1815年）

力拡大という野心的な北欧進出に対抗しつつ、長女インゲボー（Ingeborg,1347-70）をメクレンブルク家に嫁がせ、次女マルグレーテをノルウェー王家に嫁がせることで、デンマークの北欧と北ドイツでの勢力バランスに気を配った。一三七五年の彼の死に際し、マルグレーテは息子のオーロフ（Oluf, 1370-87）を五歳でデンマーク王に就け（オーロフ三世）、夫であるノルウェー王ホーコン六世（Haakon VI, 1340-80）の死に際し、そのオーロフが十歳でノルウェー王オーラヴ四世となった。オーロフの祖父マグヌス・エーリクソン（Magnus Eriksson, 1316-74）が一三六四年にスウェーデン王位を追われ、王位に就いたのがメクレンブルクのアルブレクト（Albrekt av Mecklenburg, 位1364-89）であった。オーロフの夭逝後、デンマーク=ノルウェーの摂政の立場でマルグレーテはスウェーデンの貴族団の要請を受け、アルブレクトを攻撃して退位させた。彼女は姉の孫にあたるポンメルンのイーレク（Erik af Pommern, 1382-1459）を養子として迎えており、一三九七年スウェーデンのカルマル城で十五歳の彼を北欧三王国の共通王に就けた（カルマル連合）。こうして、ノルウェーとデンマークの同君連合（personalunion）は、一三八〇年から一八一四年までの四三四年間続き、ノルウェーの存在が、デンマーク国家にいわば「北欧性」の担保を与えることになる。

実際、ノルウェーとの関係は、デンマーク史においてはヴァイキング時代以来の同質国家として親和性があり、「双子の王国（Tvillingeriget）」と言われた。民族意識においては「兄弟民族（broderfolk）」という扱いとなり、南側のドイツに関わる地域の扱いとは格段の親和性を示していた。ノルウェー=デンマークを包含する注目すべき博物誌が十七世紀中葉に著わされている。ノルウェーのベルゲン生まれのベアントセン（Arent Berntsen, 1610-80）による『デンマークとノルウェーの豊饒なる荘厳（*Danmarcks oc Norgis Fructbar Herlighed*）』（1650-55）がそれであり、両国の土壌情報などが記されており、その時代を扱う文化史研究者の必携の書と言われる。[9]

一方、王家の血筋を追いかける王位継承者の選考法に、デンマーク国家にとって決定的な事態が生起する。マルグレーテとイーレクとの養子縁組によって、デンマーク王位は、ドイツ人人脈の中に深く入り込んでいくことになる。イーレクは、マルグレーテの姉、インゲボーがメクレンブルク伯家に嫁ぎ、その娘マリーア（Maria）がポンメルン伯ヴァルティスラヴ（Vartislav VII, ?-1394）との婚姻から生まれた子であり、その彼のあとを襲ってデンマーク王位を継いだのは、イーレクの姉カタリーナ（Catharina, ?-1426）とバイエルンのノイマルクトの宮中伯ヨーハン（Johann I von Neumarkt,?-1443）

との子、クリストファ（Christoffer af Bayern, 1416-48）であった。クリストファが嫡子を残さず亡くなったため、一四四八年、デンマーク王国国務院は、北ドイツのオルデンブルク伯家（Oldenburg）のクリスチャン（Christian/Christiern,1426-81）を王に選んだ。その経緯は、はじめクリスチャンの母方の叔父、南ユトランド（スリースヴィ）公爵で、ホルスティーン伯爵でもあるシャウエンブルク家に繋がるアードルフ（Adolf VIII, 1401-59）が選ばれたが、彼がそれを辞退し、甥を推薦したのである。そのクリスチャン一世は、血統では六代遡ってようやくかつてのデンマーク王、イーレク犂税王（Erik Klipping, 1249-86）に到達するというその縁の薄さに加え、先王の妃に対して年金の支払いを惜しんだ国務院が、彼の王位継承の条件にその若い寡婦ドロティーア（Dorothea von Brandenburg, ca.1430-95）との婚姻を求めた。ここに、一八六三年まで続くデンマーク王朝、オレンボー王家（Oldenborg）が誕生する。

　そして、一四五九年十二月、アードルフが急死し、ホルスティーンの伯爵家が男系継承者を失って断絶、すでに貴族たちはアイダ川以北にも多くの領地を持っており、南ユトランドとホルスティーンが同一の統治者によって領有されることを望んでいたため、デンマーク王になっていたクリスチャン一世をアードルフの相続人に選んだ。翌一四六〇年三月五日に、スリースヴィ内の王国飛び地、リーベ（Ribe）で、いわゆる「リーベ書翰（Ribe-brevet）」をクリスチャンが「騎士団（Riderskabet）」として纏まっていた南ユトランドとホルスティーン両地の貴族たちと交わした。その十二年前、クリスチャンは自らがデンマーク王位に就く際、「ヴァルデマの宣言（Constitutio Valdemariana）」――一三二五年に南ユトランド公爵であったヴァルデマ（Valdemar V Eriksen）がデンマーク王（位一三二六～三〇）に就き、翌年の即位宣言書――に従う旨を表明し、「南ユトランド公爵領は、デンマーク王国に組み込まれず、王冠にも結び付かない」ことを確認していた。[10] その彼が、今度は南ユトランド（スリースヴィ）の公爵とホルシュタインの伯爵として同時に推挙され、両地が「永遠に不分離であること（Up ewig ungedeelt!）」を約束したのである。そして、王国と公爵領を分かつコンゲオー川の南北の地をデンマーク王を結節点とする同君連合でつなぐ結果となったが、南ユトランドは当然、デンマーク王国内から派生したとはいえ、公爵領の名のもとに王国とはまったく別個の、ドイツ語話者の貴族らが担う「社団」を形成していたのである。また、一四七四年に神聖ローマ皇帝フリードリヒ三世（Friedrich III,1415-93）によりホルスティーンが公爵領（Herzogzum/hertugdømme）として格上げされて「両公爵領／両公国」の名称ができあがる。[11]

こうして、「デンマーク礫岩国家」はデンマーク＝ノルウェーの二王国に加え二つの公爵領が加わった。南ユトランドはクリスチャン一世治世以来、都市名を採ってスリースヴィ／シュレースヴィヒの名称が使われだし、そこはデンマーク国家内にあって、その後も一層遠心力が加速し、オレンボー王朝内の兄弟それぞれが公爵であり、その居所が世襲の領地として分割化が進んでいく。その具体的な展開は省略するが、王領飛び地のほかに幾つもの公爵家領が形成され、それらはデンマーク王家に反発する傾向が強かった。とくにスリースヴィ市郊外のゴトープ城（Gottorp）に拠点を持ったホルシュタイン＝ゴトープ家（Holstein-Gottorp）は、デンマークを危機に陥れたカール・グスタヴ戦争（一六五七～五八、五八～六〇）、大北方戦争（一七〇〇～二〇）において、スウェーデン王室と結びついてデンマーク王室に敵対した。十九世紀のスリースヴィ公爵領を舞台とした民族抗争の時代にあっても、アウグステンボー家（Augustenborg）、クリスチャン九世（Christian IX, 位1863-1906）のグリュクスボー家（Glücksborg）の兄弟たちがデンマーク人のナショナリズムに抗する立場を表明していったのである。そうした問題は、紙幅の関係から、ここでは言及しない。

五

十八世紀、ホルスティーンは、欧州列強の喧騒に対しデンマークの中立を保ったベアンストーフ（J.H.E. Bernstorff, 1712-72）などデンマーク絶対王制下の有能な高級官僚を輩出し、彼らが率いるコペンハーゲンの「ドイツ政庁（det tyske Kancelli）」がデンマーク国家の外交を担っていた。一八〇六年八月、ナポレオンの侵攻の結果、神聖ローマ帝国が解体されると、一か月後にはデンマークの摂政である王太子フレゼリク（Frederik, 王位一八〇八～三九）は、「ホルスティーンは将来、完全な不分離の地の一つとして王権のもとにある君主政体に結ばれることになろう」と述べている。[12] ところが、ナポレオンとの同盟を最後まで堅持したデンマークは、一八一三年末、北ドイツにおいてナポレオンを追走するスウェーデン軍と相まみえて敗れた。一八一四年一月十四日、キールで和議が結ばれ、結果としてノルウェー王国をスウェーデンに割譲することになる。ナポレオンはすでにエルバ島へ追放されており、ウィーン会議に唯一敗者として臨んだデンマークには、スウェーデンがノルウェー王国を奪った代償に、その礫岩国家の一構成要素であったドイツ内のフォアポンメルン（Vorpommern）を割譲しようとしたが、地続きのプロイセンがそれを〝横取り〟し、人口五万の小公爵領ラウエンブルクが与えられた。ウィーン会議の結果、神聖ローマ帝国版図が「ドイツ連邦（Deutcher Bund）」として再編成されることになり、当然、ホルスティーンはデンマーク礫岩国家内に残ったままドイツ連邦に加盟し、デンマークとの関係は実質的な変化が生じなかった。

したがってデンマーク国家は、一八〇三年の統計で言うと、[13] 人口八十七万三三五三人のノルウェー王国、人口九十二万五六八〇人のデンマーク王国、人口六十万四〇八五人のドイツ語を公用語とする両公爵領からなっていた。さらにラウエンブルクを加えてその構成を考えるとき、スカンディナヴィア的要素をデンマーク国家に与えていたノルウェーが失われたことにより、王国対三公爵領の人口比は三対二となり、民族的対立が現実味を増していく十九世紀にあって、デンマーク民族とドイツ民族の対立の図式は深刻なものになっていく。ナショナルリベラル派が抬頭してくるデンマーク人社会にあっては、〝シュレースヴィヒ=ホルシュタイン〟の「ドイツ性」に対抗するために、彼らの民族ロマン主義のベクトルは唯一、非ドイツ的な「スカンディナヴィア性」に目覚め、そこに回帰していくことであった。

一方、国土の地図作成に関わる系譜に関しても押さえておこう。前述のベアントセンのデンマーク=ノルウェーの地誌学書と同時期に、スリースヴィ公爵領のフーソム（Husum）出身の地図製作者マイア（Johannes Mejer,1606-74）が一六五五—五八年に手書きの『オルデンブルク・デルメンホルストを含む公爵領、アイスランド・グリーンランド・スウェーデンを含めたノルウェー付きの、デンマーク地図（*Kort over Danmark med hertugdømmerne samt Oldenburg og Delmenholst, Norge med Island og Grønland og Sverige*）』を作成した。八十二枚の詳細な地方図が現在まで残っており、七巻本として刊行が目指されたが出版はされなかった。[14] また、一七六三年から八年かけてポントピダン（Erik Pontoppidan, 1698-1764）の銅版による『デンマーク地図（*Den danske Atlas eller Konge-Riget Dannemark... Lands-Beskrivelse*）』（1763-64）が発行された。それは都市図や十五枚の地域図を再生したデンマークで初めての大判の図鑑であったが、彼自身、生前、三巻までを刊行しており、また『デンマークとノルウェーの経済雑誌（*Danmarks og Norges Oeconomiske Magazin*）』をも発行している。[15] 以上のように、元来地誌的意識においてはデンマーク=ノルウェーが一つの視野に入っていたが、一八一四年にノルウェーとデンマークの同君連合が終焉を迎えたことにより、地図作成の分野においても大きな転換が生じた。

一八一七年に『(学校使用のための)デンマーク王国、公爵領スリースヴィとラウエンブルクを含めたホルスティーン地図(*Kaart over Kongeriget Dannemark, Hertugdømmerne Slesvig og Holsteen samt Lauenburg* til Brug for skoler)』が、新たな国家の枠組みの在り様をデンマーク王の臣民にデンマーク語を用いて視覚的に浸透させるべく、学校教育の現場に持ち込まれた。そこでは、連邦国家体制とその一層の調和が強調され、各邦の相対的大きさが示され、ユトランド最北端のスケーインの岬からエルベ河畔に至るデンマーク国家の大陸部分にほぼ中心線が通っていることを示していたと、フランセン(Steen Bo Frandsen, 1958-)は『ヒールステーズにおけるホルスティーン』(二〇〇八)のなかで解説している。[16] それは、いわばドイツ人、デンマーク人双方の民族ロマン主義によって、両者の民族的対立が決定的なところに行きつく前の〝風前の灯〟的な礫岩国家の様相であったと言えよう。そして、地図作成において、決定的なことがおこった。一八三八年春に王国の「言論出版の自由の正当なる行使のための協会(Selskabet til Trykkefrihedens Rette Brug)」から発行された、のちに王国陸軍参謀部スタッフとなるオールセン(Oluf Nicolai Olsen, 1794-1848)のデンマーク国家全図『デンマーク、ホルスティーン、ラウエンボー(*Danmark, Holsteen og Lauenborg*)』[17] では、その題名には国制的には〝ありえない〟スリースヴィの名が落ちていた。図中にも、スリースヴィを用いた公爵領の表現はなく、「南ユトランド(Sønderjylland)」という語のみが使われ、王国国境がスリースヴィ公爵領の北側境界線であるコンゲオー川ではなくアイダ川であることを示したのである。まさに、それはナショナルリベラル派の主張に類するものであり、リーマンの一八四二年の「デンマークはアイダ川まで」の演説を先取りするものであった。この地図の発行が、両公爵領で議論を沸き起こしたのは当然であった。

民族抗争の発端は、ホルシュタイン公爵領が新生「ドイツ連邦」に組み込まれ、デンマーク王が連邦構成者の一員である公爵として連邦内に存在したことである。新たなドイツ連邦規約が大きな意味を持つことになる。その第十三条には「連邦加盟邦には、(それぞれに)国民代表的制度の設置」が謳われており、ホルシュタイン公爵もその義務を負うことになり、ドイツ内の自由主義者は、その制度とは加盟各邦で憲法の樹立が求められるものと理解した。そして、ホルシュタインに与えられるべき憲法が、連邦には加盟していないがホルシュタインと「永遠に不分離」であると約束されているスリースヴィにも同様に与えられるべきだという要求が、一八三〇年十二月にスリースヴィの法執行官ローンセン(Uwe

Jens Lornsen, 1793-1838）によって掲げられたことで、デンマーク礫岩国家に決定的な変化が訪れることになる。

彼は、デンマーク王国に対し「シュレースヴィヒ＝ホルシュタイン」は纏まった一つの領域的単位であるとし、王国とは「王と敵のみを共通」とする同君連合であって、〝王と外交政策〟以外は別々であるとする原則を示した。[18] 彼は罰せられ、国外追放に処されるが、これがきっかけとなって、デンマーク国家全体に四つの身分制諮問地方議会が置かれることになった。そして、両公爵領でも、デンマーク王国でもそれぞれのナショナルな民族意識と相俟って、自由主義を標榜する市民階級の擡頭により、両者はスリースヴィの扱いを焦点に決定的対立に向かう。

ここで注意すべきは「ホルスティーン／ホルシュタイン」の立ち位置である。[19] スリースヴィが近代にあってつねに喧騒の地であったのに比べ、ホルスティーンは神聖ローマ帝国内にあって、たまたま〝ドイツ的色彩の濃い〟デンマーク王家を公爵家として仰ぎ、リューベクやハンブルクといった帝国自由都市に接している穏やかな〝小邦〟といった感があった。一八〇六年に神聖ローマ帝国が瓦解し、一時的に〝ドイツ〟の外に位置付けられ、また再びドイツへと組み込まれたホルスティーンでは、自由主義を謳う大学人らの市民階級の中から、学生時代をイエナ大学をはじめとするドイツ内の大学で学び、ブルシェンシャフト運動の洗礼を受けた人々が、ドイツの自由・統一を語りだすのである。一八三〇年フランスの七月革命に触発され、政治的活動が活発化し、ローンセン（スリースヴィ、シル（Sild/Sylt）島出身）もそのひとりであったが、「ホルシュタイン人」としてはオルスハウゼン（Theodor Olshausen, 1802-69）が注目されるべきである。彼は一八三〇年九月キールで、自由主義紙『キール・コレスポンデンツ新聞（*Kieler Correspondenzblattes*）』を発行する。彼らに対するキール大学のダールマン教授（Friedrich Christoph Dahlmann,1785-1860）の影響力は多大であった。彼は一八一三年からキール大学歴史学の教授となり、一五年には「ワーテルローの戦いの勝利の演説」で名を馳せ、貴族団体の「シュレースヴィヒ＝ホルシュタイン騎士団（Riderskabet）」の書記として「永遠に不分離」のスローガンを自由主義運動に持ち込み、その後、二九年ゲッティンゲン大学に転出していった。スリースヴィではローンセンの自由主義に追随して憲法を要求する市民らからなる「シュレースヴィヒ＝ホルシュタイン主義者（Schleswigholsteiner）」が地方議会を舞台に結束していったが、デンマークを選ぶか「シュレースヴィヒ＝ホルシュタイン」を選ぶかで分裂していく。一方ホルスティーンでは、オルスハウゼンが自らの新聞を通じて「新ホルシュタイン主義（Nyholstenismen）」と呼ばれる立場を表明し（一八三九年四月）、オルスハウゼンが「ドイツが常に、また、まず第一に、それからシュレースヴィヒ＝ホルシュタイン（Deutchland für immer und zuerst, -dann Schleswig-Holstein）」であると表明し、「ドイツ統一問題」がシュレースヴィヒ＝ホルシュタインの結合よりも優先されるべきことを主張した。それは、スリースヴィにおける自由主義者が、デンマークの民族主義に歩みよる重大な契機ともなった。

六

このように見てくると、民族の帰属問題にかかわるデンマークの国境問題は、礫岩国家の構成要素のひとつである「ホルシュタイン」の存在が問題であるのではなく、まさに「境界人（marginal man）」の地たるスリースヴィ内の問題であった。ドイツ人のなかに括られることを望む〝南〟思考の人々と〝北〟に括られることを望むデンマーク語話者との、両者の存在の問題なのである。そして、一九二〇年にデンマーク王国に編入された北部スリースヴィの地は、面積三九〇〇㎢（埼玉県ほどの面積、デンマーク王国の総面積の十分の一）、人口十六万四〇〇〇人（デンマーク王国人口の二十分の一）である。一般に言われるように、その地が「ドイツ」から分離されデンマークに〝復帰〟したという表現にいささか気を付ける必要があるかもしれない。第一次世界大戦前の一九一三年のドイツ帝国の人口は六八〇〇万人であったから、デンマーク人がこだわった「ドイツ／ドイツ人」とは、眼前に存在した、同じ公爵領内のドイツ語話者の住民たちであったということであり、その地の長い歴史におけるデンマーク礫岩国家という構造的問題であったと言えようか。

住民投票を前にして、クラウセンは『決断を前に（*Før Afgørelsen*）』（1918）という小冊子を発行して、その思いを語っている。

フレンスボー市は〝北部スリースヴィ〟に属すが、〝デンマーク人の北部スリースヴィ〟にはもはや属しておらず、フレンスボー市を必要とする人々は、市の北側よりは南側の人々であり、彼らはドイツ人の意識を持っており、その人々の存在のためにフレンスボー市をデンマークに〝復帰〟させてはならない。フレンスボー市の存在が、新たなドイツ側の領土要求を生むからであり、ドイツに帰属したいとする多数の人々がデンマークに含まれることは、彼らはデンマーク内の少数民族と感じ、将来のデンマークにとって危険な状況を作り出すことになる。

さらに筆者には、次のクラウセンの言葉が、印象的である。すなわち、「我々自身に対して行なわれたくない不正義を、他者に対して行ないたくない。我々が関わりもない、また積極的に加わろうとも思わない国や文化的社会に組み込まれることを強いられたくない」という原則の表明である。まさに、デンマーク人側が、自らの意志で決定できるチャンスに、自らが選んだ道がそれであった。実際、第一・第二投票地区の投票結果を合算すると、デンマーク票に過半数の五三・四％の数値が出ていてもである。

また、デンマーク語では、この状況を前述のように「再結合（Genforeningen）」と表現するものの、その〝復帰地域〟が近代史上、〝デンマーク王国〟に帰属していたことはなく、あくまでも王国とは別個のスリースヴィ公爵領内の土地であった。すなわち、デンマーク国民がそのように表現するほどに、一八六四年以来のデンマーク語話者の五十六年後のデンマーク王国への〝結合〟は、旧礫岩国家の意味さえ霧散させてしまう現代国家の成立にかかわる事件であった。法制史的には「再結合」ではないにもかかわらず、それでは、なぜその表現を用いたのであろうか。その表現がデンマークに編入される「南ユトランド」の——もはや、スリースヴィとは呼ばない——デンマーク人と、それを受け入れる王国のデンマーク人の双方に向かって発せられていることは重要である。領土を手放す側のドイツにとってはその呼称は何ら特別な意味はなく、デンマーク人にとっての宿願であった民族的欲求が叶った際の表現の言葉である。それはその三年前にノーベル文学賞を受賞していたポントピダン（Henrik Pontoppidan, 1857-1943）による詩と共通する政治的表現でありえた。「奪われし娘、無事に戻る／ああ、おまえ、我が母のいとし子よ／新たな時代の朝焼けの中に！」の母（母国）のもとに娘が〝戻ってきた〟感動の場面の表現である。[20] 今も私たちは〝戻ってきた裸の娘が母の胸に抱きついている〟銅像をコペンハーゲンのフェレズパーケン公園（Fælledparken）南東入り口で見かけることができる。

注

（1） Se “Nordslesvigs Sydgrænse” i Frantz von Jessen, *Haandbog i det Nordslesvigske Spørgsmaals Historie*, Det Nordiske Forlag, 1901.

（2） Se Troels Fink, *Da Sønderjylland blev delt 1918-1920*, Institut for Grænseregionsforskning, 1979, *s*.73.

（3） 拙稿「第一次世界大戦の終戦とデンマークの『十月宣言』」『村岡哲先生喜寿記念 近代ヨーロッパ史論集』（一九八九年）を参照せよ。

（4） Se Makoto Murai, “Historiker i politik; Fornyede overvejelser over Dr. Solfs brev af 14. november 1920”, *Historisk Tidsskrift*, Bind 106. Hæfte1, Den danske historiske Forening (2006).

(5) Aage Friis, Axel Linvald og M. Mackeprang red., *Det danske Folks Historie skrevet af danske Historikere*, 8 b., København, 1927-29.

(6) Aage Friis, Axel Linvald og M. Mackeprang red., *Schultz Danmarkshistorie; Vort Folks Historie gennem Tiderne skrevet af danske Historikere*, 6 b., København, 1941-43.

(7) 拙稿「オーラ・リーマンとその時代」(『早稲田大学大学院文学研究科紀要』別冊二号、一九七六年)を参照せよ。

(8) 以上は、H.V.Gregersen, *Slesvig og Holsten indtil* 1830(*Danmarks Historie*), Politikens Forlag, 1981. 内、Mødet mellem dansk og tysk, ss. 57-93. を参照。

(9) https://no.wikipedia.org/wiki/Arent_Berntsen (最終アクセス:二〇二〇年四月十日)。

(10) *Ibid.*, s.180.

(11) 以上は、*Ibid.*, Kapitel "Den slesvig-holstenske stat" (ss.164-201) 参照。

(12) *Ibid.*, s.450.

(13) *Ibid.*, s.461.

(14) https://da.wikipedia.org/wiki/Johannes_Mejer (最終アクセス:二〇二〇年四月十日)。

(15) https://da.wikipedia.org/wiki/Erik_Pontoppidan_den_yngre (最終アクセス:二〇二〇年四月十一日)。

(16) Steen Bo Frandsen, *Holsten i helstaten - Hertugdømmet inden for og uden for det danske monarki i første halvdel af 1800-tallet*, Museum Tusculanums Forlag, 2008. の表紙裏に、本地図が載っており、その解説文より以上の情報を得た。ちなみに、デンマークでは、本稿で使う「礫岩国家」を通常デンマーク君主のもとの〝全体の国〟の意で「ヒールステーズ(Helstat)」と呼んでいるが、この語は一八五〇年代に初めて実際に使われだした語と言われ、王国と三公爵領を合わせた連邦国家全体を指す。副題は、「十九世紀前半のデンマーク君主制の内・外なる公爵領」。

(17) *Ibid.*, ss. 182-183.

(18) Uwe Jens Lornsen の政治パンフレット、『シュレースヴィヒホルシュタインにおける憲法作成について(*Ueber das Verfassungswerk in Schleswigholstein*)』(1830) がきっかけとなって、デンマーク礫岩国家内で、一挙に自由主義の思潮が動き出す。

(19) 以下本稿内のホルシュタインの説明は、主に前掲注16のフランセンの書の第三章"Holsten mellem Danmark og Tyskland (1806-1830)"によるところが多い。

(20) 拙稿「デンマークの国境」(『季刊 北欧』八号、北欧文化通信社、一九七四年、七九—八〇頁)を参照せよ。

◎コラム◎

清末民国期の地方史編纂
――地域と宗族を記録すること

山田　賢

やまだ・まさる――千葉大学人文科学研究院教授。専門は中国清代史。著書に『移住民の秩序――清代四川地域社会史研究』（名古屋大学出版会、一九九五年）、『中国の秘密結社』（講談社、一九九八年）などがある。

はじめに

清末民国初期は、中国の歴史の中でも、おそらく地方志が大量に編纂された時期の一つである。その背景としては、国家の側からは、中央統治再構築のために基礎資料としての地方志編纂が要請されたこと、一方、地方社会の側においては、「郷土」という地域意識の成熟を背景に、地域の歴史の顕彰と教化に基づく地域的秩序の安定が希求されていたこと、などが挙げられよう。こうして、清末民国初期中国においては、それ以前においても繰り返し編纂されてきた県志に加えて、県レベル以下の地域を単位として編纂された郷鎮志、地域秩序の正統なる伝統を語りつつ、これを教化に資するための初等教育教材とした郷土志など、多様なかたちの地域語りが生み出されることになった。このような地域語りを簇生させた契機の一つには、近代国家構築に向けた中央からの要請があったのも確かだが、ただし、かりに中央からの要請が重要な契機の一つであったとしても、莫大な労苦と投資を伴う地方志編纂は、地域に内在する意志・情念によって内側から充填されながら具現化したことも忘れるべきではない。だとすれば、ある時代の地方志編纂について検討すべき課題の一つは、それら地方志が、どのような〈望ましい伝統〉を記述しようとしたのか、そしてそのような記述を完成させるためにどのような手順・方法をもって編纂を進めたのか、という点にある。小稿は、これらに関わる新たな実証を目指すものではなく、清末民国初期四川省の事例などから以上の論点を再確認しておくための覚書である。

一、「郷」における地方志の編纂
——国家の基礎としての地域

民国期に入ってかなり時間が経過したのちではあるが、民国三十二年（一九四三）、四川省達県磐石郷において、江南以外では稀見に属する郷鎮志『達県磐石郷志』が編纂された。この磐石郷における有力宗族、蕭氏の族人であった蕭従準の序文はこのような書き出しで始まる。「一国の大は、郷鎮の積むところである。郷鎮治まらざれば、則ち建国の基礎は固まらない。故に国を治めるものは、必ず先ずは郷鎮組織機構を健全ならしめることより着手するのである」。

それぞれの社会的背景は異なるものの、清末以降の語り口として、局部的秩序の確立こそが全体秩序の確立、すなわち国家統治の基礎である、という発想は様々なかたちで反復されている。ただし、いわば全体秩序の根拠地となる局部は、郷鎮であったり、「県」地域社会であったり、あるいは地域的な「宗族」秩序であったりと多様であるように見える。たとえば、一九三四年、四川省重慶で編纂された『曹氏族譜』序文に言う。「我が一族、曹氏は、中国漢族の一つに過ぎず、あたかも大きな倉の中の一粒の粟に等しく、誠に小さな存在である。……しかしながら曹を姓とする以上、それらすべてが一つの祖先から派生していることは疑いない。もしこれを集めて連合しなければ、まさに西洋人が譏るごとく、我々は皿の上に散らばった砂のように団結力を欠いたままであり、およそあらゆる事業もどうしてうまく互助互恵の効果を挙げることができようか。……天地の間に国家あるとき、いかなる国体も多数の家族が結合して成立している。だとすれば家族は立国の基礎なのである」。

ここでは、「宗族」が結合することによって「国体」の成立が展望され、「家族は立国の基礎」と宣言されているのである。だとすると、国家を微分していったときの基盤的秩序は「地域」なのか、それとも「宗族」なのか、そしてもしどちらもが「国家」秩序成立のための基礎だとするならば、「地域」と「宗族」の関係はどのように考えたらよいのか。この問いに答えるために、『達県磐石郷志』から「宗族」に関わる記述を見てみよう。巻二「礼俗門」には、郷鎮の主要な一族の家規・族譜などを抄録する。その中に収録されている「磐石鎮張氏族譜序」に言う。「窃かに思うに、黄帝〔漢民族の始祖と考えられている伝説的な帝王〕より姓を賜ったときには、我が姓は当然ただ一人であった。いま全国の張姓はことごとくその後裔であり、遠房近宗の違いがあるに過ぎない。もし譜書があれば、全国の支派も考証に難くはないであろう。

ましてや我らの小さな場鎮において、わが場鎮の族人を知らないことがあってよいだろうか。……聯宗帰派のことがまさに我が姓の当面の急務であるゆえんである。民国八年、余は宗会を興して、まず現在の輩行に照らして、字派を統一し尊卑を定めるのに便利なようにした」。

張氏は『達県磐石郷志』の主編者であった張子履の一族であるが、狭い磐石郷という空間的範囲において、張という同姓の人々が一族としての誼を結ばないまま過ごしてきたことを憂慮し、「聯宗」を実現して、盤石郷張氏同宗分会を設立した。別稿において幾度か指摘したように、清末は「同姓」の人々が、遠い過去まで遡れば必ず同一の祖先に逢着するという確信のもと、共通の歴史を再構築しながら「同族」に〈なっていく〉「聯宗」が盛んに行われた一時期である。なお、族譜序文まで引用して詳細が語られているのは張氏の事例に止まるが、巻一「建置門」によれば、他にも蕭氏、李氏、杜氏などが郷に同宗会を置いており、蕭氏の場合には、張氏と同様、磐石郷では二派に分かれていた同姓集団を統合して、「同族」へと作りなおしていく「聯宗」が行われていた。ここで注目しておきたいのは、磐石郷の地域エリート張氏、蕭氏などによる「聯宗」の試みが、まずは磐石郷という空間的範囲で実現されていること、それが地方史『達県磐石郷志』の叙述において、地域の重要な歴史の一環として特筆されていることである。

つまり地域社会の眼差しから見るならば、「宗族」と「地域」は、択一的な秩序構想ではなく、相補的、ないし一体的であったのではないだろうか。「宗族」はまず「地域」の範囲において再統合され、そのことによって大きな全体秩序の原基となる。「宗族」＝「地域」という一隅からの秩序が確立されたのち、それを遠心的に推し広げることによって国家的な全体秩序の回復へと至ることが夢想されていたと言うべきであろう。そう考えれば、郷志の叙述において地域エリート「宗族」への言及が大きな比重を占めているように見えるのも得心できるであろう。ただ、これは『達県磐石郷志』という狭い――換言すれば宗族の動向なども一望にして掌握が容易な――郷鎮の世界における「地方志」、しかも江南以外では類例の少ない郷鎮志における一事例に過ぎない。次の課題は、このように「宗族」と「地域」を全体秩序の原基として記述する志向性が、たとえばより広域的空間範囲を対象としていた「県志」などにおいても確認できるのか、ということである。

二、「県」における地方志の編纂
――語られる地域、語り出すための手法

達県からも程遠からぬ合川県（清代には合州）において編纂された民国『合川県志』には、地域社会の「宗族」に関する記述が幾重にも折り重ねられている。同時期に四川省において編纂された四川

各地域の地方志にて、県内の代表的な氏族が一覧されている例は少なくないが、『合川県志』の「士族志」上・下（巻八、巻九）は、全体の分量においても、個別の「士族」に関わる叙述の詳細さにおいても、他の地方志における氏族志をはるかに凌駕している。

「士族志」は、県内に居住するひとつひとつの姓氏について、原籍・始遷・発名之世・継続之世・族譜・宗祠を表にしてまとめたものである。もちろん姓氏によって記述の精粗はあるが、比較的精なる叙述である場合には、当該姓氏の一族について、①合川県内における現在の主な居住地、②合川県に移住する前の原籍、③始遷祖の合川県への移住年代、④当該一族からはじめて科挙身分を獲得した時期と族人（発名之世）、⑤その後の世代で科挙身分を獲得した族人と地域社会への貢献（継続之世）、⑥族譜の有無と書名、編纂年代、⑦宗祠の有無と建立年代、までが一覧されているのである。

この「士族志」の編纂目的は、「士」、つまり原則として科挙身分を有して地域社会に貢献してきた人物と、そのような「士」を幾世代にもわたって輩出してきた一族＝「士族」を記録することにあったと思われるのだが、ここにはいくつか注目すべき点がある。

第一は「士」の範囲である。それぞれの家系において「士」として「発名」した者、のちの時代に「士」たり得たことによって一族の名声を「継承」した者の名前が記録されているのだが、「士」として認められるための前提的資格は多様である。生員・監生・貢生・武生など、広く科挙身分に関わる者が網羅される他、「職員」（科挙身分は保有していないものの、「公局」などの地方行政業務補助機関の運営を知県から委嘱されている者）、あるいは民国期になると「県立中学校」、「四川高等学堂」、「四川蚕桑公社」、「四川法政専門学校」、「北京法律学校」、「東京実科学校」などの卒業生も「継承」世代の「士」として名前が挙げられている。

第二は、「士」の行為である。「士族志」には、列伝に取り上げるほどではないにしても、当該人物が地域社会に貢献している場合には、簡略にその生平と善挙の内容を記述している。その内容は、地域の紛争解決に尽力したこと、地域防衛（団練）や捨て子の救済（育嬰）などの「公務」に当たったこと、「宣講会」などを組織して人々に慈善を勧めたこと、などであった。たとえば、康熙四六年に湖南省宝慶府新化県からこの地に移住した易氏一族の「継続」世代、「職員」易顕珣には、以下のような説明が加えられていた。「慷慨にして大義に明るく、族譜を修訂せんことを唱えた。よく紛争を解決し、人々の危難を救ったため、「郷族」は彼を重んじた」と。

人が「士」たるためには、知識人としての素養を何らかの資格を伴って公的に承認されること――その最も代表的なものが王朝国家によって担保されていた科挙身分だが、民国初期における学校教育もその敷衍的範疇として理解されていたことを知り得るのである——ともに、世代を越えて「士」を輩出していく「士族」にふさわしい「家」の統合的秩序の実現、さらには「家」のみならず郷里全体の安定的秩序実現への貢献もまた、「士族」として社会的に認知されていくための要件だったのだと言えよう。つまり、ここでも「宗族」と「地域」は択一的秩序構想ではなく、これを二つながら担っていくことにより「郷族」からの名望を獲得していた家系こそが「士族」であったと考えられる。だとすると、そのような地域社会に根ざした「士族」の活動を記録し、顕彰することも、地方志に期待された重要な機能だったのではないだろうか。清末民国初期の秩序動揺の時代においてこそ、「宗族」と「地域」への献身的貢献に向けたロールモデルが示されるべきだったのである。

清末民国初期、四川省地方志における地域の有力宗族への言及は、確かに重要な特色の一つではあった。ただし、他の四川方志に比べて非常に充実した「士族志」を組み込んでいた民国『合川県志』においてさえ、方志全体から見れば、この部分の量的比重が最も重かったわけではない。同時代地方志において、一般的にも巨大な頁数を占めるのは、地域出身の名士の列伝である。ではこの莫大な分量の人物「伝」は、いかにして根拠史料を収集し、いかにして執筆されたのだろうか。

民国『合川県志』は、この点についても多くの示唆を与えてくれる。ここでは特に、巻四一～四九に収められる「郷賢伝」——官僚として活躍することは叶わなかったが、「士」に連なることによって地域社会に貢献した基層レベルの知識人たち——を取り上げて論じておこう。『合川県志』の特徴の一つは、これら人物伝の一つ一つについて、記述の根拠、あるいは投稿者が示されていることである。もっとも、投稿者と言っても、個人の姓名が明記されているものは多くはなく、「郷賢伝」全体で二十例に止まる。合川県内は、東里・西里・興里・永里の四里に分かたれており、里ごとに複数の「采訪員」を置いて地方志編纂を進めていたのだが、ほとんどの伝は、「〇里采訪員投稿」と見えるのみである。上記のように、投稿した采訪員の姓名が記されている伝は二十例であるが、一人の采訪員については二件の伝を投稿しているため、姓名のわかっている采訪員は一九名、そのうち、前掲の「士族志」記述から、身分や経歴の判明するものは、六名である。それら六名の身分・経歴は、文生・附生・庠生など、清代の科挙身分が示されているもの三名、県立中学校、四川国学学校などを卒業後、視学や高等小学校教員などの教育職にあるもの三名である。

また、投稿した采訪員の姓名が記された「郷賢」二十名のうち、十四名までが、采訪員と同姓であり、居住地も同里である。つまり、采訪員は居住している「里」の先賢の伝を書き記していただけではなく、自らが属している「宗族」の先行世代の伝を地方志に寄せていたのである。

では、采訪員はどのような根拠史料に基づいて伝を執筆したのだろうか。この点でも『合川県志』は極めて示唆に富む。これも非常に多数に上るわけではないが、「〇里采訪員投稿」と記述されると同時に、何らかの書名が記載されている場合、あるいは采訪員に関する記述が全くないかわりに、書名だけが掲げられている場合も散見されるのである。書名は、在地の知識人によって書かれた個人文集や小説の類と思われるものと、族譜とに大別される。とりわけ、族譜については引用の頻度が高く、『易氏族譜』、『苟氏族譜』、『李氏族譜』、『潘氏支譜』、『劉氏族譜』、『秦氏族譜』などの書名が見えており、なかでも『易氏族譜』に至っては、五名の伝において史料として用いられていた。族譜は、もとより一族の構成員に配布するために編纂されるのだが、磐石郷にせよ合川県にせよ、地方志編纂の際には地域有力宗族の族譜は重要な根拠史料として修志局において共有されていたのではなかろうか。民国『合川県志』巻三十三、芸文志には、当時の合川県において編纂されていた族譜三十六種が、一部記述内容も含めて紹介されている。ただ、現時点ではこれら合川県の族譜の残存を確認することはできないため、地方志の伝が族譜の伝をそのまま転引しているのか、それとも加除や修正が加えられているのかを判断することはできないが、少なくとも、地域社会において編纂・保有されていた族譜が、地方志の記述を作成するために利用されていた可能性を知り得るのである。

そして、合川県志から伺うことのできる地方志編纂の方法は、おそらく同時代の四川方志の作成においても共有されていたのではないだろうか。まずは地域の情報を収集して原稿を作成していくために、地域社会への密着度の高い基層レベル知識人――清代ならば生員クラス、民国以降ならば県の中学校等を卒業して教育職にある者など――に、居住地域担当の「采訪員」を委嘱し、これによって県レベルの広域地域を隈なく記述するための体制が整えられる。「采訪員」は、地域の族譜や、在地知識人の文集・小説等の記述内容を利用しながら、地方志の中でも大きなボリュームを持つ人物伝の原稿を作成して、修志局に「投稿」していったのであろう。地方志の語りはこうして成立する。

おわりに

「地方志」というスタイルは中国大陸を中心に、時間軸においても空間軸においても広い範囲で生産され続けた。ただし、当然のことながら、それぞれの時間軸・空間軸において、地方志という器に盛り込まれる語りは異なってくるであろうし、盛り込むべき語りに向けた作成の手順も異なってくるかもしれない。

清末以降の——ここでは空間軸としては四川省を取り上げたが——動揺する中国の全体秩序の中で、微小な局部でしかない地域の歴史に向かいあい、これを記述していくことは、先人の努力によって我々の「郷土」にこそ保存されてきた正統なる秩序を、記録によって顕彰していく過程でもあったのだと言えよう。そして何よりもこうした地域秩序は、在地の知識人（「士」）と、そのような知識人を連綿と生み出してきた「家」（「士族」）による「公善」への献身を基軸として維持されてきた（と認識されていた）がゆえに、彼らの活動の記録こそが地方志の最も重要な基幹を成すことになる。こうして、清末四川の地方志には、「地域」秩序の重要な基幹的部分としての「宗族」の歴史が記録されることになったのである。

参考文献

山田賢『移住民の秩序——清代四川地域社会史研究』（名古屋大学出版会、一九九五年）

山田賢「生成する地域・地域意識——清末民国初期中国の華中南地域を中心に」（『歴史評論』七四六、二〇一二年）

日本近世地誌の編纂と地名記載

白井哲哉

しらい・てつや――筑波大学図書館情報メディア系教授。専門は日本近世史・日本アーカイブズ学。著書に『日本近世地誌編纂史研究』（思文閣出版、二〇〇四年）、『地域の記録と記憶を問い直す――武州山の根地域の一九世紀』（白井哲哉・須田努編、八木書店、二〇一六年）、『災害アーカイブ　資料の救出から地域への還元まで』（東京堂出版、二〇一九年）などがある。

日本近世地誌の編纂は失われた古風土記の復活を目指して構想され、『大明一統志』を手本として編纂・調査が進められた。編纂に際しては中世郷庄や名所・歌枕など歴史地名の調査が展開された。地誌には歴史地名の有無や異同が詳細・微細に記載された。地名に対する関心は近現代日本にも継承された。

一、課題設定

本稿の目的は、日本近世地誌の編纂における地名調査やその背景などの検討を通じて、近世地誌における地名記載の意義を考察することにある。

日本近世地誌の編纂は、近年、当時の地域意識研究において関心を集めている。若尾政希は中国を相対化する十七世紀末の思想潮流の中で日本を〝地域〟ととらえる意識が登場したと論じる[1]。また菊池勇夫は、和歌に詠まれる歌枕の地が十八世紀初頭の地誌に名所旧跡として掲載される過程で、当時の地理認識、歴史意識、権力意思の作用を受けたことを指摘した[2]。引野亨輔は十八～十九世紀の私撰地誌を分析し、それらの叙述に当時の「日常的な生産消費活動や文化活動等によって成立した実感としての「地域」が反映されていた」と論じた[3]。工藤航平はそれを地域意識の「自覚化」と呼んだ[4]。

なお地誌編纂の際には直接・間接に現地調査が実施された。佐藤雄基は、近世地誌の編纂時における古文書調査の手法が明治期の史料採訪に継承され、日本近代古文書学の成立に寄

与したと指摘している。(5)

当時の人々に地域を「実感」「自覚」するきっかけを与えた地誌の情報・内容は何か。菊池はそれを歌枕、すなわち古歌に詠まれた地名に求めた。中世になると中国の瀟湘八景の観点が日本に輸入されて金沢八景などを生んだが、(6)そこでも景勝地を指し示すのは地名である。昭和五十六年（一九八一）に日本地名研究所を発足させた谷川健一は、日本民俗学の立場から、土地と人間の関係性を示す資料として地名を理解していた。(7)

ただし地名調査とは常に地域掌握を目指す調査者の政治的意図を有する。古代日本で編纂された風土記《ふどき》（古風土記）の場合、和銅六年（七一三）詔を受けて編纂された。このときは郡や郷の名前を漢字で表記するよう求めており、古代文書行政上で領域表記の参考とする意図が窺われる。なお『出雲国風土記』は郡司の提出資料に基づき旧国造層の人物が編述した。『常陸国風土記』は国司から朝廷への上申文書（解）形式で執筆された。(8)

そこで本稿は、日本近世地誌編纂における地名への注目、地名調査の方法及び地名記載の特徴とその変遷を追跡して、近世地誌全体におけるその意義を考察する。具体的には三つの幕府撰・藩撰地誌を取り上げ、近世地誌に大きな影響を与えた『大明一統志』との比較検討も行う。

本稿における議論の前提として、拙著の(9)成果に基づきながら日本近世地誌の通史理解を示そう。中世末から近世初頭にかけて『国名風土記』『日本紀略』『本朝地理志略』などの地理書が出現し、そこで五畿七道の国名、神社仏閣や名所旧跡の紹介記事が書かれた。最初の近世地誌と言うべき地理書は慶安五年（一六五二）『南紀略志』で和歌山藩領の地誌である。現地調査の成果に基づき、冒頭に郡名を列挙したのち中国地誌に倣った項目を立てて郡毎に記述する。

日本近世地誌の最初の画期は十七世紀後半である。江戸幕府儒者の林鵞峯は門下の儒学者に彼らが仕官する各地の藩の地誌を編纂させ、また当時の幕閣に地誌編纂の意義や必要性を説いた。この時期の代表的な近世地誌は、鵞峯と山崎闇斎の二人の儒学者が支援して会津藩が編纂した寛文六年（一六六六）『会津風土記』である。本書は後掲の項目を列挙する体裁をとって漢文で記述された。彼らが書いた序文は、中国では古代から地誌が編纂され続けている、日本でも古風土記が編纂されたが失われてしまい残念であると述べる。ここで近世地誌の編纂は、中国地誌の知識を導入して古風土記の復活を目指す国家事業として構想されていた。

次の画期は十八世紀中葉で、明清交代の終了後で内外における戦乱の危機が去った〝徳川の平和〟とも称される時期である。列島内の遠隔地間交通が活発化し、日本地理への関心が社会的に高まっていた。当時の徳川吉宗政権は全国薬草調査を展開しており、参考書として近世地誌に期待していた。これらの社会的・政治的背景をもって十七世紀後半に各藩で地誌編纂が進められた。

この時期の代表的な近世地誌は、幕府の支援を受けて儒学者の並河誠所が編纂した享保二十年（一七三五）『日本輿地通志《にほんよちつうし》畿内部』五か国分、いわゆる『五畿内志』である。その序文で並河は国土掌握の歴史に触れ、古風土記が失われたと嘆いている。本書は『大明一統志』を模した体裁をとって漢文で記述した。元禄十二年（一六九九）に和刻本『大明一統志』が刊行されており、地誌編纂の手近な参考書となっていた。

最後の画期は十九世紀前半で、西洋船舶の日本近海来航やロシアの蝦夷地進出を背景として、幕府が日本地理の再調査を展開した時期である。地理調査に着手した当時の松平定信政権は、幕府の記録整備とともに『寛政重修諸家譜』や『徳川実紀』など歴史編纂事業を推進した。これらの政策的背景をもって、幕府は享和元年（一八〇一）に儒学者の林述齋による建言を容れて日本全国の地誌編纂を決定、同三年（一八〇三）に担当部署である地誌調所を昌平黌に設置して事業を開始した。この事業は各藩に地誌編纂を促したほか、民間の知識人にも地誌調査の動機を与えるなど大きな影響を及ぼした。

この時期の代表的な近世地誌は、幕府が編纂した天保元年（一八三〇）『新編武蔵国風土記稿』である。ここでは幕府が示した地誌編纂の方針、すなわち中国地誌や『五畿内志』を手本としない、漢文ではなく和文で書く、絵図を多く入れる、に基づいている。また郡ごとに村名一覧を記すのでなく町村毎で詳細に記載する、近世初期（寛永期）以前の古文書を採録することも推奨したと思われる。こうしてこの時期は、『大明一統志』を手本としない新たな体裁の地誌が次々と編纂された。この地誌の新たな体裁を「日本型地誌」と呼ぶ。後述のとおり、この地誌の体裁は明治政府にも一時期継承された。

二、近世地誌と地名記載

ここでは前掲の『会津風土記』『五畿内志』『新編武蔵国風土記稿』を分析対象に、それらの地名記載及びその背景や調査過程を検証していく。**表**は、これらの地誌及び『大明一統志』における記載項目の一覧である。

表からまず各地誌の構成を確認する。『大明一統志』は府・州単位、『会津風土記』は本領・支領単位、『五畿内志』

は国・郡単位、『新編武蔵国風土記稿』は郡・領・町村単位で構成される。また『五畿内志』は国単位の総説と郡ごとの記載で項目が異なる。『新編武蔵国風土記稿』は国単位の総説、郡単位の総説、町村ごとの記載で構成され、一部に重複も見られるが多くの項目が異なる。

次に三つの近世地誌と『大明一統志』の間における記載

表　主な日本近世地誌と『大明一統志』の記載項目比較

『大明一統志』		『会津風土記』		『五畿内志』		『新編武蔵国風土記稿』	
1	図	1	**封域**	国 1	建置沿革	国 1	**惣国図説**
2	建置沿革	2	風俗	国 2	**彊域**	国 2	建置沿革
3	郡名	3	**城**	国 3	形勝	国 3	**任国革表**
4	形勝	4	**郡村**	国 4	風俗	国 4	山川
5	風俗	5	山川	国 5	**祥異**	国 5	**芸文**
6	山川	6	**道路**	国 6	**租税**	郡 1	郡図
7	土産	7	土産	国 7	図	郡 2	建置沿革
8	公署	8	神社	郡 1	**郷名**	郡 3	**街道**
9	学校	9	仏寺	郡 2	**村里**	郡 4	**中古郷庄領の唱**
10	書院	10	墳墓	郡 3	山川	郡 5	**今郷庄領の唱**
11	宮室	11	人物	郡 4	関梁	郡 6	**村の総数**
12	関梁	12	古蹟	郡 5	土産	郡 7	山川
13	寺観			郡 6	**藩封**	郡 8	**用水**
14	祠廟			郡 7	公署	郡 9	産物
15	陵墓			郡 8	神廟	郡10	古蹟
16	古蹟			郡 9	陵墓	村 1	**江戸からの距離**
17	名宦			郡10	仏刹	村 2	**村名の由来・開発の訳**
18	流寓			郡11	古蹟	村 3	**郷庄領の唱**
19	人物			郡12	氏族	村 4	**市場・宿場・助郷・街道**
20	列女			郡13	**文苑**	村 5	**村の四隣・東西南北の距離**
21	仙釋					村 6	**家数**
						村 7	**用水**
						村 8	**田畑の多少・水旱の有無**
						村 9	**検地の年代**
						村10	**領主の変遷**
						村11	**高札場**
						村12	**小名**
						村13	山川
						村14	**河岸場・橋・用水施設**
						村15	神社
						村16	寺
						村17	**古蹟・城跡・屋敷跡**
						村18	**旧家・古文書**

凡例

- ゴチック体の表記は、筆者が『大明一統志』に見られない項目であると判断したもの。なお神社は「祠廟」、寺は「寺観」、『五畿内志』の「氏族」は「人物」と見なした。
- 『大明一統志』は『和刻本　大明一統志』（汲古書院、1979年）による。
- 『会津風土記』は『會津風土記・風俗帳　巻一　寛文風土記』（吉川弘文館、1979年）による。
- 『五畿内志』は鹿田松雲堂蔵（大坂）版本（19世紀後半）の『河内志』による。「国」は国の総説の項目、「郡」は郡ごとの記載の項目を示す。
- 『新編武蔵国風土記稿』は大日本地誌大系本第二版（雄山閣、1934年）による。「国」は国の総説の項目、「郡」は郡の総説の項目、「村」は村ごとの記載の主な項目を示す。
「村」の項目は1832年（文政5）の現地調査項目も参照した。

項目の共通性（独自性）を確認する。『会津風土記』は十二のうち三が独自項目である。『五畿内志』は国単位の総説で七のうち三、郡ごとの記載の十三のうち四が独自項目である。『新編武蔵国風土記稿』は国単位の総説で五のうち三、郡単位の総説で十のうち五、町村ごとの記載の十八のうち十五が独自項目である。『大明一統志』に見られない主な項目内容は、「彊域」「四隣」など境界記載、「封域」「藩封」「領主」など支配関係記載、「租税」「検地」など年貢関係記載、「文苑」「芸文」など歌枕記載、そして「郷村」など地名記載である。これらに日本近世地誌の独自性を確認できよう。

続いて『会津風土記』『五畿内志』『新編武蔵国風土記稿』の各地名記載につき、それぞれ背景や調査過程とともに検討していく。

（一）『会津風土記』

『会津風土記』は「郡村　田畠戸口牛馬附」という項目を設け、原則として郡名―荘名―郷名―村名の順に書き上げる。(10)荘名と郷名は古代中世の支配領域名である。例えば長江荘は湯原・九九布・楢原・田島・針生・関本・立岩の七つの郷ごとに立項し、郷内の村名を列挙する。村名の下に端村《はしむら》や名所旧跡の名を付す場合がある。端村は山間部に点在する集落を指す言葉で、枝郷の同義語といえる。(11)各荘の記載の最後には、田畑反別、戸数と人数、牛馬の頭数、村数が書かれる。

当時の会津藩主である保科正之が地誌編纂を決意した直接の動機は、領知目録の郡名・村名を確定することにあった。江戸幕府は大名・公家・寺社に対し、将軍代替わりごとに領知宛行状と領知目録を発給する（朱印改め）。四代将軍徳川家綱の朱印改め（寛文印知）に際して幕府は目録に記載する国名・郡名・村名の確認を行った。だが寛永二十年（一六四三）に会津へ転封して領内掌握の途上だった会津藩の場合、郡名不明の村や記録にない郡名等が見つかるなど混乱した。そして地名を確定できないまま、会津藩は寛文四年（一六六四）五月に領知目録の発給を受けた。

そこで藩は同年八月に地誌編纂を開始、翌五年（一六六五）より一年をかけて領内から現地調査報告書「万改帳」を提出させた。「万改帳」は藩領を編成する組単位に作成され、組内の村ごとに四境、戸口、端村、田畑反別、作物、年貢、樹木、寺社、人物、山川湖沼、堤防、道路、館などを記載した。これらに文書記録や金石文などの調査成果を加え、同六年（一六六六）八月に『会津風土記』は完成した。

「万改帳」を作成したのは組内の支配行政を担っていた郷頭である。郷頭は中世以来の系譜を有する土豪層で、他地域の大庄屋に相当する。「万改帳」の作成に際し藩は郷頭の協力を求めざるを得ず、両者の間に厳しい緊張が伴ったと想像される。実際、岩崎荘の記載では九か村の村名記載の後に「不知此外属村幾許」と書かれ、詳しい情報が得られなかったことを窺わせる。また郷頭の家に伝わった「万改帳」控の末尾には「秘密として控置」と記されている。

このように『会津風土記』の地名記載とは、制約を受けながら実施された藩領内の地名所在調査の成果であった。その目的は当時の郡名・村名の確定だったが、作業にあたっては歴史地名の調査や考証が不可欠であり地誌の記載はその調査結果となった。

(二)『五畿内志』

『五畿内志』では郡ごとに「郷名」と「村里」が別項目で記載される。[12]「郷名」は古代中世の歴史的地名を指すと思われる。地名の下に「方廃」「已廃」「廃」の注記が書かれ、「方廃」は「村里」に掲載される村名、「已廃」は村の中の小地域名で確認できるもの、「廃」は全く確認できないものを指す。「村里」では郡内の近世村名を列挙し、地名の下には旧名や「属村」すなわち枝郷の数を付す場合がある。

『五畿内志』の編纂は、編者の並河誠所が知友であった関祖衡の日本地誌編纂構想を継いで幕府に支援を願い出て、それが認められて本格化した。並河は六国史や『和名抄』など古文献の調査を進めるとともに、五畿内（摂津・河内・和泉・山城・大和）の各地で現地調査を実施し、特に神社、墓所、地名に関心を持って聞き取り調査等を行った。ただし原則として村からは書上類を提出させていない。地名については村々で近世初期の検地帳を閲覧して耕地字を書き留めた。この現地における古地名調査が前述の「郷名」記載における注記に結実したと思われる。

『五畿内志』の完成後、並河は調査成果に基づいて延喜式内社の建碑、天皇関係の墓碑、古合戦の戦死者墓碑の建立を幕府へ願い出た。幕府は式内社に限って建碑を認めたが、実際は雄略天皇陪臣「隼人」の墓碑、[13]南北朝合戦関連で北畠顕家の墓碑、大坂夏の陣関連で木村重成の墓碑などを建てていた。『五畿内志』の地名記載はこれらの活動の基礎資料になったことが明らかである。

(三)『新編武蔵国風土記稿』

『新編武蔵国風土記稿』では郡の総説と町村ごとの記述に地名記載がみられる。[14]郡の総説では「中古所唱郷」「中古所唱庄」でそれぞれ歴史的地名を出典情報とともに記載する。また「今所唱郷」「今所唱庄」「今所唱領」では当時の関係地名と属する村の数を列挙し、名前の由来を付す場合もある。なお「領」とは江戸周辺地域の広域編成単位である。

町村ごとの記述に見える地名関係記載には当時の郷庄領名と小名《こな》がある。郷庄領名は郡の総説の記載にも反映した。小名とは十七世紀末から登場する言葉で村内の小集落名を指し、(15)前述の枝郷を含む場合もある。各小名記載の下には村内の方角、名の由来や異同、所在する事物、当地の伝承などを書く場合があった。また町村名には読みがなを付した。前述した当時の日本地理の再調査の一環で、幕府は享和三年（一八〇三）に全国の国名・郡名・町村名の読みがなを一斉に調査した。武蔵国の成果は『武蔵国郡名帳』として地誌調所に備えられ、地誌の記載に反映したと思われる。

『新編武蔵国風土記稿』は前述のとおり、享和三年（一八〇三）に始まった幕府の地誌編纂事業における代表作である。文化七年（一八一〇）に地誌の編纂作業が始まると、当初は町村から資料を提出させようとしたものの、遅くとも同十一年（一八一四）には現地調査方式に転換して武蔵国全域で調査を実施した。実施直後には町村からの聞き取り調査が中心だったが、後に調査項目を事前に提示して現地調査時に文書を提出させるようになった。文書は「地誌御調書上帳」と命名された。郷庄領名も小名も「地誌御調書上帳」の記載項目である。また地誌調所の役人は、元禄国絵図など幕府が保有する文書記録の写を携えて調査先へ赴き、現地で村人たちにそれを見せながら地名の有無や伝承を尋ねた。

『新編武蔵国風土記稿』の記述の根底には、戦国の争乱が続いた武蔵国は小田原北条氏が滅び徳川家康が移封して平和が訪れた、という言説が存する。地名の現地調査も最初はその言説を支える伝承の採訪だった可能性がある。だがおそらくその意図を超えて、地誌の地名記載は地域の微細な歴史資料と言うべき性格を帯びるに至ったと言えよう。

三、近現代の地誌編纂と地名辞典
――展望にかえて

三つの近世地誌の地名記載を検討した結果から次の二点が指摘できる。一つは、調査の動機が同じとは言えないものの、近世地誌が当初から一貫して中世郷庄や名所・歌枕など歴史地名の調査を展開したこと。もう一つは、時代を下るにしたがってその調査は詳細になり、地誌の記載も微細になったことである。これらを踏まえると日本近世地誌の特徴の一つに、過去と現在の地名に対する強い関心を挙げることができそうである。

もちろん本稿は三つの地誌の知見に止まるので、今後広く検証する必要がある。ここでは今後の展望にかえて、近現代の地誌編纂をめぐる動向を概観する。

周知のとおり明治維新直後の政府は、明治五年（一八七二）に太政官正院で皇国地誌の編纂開始を決定、幕末期の昌平黌で学んだ塚本明毅を地誌課長に任命した。(16)地誌課では『日本地誌提要』の編集を進めるとともに、同七年（一八七四）には各府県に向けて村名調査を実施した。前述の江戸幕府による享和三年村名読みがな調査と同趣旨のものである。結局、皇国地誌の編纂は断念されたものの、『日本地誌提要』は同八年（一八七五）に完成、同十年（一八七七）に設置された内務省地理局が塚本や河田羆らを配して地誌編纂事業を続けた。

塚本や河田らが採用した調査方法は、地誌調所における「地誌御調書上帳」と同様に、国内の全町村から各府県を通じて「郡村誌」を提出させるものだった。ただし村内の地名は小名ではなく耕地字を調査した。土地を課税対象とする地租改正を経た近代に、重視すべき地名の対象は集落から耕地へと変わったと言えよう。

その後の内務省地理局は同十六年（一八八三）から局員による現地調査を開始、『大日本国誌』の編纂をすすめた。残された武蔵国分の稿本のうち試みに葛飾郡の郡村記載を見ると、(17)村の四隣・東西南北の距離、古記録に見る郡名の異同、村名、古代『和名抄』の郷名、中世の郷荘名が記述される。村名には『新編武蔵国風土記稿』や近世国絵図における記載の有無や異同を付している。ここでも歴史地名への関心は明白である。

しかし『大日本国誌』は同十九年（一八八六）に安房国分を刊行するに止まり、地理局は同二十三年（一八九〇）に帝国大学へ移管、翌二十四年（一八九一）に政府の地誌編纂事業は中断された。

その後の日本における地誌編纂の方向は二つに分かれる。一つの方向は都道府県や区市町村における歴史書の編纂、いわゆる自治体史編さん事業による通史編や資料編等の刊行である。(18)その最初は同三十四年（一九〇一）に編纂が開始された『大阪府誌』と『東京市史稿』で、今まで自治体史を編纂しなかった自治体は一つもないとも想像できる。

もう一つの方向は地名辞典の編纂・刊行である。明治二十八年（一八九五）、民間学者の吉田東伍が『大日本地名辞書』の編纂を開始した。(19)若き日の吉田は、姻戚で林家の門人だった小川心斎の遺作『日本国邑誌稿』草稿の補訂に従事し、自らも出身地の地誌を執筆していた。吉田は編纂に際し、東京帝国大学教授の坪井九馬三を通じて地誌類を閲覧したと言われる。この中には内務省地理局や地誌調所の旧蔵地誌も含まれていただろう。冨山房『大日本地名辞書』全十一冊は同三十三年（一九〇〇）に第一冊刊行、同四十年（一九〇七）に完結した。前述の河田は第一冊に寄せた序文の中で、本書を地誌であると明言している。

そして昭和四十九年（一九七四）、冒頭で紹介した谷川健一は『大日本地名辞書』現代版の編纂を発案、これを契機に平凡社『日本歴史地名大系』全五十一冊が昭和五十四年（一九七九）から平成十七年（二〇〇五）にかけて刊行された。(20) 近世地誌が有した地名への関心は、近代に民間学者へ継承されて現代の地名辞典にも続いたのである。

注

（1）若尾政希「近世における「日本」意識の形成」（若尾政希・菊池勇夫編『〈江戸〉の人と身分五　覚醒する地域意識』吉川弘文館、二〇一〇年）。

（2）菊池勇夫「競い合う歌枕」前掲注（1）『〈江戸〉の人と身分五　覚醒する地域意識』所収。

（3）引野亨輔「江戸時代の地誌編纂と地域意識」（『歴史評論』七九〇、二〇一六年）。

（4）工藤航平「日本近世における地域意識と編纂文化」前掲注（3）『歴史評論』七九〇。

（5）佐藤雄基「明治期の史料採訪と古文書学の成立」（松沢裕作編『近代日本のヒストリオグラフィー』山川出版社、二〇一五年）。

（6）堀川貴司『瀟湘八景　詩歌と絵画に見る日本文化の諸相』（臨川書店、二〇〇二年）を参照。

（7）谷川健一「地名」（『谷川健一著作集　第九巻』三一書房、一九八八年）。

（8）兼岡理恵『風土記受容史研究』（笠間書院、二〇〇八年）。

（9）白井哲哉『日本近世地誌編纂史研究』（思文閣出版、二〇〇四年）。

（10）以下、『会津風土記』と「万改帳」は『會津風土記・風俗帳　巻一　寛文風土記』（吉川弘文館、一九七九年）による。

（11）豊臣秀吉は天正十九年（一五九一）に諸大名へ郡絵図の作成を命じた。当時の絵図と思われる慶長二年（一五九七）越後国瀬波郡絵図・同国頸城郡絵図の二点が残っており、ここに「端村」に関する記載が見られる。他に「端村」の記載や描写がほとんど確認できないので、『会津風土記』の「端村」は未確認の豊臣期陸奥国会津郡絵図の情報を反映した可能性がある。なお山本幸俊『近世の村落と地域史料保存』（高志書院、二〇一四年）一八四頁、その他を参照。

（12）以下、『五畿内志』は鹿田松雲堂蔵（大坂）版本「河内志」による。

（13）『羽曳野市史』第五巻（一八八三年）に収録された、享保十五年（一七三〇）「忠臣隼人塚一件綴」を参照。

（14）以下、『新編武蔵国風土記稿』は雄山閣大日本地誌大系本第二版（一九三四年）による。また前掲注（9）を参照のこと。

（15）白井哲哉「小名に関する一考察」（『明治大学刑事博物館年報』二〇、一九八九年）。

（16）以下、明治政府の地誌編纂と塚本明毅については塚本学『ミネルヴァ日本評伝選　塚本明毅』（ミネルヴァ書房、二〇一二年）を参照。

（17）ここでは『大日本国誌　武蔵国第一巻』（ゆまに書房、一九八八年）による。

（18）白井哲哉「近現代における自治体史編纂の歴史的意義」

(『愛知県史のしおり　通史編一〇』愛知県、二〇〇〇年)。

(19) 以下、吉田東伍については千田稔『地名の巨人　吉田東伍——大日本地名辞書の誕生』(角川叢書、二〇〇三年)による。

(20) ジャパンナレッジ「日本歴史地名大系　episode.1」(二〇一七年)による。なお右のURLを参照(二〇二一年二月二十二日最終閲覧)。
http://www.japanknowledge.com/contents/serial/heritage/rekishi/1.html

編集後記

二〇一四年に大元大明研究会を立ち上げ、検討を重ねていく中で、「一統志」という存在そのものが（歴史的な影響力に比して）世の中に知られていないことに気づいた。シンポジウム「東アジアの一統志」そして本書を通じて、わずかにも「一統志ブーム」を作りたい、というささやかな野望の下でスタートした。しかし、大きな障害としてコロナウイルス感染症問題が立ちはだかり、執筆と研究もままならない状況に直面することになった。予定よりかなり遅れた状況下で、編集者はじめ各地の執筆者の方々と、あるいは原稿入稿の御礼、あるいは締め切り延期の相談、さらには原稿の督促と、さまざまな連絡を取り合った。いかなる連絡であっても、それぞれに奮闘している姿を知ることができ、それが（月並みながら）私と私の生活に勇気と元気をもたらした。いま本書が無事に刊行できたのは、間違いなく執筆いただいた全ての先生方のご尽力、並びに大元大明研究会のコア・メンバーとして編集委員を務めていただいた高井康典行・吉野正史両氏の協力、そして勉誠社の吉田祐輔氏の温かいご支援の賜物である。ここに、記して感謝申し上げる。

本書の編集を通じて、私にもたらされたものがもうひとつある。それは、「一統志」を含めた（地方の）データと歴史を描く「（地方）史誌」は、そのあり方は違っても全世界に遍在するということであり、それらを比較し検討する視座があってもよいのでは？という「新たな野望」である。本書を手に取って、「一統志」に関心を持たれた方は、ぜひ「一統志」そしてそれに連なる「地方史誌」の世界へと、想像の一歩をお運びいただければ幸いである。

小二田　章

執筆者一覧（掲載順）

小二田 章　竹内洋介　須江　隆　高井康典行
櫻井智美　吉野正史　酒井規史　高橋　亨
荷見守義　巴　兆祥　向　正樹　柳澤　明
澤　美香　清水則夫　長谷川成一　高橋章則
吉田光男　辻　大和　岡田雅志　森山央朗
村井誠人　山田　賢　白井哲哉

【アジア遊学 259】

書物《しょもつ》のなかの近世国家《きんせいこっか》
東アジア「一統志」の時代

2021 年 8 月 25 日　初版発行

編　者　小二田 章・高井康典行・吉野正史
制　作　株式会社勉誠社
発　売　勉誠出版株式会社
〒 101-0061　東京都千代田区神田三崎町 2-18-4
TEL：(03)5215-9021(代)　FAX：(03)5215-9025
〈出版詳細情報〉http://bensei.jp/

印刷・製本　㈱太平印刷社

ISBN978-4-585-32505-5　C1322

258 史料が語る東インド航路　移動がうみだす接触領域

水井万里子・大澤広晃・杉浦未樹・吉田信・伏見岳志　編

武九年刊本)ほか

序言　櫻井智美

導論―クビライ登極以前のモンゴル帝国の歴史　渡辺健哉

元朝皇帝系図

本書所載論考関係年表

元朝皇帝一覧

Ⅰ　元代の政治・制度

元代「四階級制」説のその後―「モンゴル人第一主義」と色目人をめぐって　舩田善之

ジャムチを使う人たち―元朝交通制度の一断面　山本明志

元代の三都(大都・上都・中都)とその管理　渡辺健哉

江南の監察官制と元初の推挙システム　櫻井智美

【コラム】カラホト文書　赤木崇敏

【コラム】元代における宮室女性の活躍　牛瀟

元末順帝朝の政局―後至元年間バヤン執政期を中心に　山崎岳

Ⅱ　元代の社会・宗教

元代の水運と海運―華北と江南はいかにして結びつけられたか　矢澤知行

モンゴル朝における道仏論争について―『至元辯偽録』に見える禅宗の全真教理解　松下道信

元版大蔵経の刊行と東アジア　野沢佳美

【コラム】南宋最後の皇帝とチベット仏教　中村淳

【コラム】夷狄に便利な朱子学―朱子学の中華意識と治統論　垣内景子

回顧されるモンゴル時代―陝西省大荔県拝氏とその祖先顕彰　飯山知保

Ⅲ　伝統文化とその展開

「知」の混一と出版事業　宮紀子

白樸の生涯と文学　土屋育子

「元代文学」を見つめるまなざし　奥野新太郎

景徳鎮青花瓷器の登場―その生産と流通　徳留大輔

Ⅳ　元朝をめぐる国際関係

『朴通事』から広がる世界　金文京

日元間の戦争と交易　中村翼

日元間の僧侶の往来規模　榎本渉

モンゴル帝国と北の海の世界　中村和之

元と南方世界　向正樹

Ⅴ　研究の進展の中で

書き換えられた世界史教科書―モンゴル＝元朝史研究進展の所産　村岡倫

史料の刊行から見た二十世紀末日本の元朝史研究　森田憲司

【コラム】チンギス・カンは源義経ではない―同一人物説に立ちはだかる史実の壁　村岡倫

【コラム】モンゴル時代の石碑を探して―桑原隲蔵と常盤大定の調査記録から　渡辺健哉

【コラム】『混一疆理歴代国都之図』の再発見　渡邊久

257 交錯する宗教と民族 交流と衝突の比較史

鹿毛敏夫　編

はしがき　異宗教・多民族世界の混沌―その歴史と現在　鹿毛敏夫

第１部　流動する民族社会

鎌倉北条氏と南宋禅林―渡海僧無象静照をめぐる人びと　村井章介

ドイツ語圏越境作家における言語、民族、文化をめぐって　土屋勝彦

近代名古屋にとっての中東―実業界との関係を中心に　吉田達矢

民族をめぐる対立と交流の位相―滞日ビルマ系難民の国際移動の事例から　人見泰弘

第２部 宗教の断絶と叡智

ボーダレス化する世界と日本の宗教文化

255 東アジアにおける知の往還

大学共同利用機関法人 人間文化研究機構 国文学研究資料館・高麗大学校グローバル日本研究院　共編

256 元朝の歴史―モンゴル帝国期の東ユーラシア

櫻井智美・飯山知保・森田憲司・渡辺健哉　編

253 ポストコロナ時代の東アジア　―新しい世界の国家・宗教・日常

玄武岩・藤野陽平　編

254 東アジアの歌と文字

真下厚・遠藤耕太郎・波照間永吉　編

251 仏教の東漸と西漸

荒見泰史　編

252 中世日本の茶と文化　―生産・流通・消費をとおして

永井晋　編

大久保利謙と近代史学史研究

マーガレット・メール

（翻訳：佐藤雄基・渡邉剛）

大久保利謙と立教大学史学科（一九五八～七一）

小澤実

大久保利謙『日本近代史学事始め』についての覚書—大久保史学の史学史的検討のために

今井修

小伝・大久保利武—大久保家三代の系譜

松田好史

第三部　大久保史学にみるアーカイブズ・蔵書論

大久保利武・利謙父子の学問形成と蔵書—立教大学図書館・学習院大学史料館所蔵「大久保文庫」

佐藤雄基

国立国会図書館憲政資料室と大久保利謙の構想

葦名ふみ

大久保利謙と蘭学資料研究会・蘭学書

大島明秀

華族と歴史学—大久保利謙の華族研究と華族史料

小田部雄次

249 漢学とは何か —漢唐および清中後期の学術世界

川原秀城　編

序文 川原秀城

第一部　両漢の学術

今文・古文　川原秀城

劉歆の学問　井ノ口哲也

『洪範五行伝』の発展と変容　平澤歩

前漢経学者の天文占知識　田中良明

第二部　六朝・唐の漢学

鄭玄と王粛　古橋紀宏

北朝の学問と徐遵明　池田恭哉

明堂に見る伝統と革新—南北朝における漢学

南澤良彦

第三部　清朝の漢学

清朝考証学と『論語』　木下鉄矢

清代漢学者の経書解釈法　水上雅晴

乾隆・嘉慶期における叢書の編纂と出版についての考察　陳捷

嘉慶期の西学研究—徐朝俊による通俗化と実用化

新居洋子

第四部　総論：漢学とは何か

清朝考証学における意味論分析の数学的原理と満洲語文献への応用—データ・サイエンスとしての漢学　渡辺純成

漢学は科学か？—近代中国における漢学と宋学の対立軸について　志野好伸

250 酔いの文化史 —儀礼から病まで

伊藤信博　編

序言—東西の飲酒文化を考える　伊藤信博

Ⅰ　酔いと宗教

無明の酒に酔う—〈酔い〉の表現史　小峯和明

髑髏盃をめぐって—織田信長を端緒に　目黒将史

僧坊酒宴追考　芳澤元

酒と仏教—酒の仏は「酔い酔い酔い酔い、酔いやな」　石井公成

【コラム】人類最初の酔っぱらいとしてのノア

木俣元一

Ⅱ　飲酒とその表象

平安貴族の「酔い」と「まつりごと」　髙橋亨

平安後期における香薬の「酔い」—『香要抄』を中心に　アンドリュー・マッカンバー

破戒と陶酔—中世絵画に見る　山本聡美

黄表紙に擬人化される酒　畑有紀

中世文学のなかの居酒屋と放蕩息子—クリシェか現実か　前野みち子

Ⅲ　飲酒と環境

米と酒そしてその周辺—環境の視座から

伊藤信博・伊藤彰敏

【コラム】モノと知識の集散—十六世紀から十七世紀へ　堀川貴司

Ⅱ　コード化された自然

「九相詩絵巻」の自然表象—死体をめぐる漢詩と和歌　山本聡美

『源氏物語』幻巻の四季と浦島伝説—亀比売としての紫の上　永井久美子

歌枕の再編と回帰—「都」が描かれるとき　井戸美里

十七世紀の語り物にみえる自然表象—道行とその絵画を手がかり　粂汐里

寛政期の京都近郊臥遊　マシュー・マッケルウェイ

Ⅲ　人ならざるものとの交感

人ならざるものとの交感　黒田智

金春禅竹と自然表象　高橋悠介

「人臭い」話 資料稿—異界は厳しい　徳田和夫

お伽草子擬人物における異類と人間との関係性—相互不干渉の不文律をめぐって　伊藤慎吾

室町物語と玄宗皇帝絵—『付喪神絵巻』を起点として　齋藤真麻理

エコクリティシズムと日本古典文学研究のあいだ—石牟礼道子の〈かたり〉から　山田悠介

あとがき　亀田和子

247 移動するメディアとプロパガンダ —日中戦争期から戦後にかけての大衆芸術

西村正男・星野幸代　編

カラー口絵

地図

はじめに　「日中戦争下の芸術家群像」から移動する身体芸術プロパガンダ研究へ　星野幸代

序論　抗日期の文化人たち　阿部幸夫

第一部　映画製作—投影された隠し画

「狂乱」と「新生」—娯楽映画から灰色上海まで　王騰飛（訳：榊原真理子）

『狼火は上海に揚る』から『春江遺恨』へ　邵迎建

日本占領下における華北映画について—華北電影股份有限公司の文化映画・ニュース映画を中心に　張新民

小型映写機という戦争プロパガンダ装置　楊韜

第二部　身体芸術プロパガンダ—横溢する美

プロパガンダと装飾芸術—張光宇『西遊漫記』をめぐって　城山拓也

音楽プロパガンダにおける「差異」と「擬態」—戦時下日本の「満支」をめぐる欲望　葛西周

南方「皇軍」慰問—芸能人（アーティスト）という身体メディア　星野幸代

第三部　日中ポピュラー文化の戦後への延伸

戦後日本における中国古典の映画化—日本・大陸・香港・東南アジアに跨る大衆文化の記憶　晏妮

戦後における李香蘭と二人の後継者—胡美芳と葛蘭　西村正男

中国語映画の「戦後」—女優李麗華とその主演作品を中心に　韓燕麗

付録　用語集

あとがき　西村正男

248 明治が歴史になったとき —史学史としての大久保利謙

佐藤雄基　編

序論　佐藤雄基

第一部　「明治」が歴史になるとき

大久保利謙と戦後日本近代史研究の出発　松沢裕作

政治学者における「明治」の歴史化　松田宏一郎

明治政府による記録編纂・修史事業と近代文書　箱石大

第二部　大久保利謙の歴史学

「瓶沈簪折」について—唐詩に垣間見える術数文化　山崎藍

引用書から見た『天地瑞祥志』の特徴—『開元占経』及び『稽瑞』所引の『漢書』注釈との比較から　洲脇武志

宋『乾象新書』始末　田中良明

獣頭の吉凰「吉利・富貴」について—日中韓の祥瑞情報を手がかりに　松浦史子

三善清行「革命勘文」に見られる緯学思想と七～九世紀の東アジア政治　孫英剛

Ⅱ　〈術数文化〉の伝播・展開

ベトナムにおける祥瑞文化の伝播と展開—李朝(一〇〇九～一二二五)の霊獣世界を中心にして　ファム・レ・フイ

漢喃研究院に所蔵されるベトナム漢喃堪輿(風水)資料の紹介　チン・カック・マイン／グエン・クォック・カイン

漢喃暦法の文献における二十八宿に関する概要　グエン・コン・ヴィエット

ベトナム阮朝における天文五行占の受容と禁書政策　佐々木聡

『越甸幽霊集録』における神との交流　佐野愛子

「新羅海賊」と神・仏への祈り　鄭淳一

『観象玩占』にみる東アジアの術数文化　髙橋あやの

日本古代の呪符文化　山下克明

平安時代における後産と医術／呪術　深澤瞳

江戸初期の寺社建築空間における説話画の展開—西本願寺御影堂の蟇股彫刻「二十四孝図」を中心に　宇野瑞木

245 アジアの死と鎮魂・追善

原田正俊　編

序文　原田正俊

Ⅰ　臨終・死の儀礼と遺体

道教の死体観　三浦國雄

日本古代中世の死の作法と東アジア　原田正俊

契丹人貴族階層における追薦　藤原崇人

佐藤一斎『哀敬編』について—日本陽明学者の新たな儒教葬祭書　吾妻重二

北京におけるパンチェン・ラマ六世の客死と葬送　池尻陽子

Ⅱ　鎮魂・追善と社会

慰霊としての「鎮」の創出—「鎮護国家」思想形成過程の一齣として　佐藤文子

神泉苑御霊会と聖体護持　西本昌弘

南北朝期における幕府の鎮魂仏事と五山禅林—文和三年の水陸会を中心に　康昊

烈女・厲鬼・御霊—東アジアにおける自殺者・横死者の慰霊と祭祀　井上智勝

照月寿光信女と近世七条仏師　長谷洋一

華人の亡魂救済について—シンガポールの中元行事を中心に　二階堂善弘

246 和漢のコードと自然表象—十六、七世紀の日本を中心に

島尾新・宇野瑞木・亀田和子　編

序　島尾新

総論　宇野瑞木

Ⅰ　「内在化」のかたち

室町時代における「漢」の「自然表象」　島尾新

二十四孝図と四季表象—大舜図の「耕春」を中心に　宇野瑞木

日光東照宮の人物彫刻と中国故事　入口敦志

【コラム】「環境」としての中国絵画コレクション—「夏秋冬山水図」(金地院、久遠寺)におけるテキストの不在と自然観の相互作用　塚本麿充

江戸狩野派における雪舟山水画様式の伝播—狩野探幽「雪舟山水図巻」について　野田麻美

四天王寺絵堂《聖徳太子絵伝》の画中に潜む曲水宴図　亀田和子

242中国学術の東アジア伝播と古代日本

榎本淳一・吉永匡史・河内春人　編

243中央アジアの歴史と現在 ―草原の叡智

松原正毅　編

244前近代東アジアにおける〈術数文化〉

水口幹記　編

アジア遊学既刊紹介